普通高等教育经管类专业系列教材

营销策划
（第3版）

谭俊华　李明武　胡胜良　姚显霞　主编

清华大学出版社
北　京

内 容 简 介

本书的编写以市场营销策划基本理论知识为重点,以做好营销策划方案为主线,强化案例分析在讲授营销策划中的重要作用,力求具有科学性、实用性和前瞻性。书中引用大量营销策划实际案例和知识链接,阐述了企业营销策划中的基本理论、程序和主要方法,以及营销策划中需要重点掌握的实践操作技巧,便于读者在日后的实际工作中采纳和使用。全书共十一章,主要包括营销策划导论、企业营销环境分析、市场调研策划、目标市场营销战略策划、产品策划、价格策划、分销渠道策划、促销策划、营销策划书、服务营销策划和网络营销策划等内容。

本书既可作为高等院校市场营销、工商管理及相关专业学生的教材,也可供广大营销从业人员、企事业单位营销管理人员学习和参考使用。

本书封面贴有清华大学出版社防伪标签,无标签者不得销售。

版权所有,侵权必究。举报: 010-62782989, beiqinquan@tup.tsinghua.edu.cn。

图书在版编目(CIP)数据

营销策划 / 谭俊华,李明武主编. —3 版. —北京:清华大学出版社,2021.6(2025.1重印)
普通高等教育经管类专业系列教材
ISBN 978-7-302-57622-8

I. ①营… II. ①谭… ②李… III. ①营销策划 IV. ①F713.50

中国版本图书馆 CIP 数据核字(2021)第 033510 号

责任编辑:王 定
封面设计:周晓亮
版式设计:思创景点
责任校对:马遥遥
责任印制:丛怀宇

出版发行:清华大学出版社
网　　址:https://www.tup.com.cn,https://www.wqxuetang.com
地　　址:北京清华大学学研大厦 A 座　　邮　　编:100084
社 总 机:010-83470000　　邮　　购:010-62786544
投稿与读者服务:010-62776969,c-service@tup.tsinghua.edu.cn
质 量 反 馈:010-62772015,zhiliang@tup.tsinghua.edu.cn
印 装 者:北京同文印刷有限责任公司
经　　销:全国新华书店
开　　本:185mm×260mm　　印　张:17.75　　字　数:454 千字
版　　次:2014 年 1 月第 1 版　　2021 年 8 月第 3 版　　印　次:2025 年 1 月第 5 次印刷
定　　价:59.80 元

产品编号:090885-01

前　言

随着市场营销观念的深入人心,营销在企业中的地位越来越突出。大量的营销实践表明:一个优秀的企业,不仅需要有良好的产品质量和服务质量,也需要有优秀的营销策划方案,并且整个营销策划方案能够在实践中得到良好的贯彻执行。通过营销策划方案,企业不仅可以发现市场机会,迅速占领市场,也可以节省企业的资金和人力资源成本。一个优秀的企业,必须进行科学的营销策划。

同时,随着营销经济环境和营销技术的不断发展,消费者的需求呈现多样化、复杂化、个性化的特点。企业的资源总是有限的,要想满足消费者不同层次的市场需求,就必须进行科学的营销策划。在我们身边,有许多经典的营销策划案例,例如:农夫山泉的公益性营销策划,极大提升了其品牌形象。这些经典的营销策划案例,都是营销策划人在认真研究市场的情况下大胆创新的结果,体现了营销策划人的创新思想和智慧。

正因为营销策划对企业如此重要,现在许多高校都将"营销策划"作为市场营销专业的一门核心课程。一个普遍的现象是,在许多市场营销专业毕业生离校的时候,均会将这本书带走,而不是卖掉或者舍弃它。这也体现出学生的一个基本观点:这本书具有良好的应用参考价值,在营销实践中肯定会用到。

为此,我们组织一些从事市场营销专业教学的老师编写了这本教材。由于营销策划是一门实践性很强的应用性课程,因此,本书的编写以市场营销策划基本理论知识为重点,以做好营销策划方案为主线,强化案例分析在讲授营销策划中的重要作用,力求使本书具有科学性、实用性和前瞻性。本书在第2版的基础上,做了大量修改和补充,同时更新了营销策划案例,力求给读者展示全新的营销策划理论与实践的全貌,帮助读者学习和掌握相关理论与方法。具体而言,本书主要有以下几个特点。

(1) 本书在进一步强化市场营销基本理论的基础上,大量引用了研究新成果和发展动态,同时结合营销实践中出现的新情况、新特点,对营销策划工作中的新变化进行了介绍和分析。

(2) 强化案例教学。为了便于教师教学和研究,提高学生的学习能力和实践动手能力,本书采用了大量的营销策划实践案例,这些案例短小精悍,关注社会营销热点和新动向,可以激发学生的学习兴趣。

(3) 强调理论联系实际。本书引用大量营销策划实际案例和知识链接,阐述了企业营销策划中的基本理论、程序和主要方法,以及策划中需要重点掌握的实践操作技巧,便于学生在日后的实际工作中采纳和使用。

(4) 本书在每一章开篇都对所要求掌握的知识点进行了说明,结尾都附有综合训练题,学生可以结合学习内容进行思考与解答,达到学以致用的目的。

本书共十一章:第一章,营销策划导论;第二章,企业营销环境分析;第三章,市场调研策划；第四章，目标市场营销战略策划；第五章，产品策划；第六章，价格策划；第七章，分销渠道策划；第八章，促销策划；第九章，营销策划书；第十章，服务营销策划；第十一章，网络营销策划。其中，谭俊华编写第一章至第二章，姚显霞编写第三章至第五章，李明武编写第六章至第八章，胡胜良编写第九章至第十一章。全书由谭俊华统一组稿、定稿和审校。

本书在编写过程中得到了长江大学教务处、长江大学创新创业学院、长江大学经济与管理学院的大力支持和支助，对此表示深深的谢意。

本书的出版得益于同行专家和学者的大力支持，在写作过程中，我们参阅了大量国内外学者的优秀论著，受到篇幅限制，不能一一列出，在此表示由衷的感谢。由于编者能力有限，加之时间仓促，书中难免存在不足之处，敬请各位读者批评指正。

本书提供教学大纲、教学课件和电子教案，读者可扫描下方二维码获取：

教学大纲

教学课件

电子教案

编　者

2021 年 2 月

目 录

第一章 营销策划导论 ·············· 1
 第一节 策划概述 ················· 1
  一、认识策划 ··················· 1
  二、策划的含义 ················· 2
  三、策划的构成要素 ············· 3
  四、策划的分类 ················· 3
  五、策划与计划的联系与区别 ····· 6
 第二节 营销策划概述 ············· 6
  一、营销策划的含义和要点 ······· 6
  二、营销策划的特点 ············· 8
  三、营销策划的作用 ············ 12
  四、营销策划的主要原则 ········ 13
  五、营销策划的主要方法 ········ 15
  六、常见的几种营销策划技巧 ···· 22
 第三节 营销策划的流程 ·········· 24
  一、界定问题 ·················· 24
  二、收集和整理信息 ············ 25
  三、环境分析 ·················· 25
  四、产生创意，设计方案 ········ 25
  五、方案评估和论证 ············ 25
  六、撰写策划书 ················ 26
  七、落实方案 ·················· 26
  八、效果评估 ·················· 26
 第四节 营销策划中的创意 ········ 27
  一、认识创意 ·················· 27
  二、创意的特点 ················ 28
  三、创意的培养和开发 ·········· 29
  四、从营销策划角度理解创意的
   内涵 ······················ 31
  五、营销策划创意的过程 ········ 32

 第五节 营销策划人员的素质和
    能力 ······················ 34
  一、营销策划人员 ·············· 34
  二、营销策划人员的主要工作内容 ···· 34
  三、营销策划人员的素质要求 ···· 35
  四、营销策划人员的能力要求 ···· 37
 综合训练题 ······················ 39

第二章 企业营销环境分析 ········ 41
 第一节 认识营销环境 ············ 41
 第二节 市场营销环境的概念 ······ 42
  一、市场营销环境的分类 ········ 42
  二、营销环境与企业营销活动 ···· 43
 第三节 企业宏观环境 ············ 44
  一、人口环境 ·················· 44
  二、经济环境 ·················· 45
  三、自然环境 ·················· 47
  四、科技环境 ·················· 48
  五、政治法律环境 ·············· 48
  六、社会文化环境 ·············· 49
 第四节 企业微观环境 ············ 50
  一、企业 ······················ 50
  二、营销中介 ·················· 51
  三、竞争者 ···················· 52
  四、顾客 ······················ 53
  五、社会公众 ·················· 54
 第五节 营销环境的分析方法 ······ 56
  一、PEST 分析方法 ············· 56
  二、EFE 矩阵分析法 ············ 57
  三、IFE 矩阵分析法 ············· 58
  四、SWOT 分析方法 ············ 60
 综合训练题 ······················ 66

第三章 市场调研策划 … 68
第一节 市场调研策划概述 … 68
一、市场调研的含义 … 68
二、市场调研的内容 … 69
三、市场调研的类型 … 73
第二节 市场调研的流程策划 … 75
一、准备阶段 … 75
二、设计阶段 … 76
三、实施阶段 … 76
四、总结阶段 … 77
第三节 市场调研的方法 … 78
一、文案调研法 … 78
二、定性调研法 … 80
三、访问法 … 82
四、观察法 … 83
五、实验法 … 85
六、网络调研法 … 86
第四节 问卷设计 … 87
一、问卷的一般结构 … 87
二、问卷问题的类型 … 88
三、问卷设计中应注意的问题 … 91
第五节 市场调研报告 … 94
一、市场调研报告的含义和作用 … 95
二、调研报告的写作原则 … 95
三、调研报告的内容 … 96
综合训练题 … 98

第四章 目标市场营销战略策划 … 101
第一节 市场细分策划 … 101
一、认识市场细分 … 102
二、市场细分的方法 … 103
三、市场细分的程序 … 103
四、市场细分的要求 … 105
五、市场细分的标准 … 106
六、细分市场的评估 … 108
七、市场细分应注意的问题 … 109
第二节 目标市场选择策划 … 110
一、目标市场的概念 … 111
二、影响目标市场选择策划的因素 … 111
三、目标市场选择的五种模式 … 113
四、目标市场营销策略 … 114
第三节 市场定位策划 … 116
一、认识市场定位 … 117
二、市场定位的步骤 … 117
三、市场定位的主要方法 … 118
四、常见的市场定位策略 … 119
综合训练题 … 121

第五章 产品策划 … 123
第一节 产品组合策划 … 123
一、产品整体概念 … 123
二、产品组合概念 … 125
三、产品组合分析 … 125
四、产品组合策略 … 127
五、产品组合调整策划 … 128
六、产品的差异化策划 … 129
第二节 品牌策划 … 131
一、品牌的内涵 … 131
二、品牌名称及标志策划 … 132
三、品牌策略策划 … 134
第三节 包装策划 … 135
一、包装策划概述 … 135
二、包装策略策划 … 137
第四节 不同产品生命周期阶段的策划 … 139
一、产品生命周期的概念 … 139
二、产品生命周期不同阶段的营销策略 … 140
第五节 新产品的开发与推广策划 … 143
一、新产品概述 … 143
二、新产品开发策划 … 144
三、新产品推广策划 … 145
综合训练题 … 146

第六章 价格策划 … 148
第一节 价格策划概述 … 148
一、价格策划的概念 … 149
二、影响定价的主要因素 … 149
三、价格制定的程序 … 152

四、三种常见的定价方法……154
第二节 价格策略策划……157
　一、新产品定价策划……157
　二、产品组合定价策划……158
　三、心理定价策划……159
　四、折扣定价策划……159
　五、差别定价策划……160
第三节 竞争性调价策划……161
　一、降价策划……161
　二、提价策划……161
　三、价格变化的反应……162
综合训练题……164

第七章 分销渠道策划……166
第一节 分销渠道结构策划……166
　一、分销渠道的长度策划……166
　二、分销渠道的宽度策划……167
　三、分销渠道的系统策划……168
　四、企业选址策划……169
第二节 分销渠道设计策划……171
　一、影响分销渠道设计的因素……171
　二、分销渠道设计的程序……173
第三节 分销渠道管理策划……174
　一、渠道成员激励……174
　二、渠道冲突管理……176
　三、渠道系统整合……178
综合训练题……179

第八章 促销策划……181
第一节 促销及促销组合概述……181
　一、促销的概念及方式……182
　二、不同促销方式的效果和影响力……182
　三、促销的基本策略……183
　四、影响促销组合的因素……184
　五、促销策划的基本程序……185
第二节 人员推销策划……186
　一、人员推销的概念……186
　二、人员推销的基本形式……187
　三、人员推销的类型……187
　四、人员推销的工作步骤……187
　五、人员推销策划的程序与内容……189

　六、推销人员的招聘、选拔、培训、激励与评价……191
　七、推销人员的薪酬设计……192
第三节 广告策划……193
　一、广告策划概述……193
　二、广告总体策划……197
　三、广告媒体……200
　四、选择广告媒体需要考虑的因素……201
　五、广告效果评估……202
第四节 公共关系策划……202
　一、公关关系策划概述……203
　二、公共关系策划的程序……204
　三、公共关系具体活动策划……205
第五节 营业推广策划……207
　一、营业推广的含义……207
　二、营业推广的具体方法……208
　三、营业推广策划的程序和内容……209
综合训练题……212

第九章 营销策划书……214
第一节 营销策划书概述……214
　一、营销策划书的含义……214
　二、营销策划书的作用……217
　三、营销策划书的编制原则……217
　四、营销策划书的撰写步骤……217
第二节 营销策划书的基本结构和主要内容……218
　一、营销策划书的基本结构……219
　二、营销策划书的主要内容……219
第三节 营销策划书的撰写和推销技巧……224
　一、成功的营销策划书的特征……224
　二、常见的营销策划书撰写技巧……225
　三、营销策划书的版面设计……225
　四、营销策划书的完善……226
第四节 营销策划书的模式……227
　一、按部就班模式……227
　二、问题解决模式……231
　三、专题策划模式……231

第五节　营销策划书的推销与实施 …………………… 233
　　一、营销策划书的推销 …………… 233
　　二、推销在营销策划过程中的作用 ………………………… 233
　　三、营销策划书的实施 …………… 234
　　四、营销策划书的实施效果测评 … 234
综合训练题 ……………………………… 235

第十章　服务营销策划 ………………… 236
第一节　服务与服务营销 ……………… 236
　　一、服务的含义与特征 …………… 236
　　二、服务营销的含义与特征 ……… 238
　　三、服务营销策划 ………………… 239
第二节　服务营销策划的流程 ………… 240
　　一、细分市场 ……………………… 241
　　二、把握服务需求 ………………… 241
　　三、确定服务策划目标 …………… 241
　　四、判定服务流程 ………………… 242
　　五、调节服务能力 ………………… 242
　　六、服务质量管理 ………………… 243
　　七、确定服务渠道 ………………… 244
第三节　服务营销组合策划 …………… 244
　　一、产品策划 ……………………… 245
　　二、价格策划 ……………………… 246
　　三、渠道策划 ……………………… 246
　　四、促销策划 ……………………… 247
　　五、人员策划 ……………………… 247
　　六、有形展示策划 ………………… 247
　　七、过程策划 ……………………… 249

第四节　服务营销策划的策略与方法 …………………………… 249
　　一、服务有形化策略 ……………… 249
　　二、服务技巧化策略 ……………… 249
　　三、服务可分化策略 ……………… 250
　　四、服务关系化策略 ……………… 250
　　五、服务规范化策略 ……………… 250
　　六、顾客满意策略 ………………… 251
综合训练题 ……………………………… 252

第十一章　网络营销策划 ……………… 255
第一节　网络营销概述 ………………… 255
　　一、网络营销的含义 ……………… 255
　　二、网络营销的特点 ……………… 256
　　三、常见的网络营销方法 ………… 257
第二节　网络营销策划及其流程 ……… 264
　　一、确定策划目标 ………………… 264
　　二、拟订策划方案 ………………… 264
　　三、预算策划经费 ………………… 265
　　四、网络调查与预测 ……………… 265
　　五、编写策划方案 ………………… 265
　　六、方案的实施与控制 …………… 266
　　七、效果测评 ……………………… 266
第三节　网络营销组合策划 …………… 266
　　一、网络营销产品策划 …………… 267
　　二、网络营销价格策划 …………… 268
　　三、网络营销渠道策划 …………… 270
　　四、网络营销促销策划 …………… 272
综合训练题 ……………………………… 273

参考文献 ………………………………… 275

第一章

营销策划导论

　　策划是伴随着人类文明的诞生而出现的，我国古人的结绳记事、择水而居等活动无不体现出古人非凡的智慧和策划的思想。在人类活动实践中，策划的思想也在不同的领域，尤其在市场营销领域得到了广泛运用，极大促进了社会经济的发展和进步。

　　我国正大力发展市场经济，激活企业的市场竞争力和创造力，企业所面临的营销环境呈现出发展性、多样性和复杂性的特点，这对整个营销策划行业以及策划人员提出了更高的要求。营销策划人员需要在认真研究企业营销环境的基础上，制定切实可行的营销策划方案，并确保营销策划方案能够实施，从而降低企业营销风险，实现企业营销目标。

知识要点：
1. 策划的含义、特征和构成要素
2. 营销策划的含义和作用
3. 营销策划的基本原则
4. 营销策划的特点
5. 营销策划的流程
6. 创意的含义以及创意的开发
7. 营销策划人员需要具备的素质和能力

第一节　策划概述

　　策划是人类最古老的活动之一，在人类文明史上，策划起到了非常重要的作用。在政治、经济、军事、外交等许多领域，策划活动盛行不衰。为了实现活动目标，人们在行动之前必须经过周密而细致的思考和谋划，以保证事情能够很好地完成，这种思考和谋划的过程就体现出了一定的策划思想。

一、认识策划

　　策划一词，在我们的日常生活中使用频率很高，例如，策划一次春游，策划一台晚会，策划职业，策划人生，等等。人们常说：要通过策划来实现自己的远大理想。但你知道策划的本意是什么吗？

其实,"策划"一词的使用已有非常悠久的历史。"策划"一词最早可见于《后汉书·隗嚣公孙述列传》,意思为计划、打算。在古代,策划主要用作名词,与现在的计划、计谋、对策、谋略的意思比较接近。如《史记·高祖本纪》中说:"夫运筹策帷帐之中,决胜于千里之外。"这里强调了运筹帷幄的重要性,它把策划定义为决定千里战事的谋略。再如《礼记·中庸》中说:"凡事预(豫)则立,不预(豫)则废。"这里的"预"是指做决策时要考虑各种情况,充分考虑每一种可能性,然后再做决策。做任何事情,事先谋虑准备就会成功,否则就要失败。这些名言都蕴含着朴素的策划思想,给我们认识策划提供了很好的启示。可以这么说,策划我国古代丰富的实践和策划思想,为人类的策划宝库增添了永久光辉的宝贵内容。

而在现代,策划的动词性含义增强,信息、创意、点子、谋略、目标等要素为其内核。策划在《辞海》中被解释为计划、打算,在《现代汉语词典》中被解释为筹划和谋划。美国哈佛企业管理丛书编委会将策划定义为:策划是一种程序,其本质是运用脑力的理性行为。策划是找出事物的因果关系,权衡未来可采取的途径,作为目前决策之依据,即策划是预先决定做什么,何时做,如何做,谁来做。

策划不仅是当代企业在迅速变化的市场环境和日趋激烈的竞争中求生存、求发展的管理利器,而且已逐渐成为"我们这一代人的一种核心思维方式",被视为竞争取胜的法宝和企业经营活动的高招,在社会经济生活各个方面得到广泛应用。

【案例1-1】

把车抬出来

一位司机不小心把车前轮开到了沟里,于是他打电话叫拖车公司帮忙。拖车公司说需要支付拖车费1000元,司机果断拒绝了。他拿起手机订了十个外卖,二十分钟后,十个外卖小哥来送餐,司机请他们帮忙一起把车抬出来。然后,司机请他们每人吃了一份外卖,还给每个外卖小哥十分好评。十个外卖小哥都很高兴,你看懂了吗?

(资料来源:作者收集整理)

二、策划的含义

具体到什么是策划,现在是"仁者见仁,智者见智"。不同的学者研究领域不同,看问题的角度不同,现在还没有一个统一的说法。策划比较常见的定义如下。

(1) 策划是人类运用脑力的理性活动,是一种思维活动、智力活动,属于脑力劳动。

(2) 策划就是人们认识、分析、判断、推理、预测、构思、想象、设计、运筹、规划的过程。

(3) 策划就是为实现特定目标,提出新颖的思路对策,并制定具体实施计划方案的思维活动。

(4) 策划是通过实践活动获取最佳成果的智慧或智慧创造的行为。

(5) 策划是一项立足现实面向未来的、有创意的谋划活动。

本书在借鉴前人研究成果的基础上,对策划做出如下的定义:

策划是指个人或组织为实现某种预期的目标,在借助科学的方法、系统的方法和创造性思维,充分调查市场环境以及与之相关联的环境的基础上,对未来即将发生的事情,进行系统、科学的预测,运用掌握的策划技能、新颖超前的创意和跨越式思维,对现有资源进行优化整合,并进行全面、细致的构思谋划,从而制定详细、可操作性强的并在执行中可以进行完善的方案的过程。

从以上策划的定义中，我们可以看出策划具有以下几个特征。

(1) 策划具有明确的目标。策划是为了解决实际问题，无论什么样的策划方案，都是有一定目的的，这是策划的动力和前进方向。

(2) 策划必须要有创意。策划是人的智慧和经验总结，同时也是一种思维的革新。策划与创意紧密相连，具有创意的策划才是具有生命力的策划，策划是创意的灵魂。

(3) 策划具有一定的前瞻性。策划是对未来的事做出当前的决策，所以策划者必须在认真调查的基础上，有超前的眼光，对可能产生的效果有充分的考虑，对策划方案实施过程中可能遇到的各种问题，要有足够的准备，并制定出具体的应对策略。

(4) 策划具有科学性。策划活动遵循一定的规律，它并不是人们的一种突然想法，它是人们建立在科学的基础上所进行的创造性的思维活动。

(5) 策划必须具有可行性。策划不是天马行空，不是夸夸其谈，策划的构想要有实现的可能。要做到这一点，必须将创意与企业现有人力、物力、财力合理结合，策划所提出的具体方案应当在现有人力、物力、财力和技术条件下有实现的可能性，最终能落到实处。

我们必须对策划方案的每一个细节都要进行周密的安排，否则再有创意的策划，也是没有意义和价值的。

三、策划的构成要素

综合分析策划的发展历史遗迹、古今中外对策划的描述，策划由策划主体、策划目标、策划资源和策划方案四大要素组成。

(1) 策划主体。策划主体指的是策划人或决策者，其可以是某个自然人或某个组织。策划主体在整个策划活动中处于决定性的位置，策划人的综合能力和水平直接决定着策划的成败和实际效果。在现实生活中，就某个策划而言，一般策划主体由在这个领域里的专业特长人担任。在复杂的策划活动中，策划者可以由多方面的专家组成智囊团共同担任。

(2) 策划目标。策划目标即策划所要达到的具体目标。策划目标是指策划人所希望达到的预期结果，策划本身就是为了达到一定目的所进行的创造性思维活动。策划目标是策划努力的方向，也是衡量和评价策划效果的标准。

(3) 策划资源。策划资源泛指策划人在策划时，手中所有的、可控制和利用的人力、物力和财力。任何策划的制定和实施都要有足够的资源和条件进行支撑，策划活动同时也是最大程度整合自身优势力量和资源，以最小的投入获得最佳的实际效果。

(4) 策划方案。策划是策划主体在策划目标的指导下，利用策划资源，进行的创造性活动，策划方案就是实施策划的结晶，是实现策划目标的指路明灯，也是我们更好实施策划的保证。

四、策划的分类

在了解策划基本含义的基础上，我们需要了解策划的具体分类，进一步在实践中加以区别和应用。策划的划分标准很多，根据不同的标准可以得出不同类别体系的策划。

(1) 按策划内容的不同，可分为军事策划、外交策划、调研策划、商业策划、活动策划等。

(2) 按策划体系的不同，可分为总体策划、专项策划、具体操作策划等。
(3) 按策划主体的不同，可分为国家策划、企业组织策划、个人策划等。

上述的各个划分方式之间、各种策划类型之间并不是绝对泾渭分明，而是存在着一定的交叉、重叠。为了更清晰地认识策划，本书采用通用的分类方式，按不同行业对策划进行分类(见表1-1)。

表1-1 策划的分类

策划的分类	具体内容
国家策划	政治策划
	军事策划
	外交策划
	其他国家策划
企业策划	营销策划
	目标市场战略策划
	研发策划
	危机公关策划
社会经济活动策划	新闻策划
	展览策划
	演出策划
	公益策划
其他类型策划	个人发展策划、个人危机公关策划等

1. 国家策划

国家策划是有关国家及政府机构的一些策划活动，例如在"新冠肺炎"时期各级政府部门所采取的一系列控制活动等。在国家政治、军事和外交活动中，作为高层管理团队，无论是推行新政策还是治国安邦都需要精心策划，只有经过周密的分析和深思熟虑的策划，才能取得理想的效果，达到预定的目标。

【案例1-2】

"一带一路"国际合作高峰论坛

"一带一路"国际合作高峰论坛是中国政府主办的高规格论坛活动，主要包括开幕式、圆桌峰会和高级别会议三个部分。习近平主席在2013年秋天提出共建"一带一路"的合作倡议，旨在通过加强国际合作，对接彼此发展战略，实现优势互补，促进共同发展。联合国大会、安理会、联合国亚太经社会、亚太经合组织、亚欧会议、大湄公河次区域经济合作等有关决议或文件都纳入或体现了"一带一路"建设内容。"一带一路"倡议来自中国，成果正在惠及世界。"一带一路"的理念是共同发展，目标是合作共赢。它不是中国一家分蛋糕或拿蛋糕的大头，而是沿线各国共同把蛋糕做大，一起分蛋糕。在这一过程中，既要通过加强各方合作为国际社会做贡献，也要通过扩大对外合作，促进国内改革，服务国内发展。我们要把中国自身发展需要同国际合作需要相结合，尤其是要充分反映国际社会的合作共识。

中国经济发展进入新常态，机遇和挑战并存，挑战之一就是地区发展不平衡。"一带一路"建设通过扩大向西开放,以开放促发展,有助于加快西部发展步伐,助推东中西部梯次联动并进。同时,"一带一路"涵盖了中国中西部和沿海省区市,紧扣中国区域发展战略、新型城镇化战略、对外开放战略,将助推中国形成全方位开放新格局。

"一带一路"建设有利于我们把对外经济合作和深化国内改革、扩大开放紧密融合,同各国一道勾画创新发展、协调发展、绿色发展、开放发展、共享发展的新愿景,也将有助于中国落实"十三五"规划、全面深化改革及扩大对外开放、实现"两个一百年"奋斗目标的伟大历史进程。

(资料来源:百度百科)

2. 企业策划

企业策划又叫商业策划,简称企划,是对企业界进行的各种商业活动的策划,包括产品策划、营销策划、危机公关策划等。这也是本书讨论的主要对象和内容。

【案例 1-3】

脑白金,吆喝起中国礼品市场

在中国,如果提到"今年过节不收礼",大多数人都会接一句"收礼只收脑白金"。脑白金已经成为中国礼品市场的第一代表。

睡眠问题一直是困扰中老年人的难题,因失眠而睡眠不足的人比比皆是。有资料统计,国内至少有 70%的妇女存在睡眠不足现象,90%的老年人经常睡不好觉。"睡眠"市场如此之大,然而,在红桃 K 携"补血"、三株口服液携"调理肠胃"概念创造中国保健品市场高峰之后,在保健行业信誉跌入谷底之时,脑白金单靠一个"睡眠"概念不可能迅速崛起。

作为单一品种的保健品,脑白金以极短的时间迅速启动市场,并登上中国保健品行业"盟主"的宝座,引领我国保健品行业长达五年之久。其成功的最主要因素在于找到了"送礼"的轴心概念。

中国是礼仪之邦,有年节送礼、看望亲友或病人送礼、结婚送礼、年轻人对长辈送礼等种种送礼行为,礼品市场具有很大的发展潜力。脑白金的成功,关键在于定位于庞大的礼品市场,而且先入为主地得益于"定位第一"法则,即第一个把自己明确定位为"礼品"——以礼品定位引领消费潮流。

(资料来源:作者收集整理)

3. 社会经济活动策划

社会经济活动策划是各事业单位所进行的一些策划活动,如赈灾义演、希望工程等,包括新闻策划、演出策划、展览策划等。

【案例 1-4】

希望工程:爱心助学 帮助贫困学子圆梦

共青团中央、中国青少年发展基金会于 1989 年 10 月发起实施的希望工程,截至 2019 年,全国希望工程累计接受捐款 161 亿元,资助家庭困难学生 617.02 万名,援建希望小学 20 359 所,同时,还根据贫困地区实际推出了"圆梦行动""希望厨房"、乡村教师培训等项目,有效推动了贫困地区教育事业发展、服务了贫困家庭青少年成长发展、弘扬了社会文明新风,希望工程成为我国社会参与最广泛、最富影响力的公益事业之一。

从"希望工程"的组织者,到它的主题,都在以不可争辩的事实告诉人们:"希望工程"是可信的。每一笔群众的捐款都由青基会专款专用,并定期通过传媒向大众报告资金的使用情况。通过各种媒介的传播途径，"希望工程"在短期内被推广到了全国。作为我国第一个公益品牌，结对资助的公开透明模式让希望工程吸引了众多人的关注。希望工程像一把火炬，点燃了人们心中的爱心与热情。

总之，"希望工程"在中央国务院的关怀下，在组织者认真、精心的策划下，已经取得了巨大的成功。全国各个贫困落后的地区都建立了希望小学，千千万万的孩子又回到了课堂，当年那个海报上的大眼睛的女孩如今已经是一名希望工程火炬的传递者，这不正是"希望工程"实施效果的最好说明吗？

(资料来源：百度文库)

五、策划与计划的联系与区别

在现实生活中，人们往往将策划与计划混为一谈，其实它们之间既有联系，又有区别。在《现代汉语词典》中，计划是指工作或行动以前预先拟定的具体内容和步骤，如科研计划；策划主要是指筹划和谋划。

1. 联系

策划所确定的活动构思框架和内容目标决定着计划该如何形成，计划是策划的最终结果。策划不仅提供了计划制订和实施所应围绕的中心(即目标)，还提供了目标实现的最优方案，这些都应是计划制订时所必须加以考虑的。计划是策划中的具体实施细则，也是策划实施的重要保证。计划是策划和实施之间的桥梁，任何策划都必须通过计划来实施。策划和计划都面向未来、指导未来，都强调前导性和科学性。

2. 区别

策划的中心是为特定活动的特定目标实现进行策略谋划，包括分析情况、发现问题、确定目标、策略运用、构思设计和优化方案，最后形成具体工作计划及反馈控制等一整套活动过程。

计划只是策划的最终结果，是在目标、条件、战略和任务等都已明确化的情况下，为即将进行的某项活动提供可具体操作的指导性方案。

策划从整体看是一种具有超前性、挑战性、创新性的创造性思维活动；计划通常表现为在任务定下后对日常的工作流程进行确定，一般不具备创新的性质。

第二节 营销策划概述

目前，营销策划行业在世界范围内快速增长，所涉及的领域也在不断拓展。进入21世纪以来，我国企业面临新的机遇和挑战，企业之间的竞争手段层出不穷，日趋激烈。要想在市场竞争环境中脱颖而出，取得发展先机，创造新的市场机会，企业需要在研究所面临的营销环境的基础上，以顾客为中心，以市场为导向，通过整合企业资源，加强营销策划的创新力度，为顾客带来更多的价值体验，从而增强自己的核心竞争优势。

一、营销策划的含义和要点

先生产，然后再把产品卖出去的营销时代已经结束了。大量营销实践证明：你有高质量的产品，但没有好的策划方案，你的产品也并不一定会有市场。市场对企业产品的认可变成了一个复杂的过程。通过营销策划，可以尽快让产品获得顾客的好感和认可，可以节省企业的资金和人力成本。成功的营销必须进行科学的策划。

结合对第一节策划知识的了解，顾名思义，营销策划是指市场营销策划主体，通过对市场进行认真分析，对将要发生的营销行为进行超前规划和设计，以提供一套系统的有关企业营销的未来方案，这套方案是围绕企业实现某一营销目标或解决某一问题的行动措施。营销策划是现代企业经营管理的重要内容，在市场竞争日益激烈的今天，是企业获得市场竞争优势的重要途径。

要准确地理解营销策划的定义，首先要掌握营销策划的要点。

(1) 营销策划具有一定的目的性。正如策划具有目的性一样，营销策划同样也具有目的性。为策划活动制定一个科学合理的目标，可以保证策划活动具有明确的方向。一个没有目标的营销策划活动是没有任何实际意义的。在现实营销策划实践中，营销目标主要有销售量、市场份额、销售利润等可以具体量化的指标。

(2) 营销策划是一种超前决策。它是在策划主体进行广泛市场调查的基础上，对未来营销活动所做的超前决策，具有前瞻性。

(3) 营销策划有一定的程序。大量实践证明，营销策划必须遵循一定的程序，科学的营销策划程序更加有利于策划主体发挥他们的想象力，促进策划创意的产生，保证策划的质量和水平。

(4) 营销策划是解决营销过程中的创意思维。正如策划一样，营销策划同样需要创意和创新。只有创新，营销才有生命力，美国著名学者德鲁克曾经说过，企业有两个并且只有两个基本功能：市场营销和创新，足可见创新的重要性。大量营销实践证明，好的创意能够使得营销活动取得事半功倍的效果。

(5) 营销策划需要具有较高的可行性。营销策划的价值可以用以下公式来表述：杰出的创意×实现的可能性=最大的预期效果。再好的创意，没有实现的可能性也是徒劳的。一个好的创意，必须建立在现有的客观条件基础上，具有较高的可行性。

(6) 营销策划是企业在其经营方针、经营目标的指导下，通过对企业内外部经营环境的分析，经过精心构思设计从而将产品推向目标市场，同时选择合适的营销渠道和促销手段，以达到占有市场的目的。最终的营销策划方案往往是一个包括产品定位、价格定位、渠道定位、市场定位、促销手段等方面的操作系统。

(7) 营销策划主要包括市场营销整体策划、市场调研策划、市场营销战略策划、新产品开发策划、顾客满意策划、产品策划、价格制定策划、渠道策划、公关策划、广告策划、CI 策划、CS 策划、营销人才开发策划等。

【案例1-5】

推销员的故事

某制鞋公司派出一位推销员去非洲某国家了解当地的市场情况，这位推销员发回一封电报："这里的人都不穿鞋，没有市场。"

公司又派出另一位推销员，第二位推销员发回一封电报："太好了，这里的人都没穿鞋，市场机会巨大。"

这个故事常常被人们用来说明市场销售人员应该如何理解市场机会。第一位推销员一般被理解为态度消极，很容易丢失市场机会；第二位推销员一般被理解为态度积极，善于捕捉市场机会。人们常常提起这个故事的原因是希望向第二个推销员学习。

实际上如果故事仅仅到此结束，以上两位推销员都很难说是合格的营销人才。我们可以对这个小故事进行一点补充，公司又派出了第三位推销员，3 个星期后，这位推销员发回电报："这里的人不穿鞋，因此有 80%以上的人有脚疾，需要鞋；不过我们现在生产的鞋偏瘦，不适合他们，我们必须生产比较肥的鞋，这里的部族首领不让我们做买卖，我们需要投资约 2 万美元进贡就可以获得经营许可。这里有人口 200 万，我们每年大约可以卖 20 万双鞋。在这里卖鞋我们可以赚钱，预计前两年投资收益率约为 20%，低于公司目前在其他市场平均 25%的投资收益率，但考虑到周边国家市场具有同样的潜力，预计我们的销量会以每年 30%以上的速度增长，收入会增长，成本会降低，两年后的投资收益率会超过 30%。"

故事补充到这里为止，我们可以初步判断第三位推销员基本上是一位合格的营销人才，原因不在于他给公司报告中的结论，而在于包含了营销策划的一些基本要素，即使他经过市场分析得出否定性的结论，仍然可以称得上是一位合格的营销人才。

(资料来源：百度文库，作者有删减)

二、营销策划的特点

在营销策划过程中，尽管策划的目标、具体内容、使用方法各有不同，但策划万变不离其宗，有其自身规律和特点，具体而言，营销策划有以下几个特点。

1. 主观性

营销策划以人力资源为本，一个好的营销策划方案必须充分发挥策划人的想象力和创造力，我们不能抛开人的因素孤立看待营销策划问题。虽然信息是策划的基础，是策划人进行策划活动的依据，但营销策划毕竟也属于人们的一种创造性的思维活动，具有主观性。

策划人受到自身经历、知识水平、性格特点等多方面的影响，对事物的看法会产生差别，这是很正常的。我们要学会集思广益，取众家之所长，发挥他们的积极性和创造性，就会形成好的创意。

【案例1-6】

我该听营销主管的，还是该听财务主管的？

王伟是一家生产化肥的小型企业老板，最近他遇到了一件麻烦事儿，公司的营销主管小张和财务经理小李之间发生了严重分歧。

营销主管小张说："我们公司现在市场份额下降了，与我们的付款条件有关系，我们原来的付款条件是客户买我们化肥时，我们必须要他们全额付款，也就是一手交钱一手交货。但现在生产化肥的厂家多了，许多厂家为了吸引客户，允许他们买时支付一半，然后到了农民卖粮后，再把尾款付清，许多客户因此流失到了竞争对手那里了。因此，我建议修改付款条件，甚至可以采取更优惠的措施来吸引客户。"

财务经理小李特别不同意小张的说法，他说："本来化肥利润就不高，如果我们采取分期付款的形式，我们公司的现金流将出现周转不灵的现象，同时，尾款是否会形成呆账也很难说，即使收上来，也要花不小的人力成本。"

小张不以为然，他说："根据以前的销售经验，朴实的农民在买化肥的同时，还需要很多其他方面的投资，比如种子、人力开支等，往往手中的现钱不多，这时候离他们卖粮食的时间也就半年左右，并且这点余款一般也不会成为坏账，现在农民都富了，谁还会故意赖这点小钱啊。"

小李也讲出了他的担心:"化肥的原材料价格、市场销售价格最近涨了不少,并且继续上涨的趋势还很明显,如果不能立即回款的话,就增加了企业的无形成本,本身企业的利润就不高,修改付款条件将使得企业利润更加微薄。"

听了小张和小李的话,王伟有些不知所措。

问题:假如你是王伟,你会怎么办?

(资料来源:作者收集整理)

2. 超前性

营销策划是一种判断,凭借现实生活的各种资料,进行抽象思维,通过一定的逻辑推理和创意,形成对未来的预测。

同时营销策划也是一种安排,是企业在充分考虑各方面影响因素的前提下,对未来营销活动的一种安排。

在现实营销实践中,企业能否很敏锐地发现商机,比竞争对手更迅速、更有效地占领市场至关重要。所以,做营销策划时,一定要认识时机的重要性,抓住转瞬即逝的营销机会,一旦时机成熟,就迅速打开市场,获取企业竞争优势。

【案例1-7】

一张泄密照片

在1964年的《中国画报》封面上,大庆油田的"铁人"王进喜头戴大狗皮帽,身穿厚棉袄,顶着鹅毛大雪,握着钻机手柄眺望远方,在他身后散布着星星点点的高大井架。铁人精神整整感动了一代人,但此照片无意中也透露了许多的秘密。日本情报专家据此解开了大庆油田之谜,他们根据照片上王进喜的衣着判断,只有在北纬46度至48度的区域内,冬季才有可能穿这样的衣服,因此推断大庆油田位于齐齐哈尔与哈尔滨之间;并通过照片中王进喜所握手柄的架势,推断出油井的直径;从王进喜所站的钻井与背后油田间的距离和井架密度,推断出油田的大致储量和产量。有了如此多的准确情报,日本人迅速设计出适合大庆油田开采用的石油设备。当我国政府向世界各国征求开采大庆油田的设计方案时,日本人一举中标。庆幸的是,日本当时是出于经济动机,根据情报分析结果,向我国高价推销炼油设施,而不是用于军事战略意图。

(资料来源:http://forum.home.news.cn/thread/114253567/1.html)

3. 创造性

营销策划是一种创新行为。要创新,就要把创意贯穿于营销策划的过程之中。创意成功与否是营销策划成功与否的关键。从某种意义上说,创意是营销策划的灵魂。

具体而言,这不仅要求对策划的内容、方案有所创新,同时也要求对营销策划手段有所创新。一个好的营销策划切忌一味模仿他人,了无新意,即使能够一时取得一定的效果,也会在竞争日益激烈的市场环境中缺少持久的生命力。目前,我国市场除了极少数属于卖方市场外,其他基本上属于买方市场。企业在成长的同时,竞争对手也在成长。要在市场中立于不败之地,企业就要不断推陈出新,不断改进营销方法和营销手段,让创新成为企业发展的原动力。例如,以湖南卫视、东方卫视、浙江卫视为代表的一些省级电视台在节目制作上不断推陈出新,策划了一些观众喜闻乐见的好节目,取得了巨大的成功。

【案例1-8】

毛姆的创意广告

毛姆在尚未成名之前,他的小说无人问津,在穷得走投无路之下,他用自己最后一点钱,在大报上登了一个醒目的征婚启事:

"本人是个年轻有为的百万富翁,喜好音乐和运动,现征求和毛姆小说中女主角完全一样的女性共结连理。"

广告一登,书店里的毛姆小说一扫而空,一时之间洛阳纸贵。

(资料来源:百度文库)

4. 系统性

营销策划是一项系统工程,它强调对现有的资源和可以利用的资源进行整合。营销策划人员要把所策划的对象视为一个整体,用系统的观念来处理策划对象各要素之间的关系。营销策划就是要依据系统论的整合原理,寻求市场营销活动"1+1>2"的投入与产出比。策划人在进行策划时,需要掌握综合知识和技能,包括商学、行为科学、数理统计学、经济学、心理学、社会学、法学等学科,要有大局观念和长远观念,不要孤立看某个具体的营销事项,要站在全局的高度整体思考企业所要达到的营销目标。

传统的产品营销策划往往依靠创意、点子或者广告取胜。现代市场营销则是一项整体性的系统工程,更多依靠科学的营销理论和方法,包括信息搜集、市场分析、营销战略、营销计划、营销管理、营销控制与反馈、投资收益分析或费用预算等。

【案例1-9】

方特在荆州创造神话

深圳华强方特文化科技集团是国内一个从主题乐园创意设计、研究开发、内容制作、施工建设到市场运营全产业链的企业,也是一个具有成套设计、制造、出口大型文化科技主题乐园的企业。

主题公园是一种典型的满足度假旅游需求的产品,而湖北目前恰恰比较稀缺主题公园。随着国内旅游市场的发展,消费者对主题公园有更高的要求,一个好的主题公园需要呈现出鲜明的差异性,满足消费者的猎奇心理。

方特的主题游乐产品和服务针对性强,精准面对各种类型的家庭旅游人群,在消费升级的当下,向消费者提供了更高品质和更有文化内涵的创意主题游乐体验。

荆州方特东方神画主题乐园独有的高科技主题项目受到了游客们的一致好评。体验"九州神韵"项目时,游客们走进巨幕影院,身临其境感受华夏五千年历史长河中的经典瞬间,震撼的视听效果令人叹为观止;"伴你飞翔"项目通过模拟真实的飞行体验,带领游客飞越壮美的神州大地;在方特经典项目"女娲补天",游客们乘坐多自由度动感游览车,跟随女娲开启一场惊险刺激的奇幻之旅;大型主题项目"千古风华"则带领游客穿越进入"千里江山图""清明上河图""韩熙载夜宴图"等传世名画,感受古典文化艺术瑰宝的无穷魅力。

此外,荆州方特东方神画主题乐园在创新传承中华传统文化精髓的同时,还基于荆楚文化为荆州量身定制了"楚乐""屈原""火烧赤壁"三大全新主题游乐项目。

荆州方特主题公园的成功,得益于公司策划人员能够集思广益,充分利用企业内部和外部资源,用更全面、更立体、更长远的营销策划模式来设计公司整体营销体系;并在此基础上设计出合适的旅游开发项目,不仅让企业迅速做大做强,也为繁荣荆州市的旅游经济做出了贡献。

(资料来源:https://www.fangte.com/help/particular.aspx?id=29387)

5. 应变性

古人讲，时移则势异，势异则情变，情变则法不同。在现实中，企业的营销环境是在不断变化的，而营销环境对企业的影响是多方面的，既有积极的，也有消极的。企业在营销策划中，有可能会遇上一些对营销策划实施产生巨大影响的突发事件，例如：政府政策的改变、竞争对手策略的变化等，营销决策方案的价值也将随着条件的改变而发生变化。因此，营销策划必须具有一定的灵活性和应变性，提高适应市场环境的能力，以增强企业把握机会的能力，或者是降低企业的经营风险。

【案例1-10】

新冠肺炎背景下的中国餐饮业转型升级

新冠肺炎疫情的爆发，我国的餐饮业遭到重创。但非常可喜的是，我国餐饮企业并没有坐以待毙，而是采取了各种策略积极实施自救。大部分餐饮企业开辟了"零接触配送"的外卖服务、视频点播和"无接触点取餐"服务。

此次疫情，加快了餐饮企业转型升级。一方面，企业会加大线上渠道建设力度，做好线上线下双线发力。此外，对于大量的堂食业务为主的企业，可以通过多种渠道，利用美团、饿了吗等网络平台或自建平台，进军外卖市场，也可以探索开拓一些成品或者半成品、自加热食品、熟食制品等一系列成品套餐，并通过电商渠道销售，实现餐饮零售化。另一方面，经过这次疫情后，消费者会更加注重食品安全与卫生问题，食材安全性溯源、食材品牌形象、餐饮操作规程的透明化或将成为新一轮餐饮生存和竞争的焦点，餐饮业也将朝着更加规范化、标准化、抗风险能力升级的方向发展。

(资料来源：https://xw.qq.com/cmsid/20200316A0FMX700，有删减)

6. 效益性

企业进行营销策划的一个很重要的目的就是提高企业的经济效益或者是社会效益。不计成本或者回报的营销策划方案是没有应用价值的，一份好的策划书必须做好资金预算和财务分析，确保策划项目在经济上是合理可行的。营销策划主体在做营销策划方案时，一定根据其为企业制定的营销策划做出成本预算和净利润分析，包括产品设计、产品线规划、产品包装设计、品牌宣传、渠道建设、市场开发、促销活动、日常经费开销、企业预期收入、企业的效益分析等。确保营销策划方案能够帮助企业实现策划目标。

【案例1-11】

小王开餐馆

小王是一个即将毕业的大学生，通过众筹的方式筹集到50万元，他在学校附近开设了一家餐厅。餐厅开业后，由于知名度不高，生意不是特别好，为了更好地吸引顾客，小王写了一份营销策划书，并进行了实施，具体措施如下：

(1) 会员制，办理会员卡的，可以打9折。
(2) 每次订餐达到200元的，可以领取20元的优惠券。
(3) 开展送餐业务，每次订餐10元以上的，免费送餐上门。
(4) 节假日举行各种形式的优惠大酬宾。

活动开展后，小王的餐厅生意非常火爆，但在月末进行盘算时，小王发现餐馆依然没有赚到什么钱。

究其原因，主要就是小王在做各种促销活动时，没有考虑到成本因素，没有做好财务预算分析。其实，在现实生活中，我们经常会发现，有些店面生意很好，但就是不赚钱。企业做营销策划方案时，一定要做好财务分析，确保策划方案产生效益。

(资料来源：作者收集整理)

三、营销策划的作用

对企业而言，一个好的营销策划，可以更有效地将企业资源与顾客需求结合在一起，这种"营销"式的策划所带来的就是企业"未来的市场份额"，这就需要企业对营销环境、市场竞争和现实机会进行科学判断，提出具体的营销目标和行动方案，而营销策划就将围绕这个目标进行研究、分析和设计。具体而言，营销策划的主要作用有以下几点。

(1) 促进企业资源的合理配置，提升企业的经济效益。正如前面所说的那样，任何企业的资源都是有限的，只有优化企业资源的配置，才能够避免资源的浪费，提高资源的使用效率。营销策划就是要将企业的有限资源进行整合，按照企业的营销目标要求，对资源进行合理使用，力求以最小的投入获得最佳的效果，为企业创造良好的经济效益。

(2) 营销策划使企业能更好地定位于市场。在顾客需求日益变幻莫测的今天，企业的营销行为往往会偏离正确的轨道，在竞争中迷失方向。现代的营销策划，一个重要任务是要找到市场的空当，或在现有的市场中确立自己的竞争优势，为企业寻到一个生存和发展的空间，并根据这样的市场定位开展营销活动。有时候，优秀的营销策划能创造新的需求，发掘新的市场，这在当今的营销活动中屡见不鲜。

(3) 营销策划可以使营销活动有计划，避免盲目性。营销策划本身含有一定的计划性，它中间包含有一定的计划方案。营销策划依照总体营销目标进行有目的的计划，它是从营销整体利益考虑的一种带有全局性的理性思考，能够使企业的短期目标和长期目标、局部利益与整体利益有机结合，使工作中的每一步都能始终围绕营销目标来开展，因此营销策划能够有效地克服或避免企业营销活动的盲目性。

(4) 营销策划能够降低企业的经营风险。受到环境因素的影响，企业的营销竞争是非常激烈的，想要在日益激烈的环境中获得生存和发展，就必须时刻关注企业的营销风险。可以通过营销策划，对企业的经营环境有更深的认识，可以预测或发现企业现实或潜在的风险，从而采取相应措施，防患于未然；可以借助于精心的营销策划，开拓新的市场，降低企业的经营风险。据美国一家市场调查机构的统计，有系统的营销策划的企业比无系统的营销策划的企业在营销费用上节省20%~25%。

【知识链接 1-1】

中国的营销策划发展三阶段

中国改革开放以来，市场经济从供不应求时代，到大众化时代，到小众化时代，到逐渐个人消费时代，市场营销和企业经营随着研究对象的改变，营销策划工作的重点也在不断发生变化，大致经历了以下三个阶段。

1. 产品策划阶段

产品策划阶段，顾客需要物美价廉的商品，所以企业主要营销策划工作是集中力量改进产品，而不注重顾客的需求和愿望，并忽略了分销、促销等方面的营销工作，从而导致一旦新技术和替代品出现，企业的产品就出现滞销。

2. 促销策划阶段

大众化时代，商品更加丰富，企业在营销策划方面的重点是如何促销自己的产品，因此各企业设置销售人员，并制定激励体制鼓励销售人员多卖产品，并同时运用广告战、价格战来刺激消费者需求，不考虑消费者的喜欢和满意程度。

3. 系统营销策划阶段

经济不断发展，消费者需求发生转变，大众化的商品得不到消费者的认可，因此企业营销策划的重点是不断分析消费者心理和行为特征，并进行市场细分，通过设计产品、定价、分销和促销等一系列系统手段来满足消费者的需求和欲望。

(资料来源：作者收集整理)

四、营销策划的主要原则

营销策划是一项目的性很强的工作，其主要内容就是借助科学方法与创新思维，立足于企业现有营销状况，对企业未来的营销发展做出战略性的决策和指导。企业在进行营销策划过程中，不管提出什么样的营销方案，都必须遵循一定的原则，科学地运用策划方法。有效开展营销策划活动应该遵循的原则主要有以下几个方面。

1. 信息性原则

中国有句古话，叫作"巧妇难为无米之炊"。信息是营销策划的基础，没有足够的信息资源做支撑，营销策划就成了空中楼阁，缺乏信息的营销策划将导致营销策划的盲目性和误导性。拥有大量的真实、准确、全面、及时的市场信息，是市场营销策划及实施成功的保证，因此在确定了策划主题后，营销策划人就必须下大力气做好信息的收集和整理工作。一般来说，在接到任务后，至少要花30%以上的时间来进行市场调查，深入了解市场，分析市场需求，掌握第一手的市场信息。一本好的策划书，如果前面市场分析不够，营销策略就成了无源之水、无本之木。

在收集信息的过程中，要注意下面几个问题。

(1) 应明确如何收集信息、收集什么样的信息、筛选什么样的信息、用何种标准筛选、选出的信息怎样处理等一些问题，最后还要检验信息处理结果。这一切都是十分复杂的劳动。

(2) 营销策划是一项复杂的高智慧脑力操作。营销策划人员不但要记住和处理大量的营销信息，进行综合分析、比较分类、抽象概括，还要进行策划创意，思考出新的方法，最后进行系统化，并以方案的形式表达出来。

2. 创新性原则

"创新"一词起源于拉丁语，原意有三层含义：更新、创造新的东西和改变。创新是人类特有的认识能力和实践能力，是人类主观能动性的高级表现形式，是推动民族进步和社会发展的不竭动力。创新是人与生俱来的一种能力，同时也是可以在后天靠培训而重新激发和提升的一种能力。

熊彼特在其著作中提出：创新是指把一种新的生产要素和生产条件的"新结合"引入生产体系。它包括以下五种情况：引入一种新产品，引入一种新的生产方法，开辟一个新的市场，获得原材料或半成品的一种新的供应来源，采用新的组织形式。

创新是营销策划的灵魂，是营销策划工作中最重要的内容。策划的过程其实就是创造性思维发挥的过程，或者说是创造性思维与策划活动的结合过程。创造性思维是策划生命力的源泉，它贯穿策划活动的方方面面和策划过程的始终。

面对目前多变的营销环境和激烈的市场竞争，创新显得格外重要。在营销策划实践中，创新不仅包括策划内容要创新，而且表现手法也要创新。

营销策划中的创新意味着创意要出奇制胜，要遵循"人无我有，人有我优，人有我新，人新我变"的原则，确保企业始终充满了竞争力。

3. 系统性原则

系统性原则又称整体规划原则，它要求企业在进行营销策划活动时，把策划作为一个整体来考察，站在全局的高度，整体把握营销策划的目标。同时运用系统论的联系观、层次观、结构观和进化观来分析企业诸多因素的影响，将这些因素中最有利的一面进行有机的整合，从整体上进行谋划，提供一套切实可行的营销策划方案，以实现营销策划活动的效果达到最优。

4. 灵活性原则

在现实生活中，市场瞬息万变，企业身处在多变的、不可控制的营销环境中，必须不断调整自己的营销策略，确保在市场竞争中立于不败之地。据此，营销策划方案不能是一成不变的，必须具有一定的灵活性和弹性。

要做到营销策划方案的灵活机动，营销策划主题要做好以下两个重要工作。

(1) 在策划之前，就要对营销环境的变化进行科学的预测，多思考环境变化会给营销活动带来何种影响，让方案能够随时适应环境的变化。

(2) 在营销策划方案执行过程中，要根据环境的变化，结合企业的营销目标，对营销策划方案进行不断调整和控制，既要做到"适时"，也要做到"高效"。

5. 效益性原则

俗话说："条条大路通罗马。"但在通往罗马的每条道路上我们所付出的代价各不相同，策划就是要找到一条省时省力顺利到达罗马的捷径。营销策划的一个最主要的目的就是以最小的投入使企业获取最大的收益，因为归根结底，企业制定营销策划方案的直接目的就是要取得经济效益。

对此，为了保证营销策划在效益主导的原则下进行，企业必须做好以下工作。

(1) 做好详尽的财务预算，做到投资合理和高效。

(2) 营销策划活动中厉行节约，减少不必要的开支。

(3) 企业要善于利用社会上的各种资源，将社会资源和自身资源进行有机整合，产生"1+1>2"的效果。

6. 可行性原则

营销策划不仅要提出开拓市场的思路，更要在市场调查和创新思维的基础上制定出具体的营销方案。无法在实际操作中执行的策划方案，再好的创意也是没有实际价值的。

要做到方案的切实可行，必须重点做好以下工作。

(1) 要对企业的资源(人力、物力和财力)有足够的认识，营销策划方案必须是企业能够承受的。

(2) 营销策划方案必须是容易操作的，并且方案实施过程中的开支是经济的。

(3) 营销策划方案必须得到相关部门领导和同事的大力支持，以确保营销策划方案能够顺利实施。

7. 时机性原则

俗话说："机不可失，时不再来。"目前市场竞争环境激烈，消费者的消费心理和购买欲望变化波动大，企业与企业之间的竞争往往体现在速度的竞争，谁先占领市场，谁就抢得了先机。营销策划一定要做到"适时"和"重机"，抓住瞬息万变的市场机会，确立竞争优势。

要把握营销策划的时机，必须重点做好以下工作。

(1) 在发现市场机会或对企业非常有利的情况出现时，要立即组织相关人员，实施营销策划工作。

(2) 要做好策划方案内容的时间安排，对每一项工作的内容都要有周密的计划。

(3) 在实施营销策划方案时，注重运作过程中的时间。

8. 以人为本的原则

要提高营销策划方案的质量，人的因素最为关键。在实践中，营销策划主体往往是一个团队，这就要求做策划方案时，要充分调动团队成员的积极性和创造力。同时要注意集思广益，虚心听取领导、专家和相关人员的意见。

在设计营销策划方案时，一定要树立"以消费者为中心"的市场营销理念，要将企业的营销行为与消费者的利益紧密结合，孤立地站在企业立场上设计的策划方案在实践中是不可能获得成功的。

五、营销策划的主要方法

营销策划没有固定的方法，在不同的情况下可以采用不同的方法。本章将重点介绍以下几种实践中运用得比较多的营销策划方法。

(一) 构想的方法

构想主要是指作家、艺术家在孕育作品过程中的思维活动。在营销实战中，构想的方法比较多，比较有代表性的有"拍脑袋"法、点子法、计谋法等。

1. "拍脑袋"法

"拍脑袋"法指全凭主观决策、出主意，靠经验做决策，是"灵机一动"或"灵光闪现"。在以前，"拍脑袋"是事到临头的一种巧妙变通，但是，今天"拍脑袋"仍不失为一种好的创意与策划的捷径。

【案例1-12】

武汉热干面的来历

热干面是武汉的传统小吃之一。20世纪30年代初期，汉口长堤街有个名叫李包的食贩，在关帝庙一带靠卖凉粉和汤面为生。有一天，天气异常炎热，不少剩面未卖完，他怕面条发馊变质，便将剩面煮熟沥干，晾在案板上。一不小心，碰倒案上的油壶，麻油泼在面条上。李包见状，无可奈何，只好将面条用油拌匀重新晾放。第二天早上，李包将拌油的熟面条放在沸水里稍烫，捞起沥干入碗，然后加上卖凉粉用的调料，弄得热气腾腾，香气四溢。人们争相购买，吃得津津有味。有人问他卖的是什么面，他脱口而出，说是"热干面"。从此他就专卖这种面，不仅人们竞相品尝，还有不少人向他拜师学艺。

(资料来源：作者收集整理)

2. 点子法

什么是点子？点子是经过思考产生的解决问题的主意。通常我们把对某事物的改造、进行或实施的各种计谋、策略、方法、经验、创意、特殊信息等称为点子。现代营销意义上的点子，是指有着丰富经验的营销策划人员经过细致的市场调查和深思熟虑，为营销方案的具体实施所想出的主义和方法。在营销策划中，点子往往蕴含着策划里最宝贵的创意。

【案例1-13】

李维发明Levis的故事

1805年加州淘金热，许多人疯狂涌入，有个名叫李维的人心想，这么多的淘金客，一定需要野营用的帐篷，于是他带了一大卷做帐篷用的帆布来到加州，准备赚笔小财。结果加州天气好得不得了，根本无须帐篷遮风挡雨。

发财梦破灭的李维发现淘金客的裤子因为工作磨得破破烂烂，灵机一动……将做帐篷的帆布改做成耐穿耐磨的裤子，绞钉拿来当裤扣，李维终于发现了金矿，就是今天非常畅销的Levis牛仔裤。

(资料来源：百度文库)

(二) 创意的方法

创意不同于点子。"点子"在很大程度上是依靠直观、猜测和策划者的想象力；而"创意"往往是策划人在某一特定环境下，以知识、经验、判断为基点，通过亲身感受和直观体验而闪现的智慧之光。"点子"一般是为解决"某一事件"的具体的一个注意"点"，它不是系统的；而创意可以是一个点、一条线、一个面、一个体、一个局，甚至一连串"局"，它是系统的，因此，创意方法是"策划"的起点、前提、核心、精髓。许多营销策划的成功往往来源于一个绝妙而普通的创意。

创意的产生需要策划人认真地观察生活，体验生活，提高文学、美学、经济学、管理学、心理学等方面的素养。同时勤于思考，善于思考，不断寻找各种事物之间存在的相互关系，然后把这些关系进行重新组合和搭配，使其产生有价值的新创意、新想法。

【案例1-14】

最安全的幼儿园

这是一个真实的故事：美国总统奥巴马上任后不久，就偕妻子米歇尔和两个女儿入住白宫。面对多家媒体的采访，奥巴马深情地表示，他非常喜欢位于芝加哥海德公园的老房子，等任期满了之后，他还会带着家人回去居住。

作为奥巴马老房子的邻居，比尔拥有一套有17个房间、近600平方米并且非常舒适的豪宅，他满怀希望地将自己的房子交给中介公司出售。为了推销自己的房子，比尔还特意建了一个网站，他相信他的房子一定能卖出300万美元以上的高价。但是让比尔大跌眼镜的是，关注房子的人虽多，但没有一个人愿意购买。原来，奥巴马和他的妻女虽然都去了白宫，但这里依然有多名特工在保护奥巴马的亲戚，附近的公共场合也都被密集的摄像头所覆盖。大家担心买了他的房子之后，就会生活在严密的监控之下，隐私权很难得到保护。就这样，过了一年多，房子依然没卖出去。

后来，一个叫丹尼尔的年轻人找到了比尔。丹尼尔告诉比尔想买房的原因，他和奥巴马一样，都有黑人血统，奥巴马是他的偶像。经过一番讨价还价，比尔和丹尼尔签下了如下协议：丹尼尔首付30万美元，然后每月再付30万美元，5个月内共付清140万美元。房子则在首付款付清后，归丹尼尔所有。付清首付款后，丹尼尔将房子抵押给银行，贷了一笔款。半个多月后，他将这栋豪宅改造成了幼儿园。原来，丹尼尔本来就是一家幼儿园的园长。

当房子的用途从居住改为幼儿园之后，那些过于严密的监控就显得很有必要了。这个毗邻奥巴马老宅的幼儿园，成了全美最安全的幼儿园，不少富豪都愿意把孩子送到这里来。为了给幼儿园做推广，丹尼尔还联系到了不少名人来给孩子们上课，这些名人为能给奥巴马隔壁的幼儿园讲课而激动，再加上这里是记者们时刻关注的地方，来这里与孩子们交流，自然能增加曝光率，因此，名人们都很乐意接受丹尼尔的邀请。

幼儿园开张两个月后，奥巴马抽空回老家转了一圈，顺便看望了一下他的新邻居们，这下，丹尼尔开办的幼儿园更加有名了。越来越多的名人主动表示愿意无偿来与孩子们交流，更有很多家长打电话想让自己的孩子来此接受教育，为此多付几倍的学费他们也乐意。而且很多广告商也开始争先恐后地联系丹尼尔，他们想在幼儿园的外墙上做广告，因为这里的曝光率实在太高了。为此，丹尼尔打算进行一次拍卖广告墙的活动。

同是奥巴马的邻居，因为思维角度不同，收益就不同；同是监控严密，在比尔那里是劣势，但到丹尼尔这里却成了优势。这个故事其实对我们如何做好保险营销有一定的启示，从不同角度切入进行宣导同一个产品，就会产生不同的效果。

(资料来源：http://finance.sina.com.cn/money/insurance/bxdt/20140121/093018026317.shtml)

(三) 创造性思维方法

所谓创造性思维是指策划人以感知、记忆、思考、联想、理解等能力为基础，在营销策划中产生的思想、创意、点子、想象等新的思维成果。这种思维方式，遇到问题时，能从多角度、多侧面、多层次、多结构去思考，去寻找答案。既不受现有知识的限制，也不受传统方法的束缚，思维路线是开放性、扩散性的。它解决问题的方法不是单一的，而是在多种方案、多种途径中去探索，去选择。创造性思维具有广阔性、深刻性、独特性、批判性、敏捷性和灵活性等特点。

1. 创造性思维的基本形式

目前创造性思维的基本形式主要有以下几种：直观思维、联想思维、逆向思维、形象思维、逻辑思维和发散思维。

(1) 直观思维。德国地理学家魏格纳从地图上观察到巴西的一块凸出部分和非洲喀麦隆海岸凹进部分形状十分吻合，据此提出了"大陆漂移说"。

(2) 联想思维。意大利科学家斯帕拉捷习惯晚饭后到附近的街道上散步。他常常看到很多蝙蝠灵活地在空中飞来飞去，却从不会撞到树上或者墙壁上。后来斯帕拉捷通过实验发现蝙蝠在夜间飞行和捕捉食物，原来是靠听觉来辨别方向、确认目标的！后来人们继续研究，终于弄清了其中的奥秘：原来，蝙蝠靠喉咙发出人耳听不到的"超声波"。现在，人们利用超声波为飞机、轮船导航，寻找地下的宝藏。超声波就像一位无声的功臣，广泛地应用于工业、农业、医疗和军事等领域。

(3) 逆向思维。一般广告都要鼓励消费者使劲消费，但劲酒反其道而行之，有一句非常好的广告"劲酒虽好，也不要贪杯哟"。这句广告语让顾客感到了温馨、亲情、友爱和关怀，这句传遍中国大江南北的广告词也使得劲酒的概念深入人心。

【案例1-15】

聪明的时装店经理

某时装店的经理不小心将一条高档毛呢裙烧了一个洞，如果是你的话，你将如何补救，使其不会贬值呢？如果用织补法补救，也只是蒙混过关，欺骗顾客。这位经理突发奇想，干脆在小洞的周围又挖了许多小洞，并精心修饰，将其命名为"凤尾裙"。一下子，"凤尾裙"销路顿开，该时装商店也出了名。逆向思维带来了可观的经济效益。

(资料来源：百度文库)

(4) 形象思维。形象思维是文学作品中一种主要的思维方式，例如，家喻户晓的李白《望庐山瀑布》中的名句"飞流直下三千尺，疑是银河落九天"，这两句诗写出了庐山瀑布向下倾泻的磅礴的气势。现在，人们常常用这两句诗来描写瀑布的壮观景色。

(5) 逻辑思维。逻辑思维又称理论思维，是指人们在认识过程中借助于概念、判断、推理等思维形式能动地反映客观现实的理性认识过程。伽利略用逻辑思维的方式推翻了亚里士多德的错误观念，确立了科学的自由落体理论，就是物理学界的一个经典案例故事。

(6) 发散思维。有时我们需要从多个不同角度或者是换一个思路去考虑问题。这种围绕一个问题，突破常规思维的束缚，沿不同方向去思考、探索，寻求解决问题的可能性的思维方式，即为发散思维。在营销策划中，这种方式运用得最为广泛。例如，现在我们大家所熟知的孔明灯，以前就是一个古代照明的工具，现在的人们放孔明灯不再是为了照明，而是通过燃放孔明灯送出自己心中最美好的祝福，同时也为自己许下美好的愿望，孔明灯有了新的用途。

2. 创造性思维的方法

美国著名创造学家奥斯本在总结前人研究成果的基础上，提出了非常实用的两种创造性思维方法，这两种方法在营销策划实战中被广泛采用。

(1) 头脑风暴法。头脑风暴法是一种创造能力的集体训练法。它把一个组的全体成员都组织在一起，使每个成员都毫无顾忌地发表自己的观念，既不怕别人的讥讽，也不怕别人的批评和指责，是一个使每个人都能提出大量新观念、创造性地解决问题的最有效的方法。它有以下四条基本原则。

① 排除评论性批判。对提出观念的评论要在以后进行。

② 鼓励"自由想象"。提出的观念越荒唐，可能越有价值。

③ 要求提出一定数量的观念。提出的观念越多，就越有可能获得更多的有价值的观念。

④ 探索研究组合与改进观念。除了与会者本人提出的设想以外，要求与会者指出按照他们的想法怎样做才能将几个观念综合起来，推出另一个新观念；或者要求与会者借题发挥，改进他人提出的观念。

头脑风暴法的实施要点如下。

① 召集一种特殊的会议，与会人数在5～10人之间，成员最好有不同的学科背景，不一定全部是专家。

② 会议要有 1 名主持人和 1~2 名记录员。
③ 会议以 1 小时为限，一般在半小时与 1 小时之间。
④ 会议地点选择安静而不受干扰的场所。
⑤ 事先通知。选定与会人员后，至少提前几天发出通知与会者有关会议的议题，使他们有所准备，也使他们能够集中一个目标，避免会议偏离方向。
⑥ 各抒己见，展开讨论，做好记录整理。

【案例1-16】

盖莫里公司是如何采用"头脑风暴法"的？

盖莫里公司是法国一家中小型私人企业，主要生产电器，有许多厂家和它竞争市场。该企业的销售负责人参加了一个关于发挥员工创造力的会议后，大受启发，组成了一个 10 人小组进行了一次创意活动。他把整个小组安排到了农村议价小旅馆里，在以后的三天中，采取了一些措施，避免外部的电话或其他干扰。第一天，全部用来进行议事训练，通过各种创造力训练，组内人员开始相互认识，他们相互之间的关系逐渐融洽，开始还有人感到惊讶，但很快都进入了角色。第二天，他们开始使用头脑风暴法解决问题，要解决的问题是给新产品命名。经过两个多小时的热烈讨论后，他们共为其产品取了 300 多个名字，主管则暂时将这些名字保存起来。第三天一开始，主管便让大家根据记忆，默写出昨天大家提出的名字。在 300 多个名字中，大家记住 20 多个。然后主管又在这 20 多个名字中筛选出了 3 个大家认为比较可行的名字，再将这些名字征求顾客意见，最终确定了 1 个。结果，新产品一上市，便因为其新颖的功能和朗朗上口、让人回味的名字，受到了顾客热烈的欢迎，迅速占领了大部分市场，在竞争中击败了对手。

(资料来源：http://wenku.baidu.com/view/e5db6942b307e87100f69607.html)

(2) 奥斯本检核表法。奥斯本检核表法是一种产生创意的方法，以该技法的发明者奥斯本命名。它的主要作用在于引导主体在创造过程中对照九个方面的问题进行思考，以便启迪思路，开拓思维想象的空间，促进人们产生新设想、新方案。在众多的创造技法中，这是一种效果比较理想的技法。由于它突出的效果，被誉为创造之母。人们运用这种方法，产生了很多杰出的创意，以及大量的发明创造。

营销策划人在进行营销策划时，可以根据需要研究的对象列出需要解决的重点问题，并根据需要解决的问题，参照表 1-2 中列出的目录，运用丰富的想象力，强制性地一个个核对讨论，写出新设想，并对新设想进行筛选，将最有价值和创新性的设想筛选出来。

表 1-2 奥斯本的检核表法

检核项目	含义
能否他用	现有的事物有无其他的用途，保持不变能否扩大用途，稍加改变有无其他用途
能否借用	能否引入其他的创造性设想，能否模仿别的东西，能否从其他领域、产品、方案中引入新的元素、材料、造型、原理、工艺、思路
能否改变	现有事物能否做些改变，如颜色、声音、味道、式样、花色、音响、品种、意义、制造方法；改变后效果如何
能否扩大	现有事物可否扩大适用范围；能否增加使用功能；能否添加零部件，延长它的使用寿命，增加长度、厚度、强度、频率、速度、数量、价值

(续表)

检核项目	含义
能否缩小	现有事物能否体积变小、长度变短、重量变轻、厚度变薄以及拆分或省略某些部分(简单化)，能否浓缩化、省力化、方便化、短路化
能否替代	现有事物能否用其他材料、元件、结构、力、设备力、方法、符号、声音等代替
能否调整	现有事物能否变换排列顺序、位置、时间、速度、计划、型号，内部元件可否交换
能否颠倒	现有事物能否从里外、上下、左右、前后、横竖、主次、正负、因果等相反的角度颠倒过来用
能否组合	能否进行原理组合、材料组合、部件组合、形状组合、功能组合、目的组合

① 能否他用。例如日本一家公司将烫发用的电吹风用于烘干被褥，结果就发明了一种被褥烘干机。

② 能否借用。泌尿科医生引入微爆破技术，消除肾结石，就是借用了别的领域的发明。

③ 能否改变。形状、制造方法、颜色、音响、味道等能否改变。例如白色家电的颜色，透明皂、牙膏的颜色，香味的杂志广告等。

④ 能否扩大。例如在两块玻璃中间加入某些材料，可制成一种防震、防碎、防弹的新型玻璃；在儿童药物中掺入某种甜味素，可以使儿童更容易接受。

⑤ 能否缩小。例如最初发明的收音机、电视机、电子计算机、收/录音机等体积都很庞大，结构也非常复杂，现在经过多次改革，它们的体积都比当初大大缩小，结构也相对简单多了，并出现了许多小型的、超小型的机器。

⑥ 能否替代。例如人们非常喜欢镀金手表，但黄金是一种贵金属，价值昂贵、数量有限，人们就用其他金属来代替黄金，发明了镀金手表。

⑦ 能否调整。例如过去我国用的鞋号是从国外来的，产品不适合中国人的脚型，后来根据中国人的脚型，重新创造鞋号，造出的鞋子就适合中国人的脚型了。

⑧ 能否颠倒。例如火箭是向空中发射的，但是人们要了解地底下的情况，将火箭改为向地下发射，就发明了一种探地火箭。

⑨ 能否组合。例如美国威利发明的橡皮头铅笔，就是将铅笔和橡皮组合而成的；日本一家公司，将卷笔刀与塑料瓶组合在一起，发明了一种能使铅笔屑不掉在地下的卷笔刀。

【案例1-17】

营养快线的成功之路

早期娃哈哈推出营养快线，可以说是现在功能性饮料的"祖师爷"之一。中国饮料帝国娃哈哈几百亿的销售额中，营养快线占据了1/4之多。

在消费者的认知中，牛奶是营养价值很高的动物蛋白营养饮品，果汁是含有维生素最丰富的营养饮品。"最营养的蛋白饮品+含维生素最丰富的果汁饮品=最营养的饮料"，这一心智认同很快在消费者心中落地。

随城市化兴起而出现的白领、大学生等年轻群体，快节奏的生活让他们对正餐特别是早餐提出了更方便、快捷的"替代"需求。凭借着"牛奶+果汁+营养素"的混搭，和"早餐喝一瓶，精神一上午""十五种营养素，一步到位"等广告的轰炸，营养快线在其目标消费者——学生和年轻白领中很受欢迎。

(资料来源：百度文库)

(四) 谋略方法

谋略是古老而永恒的话题，它源于战争和政治斗争。在中国，谋略思想具有悠久的历史，汉代以前就诞生了《孙子兵法》《孙膑兵法》《鬼谷子》《太公兵法》《三略》，其中，以春秋时期吴国军事家孙武的《孙子兵法》最著名，对东西方的影响颇大，尤其是美国、西欧和日本。《孙子兵法》早已不仅限于军事指挥作战，其思想已广泛应用于商业、政治、社会等领域。

本质上，谋略是一种为获取利益和优势的积极的思维过程。谋略的思维对象不仅是自己，更重要的是竞争对手。现代的谋略则含有组织、管理、规划、运筹、目标、行为等多方面的内容。

【案例1-18】

饥饿营销，商家的一种新的营销谋略

在市场营销学中，所谓"饥饿营销"，是指商品提供者有意调低产量，以期调控供求关系，制造供不应求"假象"，维持商品较高售价和利润率，也达到维护品牌形象、提高产品附加值的目的。

俗话说："物以稀为贵。"对于商品来说，更是如此。有些东西是独一无二的，而有些东西是批量生产的。让任何一个人来选，都会认为独一无二的东西价值更高。在商场里，花车上是堆积如山的货品，而高级店里仅有数十件货品。纵然是其货品的质量、进货渠道甚至库存数量都一样，相信没有人会认为花车上的货品比精心陈列的货品高端。这种分批释放货源以控制销售速度的方式，能让供应永远不会超过需求，让商品呈现"稀缺、紧俏"的状态，从而形成客户对产品的饥渴心理。

曾几何时，苹果手机把饥饿营销的套路发挥得淋漓尽致，每当发售，当天就会有铺天盖地的消息，全都是消费者通宵排队然而第一批手机已经售罄。这种吊着人胃口的操作不仅能让新手机曝光量大大增加，还能顺道拉升一波销售量。

饥饿营销的操作很简单，定个叫好叫座的惊喜价，把潜在消费者吸引过来，然后限制供货量，造成供不应求的热销假象，从而提高售价，赚取更高的利润。但是，在这里人们还必须明白，饥渴营销不仅仅是为了调高价格，更是为了对品牌产生高额的附加价值，从而为品牌树立起高价值的形象。

(资料来源：http://baike.baidu.com/view/1107226.htm)

(五) 运筹方法

运筹学是计划工作的最全面的分析方法之一，它是一种分析的、实验的和定量的科学方法，用于研究在物质条件(人、财、物)已定的情况下，为了达到一定的目的，如何统筹兼顾整个活动所有各个环节之间的关系，为选择一个最好的方案提供数量上的依据，以便能最有效地使用人、财、物，并做出综合性的合理安排，取得最佳效果。

古往今来，商战、兵战、政战中的策划，都有运筹学的应用。规划论(包括线性规划、非线性规划、整数规划和动态规划)、图论、决策论、对策论、排队论、存储论、可靠性理论，是运筹学的具体内容。

其实，在我们现在的生活中，无时无刻不在进行运筹和规划。例如，大学生经常抱怨在食堂窗口等待的时间太长了，希望学校增加食堂的数量或窗口。对学校而言，也有它的难处，

学校增加食堂会增加经营成本,因此学校也会做一个整体规划,既要满足学生的需要,又要控制好经营成本,这就需要运用运筹学知识。

【案例1-19】

快餐店排队问题

每一位快餐店老板最关心的问题就是:如何吸引更多的顾客以获取更高的利润。那么,除了增加花色、提高品位、保证营养、降低成本之外,快餐店应在其基本特点"快"字上下功夫。最近流行的一种方式就是老板向顾客承诺:如果让哪位顾客等待超过一定时间(例如五分钟),那么他可以免费享用所订的饭菜。这样必将招揽更多的顾客,由此带来的利润一定大于免费奉送造成的损失。但是老板希望对于利弊有一个定量的分析,告诉他在什么条件下做这种承诺才不会亏本。更进一步,他希望知道应该具体地做几分钟的承诺,利润能增加多少。在此建立一个随机服务模型,给出解决这个问题的一种方法。

假定顾客进入快餐店后的服务过程是这样的:首先他在订餐处订餐,服务员将订单立即送往厨房,同时收款、开收据,收据上标明订餐的时刻,这个时刻就是这位顾客等待时间的起始时刻。接着,服务在厨房进行,厨房只有一位厨师,按订单到达的顺序配餐,配好一份立即送往领餐处。最后,服务员将饭菜交给顾客,并核对收据,若发现顾客等待时间超过店方的承诺,则将所收款项如数退还。

(资料来源:作者收集整理)

六、常见的几种营销策划技巧

1. 抓住时机

俗话说:"机不可失,时不再来。"营销策划的时机选择非常重要,营销策划者一定要抓住转瞬即逝的营销机会,推出自己的方案,以获得策划活动的成功。一般而言,当社会的某些活动或事件(如大选、国际上的运动会、重大的灾难事件)成为新闻媒介、公众的关注热点时,此时的人气效应就非常明显,如果有针对性地推出一些策划活动,往往会取得意想不到的效果。

【案例1-20】

湖北移动助力高校接送新生

9月,中南民族大学迎来了五湖四海的莘莘学子,在人头攒动的学校内,由移动公司组织的帮助新生背负行李的"拖车别动队"吸引了众多人的目光,成为南湖畔一道亮丽别样的风景。

据了解,为了向初次踏入江城的高校学子提供周到贴心的服务,缓解高校迎接新生的巨大压力,中国移动湖北公司积极履行国企责任,从8月底开始在各地市陆续开展高校迎新系列活动,为新生提供一站式的入学帮助,让广大学生得到便捷、实惠、优质的服务,得到了广大学子的好评。"将企业责任贯穿到服务中,给学生最好的关怀",湖北移动负责人如此表示。

在高校里,很多学生表示:"从高中进入大学,最先接触的不是书本,而是动感地带品牌,最先了解的不是师兄师姐而是移动服务人员。""动感地带"已经成为最受高校学子欢迎的服务品牌。

自8月中下旬以来,湖北不少高校就陆续迎来了新生报到的高峰,为了方便新生入学,湖北移动主动承担起高校的新生接送任务,主动配合本地百余所高校迎接新生,安排大客车免费接送学生，让新生安全坐车、放心到校。

在火车站迎新志愿者服务区可以看到，移动的迎新志愿者正在热情地帮学生拎包，将学生指引到高校新生报到接待区，并送上开往高校的大客车。在服务台，新生可在此饮水、免费领取降暑用品，还能使用由移动提供的免费电话向家人报平安。

而在各个校园内，迎新志愿者和移动工作人员在校园服务方面始终保持着饱满的精神面貌，各大高校迎新生服务井然有序。他们辛勤工作，给学生带路、运送行李，为学生及家长提供休息区域，尽可能地为学生及家长提供便利，受到学生及家长们的普遍称赞。

(资料来源：http://ctdsb.cnhubei.com/html/ctdsb/20120917/ctdsb1852812.html)

2. 公关造势

公关造势是指在营销活动中，根据企业产品的定位、特色和个性，结合企业自身的特点，组织和制造具有新闻价值的事件，通过一系列的活动来吸引消费者、新闻媒介和社会团体的关注，从而达到营销的目的。公关造势具有以下几个特点和要求。

(1) 公关造势的对象可以分为企业外部对象和内部对象，不同的造势对象应根据情况采取不同的方法。

(2) 公关造势从本质上来讲，是利用人们的普遍心理，及时地将信息融合在新、奇、特之中，以吸引顾客的关注。

(3) 公关造势必须充分考虑企业各方面的特色，向目标顾客传递的信息必须是积极的、有效的。

(4) 公关造势必须遵循一定的原则：信息准确，具有针对性。

(5) 公关造势要有创造性，宣传造势的内容必须要有创新。

(6) 公关造势要适度，过度的造势反而会让消费者产生不满的情绪。

(7) 公关造势营销的手段多种多样，一般都通过事先周密的策划，利用新闻传播、报道、演说以及诸如记者招待会、组织参观、有奖征答等特殊事件来实现。赞助文化、体育、教育、慈善等事业的活动等，也都属于公关造势的具体手段。

【案例1-21】

一只章鱼的神奇营销

神奇的章鱼保罗由于在南非世界杯上预测八场比赛全部正确，它便成了全世界瞩目的对象，有些媒体称保罗才是这届世界杯真正的冠军。

这只被圈养于德国奥博豪森水族馆的章鱼，不但让那些所谓的足球预测专家"丢了脸"，而且让许多人对它爱恨交加。德国人埋怨它倒戈，给它取了个外号叫"卖国贼"；阿根廷球迷更是恨之入骨；但它却成了西班牙民众心目中的"神"，连西班牙总理都希望能派出人马保护它的安全。

保罗让德国奥博豪森水族馆享誉全球，并被很多有意前往德国的游客列为必去的景点之一。面对这棵摇钱树，奥博豪森水族馆的经理珀尔沃尔明确表示会让保罗在此安度晚年。

在中国，他被亲切地称为"章鱼哥"。章鱼哥睡衣、章鱼哥手袋、章鱼哥靠垫等五花八门的东西开始走进人们的生活。

德国奥博豪森水族馆的营销团队实在是太聪明了，他们巧借和水族馆搭不上边的世界杯，利用章鱼赚足了人气，使世界上几十亿人的目光投向了"神奇"的章鱼保罗，投向了该水族馆。而且，以一只章鱼作为切入点，没有过多的营销成本，即使预言错了，也不会产生多大的负面效应，至少还可以博众人一乐。

其实国内也不乏成功的事件营销案例。比如，蒙牛冠名"超级女声"，青岛啤酒"激情成就梦想"。但是，无论在投资回报、风险掌控和影响力上，以上案例都远没有达到章鱼保罗这一案例的高度。

一只章鱼的神奇营销让我们认识到了营销策划的魅力，同时给予了我们深刻的启示。

(资料来源：作者收集整理)

3. 模仿创造

模仿创造是一种由模仿引发物而设想出与其类似的创造物的创造方法。在人类的创造活动中，模仿创造占有很重要的地位。人们只要稍加注意自己身边的事情，勤于思考，就能通过模仿来做出创造发明或形成新的创意。

在企业营销活动中，通过借鉴模仿他人的营销模式，同时结合自身特点，可以很快找到一种适合自己的营销模式，进而增强企业的市场竞争力。其实，成功的模仿就是一种创新。

企业在模仿的同时，一定要创新。模仿创造不是简单的抄袭和照搬，而是因地制宜采取最合适的创意。对已有的事物的模仿只是为了做个参考和借鉴，通过借鉴在此基础上做出合适未知事物的选择和创造。模仿只是敲门砖，紧接着就是创新。没有创新的模仿是没有前途的。例如日本战后能够迅速在钢铁、汽车、电子领域赶超一些发达国家，靠的是模仿中的创新。有人说日本人"花一元钱买技术，花三元钱进行改进和创新"。购入的欧美技术，并没有被直接使用，而是用来肥沃日本原来贫瘠的技术创新土壤。

第三节 营销策划的流程

营销策划是按照特定程序运行的系统工程，其本身既有严谨的内在逻辑联系性，又有可以操作的程序性。营销策划的程序性保证了将整个策划活动有机整合，形成一个合理的整体策划。

俗话说："只有工作过程的质量，才能保证工作结果的质量。"为了保证营销策划工作的质量，营销策划必须按照一定的程序来进行。只有通过规范的工作程序，才更有可能产生合适的营销策划方案。

在具体的营销策划实践中，一般来说，营销策划应该按照以下流程进行。

一、界定问题

策划是一个目的性很强的工作，策划的第一个必要程序就是界定问题。所谓营销策划问题的界定，就是将企业发展中的问题按照简单化、明确化、重要化的原则，加以界定和提炼，最终提出真正面临的需要加以解决的问题。

其实界定问题的最重要的工作就是把需要解决的问题加以明确。营销策划不可能解决所有的问题，那么就要专注于最为重要的问题。在实际策划中，有些情况下问题是很明确的，例如，企业市场调研策划所要解决的问题基本上都是预先给定的，一目了然。但有些情况下，问题就不是很明确了，这就需要策划人自己去挖掘，去归纳整理。在这种情况下，往往需要进行事前调查，调查的详尽程度依不同的策划复杂程度而定。

二、收集和整理信息

"知己知彼,百战不殆。"一个策划案的成功,往往需要大量的信息作为支柱。这些信息不仅仅来自市场,而且来自生活中的各个方面。策划主题一旦确定以后,就要依据策划主题收集相关的信息资料来为策划服务。可以这么说,信息是营销策划的基础。

基于信息收集对整个营销策划活动具有举足轻重的作用,本书在后面部分对此有专门的介绍。

值得注意的是,在很多情况下,营销策划的目的是在收集和整理信息之后提出来的,营销策划目的的提出与收集和整理信息这两项工作往往交替而行。因此,许多教材将确定营销目标作为第三个步骤也是比较合理的。

三、环境分析

环境分析是整个营销策划活动的一个关键步骤,收集信息后,必须通过观察和分析,从纷繁复杂的数据中归纳出我们所需要重点考虑的问题,同时对资料的分析也会帮助我们对营销发展趋势进行科学的预测。

在进行环境分析时,可以从宏观环境、行业环境和公司环境三个方面加以着手。分析环境时,不需要面面俱到,但要重点突出。同时环境分析要结合策划的具体内容。在营销策划实战中,外部营销环境分析中对顾客和竞争对手的调查和分析是重中之重,应该做到细致和准确;内部环境分析中,重点要放在企业的总体营销战略和企业优势和劣势上,尤其要突出企业的具体优势。

为了更好地把握企业所处营销环境的真实状况,我们需要做一个 SWOT 分析,它有助于我们更好地形成创意。SWOT 分析在后面的章节中有详细的介绍。

四、产生创意,设计方案

这是整个营销策划活动的关键,它决定了营销策划的成功与否。创意的产生过程实际上是一种信息的收集、整理、加工、组合的过程,它分为产生灵感的(线索)启示、产生灵感、产生创意构想三个阶段。每个阶段信息的收集、整理、加工、组合方法的优劣,最终决定最终创意乃至最终策划的优劣。正因为如此,一个出色的策划人员必定是一个信息收集和整理的高手,同时对信息具有高度的敏感性。

有了好的创意,还必须将这些创意落实到具体方案中,因此设计的方案要使人感到有新意,切实可行。

在营销策划实践中,市场营销的手段主要采用大家熟悉的 4P 组合:产品(Product)、价格(Price)、地点(Place)和促销(Promotion)。在做策划方案时,应将重点放在 4P 营销组合的创新上。

五、方案评估和论证

现实中创意方案是很多的,但并不是每个创意方案都是有价值和意义的。为了使创意方案达到一定的标准,要对其进行评估和论证。对方案的评估和论证主要有以下三种形式:经验判断、逻辑推理和试点试行。方案评估的重点应放在方案的可行性和效益性上，必要时，还可以请专家或企业管理人员进行论证。

值得注意的是，在营销策划的方案评估中，一定要注意营销策划费用的匡算。不顾成本的营销策划方案，本身就违背了策划中切实可行的原则。在做营销策划费用匡算时，最好是将策划需要的开支进行分解，计算出每一项营销行动中的花费。假如你做的是一个展览策划，你就要把人力费用开支、宣传材料费用、场地费等一一列出来，这样更容易让决策者接受你的策划方案。许多教材将营销费用预算单独作为一个具体的步骤，这也是可以的，其实关于营销费用的匡算一直贯穿于整个策划的过程。

六、撰写策划书

营销策划书是整个营销策划内容的载体，也是整个营销策划活动的成果，它凝聚着策划人的智慧，同时也是今后企业营销活动的行动计划。一份好的营销策划书，能够将策划人的真实意图完整表达出来，将有助于营销决策人员和组织实施人员更好地理解策划的具体思想。因此，营销策划还必须有生动和引人注意的外在形式，这样才可以更好地得到别人的支持。

营销策划书的写作遵循一定的基本格式，同时，在实战中，如何写好策划书是有一定技巧的，在本书的其他章节将做详细的阐述。

七、落实方案

营销策划的实施，是把营销策划方案转化为具体行动的过程。企业必须根据营销策划方案的要求，处理好各种关系，提高执行力，把营销策划方案落实到位。

为了确保策划方案落实到位，要重点做好以下工作。

(1) 制订详细的实施计划，保证策划方案的正确执行。
(2) 培训相关人员，让他们对策划方案的目的、意义和今后的工作有更深的了解。
(3) 运用目标管理，把策划方案按照目标、步骤和层次进行分解。

八、效果评估

在一个策划有效期内，营销活动结束后，要对整个策划活动有一个综合的评估，对以前的工作效果有一个合理的判断，同时也作为拟订新策划方案的参考依据。评估的项目主要有以下内容。

(1) 成果：是否达到策划的目标？
(2) 预算：整个策划活动是否超过了预算？策划过程是否存在不必要的开支？
(3) 速度：整个策划是否按照预定的进度完成？提前了还是延后了？
(4) 协调：各部门在策划活动中是否沟通顺畅，目标一致？
(5) 信息：信息判断准确吗？
(6) 经验或教训：倘若创意成功了，成功的关键何在，我们有哪些经验？倘若创意失败了，为什么会失败，失败的主要教训是什么？

第四节　营销策划中的创意

营销策划是一种创新行为。要创新，就要把创意贯穿于营销策划的过程之中。创意成功与否是营销策划能否取得成功的关键。从某种意义上说，创意是营销策划的灵魂。要正确理解营销策划中的创意，首先就必须了解什么是创意。

一、认识创意

自从人类诞生以来，创意就与我们的生活紧密结合起来，人类的生活充满了创意，同时人类的发展也离不开创意。例如都江堰的建设、结绳记事、算盘的发明，无不体现了人类的智慧和创意。

所谓创意，是指人们在经济、文化生活中产生的思想、点子、主意、想象等新的思维成果，是一种创造新事物、新形象的思维方式和行为。它包括两层意思：

(1) 指创造欲望，是人们心理上的一种强烈的发现问题和解决问题的冲动。

(2) 意想不到的能带来效益的解决问题的方法，也就是创造性组成的一连串的"点子"。

创意是人类智慧的表现，在现实生活中，文学、绘画、音乐、舞蹈、体育、政治、教育、经济等几乎任何方面，都离不开创意。

【案例1-22】

《清明上河图》，一件充满了创意的旷世之作

在中国，有一幅画，至今让人津津乐道，它就是现存于故宫博物院的《清明上河图》。

《清明上河图》不仅仅是一件伟大的现实主义绘画艺术珍品，同时也为我们提供了北宋大都市的商业、手工业、民俗、建筑、交通工具等翔实形象的第一手资料，具有重要历史文献价值。其丰富的思想内涵、独特的审美视角、现实主义的表现手法，都使其在中国乃至世界绘画史上被奉为经典之作。

从《清明上河图》中可以看到几个非常鲜明的艺术特色：此画用笔兼工带写，设色淡雅，不同一般的界画，即所谓"别成家数"；构图采用鸟瞰式全景法，真实而又集中概括地描绘了当时汴京东南城角这一典型的区域；作者用传统的手卷形式，采取"散点透视法"组织画面，画面长而不冗，繁而不乱，严密紧凑，如一气呵成；画中所摄取的景物，大至寂静的原野、浩瀚的河流、高耸的城郭，小到舟车里的人物、摊贩上的陈设货物、市招上的文字，丝毫不失；在多达500余人物的画面中，穿插着各种情节，组织得有条不紊，同时又具有情趣。

这幅画的作者是北宋画家张择端，他为了创作这幅画，长时间在都城汴京体验社会各阶层人民的生活，对每个市井人物的动作和神情都了然于心，同时也激发出他创作的灵感，这充分说明，张择端生活的积累非常丰厚，创作的技巧非常娴熟。

因此，我们可以说，创意来源于对生活的积累，产生于创造性的思维，创意的创新要求创意者要学会深入了解生活，在生活中积累丰富的知识和经验，生活就是创意最好的老师。

(资料来源：作者收集整理)

二、创意的特点

创意作为一种思维方式,有其自身特点。

1. 积极的求异性

创意思维实为求异思维。求异性贯穿于整个创意形成的过程之中,表现为对司空见惯的现象和人们已有的认识持怀疑、分析和批判的态度,并在此基础上探索符合实际的客观规律。

【案例1-23】

司马光砸缸的故事

司马光砸缸的故事家喻户晓,人们对小司马光的聪明伶俐赞叹不止,其实司马光救人也采取的是求异思维。一般小孩认为,只有把人从水里捞出来才可以救人。而司马光认为,只要人水分离,也属于救人。他把缸砸破,水流出来,小孩也就得救了。

(资料来源:作者收集整理)

2. 睿智的灵感

灵感是人们接受外界的触动而闪现出的智慧之光,它是在人们平时知识积累的基础上,在特殊情况下受到触动而迸发出来的创造力。灵感是随机迸发的,是不可刻意乞求的。但灵感是思维的积累,有知识、材料的积累,才有灵感的迸发。灵感产生于有准备的头脑。

【案例1-24】

鲁班发明锯的故事

相传有一年,鲁班接受了一项建筑一座巨大宫殿的任务。当时还没有锯,他的徒弟们只好用斧头砍伐,但这样做效率非常低,这可急坏了鲁班。为此,他决定亲自上山察看砍伐树木的情况。上山的时候,由于他不小心,无意中抓了一把山上长的一种野草,却一下子将手划破了。鲁班很奇怪,一根小草为什么这样锋利?于是他摘下了一片叶子来细心观察,发现叶子两边都长着许多小细齿,用手轻轻一摸,这些小细齿非常锋利。他明白了,他的手就是被这些小细齿划破的。后来,经过多次试验,鲁班发明了锯。

(资料来源:作者收集整理)

3. 敏锐的洞察力

敏锐的洞察力是创意者提出构想和成功解决问题的方案的基础,缺乏洞察力就会遗弃和漏掉大量的创意资源。策划人的洞察力,是把握营销策划进程的重要手段。如果缺乏对市场、商品、消费、竞争等趋势的洞察力,策划者就可能做出毫无价值的策划。

【案例1-25】

弗莱明博士发明青霉素

在科学史中有两个极为有名的关于"偶然"的故事。其一是苹果砸在牛顿头上,然后牛顿发现了万有引力定律的故事。另外一个则是青霉素被发现的故事。弗莱明发现青霉素是一个偶然,但是正是他在这方面的研究和探索才铸就了这个偶然,也挽救了众多的生命。

1928年的夏天,天气不热却潮湿,喜欢低温和潮湿的霉菌就污染了许多培养皿。通常弗莱明在观察完一个培养皿后就除去菌落,好让助手洗净培养皿再用,但是他这次在暑假前将其放置一边。在细菌生长完成之前,一段凉快的天气促使霉菌生长并分泌青霉素,而细菌生长则需要较高的温度。在弗莱明回到实验室时他观察培养皿，发现青霉菌附近已生长的菌落发生部分溶解。如果天气较热的话溶菌作用就不会发生，因为天热会使葡萄球菌先生长，青霉素只能引起生长过程中的细菌溶解，而不能使培养基上已经生长完毕的细菌溶解。弗莱明是一位意外事件的敏锐的观察者，他对这现象感到好奇，并深入进行研究。他将霉菌的孢子取出来单独培养，这种霉菌生长得很快，白白的像绒毛团，慢慢变成暗绿，放久了的培养基简直暗得成了带绿的黑色。弗莱明对霉菌的知识并不渊博，但他知道这是青霉属的一种，于是他就命名为青霉素。在弗莱明之前虽然有多人注意到了青霉能抑制细菌的生长，但是他们没有一个人像弗莱明那样做进一步的更深入的研究。

青霉素的发现有一定的偶然性，如果1928年的夏天不是凉快潮湿的天气，如果某个青霉孢子没有幸运地落在弗莱明的实验培养皿上，如果弗莱明对这个意外事件漠然置之，青霉素能否发现或者能否在20世纪40年代就造福人类，我们都无法假设。

(资料来源：百度文库)

4. 丰富的想象力

想象是表象的深化，想象力是人们凭借感知而产生的预见、设想。想象力是发展知识的源泉，也是推动创意发展的源泉。想象力包括联想、环想、设想、幻想，它是思维无拘束的自由驰骋，也是智慧的发散和辐射。想象力应该奇妙。只有出奇，才能在"山重水复疑无路"时"柳暗花明又一村"；只有美妙，才能产生诱惑力和色彩斑斓的世界。

【案例1-26】

古代文人的丰富想象力成就了不朽的杰作

在我国古代文学作品中创意的例子举不胜举，文人用他们丰富的想象力为我们留下了宝贵的诗篇。例如，为了描述自己爱国忧民情怀，诗人屈原写下了名句："长太息以掩涕兮，哀民生之多艰。"诗人郑板桥也借用竹子的声音写下了名句："衙斋卧听萧萧竹，疑是民间疾苦声。"为了描述春天的美景，诗人王安石写下了名句："春风又绿江南岸，明月何时照我还。"一个"绿"字使人产生了春水盈盈、春意盎然的遐想。为了表示对爱情的忠贞不渝，诗人元稹写下了名句："曾经沧海难为水，除却巫山不是云。"为了表示自己的伟大爱国情怀，诗人文天祥写下了名句："人生自古谁无死，留取丹心照汗青。"

(资料来源：作者收集整理)

三、创意的培养和开发

创意活动是一种高智能的脑力活动，创意的产生需要创意者具有丰富的知识和优秀的个人素质，这对创意者提出了非常高的要求。为了适应创意活动的要求，需要创意者采取一定的措施，有意识地培养和提高自己的创新意识和创新能力。

1. 培养创新意识

人的创新意识分为习惯性创新意识和强制性创新意识。习惯性创新意识一经形成，就具有稳定持续的特点，因此要从小培养。强制性的创新意识受创意体目的性支配，当创意活动的目的性达到后，这种创新意识多归于消灭。培养创新意识要从培养习惯性创新意识和强化强制性创新意识两个方面着手。

(1) 习惯性创新意识的培养途径。习惯性创新意识的培养要从小抓起，注意开发右脑，注意从品格上加以磨炼。同时，要注意培养创意性的品格，这主要包括：尊重知识、崇尚科学、仰慕创意的品质，勤于思考、善于钻研、敏于质疑的习惯，勇于探索、刻意求新、独树一帜的创新精神。

(2) 强制性创新意识的培养途径。强制性创新意识的培养途径有外部强制和自身强制之分。

外部强制是指一切由外部因素激发的创新意识，例如上级布置的指令性课题、领导委派的开发任务等。对于具有一定的敬业精神和责任感的人来说，外部强制也可以在一定时期保持旺盛的创新意识。

自我强制是由自我需要的目的性而引发的创新意识。自我需要的目的性既有经济利益的需要，如奖金、转让费等，而强制自己去创意；也有个人显示心理的需要，如要借此显示自己的才能，认为发明创造是一种享受，可以满足心理上的成就欲和成功感，故强制自己去创意；更高境界的则是宏伟的抱负和崇高理想的需要，从而激发创新意识。

2. 训练发散思维

在实践中，创意的思维方式运用最为普遍的就是发散性思维方式。发散性思维，又称扩散性思维、辐射性思维、求异思维。它是一种从不同的方向、途径和角度去设想，探求多种答案，最终使问题获得圆满解决的思维方法。营销策划创意中，往往通过产品本身的功能、结构、形态、材料等作为发散点，去寻找创意。

具体的方法有发挥人的充分的想象力，淡化标准答案的约束或是说束缚，鼓励人们从不同的角度、多个方面来进行思维，从而打破常规的做法，削弱思维的定势，还要对问题或是事件进行大胆的质疑，更加要学会反向思维的方法。

发散思维是不依常规，寻求变异，对给出的材料、信息从不同角度，向不同方向，用不同方法或途径进行分析和解决问题。一题多解的训练是培养发散思维的一个好方法，它可以通过纵横发散使知识串联、综合沟通，达到举一反三。

3. 学会观察生活

创意来源于生活，创意者要想在生活中激发自己的灵感，产生创意思维，首先就要从日常生活中去体验，去挖掘。

现实中的生活丰富多彩，给予了我们太多的遐想。通过对现实生活的仔细观察，可以开拓创意者的眼界，使创意者的思想不断得到升华和提高，想象力也更加丰富，同时也有利于创意者学会用多角度去思考问题。多向思维才是高质量的思维，只有在思维时尽可能多地给自己提一些"假如……""假定……""否则……"之类的问题，才能强迫自己换另一个角度去思考，想自己或别人未想过的问题。

因此，创意的第一个基本动作是"观察"。当你看到的东西不一样，你想的东西也就与众不同。"观察"不是天赋，而是一种耐心的训练，必须经过长期有意识地练习才行。

观察力的训练，没有捷径，必须给自己设定强迫性"观察"的课程。一个策划人应该随时利用机会，锻炼自己的观察能力。

4. 激发灵感，提升想象力

灵感是人们在探索过程中，由于某种机缘的启发，而突然出现的豁然开朗、精神亢奋、取得突破的一种心理现象，是人们大脑中产生的新创意、新想法。灵感就是解决问题时感性思维过程的结果被理性思维过程捕获到后而形成的解决问题的思路。

人们在生活中总结出了许多灵感产生的有效方法，主要有：长期探索，积极思考；劳逸结合，有张有弛；调节活动，展开讨论；随时想到，随手记下。

四、从营销策划角度理解创意的内涵

1. 创意的来源

创意来源于独特的心智，令竞争者无法模仿。创意必须以企业整体营销战略为依据，充分考虑企业所处的市场营销环境，以及目标群体的消费者的消费心理和需求特点来进行。只有在掌握了足够多的有价值的市场信息后，才能产生出具有针对性的市场营销创意。

【案例1-27】

打1折

商家打折大拍卖是常有的事，人们决不会大惊小怪。但有人能从中创意出"打1折"的营销策略，实在是高明的"枯木抽新芽"的创意。

日本东京有个银座绅士西装店，这里就是首创"打1折"销售的商店，曾经轰动了东京，当时销售的商品是"日本GOOD"。

具体的操作是这样的：先定出打折销售的时间，第一天打9折，第二天打8折，第三天和第四天打7折，第五天和第六天打6折，第七天和第八天打5折，第九天和第十天打4折，第十一天和第十二天打3折，第十三天和第十四天打2折，最后两天打1折。那么，商家究竟赔本了没有？

实际情况是，由于是让人吃惊的销售策略，所以，前期的舆论宣传效果会很好。抱着猎奇的心态，顾客将蜂拥而至。当然，顾客可以在这打折销售期间随意选定购物的日子，如果你想要以最便宜的价钱购买，那么你在最后的那两天去买就行了，但是，你想买的东西不一定会留到最后那两天。

所以，实际上第一天前来的客人并不多，如果前来也只是看看，一会儿就走了。从第三天开始就有大量的顾客光临，第五天打6折时客人就像洪水般涌来开始抢购，以后就连日客人爆满，当然等不到打1折，商品就全部卖完了。你想，顾客纷纷急于购买到自己喜爱的商品，就会引起抢购的连锁反应。商家运用独特的创意，把自己的商品在打5、6折时就已经全部推销出去。"打1折"只是一种心理战术而已，商家怎会亏本呢？

(资料来源：百度文库)

2. 创意产生的过程

创意产生的过程是用新的方法组合旧的要素的过程。创意其实就是在不断寻找各种事物之间存在的一般或不一般的关系，然后把这些关系重新组合、搭配，使其产生奇妙、变幻的创意。在营销策划实践中，我们要不断去尝试、去发现如何重新进行各种营销要素之间的组合、搭配，以便能够产生好的创意思想。

【案例1-28】

瑞士军刀畅销全球

被世界各国视为珍品的瑞士军刀，恐怕是迄今为止最精彩的组合发明，其中被称为"瑞士冠军"的款式最为难得，它由大刀、小刀、木塞拔、开罐器、螺丝刀、开瓶器、电线剥皮器、钻孔锥、剪刀、钩子、木锯、鱼鳞刮、凿子、钳子、放大镜、圆珠笔等31种工具组合而成。携刀一把等于带了一个工具箱，但整件长只有9厘米，重185克，完美得令人难以置信。正因为如此，素以苛求著称的美国现代艺术博物馆也收藏了一把作为军刀中的极品。美国前总统约翰逊、里根、布什都特地订购瑞士军刀，作为赠送国宾的礼品。

(资料来源：百度文库)

3. 创意的生命力

营销策划创意并非一个投机取巧的小花招，而是要有生命力，必须是为了确实解决消费者的实际问题，让消费者从内心深处感到满意。从事营销策划工作的人，要产生好的创意，必须通过辛勤的劳动，刻苦钻研，同时要勤于思考，善于观察，多站在消费者的角度去思考创意的价值。创意切不可为了企业的短期利益，损害到企业的长远利益。

【案例1-29】

虚假宣传的恶果

曾经有一家服装企业，积压了许多内衣产品，卖不出去，为了将这批产品卖出去，企业想了一个办法，在社会上宣传买了该公司产品的顾客都交上了好运气，没有买该公司产品的顾客就不会交好运等，短时期内，一些不明真相的顾客购买了该公司的产品，产品也顺利销出去了。从短期来看，这个办法产生了一定的效果。但后来经过媒体报道后，该公司在社会中的形象一落千丈，导致企业陷入了危机。

(资料来源：作者收集整理)

五、营销策划创意的过程

1. 创意的准备

一个好的营销创意往往是从"收集和整理资料"开始的，营销策划人在创意之前，往往会围绕策划的目标和主题，通过不同途径收集和整理大量的资料和信息。在这个过程中，策划人带着问题去思考，就会有千千万万个创意涌现出来。可以这么说，信息的收集和整理过程往往就是灵感喷发的过程。当然，一个策划案并不是只能容纳一个创意，而是可以同时容纳几个策划创意。此外，针对一个策划主题，往往不只做一个策划案，而可能做出多个策划案来。

在这阶段，要特别注意以下几个问题。

(1) 信息要自己亲自去收集和整理。信息收集到整理都是一件辛苦的工作，但是信息的整理必须得亲自动手，这是一个不变的原则。它的理由是资料收集者必须正确地整理资料，而且在整理资料的过程中，可重新检查一遍所收集的资料，因此，对信息的感觉便会愈加敏锐，往往会产生意想不到的策划创意。

(2) 信息收集要全面，整理信息要及时。现实生活中，因为信息不全面造成决策失误的例子非常多。这就要求我们在进行营销策划时，收集的信息除了真实外，也要全面，片面的信息往往使创意没有实际价值。除此之外，信息收集完之后要及时处理，信息处理越及时，信息的感知度愈高，就愈能看清一切，同时及时处理信息有助于形成更好的创意。

(3) 要多收集负面信息。在营销实践中，也要多注意收集企业的负面消息。负面消息可以让企业了解消费者的真实想法，有利于企业不断改进产品质量和提高服务质量，为下一步做好营销策划提供了努力方向和动力。

2. 创意线索的寻找

有了创意灵感，就要试着设定策划主题，在策划主题设定完毕后，主要考虑的是：以什么样的创意来构成策划？而这构成策划核心的创意又该如何想出来？这时就要设法搜集创意的线索。不管有多么丰富的创意，如果不能将这些创意实际纳入策划案中，化为可能实现的创意，便不能称之为创意。问题在于是否能够顺应策划主题，适时想出有效的创意。

构成策划的创意构想、构成创意的灵感启示，以及着眼点的探求方法之优劣与能力，对策划者来说都是非常重要的因素。

3. 创意的产生

创意其实是人脑中意识活动的结果。人脑凭空不会产生创意，只有在获得外界信息的前提下，对信息进行整理、加工、组合，从而激发出暗示、灵感、突发念头等层次的"联想"。

当这些不同层次的"联想"汇聚在一起的时候，一定要将"联想"与策划主题重新结合在一起进行全面思考和评价，再进行分析和取舍，如此反复，最终就会形成一个比较理想的创意。

4. 形成创意说明书

有了好的创意，还要将创意进行表述，最好的创意表述方式就是撰写创意说明书。一般来说，创意说明书的内容因策划主题不同也会有所区别。其内容一般包括：命名、创意者、创意的目标、创意的具体内容、费用预算和创意产生的参考资料、创意完成的时间等。

【知识链接 1-2】

创意的"三境界"法

清代国学大师王国维(字静安，1877—1927)在代表作《人间词话》中提出"古今之成大事业大学问者，必经过三种境界"，用三段绝美的宋词极其形象地描述了思维求索"解决方案"的过程。

第一境界

"昨夜西风凋碧树，独上高楼，望尽天涯路"，是对目标、对象和环境的高视点、多角度、全方位的观察(搜集)、整理和分析。

第二境界

"衣带渐宽终不悔，为伊消得人憔悴"，是根据经验、标准、规律等参照系统对前阶段经过分解列举的各个关联要点进行筛选、判断，是不断的去伪存真、去粗取精的艰辛过程。

第三境界

"蓦然回首，那人却在，灯火阑珊处"，是经过不断地探索、比较、验证的思维过程，终于顿悟开朗的创新时刻。

王国维的"三境界说"被广泛地运用在很多领域，不论是学习还是研究，是做行动计划还是设计广告，因为不论是谁，人类思维的行进过程都是相似的。

(资料来源：百度文库)

第五节 营销策划人员的素质和能力

正因营销策划工作对提升企业市场竞争力具有非常重要的作用,营销策划越来越受到企业的重视,其对企业发展的推动作用日益得到了认可,营销策划行业也得到了飞快的发展,对营销策划人才的需求也日益增加。但也要清晰地认识到,营销策划工作毕竟是一项创造性的工作,工作的性质和内容决定了要成为一个优秀的策划人必须付出艰苦的能力,需要具备许多方面的知识、技能和素养。

一、营销策划人员

从事营销策划活动,提供营销策划服务,且具有良好的职业道德,能利用科学方法与创新思维,运用企业管理、营销策划理论和各种实战方法为公司营销活动提供创新服务的从业人员,称为营销策划人员。

营销策划人员的工作领域主要有两种。

(1) 本公司内部专门从事营销策划的工作人员。在许多公司内部,设立有专门的营销策划部,有些公司将营销策划部归口于销售部,也有些公司将营销策划部归口于市场部或商务部等。但工作的内容大致相同,主要就是在市场调查的基础上,运用创新思维,对企业营销活动进行超前性规划和决策。

(2) 专业营销策划咨询公司的营销策划人员。所谓营销策划公司是指从事市场营销服务,运用专业营销经验,帮助企业通过"智慧和创意",以更经济、更快速的方式打开市场的专业服务公司,属于商业性服务公司。在这些专业的营销策划公司里,有大量的营销策划人员,他们以智力资本向企业提供专业化服务。

目前国内从事营销咨询、营销策划的咨询机构较多,但水平参差不齐,比较知名的有麦肯锡公司、通用咨询公司、贝恩咨询、奇兵公司、福来公司、奇正沐古公司等。一些大型的营销策划公司的进入门槛还是比较高的,需要有较长的工作经验和较高的学习背景,有时对外语水平也有很高的要求。

二、营销策划人员的主要工作内容

营销策划的工作内容主要包括营销调研、营销战略策划、产品策划、价格策划、渠道策划、促销策划、广告策划、公关策划、人员推广策划、撰写营销策划方案等,如表1-3所示。

表1-3 营销策划的工作内容

工作内容	具体事项
营销调研	1. 确定所要收集的信息,设计问卷调查表;2. 市场营销数据的收集和整理;3. 市场营销数据分析;4. 市场需求测量与预测;5. 市场调研报告的撰写等
营销战略策划	1. 确定策划目标;2. 营销环境分析;3. 确定竞争策略;4. 市场细分;5. 选择目标市场;6. 进行市场定位等

(续表)

工作内容	具体事项
产品策划	1. 确定新产品的类型；2. 协助企业开发部门开发新产品；3. 制定新产品上市计划；4. 进行品牌设计；5. 制定并实施品牌策略等
价格策划	1. 测定需求弹性；2. 选择定价方法；3. 确定基本价格；4. 主动应对变价等
渠道策划	1. 分析渠道的影响因素；2. 确定渠道的长度和宽度；3. 渠道成员的选择和评估；4. 物流策划等
促销策划	1. 建立促销目标；2. 设计沟通信息；3. 制定促销方案；4. 选择促销方式等
广告策划	1. 确定广告的目标和广告预算；2. 制定广告信息；3. 选择广告媒体；4. 广告效果评估等
公关策划	1. 分析公共关系现状；2. 确定公共关系目标；3. 选择和分析目标公众；4. 制定公关行动方案；5. 编制公关预算等
人员推广策划	1. 人员的招聘与选择；2. 营销人员的培训与激励；3. 营销人员的考核与评价等
撰写营销策划方案	1. 构建营销策划书的框架；2. 整理资料；3. 版面设计；4. 确定营销策划书中必备项目；5. 掌握营销策划书撰写技巧等

三、营销策划人员的素质要求

在社会上，素质一般是指一个人文化水平的高低、身体的健康程度、惯性思维能力和对事物的洞察能力、管理能力和智商、情商层次高低以及职业技能所达级别的综合体现。营销策划人员作为从事创造性工作的脑力劳动者，就其素质而言，有些方面与其他人没有本质区别，如身体素质、思想道德素质等，在其他方面，其素质还是有区别于一般人的特殊要求。具体而言，营销策划人员的素质构成如表 1-4 所示。

表 1-4 营销策划人员的素质构成

营销策划人员的素质结构	政治思想和道德素质	政治思想素质
		职业道德
	身体素质	一般包括力量、速度、耐力、灵敏度、柔韧性等
	心理素质	个性、智力、心理适应能力、心态等
	知识结构	—

1. 政治思想和道德素质

拥有良好的政治思想和道德素质是人们做任何一项事情的基本素质，营销策划人员也不例外。

(1) 政治思想素质。营销策划人员在工作中要有正确的政治方向，树立正确的人生观和价值观，要拥护并贯彻执行党的路线、基本方针和政策，遵纪守法。在工作中有敏锐的政治鉴别力，对于所承担的咨询项目或者是本职工作中涉及的政治事件和思想问题要有洞察和辨别能力，不做有损国家和人民利益的事情。

(2) 道德素质。营销策划人员要有良好的职业道德，在工作中要遵守企业的各项规章制度，遵守咨询服务业的道德规范，重视和维护好企业的信誉，切实维护好客户的根本利益。切不可为了一时的利益做有损于企业的事情，更不能搞商业欺诈。

在策划时，要做到诚信为本、真诚待人，营销策划人员既要有人品，还要有良好的操守。当前，一些营销咨询公司举步维艰的一个重要的原因就是人们对策划行业缺乏了解和信心，身处在营销策划行业的从业人员，就必须自觉遵守这个行业的职业操守，对客户高度负责，以优质高效的服务取信于顾客，诚信经营，守法经营。具体而言，营销策划人员的职业道德标准如表1-5所示。

表1-5 营销策划人员的职业道德标准

协调关系	简短概括	具体表现
对社会	守法弘德	遵纪守法、弘扬道德
对消费者	互利共赢	以消费者为中心
对企业	爱岗敬业	热爱本职工作、忠于职守
对客户	诚实守信	实事求是、真诚相待
对竞争对手	合法竞争	公平、公正竞争

2. 身体素质

无论从事任何工作，拥有一个健康的体魄，具有充沛的体力和精力，都是事业成功的保证。营销策划人员承担的工作是比较繁重的，要完成一个好的营销策划方案往往要花很长时间，不单要在现场进行调查、分析，还要不断用脑力去寻找创意。因此，没有一个好的身体素质是很难胜任此项工作的。

3. 心理素质

心理素质包括人的认识能力、情绪和情感品质、意志品质、气质和性格等个性品质诸方面。作为营销策划人员，良好的心理素质尤其重要，特别是要做到以下三点。

(1) 有坚韧的进取心。营销策划工作是一项艰苦的创造性工作，通常会有一些意想不到的事情发生。例如，营销策划人员经常会因为一个创意而"苦思冥想"，费尽心血形成的一个创意，却发现在现实中得不到认可，反对声音一片，于是又不得不推倒重来。可以这么说，从事了营销策划工作，失败就与我们如影随形。但是，无论怎样，都要理性面对成功与失败，即使事情办得不好，同样也是一种收获，因为通过策划我们得到了锻炼，得到了经验和教训，失败也会激励我们在以后的日子里做出更好的业绩。只有这样，才能最终取得成功。这就要求营销策划人员有坚韧的进取心，百折不挠，敢于挑战自我。

(2) 有乐观的心态。做策划的人，要有积极的心态，始终充满自信。多注意自己的长处和优点，要相信自己是独一无二的。别人擅长的对你来说也许是困难的，但你拥有的别人也许终生都得不到。只要找出自己的优势，挖掘自身的潜力，在现有的基础上进步，我们就会逐步树立起信心，并不断走向成功！

(3) 有宽阔的胸怀。营销策划工作往往不是一个人在战斗，优秀的营销策划人员必须具有宽阔的胸怀、谦逊的态度，同时要与人为善，要善于学习和借鉴别人的长处，同时也要正确对待各种批评意见，切不可固执己见，目中无人。许多成功的策划人员往往都非常善于与人相处，从而得到他人的指点和帮助。

4. 知识结构

营销策划工作是一项综合性很强的工作，对很多学科知识都有很高的要求。正因如此，要成为一名优秀的策划人员必须经过刻苦的努力，必须具备深厚且合理的知识结构。

一般来说，营销策划人员的合理的知识结构应该是倒 T 形结构。其中 I 代表专业知识，"—"代表横向相关知识，也就是说，营销策划人员既要有扎实的专业知识，也要有广博的相关知识。在营销实践中，营销策划人员应该掌握的知识主要有如下方面。

(1) 营销学知识。掌握好营销学知识对我们做好营销策划工作起到至关重要的作用。营销策划人员首先要掌握好营销学的相关理论和实践知识，这主要包括营销学的基本观念、顾客满意和客户关系管理、市场调查与分析、营销战略的制定、市场环境分析、市场顾客行为分析、如何进行市场细分和定位、怎样管理产品与开发、制定定价目标与方法、设计营销渠道和价值网络、如何导入整合营销传播等。

(2) 心理学知识。营销策划工作的核心就是要满足消费者的需求。为了更好地满足消费者需求，营销策划人员必须掌握消费者心理、消费者需求、动机、信念、态度、欲望等一系列与消费者行为有关的心理学知识。

(3) 社会生活知识。市场营销既是一种经济行为，又是一种社会行为。同样，营销策划是一项实践性和操作性都很强的创造性工作，具有非常强的社会实践应用性。因此，策划人员必须具备丰富的社会生活知识，了解社会现象，掌握社会心理，同时对文化、风俗等有深刻的认识，才能策划出符合社会实际的、在实践中具有可操作性的营销策划方案。

(4) 企业和产品知识。俗话说："知己知彼，百战不殆。"要做好营销策划方案，首先要对企业自身和产品有很深的了解。营销策划人员应该熟悉企业的发展历史、经营范围、在业内的地位、企业规模、企业经营理念、企业规章制度、企业销售政策、企业付款条件等，同时对产品特性、规格、性能、工作原理等产品知识都要熟练掌握。

(5) 财务知识。要做好营销策划方案，必须要对财务知识有比较深的了解，特别是掌握好财务预算、财务指标评价、财务风险管理等。

(6) 相关法律知识。营销策划人员应该对相关的法律、政策有足够的理解，包括广告法、反不正当竞争法、合同法以及国家制定的各种相关的法规、政策等，这样才可能避免出现因对法律的无知而造成的对他人无意的伤害或不正当竞争的发生。

(7) 专项策划知识。营销策划人员往往要根据策划项目的不同，选定某一专项营销策划领域，向纵深发展，形成能发挥自己优势的专业化方向，例如，从事旅游营销策划的人员，还必须掌握旅游市场营销、旅游管理等相关知识；从事广告策划的人员，要掌握广告学、广告策划学等相关知识。

(8) 其他相关知识。营销策划工作是一项集科学性、实践型和艺术性于一体的创造性工作，它需要营销策划人员具有"上知天文、下知地理"的综合知识。例如，营销策划人员还应该有一定的艺术欣赏水平，知晓广泛的社会文化知识，对美学有一定的理解和认识。

四、营销策划人员的能力要求

1. 敏锐的洞察力

洞察力是人们对个人认知、情感、行为的动机与相互关系的透彻分析。通俗地讲，洞察力就是透过现象看本质。营销策划人员应有敏锐的洞察力，能对市场行情明察秋毫，并能够从现象中看出本质，从普通的市场销售资料中发现重点，发现潜在的问题，捕捉一切对企业的生存、发展有利或不利的信息。策划人员的洞察力，是把握营销策划进程的重要手段。营销策划人员就是要从一些端倪中及时发现消费者需求变化、经销商的异常举动、终端的陈列动向、竞争对手的市场动作等，并及时做出正确判断，随时做出反应。

【案例1-30】

南林大学生大三开始创业，"摇钱树"叶子开发成保健茶

南京林业大学读研的学生、南京青林生物科技有限公司副总经理李垚介绍，他学的是林学专业，大二去黄山参加树木学实习，在秀美的山溪边，第一次见到了叶如碧玉、果似铜钱的青钱柳。"老师向我们介绍了青钱柳又叫'甜茶''神茶'，老百姓千百年来都采用它的叶子做茶，我立即对它就有了好感。"

回到学校后，李垚就找到了学校森林培育学科专门从事青钱柳资源开发利用的方升佐教授，详细地了解了青钱柳产业化现状，并于2011年下半年开始参加导师关于青钱柳的多项科研课题。随后，他组建南京青林生物科技有限公司，自创"林之缘"品牌，开发青钱柳保健茶。仅用了不到1年的时间，就把青钱柳茶卖进了北京、上海等多个大城市。

(资料来源：作者收集整理)

2. 丰富的想象力

想象力是发明、发现及其他创造活动的不竭动力，是人类创新的源泉，营销策划工作作为一项创造性工作，尤其需要策划人具有丰富的想象力。

具有丰富想象力的策划人员能够打破思维定式，进行开放式思维想象，找出表面上互不相干的事物的内在与有机联系，找到解决复杂问题的多种方法，创造性地架起现实与追求目标之间的桥梁，创造性地提出解决问题的构思和方法。

要培养自己丰富的想象力，首先要积累丰富的理论知识和实践经验，要不断拓宽自己的知识面；其次要保持和发展自己的好奇心，勤于思考；最后，应善于捕捉创造性想象和创造性思维的产物，进行思维加工，使之变成有价值的成果。

3. 勇于创新的能力

创新能力是民族进步的灵魂、经济竞争的核心。当今社会的竞争，与其说是人才的竞争，不如说是人的创造力的竞争。要创新，意味着打破常规，取得突破。而营销策划人员的最重要的工作就是通过市场调查收集信息，并通过对信息的整理运用，谋求一种突破。

创新能力在整个营销策划方案中起着重要的作用。从创意的产生、选择，到构思的精细巧妙，从方案的撰写和表述，到企业的最终实施和评价，每一步都需要营销策划人员具有提出新思想、新意见，想出新办法、新点子的能力。

【案例1-31】

星巴克猫爪杯的创意性设计，成就非凡的销售业绩

2019年2月26日，星巴克咖啡在其中国门店发售了2019年的樱花主题系列的杯子。在星巴克的这组春季新品中，不少杯子的造型、设计都离不开猫、狗和樱花，而在这些新款杯子中，最受欢迎的当属一款名为"猫爪杯"的杯子。猫爪杯透明玻璃材质，杯子内层设计为猫爪形状，外层印有樱花图案，当内部倒入有颜色的液体时，猫爪形状便浮现上来。因"猫爪杯"造型的独特，引起了不少网友的抢购，有的网友为了买到杯子在星巴克开门前几个小

时就前往排队，甚至还有网友搭起帐篷彻夜排杯。

(资料来源：百度百科)

4. 良好的组织沟通能力

美国著名人际关系学家卡耐基说："一个职业人士成功的因素75%靠沟通，25%靠天才和能力。"营销策划人员的组织沟通能力是指策划人员围绕既定的目标，通过各种信号、媒介和途径有目的地交流信息、意见和情感的信息传递行为，具体而言，包括营销策划团队的建设、资料的收集与整理，策划工作的分工与协调，策划方案的制定等，也就是对人、物、事实行统筹安排。营销策划人员的组织能力和沟通能力如何，将直接影响最终的策划效果。

5. 良好的编写表达能力

营销策划人员的一切活动的最终结果——创意、概念、方案以及执行措施都需要策划人员用语言和文字表达出来，最终说服决策者认可并接受你的策划方案，并且能够指导营销策划方案不折不扣准确实施，这就需要营销策划人员具有良好的编写表达能力。

在实践中，营销策划人员往往需要撰写问卷调查表、市场调查报告和营销策划方案，这三份文字材料质量的好坏将直接决定策划最终能否被认可和采纳。许多策划人员有很好的创意和想法，但表述能力欠缺，报告写得平淡无奇，无法打动决策人，导致策划方案无法得到实施。因此，营销策划人员除了要熟练掌握计算机基础知识外，还要掌握一些写作的技巧和方法。

6. 很强的执行能力

执行能力是指营销策划人员要将营销策划创意整理成可以执行的方案，并指导操作者予以有效实施的能力。

任何一种好的创意，不落实到执行上，就不可能产生我们所想要的效果。一位出色的策划人不仅要善于创意，更要多思考如何将策划方案付诸实践。

要确保方案得以很好的贯彻执行，重点要做好以下两项工作：

(1) 做好方案的可行性论证，重点考察方案的经济可行性和执行的可行性上。在做方案中，要不断与领导或决策者进行有效沟通，认真听取他们的意见和建议，同时要认真听取顾客和执行部门的相关建议，不断完善策划方案，尽可能多地取得他们的支持。

(2) 在方案获得认可并获得通过后，要不折不扣地将策划方案执行下去，确保方案能够最终取得实效，达到策划的目的。

总之，营销策划人员需要具有扎实的基础知识和丰富的知识体系，具有良好的职业道德和职业操守，同时具有多方面的思维和工作能力。要成为一个出色的营销策划人员，需要不断地努力学习，同时在实践中不断提高自己的综合能力。

综合训练题

一、名词解释

策划　计划　营销策划　创意　点子　模仿　创造　公关造势

二、简答题

1. 策划的含义、特征和构成要素是什么？
2. 营销策划有哪些作用？
3. 营销策划的基本原则是什么？
4. 营销策划有何特点？
5. 营销策划的步骤是什么？
6. 什么是创意？如何进行创意的开发？
7. 营销策划人员需要具备怎样的素质和能力？

三、案例分析

卖木梳的故事

某大公司为了招聘到最优秀的营销人员，特意出了这么一道难题：要求应聘者在十日之内尽可能地把木梳卖给和尚，为公司赚取利润。有A、B、C三人欣然应聘，他们奔赴各地，访名寺，卖木梳。期限到，三人交差。A君只卖出一把，B君卖出十把，C君竟然卖了一千把。同是卖木梳给和尚，为什么三人的销售额会有这么大的区别？公司主管百思不得其解，后来经过逐一询问，才解其惑。原来A只是想把木梳卖给和尚，他根本没有考虑到木梳对和尚来说有什么作用或好处，尽管他费尽口舌，也卖不出一把梳子，反而被和尚轰出山门，幸好有一个云游僧人可怜他，买下了他的一把梳子，否则，他只好空手而归了。B比A聪明，他对寺院的住持侃侃而谈："庄严宝刹，佛门净土，理应沐浴更衣，进香拜佛。倘若衣冠不整，蓬头垢面，实在亵渎神灵。故应在每座寺庙的香案前，摆放木梳，供前来拜佛的善男信女，梳头理发。"住持认为言之有理，便采纳了建议，总共买下了十把木梳。C比B更胜一筹，他为了推销木梳，自己打探到一个久负盛名、香火极旺的名刹宝寺，向方丈进言："凡进香朝拜者无一不怀有虔诚之心，希望佛光普照，恩泽天下。大师是得道高僧，且书法超群，可将所题'积善'二字刻于木梳之上，赠予进香者，让这些善男信女，梳却三千烦恼丝，青灯黄卷绝尘缘，以显示我佛慈悲，保佑众生，慈航普度。"方丈闻之，大喜，既然木梳对寺庙有如此多的好处，当即买下一千把梳子，并请C小住几天，共同出席了首次赠送"积善梳"的仪式。此举一出，一传十，十传百，朝圣者更多，香火也更旺。为此，方丈恳求C急速返回，请公司多发货，以成善事。

在正常情况下显得有些滑稽，甚至不可理解，木梳跟和尚表面上是两个毫不相关的元素，但两位精明善变的卖木梳人通过不同形式都说服了和尚，使和尚心甘情愿掏腰包购买自己本来不需要的东西，这可以说是创造性地开展工作。这说明逆向思维让两个毫无关联的事情通过创意搭成一个平台，反而达到了很好的效果，这就是产业化产生的效果。

(资料来源：百度文库)

思考题：

应聘者C具有哪些做营销策划人员所需要的能力和素质？他能够获得成功的主要原因是什么？

第二章

企业营销环境分析

　　企业并不是生存在一个真空内,作为社会经济组织或社会细胞,它总是在一定的外界环境下开展市场营销活动。任何企业都是在不断变化着的社会经济环境中运行的,都是在与其他企业、目标顾客和社会公众的相互关联(合作、竞争、服务、监督等)中开展市场营销活动的,企业的营销活动都要受到各种客观条件的影响和制约。因此,企业必须重视对市场营销环境的分析和研究,全面、准确地认识市场环境的现状和未来趋势,监测、把握各种环境力量的变化,这些对于企业扬长避短、审时度势、趋利避害,从而有效地开展营销活动,实现企业的营销目标具有重要意义。

知识要点:

1. 营销环境的概念、特点,以及对营销活动的影响
2. 影响市场营销活动的宏观及微观因素
3. 不同营销环境对企业营销活动的影响
4. PEST 分析法
5. EFE 矩阵分析法和 IFE 矩阵分析法
6. SWOT 分析方法

第一节　认识营销环境

　　对企业而言,营销环境是不可控制的因素,营销活动只有适应环境的变化,才能够得以正常运行。营销管理者的一项重要任务就是适当安排营销组合,使之与不断变化着的营销环境相适应。许多企业的发展壮大,就是因为善于变化而适应市场;而在市场经济发展中,也有部分企业,往往对市场环境变化的预测不及时,或者预测到而没有采取相应的措施,结果造成企业不能适应市场,重者破产倒闭,轻者经济受损。

　　因此,营销者必须及时注意市场营销环境的调查,预测和分析,然后根据各数据确定营销组合和策略,相应地调整企业的组织结构和管理体制,使之与变化环境相适应。大量的市场营销的实践证明:适者生存。

　　在营销策划实践中,企业营销环境分析应该是重点内容,也是难点内容。要做一份好的营销策划书,营销环境分析所花费的时间应至少在 1/3 以上,其篇幅应至少占据整个策划书篇幅的 1/4 以上。营销环境分析不到位,营销策略就没有说服力,整个营销策划方案的质量

也就大打折扣。

当然，在营销策划实践中，我们要始终记得：并不是所有市场营销环境因素与该企业的营销活动相关，企业也不可能一一详细评析。因此，企业有必要首先从各种市场营销环境因素中找出与本企业营销活动密切相关的那些重要因素，以便缩小范围。分别有关市场营销环境因素的实用方法是环境扫描法，即由熟悉环境的专家和企业营销人员组成环境扫描小组，将所有可能出现的与企业营销活动有关的因素都列举出来，最后把比较一致的意见作为环境扫描的结果，即得出相关的主要环境因素。

第二节　市场营销环境的概念

环境是指事物外界的情况和条件，任何事物的存在和发展都离不开特定环境的影响，市场营销活动也是这样。何谓市场营销环境？菲利普·科特勒认为，一个企业的营销环境由企业营销管理机能外部的行动者与力量所组成，这些行动者与力量冲击着企业管理当局发展和维持同目标顾客进行成功交易的能力。即是说，市场营销环境是指存在于企业营销系统外部，影响企业市场营销能力，并决定其能否有效地维持和发展与目标顾客的交易及关系的所有不可控制或难以控制的因素和力量的集合。

市场营销环境是企业各种营销职能以外的、与营销活动和决策相关的、企业不可控制的并影响其生存发展的一切外部因素和力量。其内容既广泛又复杂，不同的因素对营销活动的各个方面的影响和制约也不尽相同，同样的环境因素因不同的企业所产生影响和形成制约也会大小不一。

一、市场营销环境的分类

市场营销环境的内容比较广泛，可以依据不同的标准加以分类。我们在进行营销策划环境分析时，可根据实际情况选择以下一种或几种分类方法。

1. 微观和宏观营销环境

根据环境因素对企业营销活动的作用方式不同和企业的营销活动受制于营销环境的紧密程度不同，市场营销环境可分为微观营销环境和宏观营销环境。微观营销环境，也称直接营销环境，是指与企业关系密切、能够影响企业服务顾客能力的各种因素，可细分为供应者(提供本企业生产经营活动所需货物和劳务的其他企业或个人)、营销中介(中间商、物流企业、融资企业及其他营销服务机构)、顾客、竞争对手及企业内部影响营销管理决策的各个部门。宏观营销环境，也称间接营销环境，是指能影响整个微观环境和企业营销活动的广泛性因素，包括政治、经济、社会文化、法律及科技状况。

2. 不利和有利营销环境

根据环境因素对企业营销活动影响的性质不同，市场营销环境可分为不利环境和有利环境，即形成威胁的环境与带来机会的环境。在做环境分析时，对这两种环境都要认真加以分析，切不可只分析有利环境而忽视了不利环境。

3. 长期和短期营销环境

根据对企业营销活动影响时间的长短,市场营销环境可分为长期环境与短期环境。基于此,我们要区分以下概念。

(1) 流行:不可预见的、短期的,没有社会、经济和政治意义的。

(2) 趋势:更能预见的且持续时间较长,趋势能揭示未来。

(3) 大趋势:是社会、经济、政治和技术的大变化。其不会在短期内形成,但一旦形成则会对我们的生活产生较长时间的影响。

二、营销环境与企业营销活动

市场营销环境通过其内容的不断扩大及其自身因素的不断变化,对企业营销活动造成影响。企业的市场营销环境,其实就是企业的生存环境。企业营销活动既要积极适应环境又要设法改变环境,对市场营销环境与企业营销的关系,需要注意以下几个具体方面的问题。

(1) 市场营销环境是企业经营活动的约束条件,它对企业的生存发展有着极其重要的影响,营销环境对企业营销发生影响的因素是多方面、多层次、连锁的。

在一般情况下,市场环境因素对企业营销发生影响是由外部到内部、由间接到直接、由宏观到微观逐步深入地发生影响作用的。营销环境是一个复杂的系统,企业要特别注意各种环境因素对企业营销活动发生影响时传导的途径、作用的方面、作用的性质、力度的大小以及可能导致的结果等问题。

(2) 由于生产力水平的不断提高和科学技术的进步,企业面对的各种环境因素并不是固定不变的,企业外部环境的变化速度,远远超过企业内部因素变化的速度。

营销环境的发展变化,可能给企业带来新的可利用的市场机会,也可能会给企业造成一定的环境威胁。这就要求企业不仅要了解静态的环境,而且要监测和把握环境因素的发展变化,了解营销环境的市场现状及发展变化的趋势与特点,善于从中发现并抓住有利于企业发展的机会,避开或减轻不利于企业发展的威胁,使企业在激烈的竞争中获得生存空间。强调企业对所处环境的反应和适应,并不意味着企业对于环境是无能为力或束手无策的,只能消极被动地改变自己以适应环境,而是应该更加能动地去适应营销环境。也就是说,企业既可以以各种不同的方式增强适应能力,也可以在变化着的市场环境中寻找机会。虽然从一般意义上说企业不可能从根本上去控制其外部环境的发展变化,但企业的营销活动除了适应和利用好营销环境外,也影响着各种环境条件(尤其是微观环境)的形成与发展。这说明,企业对营销环境具有一定的能动性和反作用。在现代社会经济条件下,企业的营销活动能够积极主动地适应和利用好环境的变化,凭借有效的手段和措施去努力地影响并在一定程度上改善环境,是取得营销成功的必要条件。

(3) 无论是外部还是内部环境因素都对企业的营销活动产生或多或少的影响,但在企业发展的不同阶段上,不同环境因素对企业影响的程度是有所不同的。

如果企业处于成长时期,会较多地受内部环境因素的影响。例如,企业高层管理、账务部门、研究部门、采购部门等的分工是否科学,协作是否和谐,都会影响企业的营销管理决策和营销方案的实施。这时企业只有首先着重抓好内部管理工作,营销活动才有可能获得发展。当企业进入高成长期之后,产品的性能和质量达到了一定的水平,各项管理规章制度已经基本健全完善,企业的内部管理工作已经建立起良好的秩序,这时企业主要考虑的是如何去适应外部环境的变化，分析如何抓住市场机会和避开市场威胁，因此外部环境因素就成了影响企业营销活动的主要方面。

第三节　企业宏观环境

市场营销宏观环境是指那些给企业造成市场营销机会和形成环境威胁的外部因素。这些因素主要包括人口环境、经济环境、自然环境、科技环境、政治法律环境和社会文化环境。宏观环境是企业的不可控因素，也是影响企业营销活动的间接性因素。分析宏观营销环境的目的在于更好地认识环境，通过企业营销努力来适应社会环境及变化，达到企业营销目标。

企业宏观环境因素的构成要素如图 2-1 所示。

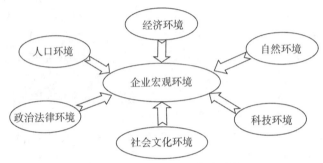

图 2-1　企业宏观环境的构成要素

一、人口环境

人口因素是宏观环境分析的首要因素，因为市场是由人构成的。营销学意义上的市场是指具有购买欲望和购买能力的人的总和，因而人口的规模、地理分布、人口年龄构成和性别构成、人口流动、出生率和死亡率、家庭结构等人口统计资料，构成了企业营销活动的人口环境。人口环境对企业的市场需求规模、产品的品种结构、档次以及用户购买行为等市场需求的变化上有重要影响，是企业开展营销活动所必须关注的。把握人口环境的发展变化，是企业根据自己的行业特点和资源条件，正确选择目标市场，成功开展市场营销活动的重要决策依据之一。

在营销策划实践中，人口环境的资料一般可以通过收集二手资料来获得，国家和地区的部门的权威统计资料和数据是我们必须重点查找的。

在做营销策划时，一定要重点了解顾客群体的规模，做好商圈调查。在现实生活中，绝大部分产品的营销行情与你的营业点周边的人口规模有直接关系。

【知识链接 2-1】市场营销之父菲利普·科特勒指出：市场是由一切具有特定欲望和需求并愿意和能够以交换来满足这些需求的潜在顾客所组成。企业认识目前未满足的需要和欲望，估量和确定需求量大小，决定适当的产品、劳务和计划，以便为目标市场服务。营销的第一步就是要研究未满足的需要和欲望。人口是构成市场的条件，它形象地说明了人口环境研究对市场营销活动的重要性。

因此，市场包括三个主要因素，即人口、购买力和购买欲望，可用公式表示为：

市场＝人口＋购买力＋购买欲望

只有具备了这三个要求的市场才是一个现实有效的市场。人口是市场的首要因素，有人就有消费，进而有对消费品的需求，所以人口多的地方往往有巨大的市场。

二、经济环境

经济环境是指一个国家或地区的消费者收入、消费者支出、产业结构、经济增长率、货币供应量、银行利率、政府支出等情况。经济环境是影响企业营销活动的主要环境因素。其中，消费者收入和支出对企业营销活动影响较大。

在市场经济条件下，产品交换是以货币为媒介的，因此购买力的大小直接影响到人们对产品的需求。在分析经济因素时，应注意多方面考虑各阶层收入的差异性、人们消费结构受价格影响的程度，分析老百姓储蓄的动机等。在国外，老百姓可以借钱消费，被称为消费信贷，这种形式在我国目前仅限于住房信贷，估计将来会有发展，也应引起注意。此外，从整个国家看，整体经济形势对市场的影响也很大。经济增长时期，市场会扩大；相反，经济停滞时，市场会萎缩。

(一) 直接影响营销活动的经济环境

1. 消费者收入和支出

(1) 消费者收入。市场消费需求指人们有支付能力的需求。仅仅有消费欲望，没有消费能力，并不能创造市场；只有既有消费欲望，又有购买能力，才具有现实意义。消费者收入是指消费者个人从各种来源中所得的全部收入，包括消费者个人的工资、退休金、红利、租金等收入。消费者收入水平的高低制约了消费者支出的多少和支出模式的不同，从而影响了市场规模的大小和不同产品或服务市场的需求状况。

企业必须从市场营销的角度来研究消费者收入，通常从以下四个方面进行分析。

① 国民生产总值。国民生产总值是一定时期内本国的生产要素所有者占有的最终产品和服务的总价值，等于国内生产总值加上来自国内外的净要素收入。国民生产总值增长越快，对商品的需求和购买力就越大；反之，就越小。

② 人均国民收入。人均国民收入大体反映了一个国家人民生活水平的高低。一般来说，人均收入增长，对商品的需求和购买力就大；反之，就小。

③ 个人可支配收入。个人可支配收入是影响消费者购买生活必需品的决定性因素。

④ 家庭收入。家庭收入的高低会影响很多产品的市场需求。一般来讲，家庭收入高，对消费品需求大，购买力也大；反之，需求小，购买力也小。

(2) 消费者支出。消费者支出模式和消费结构的变化对企业的营销活动会产生一定的影响。随着消费者收入的变化，消费者支出模式也会发生相应的变化，继而使一个国家或地区的消费结构也发生变化。西方经济学家常用恩格尔系数来反映这种变化。恩格尔系数的计算公式为：恩格尔系数＝食物支出变动百分比/收入变动百分比。恩格尔系数与人们的生活水平呈反比，每一次恩格尔系数的下降都意味着人们生活水平的提高。联合国粮农组织判定标准为：恩格尔系数60%以上为贫困，50%~60%为温饱，40%~50%为小康，40%以下为富裕。在我国，农村与城市的恩格尔系数存在差异，农村大于城市。

(3) 消费者可任意支配收入。消费者可任意支配收入是指个人可支配收入减去维持生活所必需的支出(如食品、衣服、住房)和其他固定支出(如分期付款、学费)所剩下的那部分个人收入。这部分收入是消费者可以任意投向的收入，因而是影响消费者需求构成最活跃的经济因素。这部分收入越多，人们的消费水平就越高，对于经营高档产品和非必需品的企业而言，营销的机会也就越多。

2. 消费者的储蓄和信贷情况

消费者的购买力还受储蓄和信贷的影响。消费者的个人收入总以一定的形式储存起来，这就是一种推迟了的潜在的购买力。当收入一定时，储蓄越多，现实消费量就越小，但潜在消费量愈大；反之，储蓄越少，现实消费量就越大，但潜在消费量就愈小。在现代市场经济国家，消费者不仅以其货币收入购买他们需要的商品，而且可用贷款来购买商品。所谓消费者信贷就是消费者凭借信用先取得商品使用权，然后按期归还贷款。消费者信贷形式主要有以下几种。

(1) 短期赊销：一般是指消费者购买商品后无须立即付清贷款，可在规定的期限内结清。

(2) 分期付款：指购买商品的贷款在一定期限内的不同时期按照规定的比例支付。

(3) 信用卡信贷：指某些公司或金融机构向消费者发放的可在所属商店赊账购买货物的凭证。

在营销策划实践中，我们重点要调查消费者收入水平、可任意支配的收入、购买能力、消费水平、消费结构以及消费主要特点等。

(二) 间接影响营销活动的经济环境

1. 经济发展水平

企业的市场营销活动要受到一个国家或地区的整体经济发展水平的制约。经济发展阶段不同，居民的收入不同，顾客对产品的需求也不同，从而在一定程度上影响企业的营销活动。目前常用一个国家和地区的GDP总量和人均GDP来衡量经济发展水平。GDP(国内生产总值)是指在一个国家领土内某一时期(通常为一年)内所生产的所有最终产品的市场价值总和。人均GDP，即用GDP总量除以总人口，这个指标大体上反映一个国家的经济发展水平。

2. 经济体制

世界上存在着多种经济体制，有计划经济体制，有市场经济体制，有计划－市场经济体制，也有市场－计划经济体制等。不同的经济体制对企业营销活动的制约和影响不同。现阶段，我国的社会主义市场经济体制已经初步建立，但是仍然受到计划经济体制的束缚，一些企业的经营机制还没有完全转变过来，政府的直接干预也还比较常见，因而企业的营销活动在一定程度上受到制约。

3. 地区和行业发展状况

我国地区经济发展极不平衡，形成了东部、中部、西部三大地带和东高西低的发展格局。这种地区经济发展的不平衡，对企业的投资方向、目标市场以及营销活动等都会带来重大影响。

此外，我国各行业的发展状况也极不均衡，在纳入到我国重点发展(或者优先发展)行业里发展的企业，将会获得更多的发展机会。

4. 城市化程度

城市化是影响营销的环境因素之一。城市化程度是指城市人口占全国总人口的百分比，它是一个国家或地区经济活动的重要特征之一。例如，目前我国大多数农村居民消费的自给自足程度仍然较高，而城市居民则主要通过货币交换来满足需求。此外，城市居民一般受教育较多，思想较开放，容易接受新生事物；而农村相对闭塞，农民的消费观念较为保守，故而一些新产品、新技术往往首先被城市所接受。企业在开展营销活动时，要充分注意到这些消费行为方面的城乡差别，相应地调整营销策略。

三、自然环境

企业市场营销活动不但需要一定的社会经济条件，而且还需要一定的自然条件，即企业面临的自然环境。营销学上的自然环境，主要是指自然物质环境。自然环境的发展变化也会给企业造成一些环境威胁和市场机会，所以，企业要分析研究自然环境方面的动向。关注环境问题不再是环境保护专家们所应负的责任，而是全世界人们尤其是生产制造商们更应重视的问题。对涉及环保产业的企业而言，自然环境污染恶劣，会对那些造成环境污染的企业和行业造成威胁，这不得不让他们采取措施控制污染，而这一动向又为那些控制污染研究等新兴行业提供了新的市场机会。当前值得关注的自然环境方面主要如下。

(1) 全球性的自然资源短缺、能源成本的增加现象日趋严重。

(2) 环境污染日益严重，人们更加青睐那些绿色的无污染的产品，甚至对生产环节都有严格要求。

(3) 许多国家对自然资源管理的干预日益加强。

(4) 新能源的开发利用是一个大的发展趋势。

在营销策划实践里，我们提供的产品或者是服务，如果能够有效地保护好生态环境、有助于节能减排，并能为消费者带来健康环保的生活方式，那么我们的企业和产品将更容易得到消费者的认可，发展前途也会更好。

【案例2-1】

现代汽车引领未来环保汽车发展

因为"零排放""零污染""长续航"等特性，氢燃料电池车成为未来汽车领域的主角。作为氢能汽车的领航者，现代汽车通过持续研发，推动氢燃料电池车的发展，引领未来环保汽车的发展。

在环境污染、生态破坏、能源枯竭等一系列课题面前，人类的生存被推到了对立面。而作为重要的交通工具，汽车带来的便利正在被其造成的污染中和，这使得发展环保汽车迫在眉睫。

现代汽车聚焦氢燃料电池领域，以领航者姿态推进相关领域的发展，并成为全球首家实现量产氢燃料电池车的企业。作为一种完全清洁的能源动力，氢能取之不尽、用之不竭，其不仅能量转换效率高，产生的水和热对环境毫无污染，还具有无振动、噪声低、使用寿命长的特点。正因为如此，氢燃料电池车也被称为"终极环保车"。专业机构预测，2020年以后，氢燃料电池汽车市场将进入加速发展阶段，到2025年有望达到50万辆的市场规模。

(资料来源：http://www.chexun.com/2018-11-16/102838319.html)

四、科技环境

科学技术是社会生产力中最活跃的因素。第二次世界大战以来,以电子技术为核心的新技术信息革命的兴起,以经济和社会的发展产生了深刻的影响,也为企业的营销活动带来了巨大的机会和挑战。科学技术不仅直接影响企业内部的管理活动,还与其他环境因素相互依赖、相互作用。企业的机会在于寻找或利用新的技术,满足新的需求,而它面临的威胁可能有两个方面:一方面,新技术的出现,使企业现有产品变得不再符合大众要求;另一方面,新技术的出现,改变了企业人员原有的价值观。

具体而言,新技术引起的企业市场营销策略的变化主要有以下方面。

(1) 产品策略的变化。由于科学技术的迅速发展,新技术应用于新产品开发的周期大大缩短,产品更新换代加快,开发新产品成了企业开拓新市场和赖以生存发展的根本条件。因此,要求企业营销人员不断寻找新市场,时刻注意新技术在产品开发中的应用,开发出给消费者带来更多便利的新产品。同时,科技的发展也会带来产品更新速度越来越快,导致企业产品的生命周期越来越短。

(2) 分销策略的变化。由于新技术的不断应用,技术环境的不断变化,使人们的工作及生活方式发生了重大变化,引起了分销实体的变化,运输实体的多样化,提高了运输速度,增加了运输容量及货物储存量,使现代企业的实体分配出发点由工厂变成了市场。

此外,正因为互联网的进一步普及,网络营销正对实体店销售带来了巨大的冲击。互联网开辟了一个前所未有的网络空间,在这个网络空间,人们可以进行浏览商品、订货、付款、交货、广告、市场调查等一系列的商务活动。

(3) 价格策略的变化。科学技术的发展应用,一方面降低了产品成本使价格下降;另一方面使企业能够通过信息技术,加强信息反馈,正确应用价值规律、竞争规律来制定和修改价格策略。

(4) 促销策略的变化。科学技术的应用引起促销手段的多样化,例如,互联网的发展使得越来越多的企业通过微信平台、博客等为消费者传达产品或者服务信息。同时,科技的发展使得企业促销的手段更加多元化。

【案例 2-2】

华为科技:技术创新普惠千行百业

2020 年突如其来的新冠肺炎疫情,大大激发了各行各业对数字化、在线化、智能化的需求。华为作为中国杰出的高新企业,它更多地从技术创新维度上拉动社会、产业创新,包括云、网、端等,产业创新带来服务创新,带来模式创新。华为实际上是通过技术创新作为驱动力,拉动了整个社会包括管理、服务、产业、模式进行创新。这样的创新可以带给所有服务对象三个层面的普惠,包括政府、企业、老百姓这三大类客户。技术创新是实现普惠非常重要的引擎。华为云团队通过持续的全线技术创新,能使千行百业消除数字鸿沟,让每个客户感受到技术的温度。

(资料来源:https://tech.ifeng.com/c/7yHdfLlRu2s)

五、政治法律环境

政治与法律是影响企业营销的重要的宏观环境因素。政治因素像一只有形之手调节着企业营销活动的方向，法律则为企业规定商贸活动行为准则。

政治环境对企业营销活动的影响主要表现为国家政府所制定的方针政策，如人口政策、能源政策、物价政策、财政政策、货币政策等，都会对企业营销活动带来影响。例如，国家通过降低利率来刺激消费的增长；通过征收个人收入所得税调节消费者收入的差异，从而影响人们的购买；通过增加房地产交易费，来抑制人们对投资房地产的消费需求。

法律环境是指国家或地方政府所颁布的各项法规、法令和条例等，它是企业营销活动的准则。企业只有依法进行各种营销活动，才能受到国家法律的有效保护。

对从事国际营销活动的企业来说，不仅要遵守本国的法律制度，还要了解和遵守国外的法律制度和有关的国际法规、惯例和准则。

在营销策划实践中，我们要关注的政治法律环境主要有：政治制度体制方针、政府的稳定性、特殊经济政策、环保立法、反不正当竞争法、对外国企业态度、法律法规等。

【案例2-3】

二胎放开后，房地产大户型迎来黄金时代

十八届五中全会公布二胎放开，举国沸腾。

据华泰证券预测，全面放开二胎，每年将有可能新增新生儿100万～200万人，其所蕴含的消费红利大约每年1200亿～1600亿元。

这当中包括房地产、母婴医疗、食品、玩具、儿童服饰、家用汽车、教育培训等行业，上市公司的业绩均有望迎来爆发式增长。

放开二胎，一方面可应对现阶段中国人口老龄化，另一方面能够激活中国经济。

全面开放二胎，是对房地产行业的一大利好。开放二胎，对楼市的影响有两方面：一是包括户型大小、功能设计等方面的产品结构调整，二是教育配套需求未来将更为强烈。

目前，我们常见的是"三口之家"为主的家庭结构，但随着二胎政策完全放开的落地，未来或将出现较大面积的"四口之家""三代同堂"的局面。届时，原本的小户型已不能满足一大家子人的生活需求，三房以上的大户型将逐渐成为二胎家庭的重点考虑对象。大户型的盛行将是一种必然。

(资料来源：https://henan.qq.com/a/20151102/016172.htm，有删减)

六、社会文化环境

社会文化是指一个社会的民族特征、价值观念、生活方式、伦理道德、教育水平、语言文字、社会结构等的总和。它主要由两部分组成：一是全体社会成员所共有的基本核心文化；二是随时间变化和外界的因素影响而容易改变的社会次文化或亚文化。每个人都生长在一定的社会文化环境中，并在一定的社会文化环境中生活和工作，他的思想和行为必定要受到这种社会文化的影响和制约。企业的市场营销人员应分析、研究和了解社会文化环境，以针对不同的文化环境制定不同的营销策略。

【案例2-4】

指南针地毯

在阿拉伯国家，虔诚的穆斯林教徒每日祈祷，无论居家或是旅行，祈祷者在固定时间都要跪拜于地毯上，且要面向圣城麦加。于是，比利时地毯厂厂商范得维格巧妙地将扁平的"指南针"嵌入祈祷用的小地毯上，该"指南针"指得不是正南正北，而是始终指向麦加城。这

样，伊斯兰教徒们只要有了他的地毯，无论走到哪里，只要把地毯往地上一铺，便可准确地找到麦加城的所在方向。这种地毯一上市，立即成了抢手货。

(资料来源：百度文库)

第四节 企业微观环境

微观环境是指对企业服务其顾客的能力直接构成直接影响的各种力量，包括企业本身及其市场营销渠道企业、竞争者、顾客和各种公众，是直接制约和影响企业营销活动的力量和因素。企业必须对微观环境营销进行认真分析，可以毫不夸张地说，微观环境分析的是否科学和完整，将直接影响到最终整个营销策划的效果。

企业微观环境因素的构成要素如图 2-2 所示。

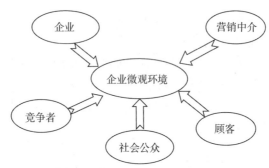

图 2-2　企业微观环境的构成要素

一、企业

知彼知己，百战不殆；不知彼而知己，一胜一负；不知彼不知己，每战必殆。因此，企业战略目标的制定及战略选择既要知彼又要知己，其中"知己"便是要分析企业的内部环境或条件，认清企业内部的优势和劣势。

任何一个企业的市场营销工作，不仅取决于企业市场营销机构自身的努力，同时还取决于与企业领导层以及各个职能部门相互协调的密切程度。企业在制定决策时，不仅要考虑到企业外部环境因素的影响，而且要考虑企业内部环境状况。企业内部环境指企业营销部门以外的其他部门，包括企业的最高领导层、生产部门、研发部门、财务部门、人力资源部门等的活动及其力量的总和。例如，在营销计划的执行过程中资金的有效运用，资金在营销部门和制造部门之间的合理分配，可能实现的资金回收率等，都同财务管理有关；而新产品的设计和生产方法是研究和生产部门集中考虑的问题。因此，营销管理者在制订营销计划时，必须考虑到企业其他部门的协调，如与财务部门、研发部门、生产部门、销售部门等的协调。只有这些部门同营销部门的计划和活动之间保持协调关系，才能保证营销活动的顺利开展。

企业内部分工是否明确和科学，管理是否有效，全体员工是否能够顾全大局，各部门间是否具备良好的沟通能力和协调能力等，都会直接影响企业的营销管理活动。

在营销策划实践中，我们要重点分析以下内容：企业的经营战略和目标、市场营销能力、企业文化、企业内部管理制度、人力资源状况、财务状况、企业技术研发能力、生产条件和生产设备、产品品牌形象以及产品的市场竞争地位等。

【案例2-5】

药企利用自身优势跨界做牙膏

药企跨界牙膏成风,中高端市场渐成红海。牙膏行业在经历洗牌后,跨国品牌基本垄断高端市场,并不断向中低端市场扩张,不过云南白药、庐山百草堂、片仔癀、哈药集团等本土药企牙膏品牌也正进军中高端市场。在15元/100g以上的中高端牙膏市场中,国产品牌占据了超过60%的份额。

云南白药牙膏上市初期,根据外资牙膏品牌的美白、防蛀功能,结合本土两面针、田七中药牙膏的大中药概念,在"药物功能牙膏"基础上提出口腔全能保健牙膏作为产品卖点,传播上以"牙龈出血、肿痛、口腔溃疡"三个具体的口腔问题,直击消费者口腔痛点,获得巨大成功。

(资料来源:https://www.sohu.com/a/400610160_801286,有删减)

二、营销中介

营销中介主要包括供应商和营销中间商。

1. 供应商

供应商指向企业提供生产经营所需资源(如能源、设备、原材料等)的组织或个人。供应商对企业营销活动的影响主要有以下几个方面。

(1) 供货的及时性与稳定性。供应商是否能够及时准确地提供企业所需资源,直接决定了企业各项动作是否能够顺利完成。

(2) 供货的质量水平。

(3) 供货的价格水平。供应商的供货价格会直接影响企业进行成本预算和核算,也会直接影响企业的定价决策。

2. 营销中间商

营销中间商包括分销商、物流公司、财务中介机构、营销服务机构等。

(1) 分销商是介于生产者和消费者之间,专门从事商品由生产领域到消费领域转移业务的经济组织或个人。分销商又分为商人分销商和代理分销商。代理分销商有代理人、经纪人等,他们的工作是寻找顾客,并促成企业和顾客交易的达成。这类分销商的主要收入来源是在为企业推销商品或者在寻找客户签订合同的时候,收取一定金额的代理费或佣金。

(2) 物流公司帮助企业把原材料从原产地运往加工工厂,把制成品运往销售地,有时物流公司还可以为生产企业提供专门的仓储服务。物流公司对于供货商而言,可以降低运输与仓储的成本,促进商品的流通。

(3) 财务中介机构包括银行、信托中心、保险公司等。这些机构是企业融资扩大经营规模的重要渠道,是在以信用为前提的新的交易方式下,企业收取货款的重要保证。对企业而言,与财务中介机构建立良好的合作关系有利于保证融资及信贷业务的稳定和渠道的畅通。

(4) 营销服务机构包括调研公司、广告公司、咨询机构等。这些机构的主要作用是便于企业完成营销工作,为企业的营销工作提供支持和服务。

【案例2-6】
大连瓦轴集团联手京东物流，共建智能物流系统，提升企业竞争力

2020年7月7日，京东物流辽宁省区与大连瓦轴集团签署战略合作协议，将携手探索轴承仓储发运新模式，开启轴承物流新时代。双方将整合资源，建立联动机制，共同抵御市场风险，在全国物流网络建设、瓦轴总仓承包、干支线运输、全国分仓整合供应链一体仓配、仓储资源共享等方面开展深度合作，共同打造智能物流。

此协议签订后，京东物流将发挥自建物流优势，运用数据分析能力，将瓦轴本部成品库房与全国分库充分整合，实现全渠道库存共享，降低瓦轴物流成本、缩短物流时间，实现敏捷的市场响应。瓦轴集团也将通过专业的管理模式和数据信息化使瓦轴整个物流生态链更加可视化、透明化，从而实现物流管理标准化、信息化、集约化，有效解决"最后一公里"问题，持续满足客户个性化需求，为用户提供高品质产品，同时为用户带来更加愉悦的采购体验。

2020年以来，瓦轴集团克服了疫情对轴承市场的冲击，经营业绩逆势增长。瓦轴借船出海，借助京东物流优势助力新一轮改革发展。

(资料来源：大连日报，2020-07-10)

三、竞争者

任何企业的营销活动都要受到竞争对手的挑战，这是市场营销的又一重要微观环境。企业竞争对手的状况将直接影响企业的营销活动，因此，企业在制定营销决策前必须搞清楚竞争对手数目、竞争企业的规模和能力及竞争对手的营销策略等。从消费需求的角度划分，企业的竞争者包括愿望竞争者、一般竞争者、产品形式竞争者和品牌竞争者。

一般来说，企业在营销活动中需要对竞争对手了解、分析的情况有以下几方面。
(1) 竞争企业的数量有多少。
(2) 竞争企业的规模和能力的大小强弱。
(3) 竞争企业对竞争产品的依赖程度。
(4) 竞争企业所采取的营销策略及其对其他企业策略的反应情况。
(5) 竞争企业能够获取优势的特殊材料的来源及供应渠道。

此外，考虑到竞争者主要可以分为潜在竞争者和现有竞争者，他们对企业的营销所产生的影响存在差异，因此我们在做竞争者分析时，可以采取以下分析手段。

1. 潜在竞争对手分析

新进入某一行业的竞争对手会带来新的市场变化，他们具有在市场上站稳脚跟并获得市场份额的愿望，这就给现有企业带来威胁。新进入某个行业的企业威胁大小，取决于现有的进入障碍，同时也取决于进入者的实力，以及现有竞争对手做出的反应。

2. 现有竞争对手分析

(1) 现有竞争对手的数目。市场上生产和销售同一产品的厂家越多，竞争就越激烈，行业利润会随竞争而下降。

(2) 现有竞争对手的经营战略。如果几家竞争对手从战略上特别重视该行业或市场上价格，竞争程度很高，就会降低各个厂家的利润。

(3) 竞争对手的产品差异化。如果竞争对手产品差异化程度低，则行业或市场上价格竞争程度就高,从而降低各个厂家的利润。

(4) 固定成本的高低。当竞争对手固定成本高时,由于市场萎缩造成生产能力过剩,也会出现激烈竞争。

(5) 行业成长过剩。当整个行业日趋成熟时,行业成长变慢,导致为生存而产生的激烈竞争,利润下降,那些实力较弱的厂家会遭到淘汰。

市场上各企业之间的竞争表现在产品、价格、质量、服务等各个方面,这种竞争影响企业目标的实现。因此,竞争对手分析应是企业战略分析的最重要任务之一,如表2-1所示。

表2-1 竞争对手分析常用表

关键因素	权重	A公司		B公司		本公司	
		评分	加权分数	评分	加权分数	评分	加权分数
产品质量	0.1	3	0.3	3	0.3	4	0.4
技术先进性和实用性	0.15	3	0.45	3	0.45	4	0.6
市场认知度	0.05	3	0.15	2	0.1	1	0.05
价格竞争力	0.1	3	0.3	3	0.3	4	0.4
营销能力	0.1	3	0.3	3	0.3	3	0.3
盈利模式	0.1	4	0.4	4	0.4	4	0.4
用户接受度	0.1	3	0.3	3	0.3	3	0.3
运营成本	0.1	4	0.4	3	0.3	2	0.2
管理水平	0.1	4	0.4	3	0.3	2	0.2
市场份额	0.05	1	0.05	1	0.05	1	0.05
财务状况	0.15	4	0.6	3	0.45	1	0.15
总计	1		3.65		3.25		3.05

【案例2-7】

了解真正的竞争者

纳爱斯、奇强等清洁剂对"超声波洗衣机"的研究惶恐不安。如果此研究成功了,该类洗衣机洗衣服时就不需要清洁剂。可见,对清洁剂行业而言,更大的威胁可能是来自超声波洗衣机。

柯达公司,在胶卷行业一直担心崛起的竞争者——日本富士公司。但柯达面临的更大威胁是数码照相机。由佳能和索尼公司销售的数码照相机能在电视上展现画面,可转录入软盘,也能擦掉。可见,对胶卷业而言,更大的威胁是来自数码照相机。

(资料来源:锐得营销杂志网)

四、顾客

顾客即目标市场,是企业销售产品的市场。市场营销最重要的任务是研究顾客的需求,并根据调研结果确定生产什么样的产品以及制定什么样的产品价格等。

顾客分析就是根据各种关于客户的信息和数据来了解客户需要,分析客户特征,评估客户价值,从而为客户制定相应的营销策略与资源配置计划。同时,可以发现潜在客户,从而进一步扩大商业规模,使企业得到快速的发展。

在营销策划实践中,企业可以从以下几个方面入手,对顾客数据库信息展开分析。

(1) 分析顾客的个性化需求和消费特点。"以客户为中心"的个性化服务越来越受到重视，实施 CRM 的一个重要目标就是能够分析出客户的个性化需求，并对这种需求采取相应措施，同时分析不同客户对企业效益的不同影响，以便做出正确的决策。这些都使得客户分析成为企业实施 CRM 时不可缺少的组成部分。

(2) 分析顾客购买行为。通过客户分析，企业可以利用收集到的信息，跟踪并分析每一个客户的信息，不仅知道什么样的客户有什么样的需求，同时还能观察和分析客户行为对企业收益的影响，使企业与客户的关系及企业利润得到最优化。

(3) 分析其他有价值的信息。利用顾客分析系统，企业不再只依靠经验来推测，而是利用科学的手段和方法，收集、分析和利用各种客户信息，从而轻松地获得有价值的信息。如企业的哪些产品最受欢迎，原因是什么，有什么回头客，哪些客户是最赚钱的客户，售后服务有哪些问题等。客户分析将帮助企业充分利用其客户关系资源，为顾客提供更好的产品和服务，从而提升企业的市场竞争力。

(4) 分析顾客的购买能力。顾客对商品的需求和爱好与其购买能力有很大关系。需求和爱好要以购买能力为基础，例如，对收入有限的消费者来说，价格往往是他们选购商品的首要考虑因素。而对那些购买能力强的顾客来说，他们更看重产品的质量、性能和产品品牌的价值，也更愿意花钱购买额外的服务项目。

【案例 2-8】

银行是如何进行顾客分类的

银行在长期的金融服务中，积累了大量的数据信息，包括对客户的服务历史、对客户的销售历史和收入，以及客户的人口统计学资料和生活方式等。银行必须将这些众多的信息资源综合起来，以便在数据库里建立起一个完整的客户背景。在客户背景信息中，大批客户可能在存款、贷款或使用其他金融服务上具有极高的相似性，因而形成了具有共性的客户群体。经过聚类分析，可以发现他们的共性，掌握他们的投资理念，提供有针对性的服务，进而引导他们的投资行为，提高银行的综合服务水平，并可以降低业务服务成本，取得更高的收益。通过客户细分，可以使银行准确地把握现有客户的状况，采取不同的服务、推销和价格策略来稳定有价值的客户，转化低价值的客户，消除没有价值的客户。

(资料来源：作者收集整理)

五、社会公众

公众能够对企业目标的实现施加影响，有的时候能够帮助企业完成使命，实现目标，但有时候也会给企业营销造成障碍和压力。公众对市场营销活动的规范，对企业及其产品的信念等有实质性影响：金融公众影响一个企业获得资金的能力；媒介公众对消费者的行为有导向作用；政府公众决定政策方针的动态，影响企业营销策略；一般公众的态度影响消费者对企业产品的看法等。

(1) 金融公众。金融公众指影响企业融资能力的金融机构，包括银行、投资公司、证券公司、保险公司等。企业可以通过提高自身资金运行质量，确保投资者合理的回报以及不断提高自身信誉，在融资公司中树立良好的形象。

(2) 媒介公众。媒介公众主要是报纸、杂志、广播、电视台和网络等具有广泛影响的大众媒体。企业要争取同这些媒体建立友好的关系，力求得到更多更好的有利于企业的新闻、特写、评论等。

(3) 政府公众。政府公众包括各种负责管理企业业务和经营活动的有关政府机构。任何企业营销计划的制订都必须了解政府相关政策状况及未来发展趋势，以增强其实施的可行性。营销管理者在制订营销计划时，除了必须充分考虑政府的发展政策外，还必须向律师咨询有关产品安全卫生、广告真实性、商人权利等方面可能出现的问题，以便同有关政府部门搞好关系。

(4) 社团团体。社团团体指那些有可能影响企业营销活动开展的消费者组织、环境保护组织及其他群众团体。这类公众对企业产品和企业自身形象的态度，直接影响着企业对目标市场的定位与选择。企业的营销活动关系到社会各方面的切身利益，必须密切注意来自社会公众的批评和意见。

(5) 社区公众。社区公众指企业所在地附近的居民和社区组织。企业在营销活动中，必须重视保持与当地公众的良好关系，要避免与周围公众利益发生冲突，同时还应注意对社区的公益事业做出贡献，积极支持社区的重大活动。

(6) 一般公众。一般公众不能以有组织的方式对企业采取行动，但是企业的形象会影响其惠顾。企业可通过资助慈善事业、设立消费者投诉系统等方式树立良好的企业形象。

(7) 内部公众。企业的内部公众包括董事会、经理、职工等。企业的营销计划需要全体职工的充分理解、大力支持和具体执行，企业应经常向员工介绍企业发展的有关情况和制度，并采取各种方式激励内部员工，发动员工出谋划策。同时，企业也要关心员工福利，增强内部凝聚力。

【案例2-9】

小陈和他的众筹餐厅

小陈是一名学经济管理的在校大学生，他和几个创业伙伴一起开了一家众筹餐厅，餐厅位于一所高校附近，环境非常漂亮，前期投入也很大。

开始营业时，小陈非常重视和社会公众之间建立良好的关系，树立起良好的社会形象。对餐厅的员工，小陈给他们提供了良好的工作环境和报酬；对学校，他经常支持学生开展各种社团活动，并为许多学生提供了勤工助学的岗位；对社会媒体，小陈也与他们建立了良好的关系，当地的媒体也对小陈的餐厅经营状况进行了免费的宣传报道，政府也对小陈的创业给予了大力支持；对顾客，小陈坚持薄利多销的策略，为顾客提供良好的就餐环境。

虽然小陈的餐馆利润率比较低，但因为餐厅社会形象好，影响力大，生意一直非常好。

(资料来源：作者收集整理)

【知识链接2-2】

营销策划时所需要了解的主要营销环境如表2-2所示。

表2-2 主要营销环境

类别	内容
与营销有关的政治经济政策与法规	1. 政府经济发展计划； 2. 有关价格、税收、财政、工商行政管理政策； 3. 环保、保险法规等
社会经济发展状况	1. 国家与地区人口及增长趋势； 2. 国民生产总值与国民收入； 3. 个人收入、居民存款、消费水平与物价指数； 4. 能源及资源状况

(续表)

类别	内容
市场需求	1. 现有和潜在的购买人数、需求量; 2. 市场需求的变化趋势; 3. 竞争产品的销售量、市场占有率等
竞争结构	1. 竞争者状况,如竞争单位数目、主要竞争对手、竞争者生产能力、成本、服务、销售渠道等; 2. 竞争产品特性,如质量、性能、包装、商标、交货期等
消费者及消费行为	1. 消费者类别、年龄、性别、职业、收入状况、参考团体等状况; 2. 消费者购买力水平; 3. 消费者购买动机; 4. 消费者购买习惯
产品	1. 消费者对本企业产品的评价、意见和要求; 2. 产品的功能、可靠性、安全性; 3. 包装是否美观、轻便、安全和便于运输; 4. 商标是否便于记忆、引人喜爱; 5. 产品处于生命周期的哪个阶段; 6. 产品服务方式和服务态度; 7. 协作单位的状况,如质量、产量、成本、订货期等
价格	1. 消费者对本企业产品价格的反应; 2. 竞争产品的价格
分销渠道	1. 中间商的构成与分布; 2. 中间商的销售能力; 3. 商品储运成本
营业推广	1. 最佳推销方式是什么; 2. 广告媒体的选择方式; 3. 促销活动的开展情况

第五节 营销环境的分析方法

正如前面所述,分析市场营销环境的主要目的是:第一,认识和了解环境,把握环境的变化趋势,以便企业做出正确的营销决策;第二,发现市场机会;第三,避免将会出现的市场威胁。要行之有效地分析营销环境,首先就必须掌握营销环境的分析方法。在营销策划实践中,营销环境分析方法主要有以下几种。

一、PEST 分析方法

一般来说,宏观环境因素可以概括为四类,即 PEST。

(1) P(Political):政治与法律环境,主要考虑影响客户战略的政治、法律因素,如外交政策、产业政策、环境保护等,以及对客户有重要战略意义的政治和法律变量。

(2) E(Economic):经济环境,主要考虑影响客户战略的经济特征、经济联系、经济条件等，如劳动力生产率水平、消费模式、税率、通货膨胀。

(3) S(Social)：社会文化与自然环境，主要考虑影响客户战略的民族特征、文化传统、价值观、社会结构、宗教信仰、教育水平等社会因素，以及地区或市场的地理、气候、资源、生态等因素。

(4) T(Technological)：技术环境，主要考虑影响客户战略的技术水平、技术政策、发展动态、产品生命周期等因素。

PEST 法是对环境进行分析的一种方法。PEST 分别是政治、经济、社会和技术四个英语单词的首字母，PEST 分析即企业外部宏观环境分析，如图 2-3 所示。

图 2-3 PEST 分析示意图

如前面章节所述，企业外部环境是指企业范围之外能够影响企业的一切因素，包括那些对企业有间接或趋势性影响的宏观因素，如政治因素、经济因素、法律法规、社会和文化因素等；另外，还包括与企业的效益直接相关并影响企业能否实现其目标的微观因素，如客户、竞争对手、供应商、企业员工等。

综上所述，PEST 分析作为外部环境分析的基本工具，可以有效地帮助组织分析其所处的宏观环境对于战略的影响。

二、EFE 矩阵分析法

1. EFE 矩阵分析法的含义

外部因素评价矩阵(External Factor Evaluation Matrix，EFE 矩阵)是一种对外部环境进行分析的工具，其做法是从机会和威胁两个方面找出影响企业未来发展的关键因素，根据各个因素影响程度的大小确定权数，再按企业对各关键因素的有效反应程度对各关键因素进行评分，最后算出企业的总加权分数。EFE 矩阵可以帮助战略制定者归纳和评价经济、社会、文化、人口、环境、政治、政府、法律、技术以及竞争等方面的信息。

2. 建立 EFE 矩阵的五个步骤

(1) 列出在外部分析过程中所确认的外部因素，包括影响企业和其所在产业的机会和威胁。

(2) 依据重要程度，赋予每个因素以权重(0.0～1.0)，权重标志着该因素对于企业在生产过程中取得成功影响的相对重要程度。

(3) 按照企业现行战略对各个关键因素的有效反应程度为各个关键因素打分，范围为 0～4 分，"4"代表反应很好，"1"代表反应很差。

(4) 用每个因素的权重乘以它的评分，即得到每个因素的加权分数。

(5) 将所有的因素的加权分数相加，即得到企业的总加权分数。

3. 总结与分析

无论 EFE 矩阵所包含的关键机会与威胁数量是多少,企业所能得到的总加权分数最高为 4.0,最低为 1.0,平均总加权分数为 2.5。若总加权分数为 4.0,反映出企业对现有机会与威胁做出了最优秀的反映。或者说,企业的战略有效地利用了现有机会,并把外部威胁的潜在不利影响降到了最低限度。总加权分数为 1.0,则说明公司战略不能利用外部机会或回避外部威胁。

4. 范例

某制造公司的 EFE 外部因素评价矩阵如表 2-3 所示。

表 2-3 某制造公司的 EFE 外部因素评价矩阵

关键外部因素		权重	分值	加权分数
机会	工程建设是国家重点产业,主导国家的经济发展	0.15	4	0.60
	质检日渐成为人们关注的焦点	0.10	4	0.40
	国家颁布一系列法律法规为工程质检制定环保标准	0.05	4	0.20
	工程检测技术的飞速发展	0.10	3	0.30
	本公司锚杆上的技术优于同行	0.08	3	0.24
	入股公司为本公司人员提供经验及培训	0.05	4	0.2
威胁	国外工程质检技术研究比较成熟,工程建设发展快	0.10	3	0.30
	近年来电子类企业自行研发工程质检产品	0.10	1	0.10
	国家政策对工程质检行业的影响	0.07	2	0.14
	缺乏核心竞争力、品牌效应	0.1	3	0.3
	行业内激烈竞争	0.1	2	0.2
总分		1.00		2.98

注:评分值表示对各因素的反应程度:1=反应很差;2=反应为平均水平;3=反应超过平均水平;4=反应很好。总加权分数为 4.0,说明企业在整个产业中对现有机会与威胁做出了最出色的反应,企业有效利用了现有的机会并将外部威胁的不利影响降到最低。而总加权分数为 1.0,则说明企业的战略不能利用外部机会或回避外部威胁。

通过表 2-3 可知,本公司加权分数为 2.98,反应超过平均水平 2.50,说明公司能够较好地对外部的机会和威胁做出反应,可以通过适当的方式去利用有利的机会和避开不利的威胁。

三、IFE 矩阵分析法

1. IFE 矩阵分析法的含义

内部因素评价矩阵(Internal Factor Evaluation Matrix,IFE 矩阵),是一种对内部因素进行分析的工具。其做法是从优势和劣势两个方面找出影响企业未来发展的关键因素,根据各个因素影响程度的大小确定权数,再按企业对各关键因素的有效反应程度对各关键因素进行评分,最后算出企业的总加权分数。通过 IFE,企业就可以把自己面临的优势和劣势汇总,来刻画出企业的全部吸引力。

2. 建立 IFE 矩阵的五个步骤

(1) 列出在内部分析过程中确定的关键因素，采用 10~20 个内部因素，包括优势和弱点两方面的。首先列出优势，其次列出弱点。要尽可能具体，采用百分比、比率和比较数字。

(2) 给每个因素赋以权重，其数值范围为 0.0(不重要)到 1.0(非常重要)。权重标志着各因素对于企业在产业中成败的影响的相对大小，无论关键因素是内部优势还是弱点，对企业绩效有较大影响就应当得到较高的权重。所有权重之和等于 1.0。

(3) 为各因素进行评分。1 分代表重要弱点，2 分代表次要弱点，3 分代表次要优势，4 分代表重要优势。值得注意的是，优势的评分必须为 4 或 3，弱点的评分必须是 1 或 2。评分以公司为基准，而权重则以产业为基准。

(4) 用每个因素的权重乘以它的评分，即得到每个因素的加权分数。

(5) 将所有因素的加权分数相加，得到企业的总加权分数。

3. 总结与分析

无论 IFE 矩阵包含多少因素，总加权分数的范围都是从最低的 1.0 到最高的 4.0，平均分为 2.5。总加权分数大大低于 2.5 的企业内部状况处于弱势，而分数大大高于 2.5 的企业内部状况则处于强势。IFE 矩阵应包含 10~20 个关键因素，因素数不影响总加权分数的范围，因为权重总和永远等于 1。

4. 范例

某制造公司的 IFE 外部因素评价矩阵如表 2-4 所示。

表 2-4　某制造公司的 IFE 外部因素评价矩阵

	内部关键因素	权重	分值	加权分数
优势	拥有自主的产品技术，并申请专利	0.20	3	0.60
	产品在硬件设计和算法创新上领先同类产品	0.1	4	0.40
	本产品与同类产品相比，增加了无线遥测模块，测量精度高	0.08	3	0.24
	技术研究能力强	0.1	4	0.12
	售后服务好	0.05	3	0.15
	公司凝聚力强	0.08	3	0.24
劣势	融资能力较弱	0.1	2	0.20
	品牌知名度和美誉度不够	0.10	2	0.20
	广告宣传力度不够	0.15	1	0.30
	品牌影响力较弱	0.04	2	0.08
	总计	1.00		2.53

注：评分值标准：4=重要优势；3=次要优势；2=次要弱点；1=重要弱点。总加权分数大大低于 2.5 的企业，内部状况处于弱势，而分数大大高于 2.5 的企业，内部状况则处于强势。

从表 2-4 可知，公司科技的内部优势和劣势的权重比例分为 3∶2(6 个优势，4 个劣势)，总加权平均分为 2.53，说明公司内部状况介于强势和弱势之间。

四、SWOT 分析方法

(一) SWOT 的含义

SWOT 是由 S、W、O、T 4 个英文字母组成的,它们分别代表着一个单词,也就是说 SWOT 是由 4 个要素组成的。

(1) S(Strength,优势):指在竞争中拥有明显优势的方面。

(2) W(Weakness,劣势):指在竞争中相对弱势的方面。

(3) O(Opportunity,机会):指外部环境提供的比竞争对手更容易获得的机会。

(4) T(Threat,威胁):主要指一些不利的趋势和发展带来的挑战。

1. 内部环境分析

通过外部环境分析,企业从中发现了有吸引力的机会,为了利用机会必须具备一定的内部条件,因此企业必须分析自己的优势和劣势。

(1) 企业优势。企业优势指企业与竞争对手相比在某些方面具有不可模仿的独特能力,是可以借以实现其战略绩效目标的内部有利特征因素,也是实施企业战略和计划以求达到目标而可利用的企业能力、资源、技能等方面的条件。一个企业的优势,不仅指企业能做什么,更重要的是指企业在哪些方面比竞争对手做得更好。

(2) 企业劣势。企业劣势指企业较之竞争对手在某些方面的缺点与不足,阻碍或限制组织绩效取得的内部特征因素,是企业相对于竞争对手的条件来说,企业所缺乏的能力、资源和技能。

对企业的优势与劣势可按表 2-5 所示内容进行检查。

表 2-5 企业优势与劣势检查表

管理和组织	营销	人力资源	财务	生产	研发
• 管理素质 • 员工素质 • 集权程度 • 组织流程图 • 计划、信息、控制系统	• 分销渠道 • 市场份额 • 广告效力 • 顾客满意度 • 产品质量 • 服务声誉 • 产品周转率	• 员工经验及文化程度 • 工会状况 • 离职率 • 缺勤率 • 工作满意度 • 抱怨	• 边际利润 • 资产负债率 • 存贷率 • 投资回报率 • 信用等级	• 工厂位置 • 机器成新率 • 采购系统 • 质量控制 • 生产能力、效率	• 基础应用研究 • 研究能力 • 研究项目 • 新产品创新 • 技术创新

2. 外部环境分析

企业的生存和发展与周围的环境变化密切相关。分析周围环境的变化,利用机会,避开威胁,是企业完成任务的基础。

(1) 市场机会。市场机会的实质是指市场上存在着尚未满足或未完全满足的需求,能为企业带来新的增长点的发展机会和发展机会的事项,包括技术的变化、新产品的问世、新市场的出现、商业模式与交易方式的改变、法律与政策的改变等。它既可以来源于宏观环境,又可以来源于微观环境。任何一个企业,无论其规模大小,无论生产何种产品、提供何种服务,要想在竞争中立于不败之地,就必须不断地寻找市场机会。社会的不断进步、人类需求的不断变化,客观上存在着许许多多的市场机会,一般可将市场机会分为以下几种类型。

① 表面的市场机会和潜在的市场机会。表面的市场机会是指明显的没有被满足的市场需求；潜在的市场机会指隐藏在现有需求后的未被满足的需求。

② 行业市场机会与边缘市场机会。行业市场机会指出现在本企业经营领域内的市场机会；边缘市场机会指在不同行业交叉与结合部位出现的市场机会。

③ 大范围的市场机会和局部的市场机会。大范围的市场机会指在国际市场或全国市场上出现的未满足的需求；局部市场机会则是在一个局部的市场上出现的市场机会。

(2) 市场威胁。威胁是指外部环境变化趋势中对企业的生存与发展不利于企业市场营销活动的各种因素的总和，它是消极的、负面的影响，超出了企业可控制范围内的力量、问题、趋势、事件，包括市场疲软、趋势改变、政策变化、经济危机、强势替代品的出现等。企业若不能及时恰当地处理威胁，威胁就会动摇或侵蚀企业的市场地位，损伤企业的市场优势，给企业正常的营销活动带来严重的后果，甚至影响到企业的生存和发展。

企业对于不同性质的威胁，可以采取下列对策。

① 反对策略。积极地抵制，试图限制或者扭转不利发展因素。

② 减轻策略。对环境威胁进行削弱和修正，以减轻环境威胁的程度。

③ 转移策略。将产品转移到其他市场，或转移到其他盈利更多的行业，实行多角化经营。

(二) 企业的机会和威胁矩阵

分析了企业的机会和威胁后，还要评价每一种机会和威胁的严重程度和出现的可能性，预测可能的市场机会的吸引力和成功的概率。

1. 市场机会矩阵

并非所有的市场机会都对企业有同样的吸引力，营销部门应对所面临的市场机会进行具体的分析和评价。对于市场机会，一般采用市场机会矩阵图加以分析和评价，如图2-4所示。

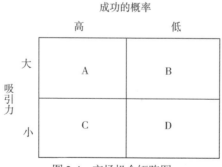

图 2-4　市场机会矩阵图

在市场机会矩阵图中，纵轴表示潜在吸引力，即企业只要利用这一机会，就能带来经济效益；横轴代表成功的可能性，即成功的概率。在纵轴中以中等收入为分界线，在横轴中以 0.5 的概率值为分界线，将矩阵分为 4 个区域。A 是最好的市场营销机会，其"潜在吸引力"和"成功可能性"都大，企业应制订营销战略和计划，以便利用好这一机会；C 区域的"潜在吸引力"小，但是其"成功可能性"大；B 区域的"潜在吸引力"大，但其"成功可能性"小；D 区域的"潜在吸引力"和"成功可能性"都小，所以无机会可言。综上，对于 B、C 区域，企业在进行营销决策时，要进行具体分析，使其向着有利于企业营销的方向发展。

2. 市场威胁矩阵

并非所有的威胁对企业的影响都一样大,营销部门应对面临的市场环境进行具体的分析和评价。对于市场威胁,一般采用市场威胁矩阵图加以分析和评价,如图2-5所示。

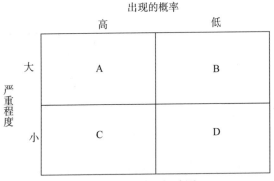

图 2-5　市场威胁矩阵图

市场威胁矩阵图的纵轴代表潜在的严重性,即威胁的出现给企业带来的损失;横轴代表出现威胁的概率,即出现威胁的可能性。纵轴以中等损失为分界线,横轴以 0.5 的概率值为分界线,形成四个区域。

A 区域给企业带来的威胁最严重,其"潜在严重性"和"出现威胁的可能性"均高;D 区域的"潜在严重性"和"出现威胁的可能性"都低,不构成企业的威胁;C 区域"潜在严重性低",但其"出现威胁的可能性"高,构成企业的主要威胁;B 区域"潜在严重性"高,但其"出现威胁的可能性"低,不构成威胁。因此,企业应重点分析 A、C 区域,防止威胁给企业带来风险,对 B、D 区域应严格监视,以防其向不利于企业经营的方向发展。

3. 综合环境评估

综合环境分析是指将环境机会分析与环境威胁分析综合起来,用于确定在环境条件一定的前提下企业的业务性质,即企业的类型。依据市场机会和威胁综合分析矩阵图来分析和评价市场环境对企业的影响,如图2-6所示。

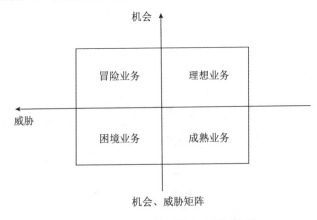

图 2-6　市场机会和威胁综合分析矩阵图

在综合分析矩阵图中，纵轴代表机会，横轴代表威胁，因此企业可分为以下四种类型：冒险的企业，即高机会水平和高威胁水平的企业；困难的企业，即低机会水平和高威胁水平的企业；成熟的企业，即低机会水平和低威胁水平的企业；理想的企业，即高机会水平和低威胁水平的企业。在企业经营活动中，对环境机会与威胁的分析，一定要有超前性，关键在于抓住机会，尽力避免威胁。

(三) SWOT 分析系统

实际上，机会、威胁、优势、劣势是相互联系的一个整体，连接四个方面的纽带是竞争，终极目标是顾客。在企业营销战略的分析报告中，SWOT 分析是一个最常用的分析工具，它是 McKinley 咨询公司发明的。SWOT 分析方法可能是最为广大企业管理人员所熟悉、得到最广泛应用的分析工具了，它是企业内部分析方法，根据企业自身的内在条件进行分析，找出企业的优势、劣势，有核心竞争力。S、W 是内部因素，O、T 是外部因素，这种分析方法有显著的结构化和系统性的特征。SWOT 分析把企业内部资源与能力形成的优势(strengths)、劣势(weaknesses)与外部环境所形成的机会(opportunities)、威胁(threats)四个方面的情况结合起来进行分析，以寻找制定适合本企业实际情况的经营战略和策略的方法。其中优势是企业超越竞争对手的核心竞争力，能够帮助企业实现目标，它涉及的范围很广，从产品到管理都可以是企业的优势。例如，企业产品种类丰富，产品质量高等。SWOT 分析能够帮助企业管理者快速把握企业的战略处境。它建立的假设是：好的战略应该是寻求内部力量与外部机会之间的最佳配合，应该有效地回避企业的劣势，避免外部威胁。综上，SWOT 分析是综合考虑企业内部条件和外部环境的各种因素的分析方法，它能够有效地帮助企业进行战略的选择与制定。同时，从战略视角看，企业在进行 SWOT 分析时，同时进行 PEST 分析是必要的。

SWOT 分析的大致思路如图 2-7 所示。

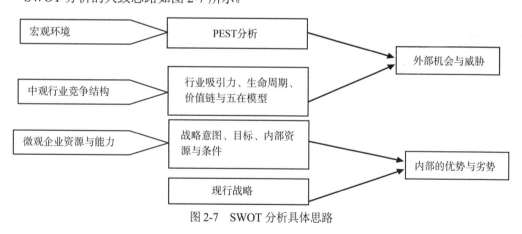

图 2-7　SWOT 分析具体思路

另外，外部环境是指企业外部的、不可控的、给企业进入市场带来机遇和威胁的因素。内部因素是指企业内部的、影响企业进入市场的、可控制的因素，可以体现企业的优势和劣势。在 SWOT 分析中一般需要考虑的因素如表 2-6 和表 2-7 所示。

表 2-6　SWOT 外部环境分析因素

潜在的外部威胁(T)	潜在的外部机会(O)
• 市场增长较慢	• 纵向一体化
• 竞争压力增大	• 市场增长迅速
• 不利的政府政策	• 可以增加互补产品
• 有新的竞争者进入本行业	• 能争取到新的用户群
• 替代产品销售额正在逐步上升	• 有进入新市场的能力
• 用户讨价还价能力增强	• 有能力进入更好的企业集团
• 客户需求与爱好逐步转移	• 在同产业中竞争业绩优良
• 通货膨胀递增及其他	• 扩展产品线满足用户的需要及其他
• 产权技术	• 竞争劣势
• 成本优势	• 设备老化
• 竞争优势	• 战略方向不同
• 特殊能力	• 竞争地位恶化
• 产品创新	• 产品线范围太窄
• 具有规模经济	• 技术开发滞后
• 具有良好的财务资源	• 营销水平低于同行业其他企业
• 高素质的管理人员	• 管理不善
• 公认的产业领先者	• 战略实施的历史记录不佳
• 买主的良好印象	• 不明原因导致的利润下降
• 适应性强的营销战略	• 资金短缺
• 其他	• 相对于竞争者的高成本及其他

表 2-7　SWOT 内部环境分析因素

潜在优势(S)	潜在劣势(T)
• 有力的战略	• 没有明确的战略导向
• 有利的品牌形象和美誉度	• 老化陈旧的设备
• 被广泛认可的市场领导地位	• 高额负债与不良的资产结构
• 专利技术	• 超额成本
• 成本优势	• 缺少关键技术
• 产品质量好	• 动作不畅
• 具有规模经济	• 落后的研发能力
• 高素质的管理人员	• 过分狭窄的产品组合
• 强势广告	• 缺乏市场规划与营销能力
• 产品创新技能	• 管理水平低下
• 优质客户服务	• 产品单一
• 战略联盟与并购	• 其他

(四) SWOT 分析的执行步骤

(1) 结合组织的外部环境和市场发展趋势，确定未来企业走向，寻找环境变化带来的发展机会和威胁。企业面临的外部机遇与威胁可能来自与竞争无关的外部环境因素的变化，也可能来自竞争对手力量因素的变化，或二者兼有。

(2) 结合企业内部资源管理能力和竞争对手的经营能力，发现自身优劣势。既可以是相对企业目标而言的，也可以是相对竞争对手而言的。

(3) 制作 SWOT 矩阵图。

(4) 进行 SWOT 分析。分析的基本内容是将优势、劣势、机会、威胁进行双元素分析，包括优势和机会、优势和威胁、劣势与机会、劣势与威胁四种组合。

(五) SWOT 分析的局限性

由于 SWOT 分析是由企业内部人员绘制和分析，不可避免地会带有主观色彩。此外，用这种分析方法，没有考虑到企业改变现状的主动性，同时并不是所有的威胁都需要付出同样的关注和注意力，因为产生冲击的可能性和随之而来的损害程度会各不相同。事实上企业可以自己创造市场机会，挖掘自身潜力，寻找发展方向。

(六) SWOT 综合分析矩阵

在找到企业内部资源条件的优势与劣势、外部环境的机会与威胁之后，下一步的工作是将企业的外部环境和内部资源能力，结合起来进行分析，形成 SWOT 矩阵。即 SWOT 分析还可以作为选择和制定战略的一种方法，因为它提供了四种战略，即 SO 战略、WO 战略、ST 战略、WT 战略。SWOT 综合分析矩阵如表 2-8 所示。

表 2-8 SWOT 综合分析矩阵示意图

外部机会/威胁	内部优势/劣势	
	内部优势(S) 1. …… 2. …… 3. ……	内部劣势(W) 1. …… 2. …… 3. ……
外部机会(O) 1. …… 2. …… 3. ……	SO 战略 1. 依靠内部优势 2. 利用外部机会	WO 战略 1. 依靠外部机会 2. 克服内部劣势
外部威胁(T) 1. …… 2. …… 3. ……	ST 战略 1. 依靠内部优势 2. 回避外部威胁	WT 战略 1. 减少内部劣势 2. 回避外部威胁

(1) SO 战略。即依靠内部优势去抓住外部机会的战略，是一种理想的战略模式。当企业具有特定方面的优势，而外部环境又为发挥这种优势提供有利机遇时，可以采取该战略。如一个资源雄厚(内在优势)的企业发现某一国际市场未曾饱和(外在机会)，那么它就应该采取 SO 战略去开拓这一国际市场。

(2) WO 战略。即利用外部机会来改进和克服内部弱点的战略，使企业改善劣势而获取优势的战略。当存在外部机遇时，但由于企业存在一些内部劣势而妨碍其利用机遇，可采取措施先克服这些劣势。如一个面对高速增长的市场(外部机会)，却缺乏资金投入(内部劣势)的企业就应该采取 WO 战略努力吸引各种风险投资或者争取获得其他资金来源。

(3) ST 战略。即利用企业的优势，以避免或减轻外部威胁的打击。如一个企业的销售渠道(内在优势)很多，但是由于各种限制又不允许它经营其他产品(外在威胁)，那么就应该采取

ST 战略，走集中型、多样化的道路。

(4) WT 战略。即直接克服内部弱点和避免外部威胁的战略。当企业存在内忧外患时，往往面临生存危机，降低成本也许成为改变劣势的主要措施。例如一个商品质量差(内在劣势)、供应渠道不可靠(外在威胁)的企业应该采取 WT 战略，强化企业管理，提高产品质量，稳定供应渠道，或走联合、合并之路以谋求生存和发展。

(5) SWOT 方法的基本点，就是企业制定的战略必须使其内部能力(优势和劣势)与外部环境(机遇与威胁)相适应，在不断变化的市场环境中发现组织必须面对的来自竞争对手的严重威胁或者那些与组织的战略方向不符的趋势，消除组织在这些方面的劣势，并充分利用任何能够找到的、企业确有的优势和商机，开展有效的营销组合策略，以获取经营的成功。

综合训练题

一、名词解释

微观营销环境　　宏观营销环境　　人口环境　　经济环境　　政治法律环境　　竞争者　　营销中介　　PEST 分析　　EFE 矩阵分析　　IFE 矩阵分析　　SWOT

二、简答题

1. 营销环境是如何影响企业营销活动的？
2. 微观营销环境包括哪几个内容？其中竞争者对企业营销有何影响？
3. 宏观营销环境包括哪几个内容？其中经济环境对企业营销有何影响？
4. EFE 矩阵分析法和 IFE 矩阵分析法各自的步骤是什么？
5. 简述 SWOT 分析的大致思路。

三、案例分析

如何看待奢侈品品牌销毁多余库存这一现象

自从销毁巨额库存的消息披露以来，英国奢侈品集团 Burberry(巴宝莉)就被社会舆论与公众媒体推到了风口浪尖之上。

公司年度财报显示，Burberry 2018 年销毁了价值 3700 万美元的服装、饰品和香水。这一行为也引起了一部分股东的不满。

但其实这种销毁行为在奢侈品行业中并不罕见。法国奢侈品巨头 LVMH 集团在其年报中曾表示，由于商品过季或缺少销售潜力而销毁多余库存是必要的行为。Hermes(爱马仕)也曾在年报中表示会销毁过季商品，不过并未透露具体的销毁数量。不单单是服饰美妆，瑞士奢侈品巨头 Richmont(历峰集团) 也承认，为了防止商品贬值，曾销毁了价值超过 4 亿英镑的手表。

针对公众的指责，Burberry 发表声明表示，在大批量生产时，公司始终采取相应的措施，根据实际情况控制生产总数以减少过度生产带来的浪费，并强调只有在必要情况下，Burberry 才会选择销毁货品，并会选择最为环保的销毁方式，同时公司也在积极寻找减少回收再利用的途径。

Flornoy and Associates 的投资组合经理，此前曾担任奢侈品行业分析师的阿诺·卡达尔(Arnaud Cadart)表示，销毁多余库存在时尚产业内早已不算新闻，尤其是快时尚品牌，其剩余的货品更多，销毁量更大。只有极少一部分奢侈品公司会推出促销活动，或是举行公司内部特卖来处理多余的商品。他表示："当然在公众看来，这是一种非常不道德的行为，不但非常浪费，而且很可能污染环境。"

知识产权专家波利亚娜·甘贝尔特(Boriana Guimberteau)表示，虽然公众会从道德、人道主义和环境保护的方面来考虑，选择促销或捐赠等其他方式来处理多余的商品，但从法律方面来说，品牌有权销毁他们自己生产的正版过季商品。奢侈品牌保证其产业地位的重要途径之一，就是拥有自己专属的分销网络，和对过季商品在市场上流通的严格把控。

保障知识产权、打击假冒产品的制造商协会 Unifab 表示，公司销毁多余库存的原因不尽相同。这样的行为可以保证商品不会流入其他销售渠道，而销毁像美妆类这样有保质期的产品也是为了保证消费者的使用安全。Unifab 的总监戴尔芬·萨法蒂-索伯雷拉(Delphine Sarfati-Sobreira)透露，商家销毁多余库存商品有时是为了保护知识产权，但低价卖给公司内部员工也是一种可取的处理方式。

(资料来源：https://luxe.co/post/86233)

思考题：
根据上述案例，请谈谈为什么一些奢侈品公司要通过销毁来处理库存？

第三章

市场调研策划

市场调研是市场营销的一个重要职能，也是企业进行科学决策的基础性工作。市场调研不仅包括市场调查和预测，还包括科学的市场分析和判断。企业在市场竞争中，关键要做到更好地满足目标市场的需要。市场需要的多样性决定了市场调研需要与时俱进，创新调研方法和内容。同时市场调研活动要与现代科学技术相结合，以快速掌握好市场信息的变化，在此基础上进行精准市场定位和营销组合策略的改进，从而降低企业在经营过程中的各种风险，提高营销决策的科学性，促进企业获得持久的竞争优势。

知识要点：

1. 市场调研的定义和内容
2. 市场营销调研的具体过程
3. 市场营销调研的主要方法
4. 问卷设计的一般结构及问卷问答的主要类型
5. 市场调查报告的写作原则和主要内容

第一节 市场调研策划概述

"没有调查就没有发言权"，市场调研正是以了解市场需求、解决企业营销实际问题为出发点，通过收集市场信息资料，并利用现代化的科学技术进行信息分析和判断，提出具体的解决营销问题的措施和方案，进而提高企业管理水平和营销能力。科学的市场调研工作有助于企业正确识别和把握真正的市场机会，有助于企业在变化多端的营销环境中不断抉择和优化自己的营销策略。

一、市场调研的含义

现代营销之父菲利普·科特勒认为，营销调研是系统地设计、收集、分析和提出数据资料以及提出跟公司所面临的特定的营销状况有关的调查研究结果。

根据美国市场营销协会(AMA)的定义(1988年)，市场营销调研是通过信息的运用，把消费者、公众和营销者联系在一起的一种职能，是为了提高决策质量以发现和解决营销中的机遇和问题，而系统、客观地识别、收集、分析和传播信息的工作。

综合各类观点，所谓市场调研是指个人或组织为了给市场营销决策提供依据，针对某一特定的市场营销问题，运用科学的方法和手段，系统地判断、收集、整理和分析有关市场的各种资料，反映市场的客观状况和发展趋势的活动。

随着我国市场经济的发展，面对不确定性的市场，许多经济部门和工商企业越来越重视市场调研，以增强市场营销策划和管理决策的科学性，提高企业的市场适应能力和竞争能力。

当前在我国从事市场调研的机构主要有：各级政府部门组织的调查机构、新闻单位、大学和研究机关的调查机构、专业性市场调查机构以及企业内部的调查机构。

要做一份出色的营销策划方案，则首先要做好市场调研策划，收集到有价值的信息。没有好的市场调研策划，整个营销策划的质量和效果将大打折扣。

【案例3-1】

将微不足道的新闻当作暗示而创立搬家公司

搬家公司10多年前在中国兴起，现在生意越做越大。每逢有人搬家，总会听到"找搬家公司去"的建议。道理很简单，以往搬家，势必邀请大批亲戚朋友帮忙，一番辛劳，还要请客送礼，即费心又花钱。请搬家公司，既免烦心，花费又不大，何乐不为？但是，很少有人知道世界上第一家搬家公司是如何产生的。20世纪70年代，日本妇女寺田千代与丈夫一起经营一般货物运送业，当时正值石油危机，工作量突然急剧降低，正在一筹莫展之际，偶然看到报端刊载一则新闻，上面提到由其他县市迁至大阪的费用合计约需一百五十亿日元，这是一笔数目庞大的金额。在当时，并没有专门的搬家从业人员，寺田千代想："那些人如何搬家呢？"随后就产生了"我们公司也来做搬家的工作吧"的想法。通常，一般货运业的账款无法从客人那里直接取得现金，但是，为客户搬家时一定是现金交易。于是，她立刻向大阪交通局提出建立搬家公司的申请。当时，这个行业尚未获得承认，尤其是让女性担任董事长职务，更是无法得到认可。但是，经过数次的交涉，她终于得到开业执照，展开搬家服务的事业。其后，凭着"是搬家业、运输业，也是服务业"的经营方针，该公司扩大服务内容，发展至清洗碗盘、清扫环境，甚至连除虫消菌的工作也包括在内，公司业务快速发展。

(资料来源：百度文库)

二、市场调研的内容

1. 市场环境调研

任何企业的营销活动都是在一定的市场营销环境中进行的，因此，企业必须对目标市场的市场营销环境的现状及未来的可能变化情况进行调查了解，包括对目标市场的政治、经济、社会、文化、法律、科技、教育等环境因素的现状进行研究和分析，并预测和估计其发展的趋势，判断目标市场等环境变化的规律性及其变动的特点。

在营销策划实践中，我们进行市场环境调研时，要重点研究好产业环境。产业环境是指企业所处的行业的生产经营景气状况。企业产业环境调查应重点考察所处行业或想进入的行业的生产经营规模、市场供求情况、产业状况、竞争状况、生产状况、产业政策、产业布局、行业壁垒和进入障碍、行业发展前景等。良好的产业环境对企业的发展至关重要。

【案例3-2】

福特汽车遭遇销售困境

20世纪初，福特汽车制造公司生产出大多数人买得起的汽车，推动了美国汽车制造业的发展，也为自己带来了巨大的财富和世界性的声誉。但由于福特生产的汽车只有一种款式，即黑色汽车。到了20世纪20年代，美国人开始注意汽车的款式和式样时，福特汽车公司仍然只生产黑色的T型车，市场优胜者的位置被通用汽车公司夺去。到了20世纪50年代，美国三大汽车公司通用、福特、克莱斯勒，面临困境，出现亏损，原因是没有充分估计市场环境的变化。在过去，美国汽车公司长期以来生产大型、豪华、舒适但耗油量很大的汽车，有些消费者买得起汽车，但用不起油，汽车销量急剧减少。更省油的德国汽车和日本汽车乘机占领市场。无数企业的经历说明：忽视环境变化的营销活动注定要失败，只有随时同环境保持协调的企业才能生存和发展。

(资料来源：百度文库)

2. 市场需求调研

市场需求调研包括市场容量、顾客和购买行为调研。市场容量调研，主要是指现有和潜在人口变化、收入水平、生活水平、本企业的市场占有率、购买力等。

就某类商品或某种商品而言，其市场需求量取决于人口数量(或用户数量)、人均(户均)购买量、其他需求量三个要素，市场需求量的决定模型如下。

市场需求量=人口数量(用户数量)×人均(户均购买量)+其他需求量

(1) 人口数量(或用户数量) 及其变动是计算需求量的基础变量。

(2) 人均(户均)购买量是计算需求量的重要参数，可通过历史资料或者进行实验得到。例如，牙膏的人均使用量在一定时期内基本上保持稳定。

(3) 其他需求量主要包括企业、事业、机关团体和政府的投资需求和国外贸易需求等。

顾客调研主要是了解购买本企业产品或服务的团体或个人的情况，如民族、年龄、收入、性别、文化、职业、地区等，要重点研究顾客人均收入、人均消费支出、购买力水平、购买力投向(消费结构)、购买商品的数量及其要求。

购买行为调研是调研各阶层顾客的购买欲望、购买动机、兴趣爱好、购买习惯、购买时间、购买地点、购买数量、由谁购买、如何购买、品牌偏好等情况，以及顾客对本企业产品和其他企业提供的同类产品的欢迎程度。

在进行需求调研时，也要考虑调研影响市场需求变化的因素，通常有经济总量及其增长率、宏观政治经济环境变化、居民货币收入与储蓄的变化、物价总水平的变动、固定资产投资的拉动、货币流通与货币政策、产业政策等。

【案例3-3】

碧桂园眼中的三四线城市，依然充满了商业机会

2019年，碧桂园实现了中国31个省份全覆盖。碧桂园作为这几年的房企榜单第一，三四线城市的贡献依然强大。

通过碧桂园的统计口径，我们可以看到碧桂园对于城市的选择标准主要有两个：第一，人口基数和流动性；第二，城市化发展水平。

从碧桂园财务资料来看，大部分(90%)碧桂园的权益可售资源都位于常住人口100万以上的城市。而符合这个标准的三四线城市比比皆是，即使是在我国人口相对稀疏的西部地区。

近几年，随着我国经济的发展，城市化进程加快，成千上万的农民需要进城去买房、去生活，为下一代创造更好的受教育的条件。此外，人们生活水平改善，经济收入持续增加，改善性住房的需求依然旺盛。在碧桂园的眼里，我国三四线城市的房地产市场仍然处处是商机。

(资料来源：作者收集整理)

3. 产品调研

产品或服务是一个企业向市场提供和传递价值的最基本载体和关键要素。产品调研包括多种类型，常见的有产品创意检测、新产品测试、包装测试、品牌研究等内容。产品创意检测是一种普遍使用的产品研究，包括现有产品改进和新产品研制与开发的研究。对现有产品的改进主要是改进性能、扩大用途和创造新市场等；对新产品的研制与开发研究主要是产品测试研究，其中涉及消费者对产品概念的理解、对产品各个属性的重要性评价、新产品的市场前景以及新产品上市的相关策略等。包装测试主要是为了检验包装的促销功能。品牌研究形成了一个相对独立的研究领域，其主要内容有品牌的知名度、美誉度、忠诚度以及消费者对品牌的认知途径和评价标准等。具体来说，产品调研主要包括以下内容。

(1) 产品设计的调研：包括功能、用途、使用方便和操作安全设计，以及产品的品牌、商标、外观和包装设计等。

(2) 产品和产品组合的调研：包括产品的价格、销售渠道、广告宣传等。

(3) 产品生命周期的调研：主要是指产品是处在成长期、成熟期或衰退期等。

(4) 对老产品改进的调研：包括消费者对老产品质量、功能的意见等。

(5) 对新产品开发的调研：包括消费者对产品包装、服务、花色、品种、规格、交货期、外观造型和式样的喜爱偏好等。

(6) 对于如何做好销售技术服务的调研。

4. 价格调研

价格调研主要调研企业和竞争者产品或服务的价格构成、变动范围和幅度、变动趋势与影响、价格变动引起的连锁反应等。进行价格调研可以为制定企业定价策略提供可靠的依据。

在营销策划实践中，进行价格调研重点要调查的内容有：商品价格的成本构成、供求关系变化、价格变化的趋势、价格变动对商品销售带来的影响、影响价格变动的各种因素、商品价格的需求弹性、相关产品或代用品的价格、竞争者的价格策略以及企业的价格策略等。

5. 分销调研

分销调研是指对产品销售渠道、经销商及产品经销状态进行的研究，包括评价和选择最适合的渠道形式，评价和选择最适合的经销商，考察现有的销售渠道和经销商的情况，为销售渠道设计和优化提供依据。

在营销策划实践中，分销调研主要包括以下内容。

(1) 产品从生产者向消费者转移所经过的通道或途径。

(2) 企业现有销售渠道能否满足销售商品的需要？

(3) 企业是否有通畅的销售渠道？如果不通畅，阻塞的原因是什么？

(4) 销售渠道中各个环节的商品库存是否合理？能否满足随时供应市场的需要？有无积压和脱销现象？

(5) 销售渠道中的每一个环节对商品销售提供哪些支持？能否为销售提供技术服务或开

展推销活动?

(6) 市场上是否存在经销某种或某类商品的权威性机构?如果存在,它们促销的商品目前在市场上所占的份额是多少?

(7) 市场上经营本商品的主要中间商,对经销本商品有何要求?

6. 促销调研

促销调研的目的主要是支持企业的促销战略和战术决策,使促销组合达到最佳,以最少的促销费用达到最佳的促销效果,并就出现的问题及时对促销方式进行调整和改进。促销调研主要包括广告、人员销售、销售促进、公共关系等方面的调研,具体内容有广告媒介、广告效果评估、广告策略,以及优惠、赠品、有奖销售等促销方式对销售额的增加幅度和市场占有率变化的影响等。

在促销实施过程中,应对调查研究目标群体是否接受促销内容和形式(接受度)、目标群体的促销认知和参与度、促销过程中的销售量变动等进行研究,评价销售手段配合是否有效,促销的组织工作是否完善,促销费用运用的效果如何等。

7. 市场竞争调研

市场竞争调研是企业进行市场调研的重要组成部分,必须给予高度重视。市场竞争调研的目的主要是支持企业营销的总体发展战略,做到知己知彼,发挥企业的核心竞争优势。企业可以通过调研来查清竞争对手的状况,包括产品及价格策略、渠道策略、营销策略、竞争策略、研发策略、财务状况及人力资源等,发现其竞争弱点,制定恰如其分的营销战略,以扩大市场份额。

进行市场竞争调研主要是侧重于本企业与竞争对手的比较研究,以识别企业的优势和劣势,判断出本企业所具备的与竞争对手相抗衡的条件或可能性,确定企业的竞争策略,以达到以己之长克他之短的功效。通常可以利用 SWOT 分析法来分析本行业内竞争参与者的数量和竞争策略,以及本企业与竞争对手相比,在产品品牌、成本、质量、价格、服务、新产品开发、市场覆盖等方面具有哪些竞争优势和劣势,本企业的市场竞争策略是否切实可行等。

在营销策划实践中,进行市场竞争调研的主要内容有:了解行业的竞争结构和变化趋势;了解竞争者的战略目标、核心能力、市场份额、产品策略、价格策略、销售渠道策略、促销策略等。

8. 用户满意度研究

用户满意度研究越来越受到各企业的重视,企业通过顾客满意度研究了解顾客满意度的决定性因素,测量各因素的满意度水平,从而为企业比竞争对手更好地满足消费者提供建议。

在用户满意度研究中,需要调查、了解和分析以下几方面。

(1) 用户对有关产品或服务的整体满意度。

(2) 用户对特定品牌或特定商店产生偏好的因素、条件和原因。

(3) 用户的购买动机是什么,包括理智动机、情感动机和偏好动机,以及产生这些动机的原因。

(4) 用户对各竞争对手的满意度评价。

(5) 用户对产品的使用次数和购买次数,以及每次购买的数量。

(6) 用户对改进产品或服务质量的具体建议。

在营销策划实践中，要做好顾客满意度评价，首先要建立一套顾客满意度评价指标体系，主要包括品牌认知、品牌购买、品牌使用、品牌美誉度、产品质量、产品功能、产品外观、产品式样、产品包装、价格定位、产品安全性、产品可靠性、产品设计、企业信誉、服务质量、服务环境、服务态度、服务规范、用户投诉、售后服务等诸多要素。

9. 商圈调研

商圈，是指商店以其所在地点为中心，沿着一定的方向和距离扩展以吸引顾客的辐射范围，简单地说，也就是来店顾客所居住的区域范围。无论大商场还是小商店，销售总是有一定的地理范围。这个地理范围就是以商场为中心，向四周辐射至可能来店购买的消费者所居住的地点。

商圈调研主要是指运用特定的市场调研方法，通过调查分析商圈的构成情况、范围、特点以及引起商圈规模变化的因素，为商业项目可行性研究、商业网点选址或制定营销策略提供科学依据。

在营销策划实践中，企业刚成立的时候，一定要进行商圈调研，企业应对所选区域做精心细致的调查，如备选区域出入的人口流量是多少，附近有几家同类或不同类店，其采取的经营策略主要有哪些等。这个工作是最基础的工作，对新创企业，特别是商业企业而言，做好商圈调查往往直接影响到企业未来的发展前途，必须给予高度重视。

三、市场调研的类型

市场调研经常遇到不同性质的问题，需要以不同的方法取得不同的资料。按其研究的问题、目的、性质、形式的不同，一般可分为探索性调研、描述性调研、因果性调研和预测性调研。

1. 探索性调研

探索性调研是为了界定问题的性质以及更好地理解问题的环境而进行的小规模调研活动。探索性调研适合于那些知之甚少的问题，它可以用于以下任何一个目的：更加明确地找出主要问题并做出假设；使调研人员对问题更加熟悉；澄清概念。

探索性调研的目的就是去发现新的想法和新的关系，但研究的问题和范围比较大，在研究方法上比较灵活，事先不需要进行周密的策划，在研究过程中可根据情况随时进行调整。探索性调研一般都通过搜集第二手资料，或请教一些内行、专家，让他们发表自己的意见、谈自己的看法，或参照过去类似的实例来进行，多以定性研究为主。

2. 描述性调研

描述性调研是企业针对需要调研的问题，采用一定的方法，对市场的客观情况进行如实的描述和反映。描述性调研主要是通过对实际资料的收集、整理，了解问题的历史和现状，从中找出解决问题的办法和措施，着重回答消费者买什么、什么时候买、怎么买等方面的问题。如社会购买力、市场占有率、市场需求容量、推销方法与销售渠道、消费者行为的调研等，都属于描述性调研。企业可以通过加强基础信息工作的管理、培训工作人员等方法，或者设计各种程序等，对一些必需的信息、各种基础数据，进行定期的收集、跟踪和处理，以便对企业的日常经营活动实施执行、监督、反馈、控制等管理职能。例如，企业可以通过建立数据库活动，组建企业的情报网络和建立企业的信息资料系统。

这种调查的目的主要是了解市场的过去和现状，收集反映市场信息的客观资料。在描述性调研中，可以发现其中的关联因素，但是，此时我们并不能说明两个变量哪个是因、哪个是果。它比探索性调研要深入细致，研究的问题更加具体，所以需要细致地研究制订调研计划和收集资料的步骤。一般采用询问法和观察法收集资料。

3. 因果性调研

企业在营销活动过程中，会存在许多的数量关系。这些数量，有的是企业自身可以控制的变量，如产品产量、产品价格、各项促销费用的开支以及销售人员的配置等；有的是企业无法控制的变量，如产品销售量、市场的供求关系等。

因果性调研的目的就是找出关联现象或变量之间的因果关系，它是在描述性调研的基础上进一步分析问题发生的因果关系，弄清原因和结果之间的数量关系，要揭示和鉴别某种变量的变化究竟受哪些因素的影响，以及各种影响因素的变化对变量产生影响的程度。因果性调研同样要有详细的计划和做好各项准备工作。在调查过程中，实验法是一种主要的研究方法。

4. 预测性调研

市场营销所面临的最大的问题就是市场需求的预测问题，这是企业制定市场营销方案和市场营销决策的基础和前提。预测性调研就是企业为了推断和测量市场的未来变化而进行的研究，对企业制订有效的营销计划、避免较大的风险和损失具有重要的意义。

预测性调研是以描述性调研和因果性调研为基础，涉及的范围比较大，可采用的研究方法较多，研究的方式也比较灵活。

上述四种调研方式的比较如表3-1所示。

表3-1 四种市场调研类型解析

调研类型	特点	目的	性质	资料来源
探索性	初始阶段；前期情况不明；灵活机动；所花时间和费用比较少；以定性研究为主；研究结果比较粗放	对下一步市场调研的方向和工作重点进行明确	非正式的	以第二手资料为主；以观察法为主，适当辅以访问法；专家和学者的意见
描述性	对情况和事件的过程、现状等进行描述；分析发展趋势及可能的原因	事情的历史和现状是怎么样的，是怎样发生的，可能的原因是什么	正式的	第一手资料和第二手资料相结合
因果性	研究两个或多个变量之间存在何种量化的因果关系	一个因素对其他因素有什么样的影响，它们之间存在一个什么样的量化的相关性	正式的	第一手资料和第二手资料相结合；需要使用统计资料分析方法和逻辑推理
预测性	应用理论模型，根据一个或几个变量的变化来预测另外一个变量的变化	对未来所要发生的事情做出科学预测	正式的	第一手资料和第二手资料相结合；需要建立理论模型

第二节 市场调研的流程策划

市场营销调研是一项十分复杂的工作，要想顺利完成市场营销调研任务，必须依据科学的程序，有计划、有组织、有步骤地进行。然而，市场营销调研没有一个固定的程序可循，一般来说，根据营销调研活动中各项工作的自然顺序和逻辑关系，市场营销调研可分为四个阶段，每个阶段又包括若干个步骤。

一、准备阶段

市场调研通常是由营销活动中一些特定问题而引起的，但是这些问题本身并不一定构成营销调研的主题，还要对这些问题进行分析和研究。

市场调研的准备阶段的主要任务就是界定研究主体、选择研究目标、形成研究假设，并确定需要获得的信息内容。

1. 界定研究问题

进行市场营销调研是为制定市场营销战略提供依据，或是为了解决在营销过程中存在的某些实际问题。市场营销调研的首要工作就是要根据企业的战略方针和意图、企业在市场营销中所要解决的问题，明确地界定研究的问题和确定研究的目的。界定问题时应注意以下两点。

(1) 问题的相对性。问题的相对性是指问题的重要程度、影响力都是相对的。同一问题在不同的场合和条件下，其重要程度和影响力是不一样的，问题的作用力度的大小也是不一样的。问题之所以有相对性，是因为问题具有变化性。问题的变化性是指问题性质和作用都是在不断变化的，在一些场合是关键、主要的问题，而在别的场合则有可能是次要、一般的问题。在一定场合是很次要的问题，但在另一场合很可能是很关键的问题。企业要根据不同时间、地点、条件来分析和认识问题，这样才能真正把握问题。

(2) 问题的准确性。界定问题时要选准策划问题，即选准作为策划对象的问题，以明确策划需要及应解决的问题。策划目标必须是明白无误的，否则就会导致策划失误。如果选择了现有条件和能力以及主观努力下解决不了的问题，那就必然会碰壁。如果确定要解决的问题轻而易举，则又失去了策划的意义。因此，策划必须正确确定需要解决的问题，即在对策划问题识别的基础上，合理选择最有意义而又有能力解决的问题作为策划所要解决的问题。

2. 选择研究目标

市场营销调研通常是由某些具体问题而引起的，但在有些情况下，调研的目的很模糊。例如，某企业近来销售形势不好，销售量大幅度下降，此时的研究目的很可能是"发现引起企业销售下降的原因"。但如果企业知道销售量下降的原因是竞争对手产品的大幅度降价造成的，在此情况下，研究的目的就不是寻找原因，而是"寻求解决这一问题的策略"了。

研究目的确定以后，调研人员还需要把研究目的分解为具体的研究目标，研究目标通常以研究问题的形式出现，表明了营销管理者所需要的信息内容。例如，研究目的是寻求策略，以解决竞争对手产品降价造成本企业产品销售滑坡的问题，可能的研究目标为：

(1) 获得顾客对本企业产品的态度和改进的意见。
(2) 找出本企业产品与竞争对手各自的优点和缺点。
(3) 测定顾客愿意接受的产品价格范围。

3. 形成研究假设

研究问题确定之后，调研人员将根据研究的目的选择一组研究目标，还要针对实际可能发生的情况形成适当的研究假设。形成假设的作用是使研究目的更加明确，假设的成立与否都会达到研究的目的。例如，假设"顾客的购买行为受价格的影响很大"等。

二、设计阶段

研究设计是保证调研工作顺利进行的指导纲领，其主要内容有内容设计、方法设计、工具设计、抽样设计、方案设计等。

(1) 内容设计。内容设计就是根据调研的目的确定调研的范围以及信息资料的来源。调研的范围是根据调研的目标，确定所需信息资料的内容和数量。例如，是调研企业营销的宏观经济环境，还是调研企业的市场营销手段；是一般性调研，还是深度调研等。信息资料的来源是指获取信息资料的途径。市场营销调研所需的信息资料可以从企业内部和企业外部两方面得到。如果企业已经建立了市场营销信息系统，则可以通过数据库得到信息资料。除此之外，还要确定搜集信息资料的地区范围。

(2) 方法设计。市场调研的方法多种多样，各种调研方法适用面不同，究竟采用何种调研方法，要依据调研的目的以及研究经费的多少而定。目前市场调研的主要方法有文案调研法、小组讨论法、观察法、访问法和实验法等。

(3) 工具设计。在确定了调研方法之后，就要进行工具设计。所谓工具设计是指采用不同的调研方法需要准备不同的调研工具。例如，采用访问法进行调研时，需要使用调研问卷，调研问卷设计中关键的问题是提什么问题、提问的方式等；又如采用观察法中的行为记录法进行调研时，需要考虑使用何种观察工具(如照相机、监视器等)。

(4) 抽样设计。抽样设计就是根据调研的目的确定抽样单位、样本数量以及抽样的方法。在其他条件相同的情况下，样本越多越有代表性，样本数量的多少影响结果的精度，但样本数量过大也会造成经济上的浪费。

(5) 方案设计。调研方案或计划是保证市场营销调研工作顺利进行的指导性文件，它是调研活动各个阶段主要工作的概述。调研计划虽无固定格式，但基本内容应包括：课题背景、研究目的、研究方法、经费预算和时间进度安排。

三、实施阶段

在这一阶段的主要任务是根据调研方案，组织调研人员深入实际搜集资料，它又包括三个工作步骤。

1. 调研人员安排

在实地调研中，企业常常要聘请一些企业之外的调研者，要做好调研人员的选择、调研人员培训及调研人员管理等工作。

(1) 调研人员的选择。参与市场营销实地调研人员素质的高低，将会直接影响到此次调研的结果。因此，调研人员的选择就显得十分重要，应选择一些责任心强，思想水平较高，口齿伶俐，具有敏锐的观察、分析和解决问题的能力，具备良好的身体素质和一定调研经验的人。

(2) 调研人员的培训。当调研人员的选择工作完成之后，就要对他们进行培训，包括思想道德方面、性格修养方面、调研业务方面和与市场调研有关的规章制度的教育。特别是一些临时性的调研人员，因为他们缺乏必要的知识和实际经验，所以要增加必要的知识，以及提高应变能力。

(3) 调研人员的管理。对于调研人员的管理工作要贯穿于整个调研过程的始终，以保证获得信息资料的真实性。对调研人员搜集的资料进行查看，验证是否符合要求，若发现问题，应及时纠正；对被调研对象进行复查，以防止有的调研人员不讲职业道德，自行乱填调研问卷，使调研结果失真。

2. 确定人员与经费预算

每次市场调研活动都需要支出一定的费用，因此，在制订计划时，应编制调研费用预算，合理估计调研的各项开支。编制费用预算的基本原则是：在坚持调研费用有限的条件下，力求取得最好的调研效果；或者是在保证实现调研目标的前提下，力求使调研费用支出最少。在进行经费预算时，一般需要考虑以下几个方面。

(1) 调研方案策划费与设计费。
(2) 抽样设计费。
(3) 问卷设计费(包括测试费)。
(4) 问卷印刷、装订费。
(5) 调研实施费用(包括试调研费、培训费、交通费、调研员和督导员劳务费、资料搜集和复印费、礼品费和其他费用)。
(6) 数据编码、录入费。
(7) 计算机数据处理费、数据统计分析费。
(8) 调研报告撰写费。
(9) 组织管理费、办公费用。
(10) 其他费用。

3. 搜集资料

首先搜集的是第二手资料，也称为次级资料，其来源通常为国家机关、金融服务部门、行业机构、市场调研与信息咨询机构等发表的统计数据，也有些是发表于科研机构的研究报告或著作、论文上。其次是通过实地调研来搜集第一手资料，即原始资料，这时就应根据调研方案中已确定的调研方法和调研方式、确定好的选择调研单位的方法，先一一确定每个被调研者，再利用设计好的调研方法与方式来取得所需的资料。

四、总结阶段

市场调研的作用能否充分发挥，它和做好调研总结的两项具体工作密切相关。

(1) 整理和分析。市场调研获得的大量资料往往是分散的、零星的，有些资料也可能是片面的、不真实的，因此必须对搜集的资料进行整理和分析，这样才能客观反映调研对象的内在联系,揭示问题的本质和各种市场现象的因果关系,主要包括对资料进行检查、核实和修订,对资料进行分类汇编,对资料进行分析和综合。

(2) 编写调研报告。调研报告是指调研活动的结论性意见的书面报告。编写原则应该是客观、公正、全面地反映事实,以求最大限度地减少营销活动管理者在决策前的不确定性。调研报告包括的内容有:调研对象的基本情况、对调研问题的事实所做的分析和说明、调研者的结论和建议。

第三节 市场调研的方法

在市场调研实践中,选择合适的市场调研方法至关重要,不仅有利于企业掌握更准确、更全面和更及时的市场信息,也有利于降低企业的市场调研成本。常见的调研方法有文案调研法、定性调研法、访问法、观察法、实验法和网络调研法。这几种方法各有优缺点,企业需要在市场调研实践中进行合理取舍。在一般情况下,多种调研方法结合使用往往更能够实现调研目标。

一、文案调研法

(一) 文案调研的概念

文案调研是指通过搜集各种历史和现实的动态统计资料,从中选取与市场调研课题有关的情报并在办公室内进行统计分析的调研方法。文案调研是对二手资料的调研活动,所以,有时也称间接调研法、资料分析法或室内研究法。

文案调研的对象是各种历史和现实的统计资料,当所需的某一个市场的资料有限而且已有可靠的文字资料时,文案调研往往是比较有效的调研方法。但是,当需要更深入地了解某一个市场情况时,实地调研仍是必不可少的。因此,文案调研往往是实地调研的基础和前道工序。

(二) 文献资料的来源

文献资料包括企业内部资料和企业外部资料。内部资料主要是企业内部的市场营销信息系统所经常搜集的资料;外部资料主要是企业外部的单位所持有的资料。

1. 企业内部资料

(1) 市场调研部门汇编的资料,这些资料不仅包括调研者在进行具体调研课题过程中所获得的资料,而且还包括从组织机构中收到的报纸杂志和其他文献的剪报等。

(2) 信息系统提供的统计资料,如客户订单、销售额及销售分布、销售损益表、库存情况、产品成本等。从这些对生产、销售、成本以及分布地区的分析中,可以检验各种因素的变化情况。

2. 企业外部资料

(1) 行业协会发布的行业资料,是同行企业资料的宝贵来源。

(2) 国家统计机关公布的统计资料,包括工业普查资料、统计资料汇编、商业地图等。

(3) 图书馆里保存的大量商情资料。图书馆除了提供贸易统计数字和有关市场的基本经济资料外，还有各种产品等更具体的资料。

(4) 出版社提供的书籍、文献、报纸杂志。例如出版社出版的工商企业名录、商业评论、统计丛书、产业研究等；许多报刊为了吸引读者，也常常刊登市场行情和一些分析报道。

(5) 研究机构的调研报告。许多研究所和从事市场调研的组织，除了为各单独委托人完成研究工作外，为提高知名度，还经常发表市场报告和行业研究论文。

(6) 银行的经济调研、商业评论期刊。国外许多大银行，如巴克利银行就发行期刊，这些期刊往往有完善的报道，一经索取就可以得到。

(7) 专业组织的调研报告。随着我国经济改革的深化，消费者组织、质量监督机构、股票交易所等专业组织也会发表有关统计资料和分析报告。

(三) 文案调研的作用

(1) 文案调研可以发现问题并为市场研究提供重要参考依据。根据市场调研的实践经验，文案调研常被作为市场调研的首选方式。几乎所有的市场调研都可始于搜集现有资料，只有当现有资料不能为解决问题提供足够的依据时，才进行实地调研。

(2) 文案调研可为实地调研创造条件。实地调研前需要对整个形势有充分的认识，这在很大程度上依靠统计资料来提供。

(3) 可用于市场趋势分析和对总体参数的估算。因为实地调研通常用抽样调研的方法进行，而用这种方法对了解总体参数是有困难的。例如，要了解市场总的潜力是多少，这就要用市场统计资料来提供情况，然后用趋势分析的方法来推算总体。

(4) 可以为企业内部改革提供依据。在很多情况下，现成资料比实地调研的作用大很多，企业的内部改革需要了解企业概况，它们主要是通过企业的统计资料来反映的。实地调研虽然可以增加一些新内容，但不能反映企业的总貌。

(四) 文案调研的局限性

文案调研的性质和特征决定了其局限性，具体表现为以下几点。

(1) 缺乏准确性。二手资料因搜集者、发布者、转载者的原因，会有许多潜在的错误，使其准确性大打折扣。因此，使用二手资料时，应该评估资料的准确性。

(2) 缺乏相关性。许多二手资料因形式上和方法上的原因而不能直接为调研者所用，致使所搜集和整理的二手资料与调研目的、决策要求往往不能很好地吻合。

(3) 缺乏现实性。文案调研的对象主要是历史资料，因而过时的资料比较多，而现实中正在发生的新情况、新问题难以得到及时的反映。

(4) 缺乏可得性。对于某些问题，可能不存在二手资料。例如，某饮料公司要评估其新推出的三种新型保健饮料的味道、口感、包装，就没有二手资料，调研者必须亲自品尝每一种新型饮料，然后才能做出评价。

(5) 缺乏充分性。也许调研者确定的二手资料是可获得的、相关的、准确的，但是不足以据此做出决策或完全解决问题，必须搜集原始资料才能做出最后的决策。

【知识链接3-1】 在经济活动中，我们经常会与不熟悉的企业进行往来，要了解合作企业的基本情况，可以通过国家企业信用信息公示系统进行网上查询。

国家企业信用信息公示系统(网址：http://www.gsxt.gov.cn/)于2014年2月上线运行。公示的主要内容包括市场主体的注册登记、许可审批、年度报告、行政处罚、抽查结果、经营异常状态等信息。

此外,第三方企业例如企查查、天眼查等也提供一些付费的查询业务。我们通过查询,可以了解企业的基本经营状况,以规避一些经营风险。

二、定性调研法

(一) 定性调研概述

1. 定性调研的概念

定性调研是对研究对象性质的规律性进行科学抽查和理论分析的方法,它是选定较小的样本对象,凭借研究者的主观经验、情感以及有关的技术进行深度的、非正规性的访谈,以进一步弄清问题,发掘内涵,为随后的正规调研做好准备。

定性调研在企业的市场营销活动中发挥着极其重要的作用。一方面,通过定性调研,了解、挖掘和解释诸如消费者的动机、态度和行为等因素的种种变化和态势,可以为定量研究提供强大的信息支持;另一方面,通过定性调研,了解诸如新市场的特性和构成的详细信息,从而为新产品的开发找到机会,为未来市场研究和企业经营发展提供更充分有用的信息保障。

2. 定性调研的原则

与调研对象进行深入的沟通以确定定性调研的内容至关重要,通常研究人员会做出一个调研概要,以确保有一个清晰的研究目标,从而为特定营销问题找到关键的突破口。在定性调研过程中,应该把握以下原则:①清晰的研究目标;②严谨而简单的调研程序;③有效而实用的研究方法;④适合的被访对象;⑤调研资料的针对性;⑥研究结果的有用性。

值得注意的是,在执行任何定性调研之前,无论是焦点小组访谈法、深度访谈法还是投射法,都必须明确目标。

例如,在超级市场的研究中,定性调研的目标可描述如下。
(1) 确定顾客在选择超级市场时所考虑的相关因素(选择标准)。
(2) 针对某一产品种类,确定顾客认为的竞争超市有哪些。
(3) 确定可能影响顾客光顾超市的心理特征。
(4) 确定与光顾超市相关的顾客选择行为的其他方面。

(二) 定性调研的方法

在定性调研过程中,所采用的方法不尽相同。依据调研对象是否了解项目的真正目的,定性调研方法分为直接法和间接法两大类。直接法对研究项目的目的不加掩饰,项目的目的对调研对象一般是显现的,或者从所调研的问题中可以明显看出,焦点小组访谈法与深度访谈法是两种主要的直接调研方法。间接法则在一定程度上掩饰调研项目的真正目的,投射法在间接法中较为常用,具体包括联想技法、完成技法、结构技法和表现技法等。

1. 焦点小组访谈法

焦点小组访谈法,又称小组座谈法,它采用小型座谈会的形式,从所要研究的目标市场中挑选一组具有同质性的消费者或客户(8~12人)组成一个焦点小组,在一个装有单向镜和录音录像设备的场所,由一名经验丰富、训练有素的主持人以一种无结构的自然的形式与小组成员进行交谈,从而获取被调研者对产品、服务、广告、品牌的感知及其看法。焦点小组访谈法是帮助企业和咨询公司深入了解消费者内心想法的最有效的工具,在产品概念、产品测试、包装测试、广告概念、顾客满意度、用户购买行为等研究中正得到越来越广泛的应用。目前,随着网络的普及,也出现了在线视频焦点访谈法。

焦点小组访谈法资料搜集快、效率高;信息广泛、理解深入和创意新颖;调研与讨论得到完美结合;访谈过程清晰,结构灵活,简便易行。

但是,焦点小组访谈法对主持人的要求较高,而挑选理想的主持人又往往比较困难,调研结果的质量十分依赖于主持人的专业技术。另外,小组访谈的结果比其他数据搜集方法的结果更容易被错误地判断;回答的无结构性使得编码、分析和解释较为困难;有些涉及隐私、保密的问题,很难在会上深入讨论;社会文化差异容易引起沟通障碍。

2. 深度访谈法

深度访谈法是指调研员采用一对一的形式,在轻松和谐的气氛中,与受访者就某一问题进行深入、充分和自由的探讨交流,从而获得有关调研资料的一种探索性调研形式。深度访谈法的特点在于它是无结构的、直接的、一对一的访问。因深度访谈是无结构的访问,其调研走向依据受访者的回答而定。在访问过程中,调研员直接面对受访对象,能及时捕捉和抓住受访者在探讨某一问题时所表现出来的潜在动机、信念、态度和情感。另外,深度访谈是一对一的访问,所以受访者有充足的时间和机会把自己的观点淋漓尽致地予以表达。

深度访谈比焦点小组访谈更能深入地探索被访者的内心思想与看法,可以更自由地交换信息,消除了群体压力,但是,深度访谈受调研者的素质影响很大,占用的时间和所花的经费较多。

3. 投射法

投射法是一种间接的询问方法,它是让被调研者将信念及感觉投射到第三方或者物体上或者是任何环境之中。被调研者不必按某种特定格式来回答问题,他们在采访人的鼓励下,用自己的话来描述有关情况。个人需要根据自己的经历、态度及个性来讲述情况,并表达别人可能掩盖的想法和情绪。

在市场营销调研中,投射法可分为联想技法、完成技法、结构技法和表现技法等。

(1) 联想技法。联想技法就是将一种刺激物呈放在被调研者面前,然后询问被调研者最初联想到的事物或现象。这一技法中最常用的是词语联想法。

(2) 完成技法。完成技法建立在自由联想原则的基础之上,被调研者需要用他们最先想到的词语或短语来完成一个或几个不完整的句子。在完成技法中,给出一种不完全的刺激情景,要求被调研者迅速予以完成。常用的完成技法有句子完成法和故事完成法两种。

(3) 结构技法。结构技法与完成技法十分相近。它要求被调研者以故事对话或绘图的形式构造一种反应。在结构技法中,调研者为被调研者提供的最初结构要较完成技法的少。图画回答法和卡通试验法是其两种主要的方法。

(4) 表现技法。在表现技法中,给被调研者提供一种文字的或形象化的情景,请他(她)将其他人的感情和态度与该情景联系起来。具体方法有角色表演法和第三者技法两种。

与无结构的直接法(焦点小组访谈法和深度访谈法)相比,投射法的一个主要优点就是,可以获取被调研者在知道研究目的的情况下不愿意或不能提供的调研资料,可以通过隐蔽研究目的来增加回答的有效性。当潜在的动机、信仰和态度是处于一种下意识状态时,投射法也是十分有帮助的。

投射法也有无结构的直接技法的某些缺点。例如，通常需要有经过专门高级训练的调查员去做个人面访，在分析时还需要熟练的解释人员。因此，一般情况下投射法的费用都是高昂的，而且有可能出现严重曲解和偏差。除了词语联想法之外，所有的投射法都是开放式的，因此分析和解释起来就比较困难，也易主观。

三、访问法

(一) 访问法的含义

在原始资料的收集过程中，除前面介绍的焦点小组访谈法、深度访谈法和投射法之外，还存在着许多科学有效的调研方法，其中询问法运用得最为广泛。

市场访问法是指将所拟订调查事项以当面、电话或书面的不同形式向被调查对象提出询问，由调查者回答，以了解市场实际情况搜集所需有关信息资料的一种市场调查方法。入户访问、拦截访问、电话调研、邮寄调研和留置调研等都是具体的询问形式。

(二) 各种访问法的含义及优缺点

各种访问法的含义及优缺点如表 3-2 所示。

表 3-2　各种访问法的含义及优缺点

类型	含义	优点	缺点
入户访问	调研者进入被访者家中或单位进行调研	访问质量较高，所获得的信息真实可靠，客观性强，可以调研内容较为复杂的项目	费用高，访问调研周期较长，拒访率相对较高
拦截访问	在人流量大的地方随机拦截路人所进行的个人访问	访问进程快，成功率高，成本低廉，实效性强	干扰因素多，样本的代表性存在误差，回访较难
电话调研	以电话通信的形式向被调研者征询有关意见和看法	成本低，速度快，不必面对面接触，容易合作，在国外，电话调研的使用率非常高	调研内容难以深入，接话率不足，访问时长有限，缺乏视觉媒介
邮寄调研	将问卷通过邮寄的方式送达选定的调研对象，被调研者按规定的要求完成问卷，然后在规定的时间将问卷寄回	地理灵活，成本低，应答时间充裕，应答者匿名，回答更客观	回收率低，耗时，质量难以控制
留置调研	调研员按面访的方式找到被调研者，说明调研目的和填写要求后，将问卷留置被调研者处，约定在一段时间后，再次登门取回填好的问卷或请求被调研者将问卷寄回	被调研者可以当面了解填写卷的要求，澄清疑问，避免由于误解提问内容而产生的误差。问卷回收率高，填写问卷时间充裕，便于理性作答	调研地域范围有限，调研费用较高，不利于对调研人员的管理监督

【案例 3-4】

用日记法调研电视的收视率

收视率指在某个时段收看某个电视节目的目标观众人数占总目标人群的比重，当前，收视率是节目制作、编排及调整的重要参考依据，也是电视台重要的量化指标。

为了进一步了解电视的收视率，第三方调查服务公司往往会采取日记法来测算某电视频道的收视率。日记法是指通过由样本户中所有 4 岁及以上家庭成员填写日记卡来收集收视信息的方法。样本户中每一家庭成员都有各自的日记卡，要求他们把每天收看电视的情况(包括收看的频道和时间段)随时记录在自己的日记卡上。日记卡上所列的时间间隔为 15 分钟，每一张日记卡可记录一周的收视情况。

(资料来源：http://baike.so.com/doc/278469-294801.html)

四、观察法

(一) 观察法的含义

观察法是由调研者直接或通过仪器在现场观察调研对象的行为动态并加以记录而获取信息的一种方法。观察法在市场调研中用途很广，它分人工观察和非人工观察。观察法可以观察到消费者的真实行为特征，但是只能观察到外部现象，无法观察到调研对象的一些动机、意向及态度等内在因素。

(二) 人员观察技术

人员观察是指调研人员直接到现场察看以收集有关资料。在观察过程中，主要凭借人的感觉器官，即人的眼、耳、鼻、舌、身等(其中主要是眼睛)对市场营销现象做出直接感知，获得有效的信息。人员观察常用的技术有参与观察与非参与观察两种。

1. 参与观察

参与观察是指观察者直接参与到被观察对象群体中并成为其中的一员，直接与被观察者发生关系以收集有关资料的一种调查方法。神秘购物法是一种典型的参与观察法。

神秘购物法是让观察人员装扮成购物人员，在对商品的挑选与购买过程中，搜集有关商店(尤其是商店雇员)的经营情况的调查方法。在这种方法中，神秘购物者通过购物对交易场所的形象和交易能力进行合理的评估。神秘购物法可以告诉管理者，企业的"一线人员"是否以一致的并以一种符合公司标准的方式对待消费者。此外，神秘购物法还可以识别出公司的优势和薄弱环节，为业务培训和策略的修订提供指导。

神秘购物法的实行，依靠的是那些经过专门训练的神秘顾客。他们本身是顾客或者是经过训练的专业调研员，但被企业聘请来伪装购物，以发现商家经营管理的破绽。实施神秘购物法的关键是明确目的、选好环境、了解对象、熟记要求、牢记结果。

2. 非参与观察

非参与观察是指调研者不改变身份，以局外人的姿态从外围现场搜集资料的一种调查方法。其中顾客观察法是一种常用的非参与性人员观察法。

顾客观察法就是在商场中秘密注意、跟踪和记录顾客的行踪和举动，以获取企业经营所需的信息资料，主要适用于百货商场、超市和购物中心等场所。以超市为例，采用顾客观察法，可以获取下列信息。

(1) 前来超市购物或逛店的人的平均滞留时间。

(2) 单个和群体性的顾客拜访超市的规模。

(3) 顾客逛店的路径。

(4) 顾客驻足留意的商品种类和比例。
(5) 顾客驻足留意各种商品的时间长短。
(6) 顾客产生购物冲动的次数。
(7) 顾客对减价商品的反应。
(8) 顾客对超市购物环境和服务的反应等。

(三) 观察法的优缺点

观察法的优缺点如表 3-3 所示。

表 3-3　观察法的优缺点

优点	缺点
1. 能够客观、真实地反映被调研者行为； 2. 不存在被拒绝或不配合的现象； 3. 可以消除语言或问题理解等方面的误差； 4. 简便、易行、灵活性强； 5. 不干扰顾客	1. 调研耗时长、费用高； 2. 只能反映客观事实，难以获得深层次信息； 3. 对调研人员的素质及业务水平要求高； 4. 观察到的事物可能存在某种假象

(四) 观察法的应用范围

(1) 对消费者需求状况和商品销售状况的观察。通过观察，了解消费者需要什么商品，不需要什么商品，哪些商品好卖，哪些商品滞销等销售情况，为制定灵活多样的商品销售策略提供可靠的依据。

(2) 对营销服务人员工作状况的观察。目的是帮助企业发现员工在工作中存在的种种问题，进而为解决问题找到方法。

(3) 对企业经营环境的观察。如对商品陈列、橱窗布置、停车场设置、所临街道的车流、客流量情况的观察，收集有关资料，为企业经营环境的优化提供可行的依据。

(4) 对竞争对手经营状况的观察，为制定有效的市场竞争战略和战术提供有针对性的依据，需要注意的是，在对竞争对手的经营状况进行观察时，切不可造成不正当竞争，或者是损害竞争者的利益。

(5) 对商圈的观察。通过商圈观察，判断商圈的人流量、备选区域出入的人口流量是多少，附近的门店布局及对企业的影响等。例如，在大型超市旁开设门店，往往会取得良好的效果。

【案例 3-5】

服装店

有一家服装店老板，生意不是很好，为了改变这种现状，他决定开展一下市场调研。他派了近 30 名市场调研人员，每天去竞争对手、批发店和临近商铺观察，了解市场上哪些款式的服装是比较好卖的，竞争对手是如何定价和营销的，每个市场调研人员每天必须写汇报日志。经过半个月，得出有近 30 个款式的服装是比较好卖的，于是，服装店老板便改变营销策略，专门卖这 30 多个款式的服装，果然，服装店取得了良好的销售业绩，生意也蒸蒸日上。

(资料来源：作者收集整理)

五、实验法

(一) 实验法的含义

实验法是指在控制的条件下,对所研究的对象从一个或多个因素进行控制,以测定这些因素间的关系。在因果性的调研中,实验法是一种非常重要的工具。例如我们要调研天气温度对冰淇淋销售的影响、降价促销对产品销售的影响等。

实验法源于自然科学中的实验求证方式,它通过小规模范围的实验,记录事件的发展和结果,搜集和分析第一手信息资料。一般来说,采用实验法要求调查人员事先对实验对象分组,然后置于一种特殊安排的环境下,做到有控制地观察。

(二) 实验法的种类

1. 实验室实验

实验室实验即在实验室内,利用专门的仪器、设备进行调研。比如,调研人员想知道几种不同的广告媒体进行促销宣传的优劣,便可通过测试实验对象的差异,评选出效果较好的一种广告媒体。

2. 现场实验

现场实验是在完全真实的环境下,通过对实验变量的严格控制,观察实验变量对实验对象的影响,即在市场中进行小范围的实验。

比如,调研人员想要了解某种产品需求价格弹性,便可选择一个商店,选择几次不同的时间,同一产品安排几种不同的价格,通过分析顾客人数及购买数量的增减变化,即可得到所需信息资料。

3. 模拟实验

模拟实验的基础是计算机模型。例如,现在许多高校都建立有市场营销模拟实验室,通过模拟软件,进行模拟销售实验。

模拟实验必须建立在对市场情况充分了解的基础上,它所建立的假设和模型,必须以市场的客观实际为前提,否则就失去了实验的意义。

采用实验法的好处是:方法科学,能够获得比较真实的信息资料。但是此种方法也有其局限性:大规模的现场实验,难以控制市场变量,影响实验结果的有效性;实验周期较长,调研费用较高等。

实验法主要用于因果关系的判断,在消费行为研究中得到了广泛应用。试销就是一种使用较多的实验法。在产品大规模进入市场前对消费者的购买意愿、感兴趣的内容、购买方式等信息通过试销进行测试,可以为企业确定市场规模和制定适当的营销方案提供依据。此外,实验法还可用于测试各种广告的效果,研究品牌对消费者选择商品的影响,研究颜色、名称对消费者味觉的影响,研究商品的价格、包装、陈列位置等因素对销售量的影响等。

【案例3-6】某企业生产A、B、C三种产品,企业打算提高A产品价格,以刺激B、C两种产品的市场需求。在特定的商场实验一个月,实验前后均统计一个月的产品销售量,结果如表3-4所示。

表 3-4 某企业价格调整实验结果

产品	销售价格/元		销售量/件		销售变动/件
	实验前	实验后	实验前	实验后	
A	90	100	4000	3000	-1000
B	90	90	2000	3000	1000
C	95	95	2000	3000	1000
合计	—	—	8000	9000	1200

实验测试表明，A产品提价后，销售量下降1000件，但B、C两种产品销售量分别增加了1000件，表明A产品提价，对B、C两种产品的销售具有明显的刺激作用，故A产品价格调整是成功的。

六、网络调研法

(一) 网络调研的含义

网络调研又称联机市场调研，它是通过网络有系统、有计划、有组织地搜集、调查、记录、整理、分析有关产品、劳务、广告及市场等信息，客观地测定及评价、发现各种现象和事实，用以解决市场营销的有关问题，并可作为各种营销决策的依据。网络调研的范围很广，包括市场营销的各个方面。

(二) 网络调研的特点

网络调研具有传统调查所无法比拟的优势，是符合现代商业节奏和环保意识的理想调查方式。随着我国互联网事业的进一步发展，网上调研将会被更广泛地应用于各个领域。

网络调研的主要特点是：具有实时性、双向互动性、方便性和准确性甚至娱乐性等。

具体来说，网络调研的优点表现在以下几个方面：更加准确的统计效能；更高的效率；更低的成本；更好的接触效果；调研结果比较真实；调研的周期较短；不受时间、地域的限制。但是，同样也有一些缺点：样本数量难以保证；问卷设计限制较大；人口统计信息的准确性有待评估；被调研者可能存在作弊行为。

【案例3-7】

中国假日办网络调研节假日放假安排引发关注

中国假日旅游部际协调会议(现已并入国务院旅游工作部际联席会议)办公室曾发布"法定节假日放假安排"的网络调研，面向社会征集意见，引发社会普遍关注。

数百万人参加的此次调研显示，超过八成网友对现行放假安排不满意，其中七成反对现行的小长假调休。调研结果将使中国政府重新审视自2008年起开始实施的休假安排，或将改变目前饱受诟病的"黄金周"变"黄金粥"现状。

2008年起，"五一"黄金周取消，改为三天短假期，同时相应地增加清明、端午、中秋三个传统节日。这几个节日通过双休日的拼接，形成了三天小长假。由于春节是中国民众回家团圆的传统节日，"五一"黄金周的取消意味着民众的出游需求将集中在国庆长假释放。

从过去的五年来看，每逢国庆长假，中国各大景点的拥堵问题总会成为媒体热议的焦点，不少民众希望恢复"五一"黄金周，以为国庆黄金周"解困"。

国家旅游局假日处日前对此次调研做出回应，称此次调研为常规调查，主要是想通过调研了解公众对放假安排的意愿，促使假日安排更合理，调研结果会送到相关部门作为参考。

业内人士表示，此次网络调研并不是假日改革的法定程序，如果要想调整黄金周需要国家做出非常严谨的调研，调研手段要丰富，样本量要足够大，抽样调研人群必须合理，还需要国务院常务会议审议通过。但此次调研或将令政府部门对待"挪假式"调休更加谨慎。

(资料来源：新华网，http://www.chinanews.com/sh/2013/10-21/5406334.shtml)

第四节 问卷设计

问卷是调研组根据调研目的和要求，按照一定的理论假设设计出来的，由一系列问题、调研项目、备选方案及说明所组成。它是我国近年来推行最快、应用最广的一种调研手段。调研问卷是通俗易懂的调研方式，且不需要直接面对被调研者，一份设计科学、完整的问卷可以大量节省调研过程中的人力、物力、成本和时间，提高信息收集的效率。

问卷设计的好坏在很大程度上决定着调研问卷的回收率、有效率，甚至关系到整个市场调研活动的成败。设计一份合理、完善的问卷不是一件容易的事，问卷设计除了要具备统计学、社会学、心理学、经济学、计算机软件等多方面的知识，还需要有一定的实战经验和技巧。

一、问卷的一般结构

问卷在形式上是一份由提问和备选回答项目构成的调研表格，一份完整的问卷通常包含以下结构。

1. 标题

问卷的标题表明了这份问卷的调研对象和调研主旨，使被调研者对所要回答的问题有一个大致的了解。确定标题要简单明确，易于引起回答者的兴趣，一般不超过15个字。

问卷的标题概括地说明了调研的主题，能够使调研者对该问卷的主要内容和基本用意一目了然。问卷标题要简明扼要，切中主题，如"××牌蓝莓口味酸奶销售状况调研""汽车润滑油市场调研"。

2. 说明信

在问卷的卷首一般有一个简要的说明，主要说明调研意义、内容和选择方式等，以消除被访者的紧张和顾虑。问卷的说明要力求言简意赅，文笔亲切又不太随便。说明信一般放在问卷开头，篇幅宜小不宜大，主要包括引言和注释。引言应包括调研目的、意义、主要内容、调研的组织单位、调研结果的使用者、保密措施等。其目的在于引起被调研者对问卷的重视和兴趣，消除被调研者的顾虑。

3. 指导语

指导语既可以写在问卷说明中，也可单独列出，它主要是用来指导访问员的调研作业，或指导被调研者如何填写问卷。其目的在于规范访问员的调研工作，通常要特别标识出来。其优点是要求更加清楚，更能引起回答者的重视。

例如，填写说明：
(1) 问卷答案没有对错之分，只需根据自己的实际情况填写即可。
(2) 问卷的所有内容需要您个人独立填写，如有疑问，敬请垂询您身边的工作人员。
(3) 您的答案对于我们改进工作非常重要，希望您能真实填写。

4. 调研主要问题

按照调研设计逐步逐项列出调研的问题，调研问题是调研问卷的主要部分。这部分内容的好坏直接影响整个调研价值的高低，它主要包括与营销调研有关的调研项目，它是按确定的调研目标设计的。在问卷调研中，调研项目是由一系列的提问和备选回答项目组成的。在实践中，问卷开始的几个问题的设计必须谨慎，招呼语措辞要亲切、真诚，最先几个问题要比较容易回答，不要使对方难以启齿，给接下来的访问造成困难。

5. 调研对象的背景资料

当以个人为调研对象时，背景资料涉及性别、年龄、民族、职业、文化程度、单位、收入、所在地区等。当以企业为调研对象时，背景资料涉及名称、地址、所有制、职工人数、商品销售情况等。在实际调研中要根据具体情况选定询问的内容，并非多多益善。如果在统计问卷信息时不需要统计的被访者的特征，就不需要询问。这类问题一般适宜放在问卷的末尾。

6. 致谢

在访问调研完成后，要记得感谢被调研者的友好配合与帮助。为了提高被调研者的参与度，有时候会设置各种物质或精神的奖励，也可以在这部分给被调研者说明奖励的具体办法。在问卷调研实践中，也可以通过感谢来鼓励或提醒被调研者主动检验一下问卷回答情况。

7. 编码

它是将问卷中的调研项目赋予代码的过程，即要给每个提问和备选回答项目赋予一个代码(数字或字母)，使用代码能够方便地录入数据。并不是所有问卷都需要编码，在规模较大又需要运用电子计算机统计分析的调研中，要求所有的资料数量化，与此相适应的问卷就要添加一项编码内容。

8. 记录调研过程

在问卷的最后，要求注明调研员的姓名、调研开始和结束时间等事项，以利于对问卷的质量检查控制。如有必要，还可注明被调研者的姓名、单位或家庭住址、电话等，供复核或追踪调研之用。

二、问卷问题的类型

1. 自由回答题

自由回答题也被称为开放回答题，是指没有设定答案，由调研对象用自己的语言自由进行回答，或者说由调研对象按照自己的形式自由发表意见的问题。例如问："您通常在什么环境下，最想喝茶？"

自由题的优点是：可使被调研者尽量发表自己的意见，制造一种活跃的调研气氛，消除调研者和被调研者之间的隔阂；可收集到一些为调研者所忽略或意想不到的答案、资料或建设性的意见，避免了固定答案可能带来的诱导。开放式问句适合于具有一定深度、潜在答案很多或者尚未弄清可能答案的问题。缺点是：答案由调研者当场记录，由于理解不同，记录可能失实，出现偏差；同时因是自由回答，答案很多，且不相同，给资料整理分析工作造成很大困难。

2. 封闭式问题

封闭式问题是指在调研问卷上已经事先设定了答案，调研对象只能在已经设定的答案中进行选择性回答的问题。它具体包括是非题、单选题、多项限选题、多项排序题、等距量表题、矩阵式题、对比题、品牌语意差别题等。由于封闭式问题的答案都是事先拟定的，标准化程度高，因而便于资料的整理分析和统计，便于被调研者选择，节省了调研时间。缺点是：限制了被调研者的自由发挥，给出的选项可能对被调研者产生诱导；当被调研者的答案不在备选答案中时，就可能随意选择一种不太确切的答案，并非真正代表自己的意见，从而影响答案的真实性；被调研者处于被动状态，封闭式问题很难挖掘他们的意见和建议。

(1) 是非题

是非又称二项选择法，是指问题只给出两项规格答案，且答案意思相反，回答者只能选择其中一个。常见答案有：是或否；有或没有；会或不会等。

例如：

① 您是否有中国长城优惠卡？（   ）

　A. 是　　　　　　　　　　　　　B. 否

② 如果把该旅游景点的门票价格降到 100 元，您会去旅游吗？（   ）

　A. 会　　　　　　　　　　　　　B. 不会

是非题是在民意测验的问卷中使用最多的一种，其特点是回答简单明了，可以严格地把回答者分为两类不同群体。但其缺点是得到的信息量太小，两种极端的回答类型不能了解和分析回答者中客观存在的不同层次。

(2) 单选题

例如：您购买商品房屋的最主要的原因是什么？只可以从以下答案中选择一个答案。（   ）

　A. 解决目前居住紧张状况　　　　B. 改善居住环境
　C. 进入上流社会过高级生活　　　D. 实现自己的人生理想
　E. 退休后颐养天年享受生活　　　F. 追求美好景色
　G. 改善儿女教育环境　　　　　　H. 作为投资保值增值
　I. 说不清楚的其他原因

单选题对于了解调研对象最关注的问题，调研产品属性权重的问题等，都有很好的效果。问题在于设计问卷时，应该把初步调研时获得的可能的答案，尤其是回答概率比较高的答案，都尽可能地写在调研问卷上，避免因为调研对象找不到心目中的答案而放弃回答。

(3) 多项限选题

请问您认为在节假日或者休闲时间最愉快的事情是什么？（   ）(请最多选择三项)

　A. 投入到大自然中　　　　　　　B. 与家人或朋友欢聚
　C. 听音乐或看电视　　　　　　　D. 完全放松或睡觉
　E. 品茶或小斟　　　　　　　　　F. 长途旅游

G. 逛街购物　　　　　　　　　　H. 上网或玩游戏机

J. 其他(请注明)

多项限选题比单选题更能反映被调研者的实际情况，但是无法从答案中看到选项被选择的顺序，无法区分选项间的程度差别。

(4) 多项排序题

在所列举的多个答案中，选择两个以上的答案，并且要求被调研者为自己的答案排序。

例如：

你最喜欢看哪一类电视节目？(请将答案填在横线上)

第一_____　　　第二_____　　　第三_____

A. 新闻节目　　　　　B. 电视剧　　　　　C. 体育节目
D. 歌舞节目　　　　　E. 教育节目　　　　F. 少儿节目
G. 其他(请注明)

(5) 等距量表题

等距量表题用来测量被调研者对某事物的态度、意见和评价等，评估被调研者的行为、态度、评价的深浅程度与复杂程度。

例如：您认为东风风神汽车的减震效果如何？(　　　)

A. 很好　　　B. 较好　　　C. 一般　　　D. 较差　　　E. 很差

(6) 矩阵式题

矩阵式题是一种将同一类型的若干问题集中在一起，用一个矩阵来表示的表达方式。

例如：您对中国电信提供的服务看法如何？(请在所选的方框内打钩)

	很满意	满意	基本满意	不满意	很不满意
A. 装机移机服务	□	□	□	□	□
B. 话费查询服务	□	□	□	□	□
C. 电话障碍修复	□	□	□	□	□
D. 公用电话服务	□	□	□	□	□

(7) 对比题

① 一对一的对比题。一对一的对比题是顺序题的一个特例，是指由调研人员列举出若干个一对一的产品例子，多是指品牌名称、竞争对手的产品、多种方案的选择、多个同类事物等，让调研对象进行对比。

例如：在以下品牌的空调器的对比中，您认为哪个更好？请在您认为更好的那个品牌后面的方框内打钩。

A. 美的□　　与　　科龙□　　　　B. 松下□　　和　　索尼□
C. 海尔□　　与　　科龙□　　　　D. 日立□　　与　　格力□
E. 海尔□　　与　　格力□　　　　F. TCL□　　与　　万家乐□
G. 大山□　　与　　北冰洋□　　　H. 格力□　　与　　美的□

② 属性对比题。可以罗列关于产品的各种功能、调研对象可能考虑的各种因素，以及其他方面的属性，然后两两进行对比。

例如：在空调以下的各种属性的对比中，您认为哪个更重要？请在您认为更重要的那个属性后面的方框内打钩。

A. 制冷□	和	安静□		B. 性能□	和	外观□	
C. 价格□	与	服务□		D. 形象□	与	方便□	
E. 舒适□	和	价格□		F. 制冷□	与	体积□	
G. 名牌□	与	价格□		H. 容量□	与	功能□	

(8) 品牌语意差别题

① 品牌印象调研法。印象调研法是指用有语意差别的词语调研消费者对于某个事物的印象，比较经常调研的问题是品牌印象题。用有语意差别的词语调研消费者对某个品牌印象的方法叫作"品牌印象调研法"，提问的问题称为"品牌语意差别题"，多用于产品品牌、产品包装、商标、CI 设计等方面的调研。

谈到茅台酒，人们会想起一些有关的词语，例如国酒、历史悠久的酒、在国际上获得过金奖的酒等。这些与茅台酒品牌有关的文字联想和词语，都是对茅台酒的印象。印象，尤其是主要印象，是品牌在消费者心中的客观定位，消费者往往是通过对品牌的印象进行购买决策的。因此，了解消费者的印象，并且通过产品的改进与促销活动，使产品在消费者心目中与他们的理想品牌接近，可以有效地确定和提高产品的市场定位，增加产品的市场销售。

例如：在您的心目中，您认为珠江啤酒的特点是什么？请在答案后面的方框内打钩。

A. 非常普通□　　B. 稍有特色□
C. 非常有特色□　D. 与众不同□
E. 非常美妙□　　F. 无任何特别之处□
H. 很有品位□　　I. 一旦饮用令人难以忘怀□

② 多品牌差别语意联系法。

例如：下面列举了 5 种品牌的空调和多个差别的语意句子，请您按照您的判断和意见，把您认为合适的选项用线连接起来。如果您认为没有合适的，也可以不进行连接。

家用电器的名称	功能
万宝空调	冷清
TCL 空调	舒适
大山空调	洁净
海尔空调	省电
格力空调	安静
	美观
	质量好
	净化空气

三、问卷设计中应注意的问题

在问卷设计过程中应注意以下问题。

(1) 根据调研目的确定所需要的信息资料。在问卷设计之前，调研人员必须明确需要了解哪些方面的信息，这些信息中的哪些部分是必须通过问卷调研才能得到的，这样才能较好地说明所需要调研的问题，在确定了所要收集的信息资料之后，问卷设计人员就应该根据所列调研项目清单进行具体的问题设计。

设计人员应根据信息资料的性质，确定提问方式、问题类型和答案选项如何分类等。对一个较复杂信息，可以设计一组问题进行调研。

(2) 提问内容要尽可能短而明确。例如，"您对某百货商场的印象如何？"这样的问题过于笼统，很难达到预期效果，可具体提问"您认为某百货商场商品品种是否齐全，营业时间是否恰当，服务态度怎样？"

(3) 明确问题的界限和范围。时间过久的问题易使人遗忘，如"您去年家庭的生活费支出是多少？用于食品、衣服分别为多少？"一般被调查者很难回答出来。可以将时间缩短，例如"您家上月生活费支出是多少？"显然，这样缩小时间范围可使问题回忆起来较容易，答案也比较准确。此外，为了明确问题的界限和范围，在问卷设计中应避免或减少使用类似于"经常""一般""普遍"等模糊词汇。

(4) 一项提问只包含一项内容。一个问句中如果包含过多询问内容，会使回答者无从答起，给统计处理也带来困难。例如，"您觉得这种新款轿车的加速性能和制动性能怎么样？"这项提问中涉及了两个问题，这种提问不合适。

(5) 避免诱导性提问。例如，"为了加强全厂职工的团结，我厂准备举行厂庆30周年大会，您赞成吗？"这样的问句容易将答案引向"赞成"这个答案，从而造成偏差。应该问："您赞成在我厂举行厂庆30周年大会吗？"此外，在问句中要避免使用类似的语句，如"普遍认为""权威机构或人士认为"等。

(6) 避免直接提出敏感型问题。对于年龄、收入等私人生活问题最好采用间接提问方式，不要直接询问"您今年多大年纪了？"而是在给出的年龄范围中选择。同时，对这些问题，调研者要采取保密措施，保护好被调研者的隐私。

(7) 避免否定式提问。例如，"您觉得这种产品的质量不好吗？"这种提问也给受访者带来了一些困惑，不够直接明了，影响到被调研者是否愿意将自己的真实想法表达出来。

(8) 注意问题的排序。在设计问卷时，要讲究问题的排列顺序，使问卷条理清楚，以提高回答效果。以下几点可供参考。

① 最初的提问应当是被访者容易回答且较为关心的内容。
② 提问的内容应从简单逐步向复杂深化。
③ 对相关联的内容应进行系统的整理，使被访者不断增加兴趣。
④ 作为调查核心的重要内容应该在前面提问。
⑤ 专业性强的具体、细致问题应尽量放在后面。
⑥ 敏感性问题尽量放在后面。
⑦ 封闭式问题放在前面，开放式问题放在后面。

(9) 做好问卷设计的检查。在设计市场调研问卷之后，有必要根据计划举行小规模的试验检查，以确保问卷中的每一个问题都是可行的，也是必要的。重点检查的内容包括问卷的格式是否正确，调研的方式是否正确，调研的目的是否达到，调研的内容是否合理等，对每一个问题都加以认真核对，以便方便被调研者回答相应问题及控制好调研的成本。

【案例3-8】

新产品上市调研表

尊敬的顾客朋友，您好！

适逢新春佳节之际，北京环宇公司祝您新春愉快，万事如意！我公司正在开发系列新产品，为了更好地为您服务，我们十分想听听您对新产品的意见，请您在百忙中予以合作，谢谢您的支持！

填写说明：请在选项上划钩。

1. 您认为自己工作或生活的室内空气品质状况：
① 很好　　　② 较好　　　　③ 一般　　　　　④ 较差　　　　　⑤ 很差

2. 您认为影响室内空气品质的主要原因有：
① 尘埃　　　② 烟味　　　　③ 臭味、异味　　④ 细菌、病毒　　⑤ 缺氧

3. 您希望采取下列哪种方法改善室内空气品质：
① 开窗　　　② 空气清新机　　③ 换气扇　　　④ 换气机
⑤ 空气清新机、净化片

4. 您对空气清新机这类产品：
① 使用过　　② 大致了解　　　③ 仅听说过　　④ 一无所知

5. 您对换气机这种产品：
① 非常了解　② 大致了解　　　③ 仅听说过　　④ 一无所知

6. 关于空气清新机和换气机，您认为是：
① 同种产品两种名称　　　　　　② 同种功能，两种产品
③ 不同产品，不同功能　　　　　④ 不同产品，功能相似

下列特征，您认为：属于清新机的有_____，属于换气机的有_____。
① 向室内输送新鲜空气，排除污浊空气
② 使室内空气反复循环、过滤，保持空气清洁
③ 使用一段时间后效果降低
④ 窗上安装不方便
⑤ 防治空调病

7. 对空气清新机这类产品：
您是否愿意购买：
① 愿意　　　② 不愿意
您愿意购买的主要原因是：
① 改善、净化室内空气　　② 预防呼吸道疾病　　③ 保持身心健康　　④ 消费时尚
如果您不愿意购买，那么是出于何种考虑呢：
① 不知道有这类产品　　　② 非生活必需品　　　③ 不需要
④ 市场上没有满意的这类产品　⑤ 没有支付能力　　⑥ 已经拥有

8. 您一般通过哪些渠道得到有关家电产品的信息：
① 商场　　　② 报纸　　　　③ 杂志　　　　④ 电视
⑤ 广播　　　⑥ 新闻报道　　⑦ 展销会　　　⑧ 亲朋好友推荐

9. 对空气清新机这类产品：
您希望具备哪些主要功能：
① 除尘　　　② 除烟味　　　③ 除臭味、异味　④ 消毒、灭菌
还需要哪些附加功能：
① 电脑显示　② 红外感应　　③ 自动提示更换过滤网
④ 散发香味　⑤ 产生负离子　⑥ 热敷美容
您希望产品的设置方式是：
① 立式　　　② 挂式　　　　③ 吊顶式　　　④ 窗式

您对该产品操作方式的要求：
① 手控　　　　② 遥控　　　　③ 电脑控制
您认为这类产品的合理价格是：
① 400元以下　② 400～700元　③ 700～1000元　④ 1000元以上
您认为空气清新机在外观上应体现哪些特点：
① 豪华气派　　② 小巧精致　　③ 注重实用，不刻意追求外观美
④ 时尚性，富有文化品位

10. 您的个人及家庭情况

性别：　　　① 男　② 女
年龄：　　　① 18岁以下　② 19～28岁　　③ 29～40岁　　④ 40～50岁
　　　　　　⑤ 50～60岁　⑥ 60岁以上
婚姻：　　　① 已婚　　　② 未婚
文化程度：　① 初中以下　② 高中　　　　③ 大专　　　　④ 本科以上
职业：　　　① 工人　　　② 管理人员　　③ 机关干部
　　　　　　④ 服务业人员　⑤ 科教文卫人员　⑥ 三资企业职员
　　　　　　⑦ 个体经营者　⑧ 离退休人员　　⑨ 学生
家庭人数：　① 2人　　　　② 3人　　　　③ 4人　　　　④ 5人及以上
家庭平均月收入：① 1000元以下　② 1000～1500元　③ 1500～2000元
　　　　　　　　④ 2000～3000元　⑤ 3000～5000元　⑥ 5000元以上
居住面积：　① 20平方米以下　② 20～40平方米　③ 40～60平方米
　　　　　　④ 60～80平方米　⑤ 80～100平方米　⑥ 100平方米以上

11. 您对开发空气清新机这类产品有何建议？
_____

再次感谢您的合作，我们将根据您的意见和建议来改进我们的产品，尽我们最大的努力为您提供最优质的产品和服务。

调查人员(签名)：_____
调查地点：_____
调查时间：

第五节　市场调研报告

在市场调研策划流程中，撰写一份好的市场调研报告至关重要。市场调研报告不仅是对整个市场调研过程的归纳和总结，也是企业今后进行营销策划决策的重要依据。调研报告需要实事求是地反映和分析整个营销环境和策略。在市场调研报告写作实践中，主要包括两个部分：一是调查，二是研究。调查应该全面、准确，能够及时地反映事务的真实面貌，切不可凭主观想象，随意增减相关市场信息。研究即在掌握客观事实的基础上，利用各种资源和条件，充分发挥人的主观能动性，全面揭示客观事物的本质。

一、市场调研报告的含义和作用

市场调研报告是经济写作中常用的文种，它是对市场进行了深入的调研，并对调研中获得的资料和数据进行归纳研究之后写成的书面报告。

市场调研报告是市场调研工作的最终成果，也是市场调研过程中最重要的一环。许多管理者并不一定涉足市场调研过程，但他们将利用调研报告进行业务决策。一份好的调研报告，能对企业的市场策划活动提供有效的导向作用，同时，对于各部门管理者了解情况、分析问题、制定决策、编制计划以及控制、协调、监督等各方面都能起到积极的作用。

二、调研报告的写作原则

市场调研报告是对市场的全面情况或某一侧面、某一问题进行调查研究之后撰写出的报告，是针对市场情况进行的调研分析，因此在起草调研报告时一定要遵循以下几个原则。

1. 有翔实的信息材料作为支撑

调研报告的价值首先在于必须掌握符合现实情况的有价值的信息材料。丰富确凿的信息材料，一方面来自第二手的资料，另一方面更多的是来自在实践中的发现和探索。在互联网时代，获得二手资料相对比较容易，难得的是深入实地获取第一手资料。这就需要调研者克服困难，脚踏实地地到市场一线认真进行调查。了解市场，了解竞争者，了解顾客，掌握大量的符合实际的第一手信息资料，这是写好调研报告的前提。正所谓"磨刀不误砍柴工"，在没有获得翔实的资料的时候，切不可盲目下笔。

2. 实事求是

研究报告必须符合客观实际，坚决反对弄虚作假。但真正做到实事求是并不容易，因为在调研时，难以做到调研结果百分之百精确；人们认识能力也存在一定的局限性，因而准确的判断很难做出，但在写调研报告时，切不可弄虚作假，虚报瞒报，为了确保最终调研结果的真实性和客观性，必须按照实事求是的原则起草报告。

3. 以市场为导向

市场调研报告的最终目的是帮助企业解决市场上出现的一些问题，帮助企业进行科学的决策。因此在撰写市场调研报告时，一定要以市场为导向，多站在消费者的角度去思考问题。从问卷设计到资料的搜集和整理，都要把搜集到市场最真实、最准确、最有价值的信息放在最重要的位置。

4. 突出重点

调研报告必须在保证能够全面、系统地反映客观事物的前提下，突出重点，尤其是要突出调查研究的目的，提高报告的针对性、适用性，从而提高其价值。

整个研究报告要精心组织，妥善安排其结构和内容，给人以完整的印象；报告内容要简明扼要，逻辑性强；文字要简短易懂，尽量少用专业性强的术语；要注意形成生动有趣的写作风格；要注意正确运用好图表、数字表达；要符合一定的写作标准，诸如要注意符合完整性、正确性、明确性和简洁性的标准等。

三、调研报告的内容

调研报告是整个调研工作(包括计划、实施、收集、整理、分析等一系列过程)的总结,是调研人员劳动与智慧的结晶,也是客户需要的最重要的书面结论之一。

调研报告一般是由标题、目录、概要、正文、结论和建议、附件等几部分组成。

1. 标题

标题必须准确揭示调研报告的主题。调研报告还可以采用正、副标题形式,一般正标题表达调研的主题,副标题则具体表明调研的单位和问题。标题的形式有三种。

(1) 直叙式的标题。这是反映调研意向的标题,例如"电视机市场调研报告",这种标题简明、客观,一般市场调研报告的标题多采用这种形式。

(2) 表达观点式的标题。这是直接阐明作者的观点、看法或对事物的判断、评价的标题,比如"电视机销价竞争不可取"。

(3) 提出问题式的标题。这是以设问、反问等形式,突出问题的焦点,以吸引读者阅读,并促使读者思考的标题,比如"××牌电视机为何如此畅销?"

2. 目录

如果调研报告的内容比较多,为了便于阅读,应当以目录和索引形式列出调研报告的重要章节和附录,并注明标题、有关章节号码及页码,一般来说,目录的篇幅不宜超过两页。

【案例3-9】

好邻居超市的满意度市场调研报告目录

一、好邻居超市基本情况
二、调研背景
(一) 调研对象
(二) 调研目的
三、调研问卷回收情况
四、消费者对好邻居超市满意度情况
(一) 商品质量满意度情况
(二) 品牌方面满意度情况
(三) 价格方面满意度情况
(四) 好邻居超市工作人员服务态度的满意度情况
(五) 结账效率满意度情况
(六) 购物环境满意度情况
五、结论
六、建议措施
七、附录:好邻居超市的市场调研问卷

3. 概要

概要是为那些没有大量时间阅读整个报告的使用者(特别是高层管理人员),或者由于阅读者没有太多的专业知识,只想尽快得到调研报告的主要结论以及进行怎样的市场操作而准备的,所以通过阅读概要不但要了解本调研项目的全貌,还要对调研结论有一个概括性的了解。报告的概要主要包括四个方面的内容。

(1) 简要说明调研目的。

(2) 介绍调研对象和调研内容，包括调研时间、地点、对象、范围、调研要点及调研所要解答的问题。

(3) 简要介绍调研方法。

(4) 简要说明调研结论和建议。

概要部分应该保证做到清楚、简洁和高度概括，同时，还要通俗、精炼，尽量避免使用生僻的字句或过于专业性、技术性的术语。

4. 正文

正文是市场调研报告最重要的部分，是根据对调研资料的统计分析结果所进行的全面、准确的论证，包括问题的提出和引出的结论。

一份好的调研报告的正文部分要做好以下两项工作。

(1) 对于大量的原始资料进行整理概括及其解释和说明，使调研报告的读者一目了然。

(2) 使用各种定性和定量分析方法的分析结果，包括使用统计分析方法的分析结果和详细的解释。

在市场调研报告正文撰写的实践中，可以多运用图表的形式。图表主要包括饼图、柱状图、折线图等。图表的主要优点在于有强烈的直观效果，有助于读者理解市场调研的具体内容，同时，还能提高页面的美观性。因此，用图表进行比较分析、概括归纳、辅助说明等非常有效。图表的另一个优点是能调节阅读者的情绪，从而，有利于对市场调研报告的深刻理解。

【案例 3-10】

一家休闲零食店的市场调研报告正文节选

像零食这类产品，您更倾向于哪些促销方式？(多选)

A. 限时抢购　　　B. 优惠券　　　C. 赠品　　　D. 会员卡　　　E. 其他

由于被访者对价格比较敏感，用适当的促销方式来吸引他们是快速进入这个市场的最好的办法之一。由图 3-1 可知，优惠券、赠品、会员卡这三种方式是最受被访者欢迎的，公司可以据此采用适当的促销组合方式，来打动这群潜在消费者。

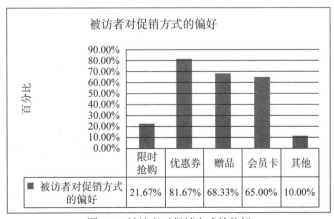

图 3-1　被访者对促销方式的偏好

5. 结论和建议

结论和建议是调研报告的主要内容，也是撰写调研报告的主要目的。这部分主要对引言和正文部分所提出的主要内容进行总结，提出解决某一具体问题可供选择的方案与建议。它必须与正文部分的论述紧密对应，既不可以提出没有证据的结论，也不要没有结论性意见的论证。

如果是营销决策调研，结论的提出可采取列举几种可供选择的方案的形式，说明企业可以采取哪种步骤和行动，每种方案可能的开支和达到的结果。如果可能的话，调研人员应预测到企业采取了某种具体方案后，在某段时间内可能达到的经济效果。

6. 附件

附件是指调研报告正文中包含不了或没有提及但与正文有关、必须附加说明的部分。它是对正文的补充或更详尽的说明，包括问卷调研表、数据汇总表原始资料、背景资料和必要的技术报告、第二手资料来源索引、第一手资料来源和联系对象的名称及地址、电话、电子邮件地址及网址一览表等。

综合训练题

一、名词解释

市场调研　　探测性调研　　描述性调研　　因果性调研　　预测性调研　　文案调研
定性调研　　观察法　　访问法　　实验法　　市场调研报告

二、简答题

1. 市场调研有哪些主要内容？
2. 探测性调研、描述性调研、因果性调研和预测性调研各有什么特点？
3. 简述观察法、访问法和实验法各自的特点。
4. 市场调研报告的主要组成部分是什么？
5. 一份完整的问卷设计主要包括有哪些内容？

三、案例分析

麦当劳的商圈调研

麦当劳市场目标的确定需要通过商圈调研，在考虑餐厅的设址前必须事先估计当地的市场潜能。

1. 确定商圈范围

麦当劳把在制定经营策略时确定商圈的方法称作绘制商圈地图，商圈地图的画法首先是确定商圈范围。

一般来说，商圈范围是以这个餐厅中心，以1~2千米为半径，画一个圆，作为它的商圈。如果这个餐厅设有汽车走廊，则可以把半径延伸到4千米，然后把整个商圈分割为主商圈和副商圈。

商圈的范围一般不要越过公路、铁路、立交桥、地下道、大水沟，因为顾客不会越过这些阻碍到不方便的地方购物。

商圈确定以后，麦当劳的市场分析专家便开始分析商圈的特征，以制定公司的地区分布战略，即规划在哪些地方开设多少餐厅为最适宜，从而达到通过消费导向去创造和满足消费者需求的目标。

因此，对商圈特征的调研必须详细统计和分析商圈内的人口特征、住宅特点、集会场所、交通和人流状况、消费倾向、同类商店的分布，对商圈的优缺点进行评估，并预计设店后的收入和支出，对可能的净利进行分析。

在商圈地图上，最少要标注下列数据：

(1) 餐厅所在社区的总人口、家庭数。
(2) 餐厅所在社区的学校数、事业单位数。
(3) 构成交通流量的场所(包括百货商店、大型集会场所、娱乐场所、公共汽车站和其他交通工具的集中点等)。
(4) 餐厅前的人流量(应区分平日和假日)、人潮走向。
(5) 有无大型公寓或新村。
(6) 商圈内的竞争店和互补店的店面数、座位数和营业时间等。
(7) 街道的名称。

2. 进行抽样统计

在分析商圈的特征时，还必须在商圈内设置几个抽样点，进行抽样统计。抽样统计的目的是取得基准数据，以确定顾客的准确数字。

抽样统计可将一周分为三段：周一至周五为一段；周六为一段；周日和节假日为一段。从每天的早晨7时开始至午夜12点，以每两小时为单位，计算通过的人流数、汽车数和自行车数。人流数还要进一步分类为男、女、青少年、上班和下班的人群等等，然后换算为每15分钟的数据。

3. 实地调研

除了进行抽样统计外，还要进行对顾客的实地调研，或称作商情调研。实地调研可以分为两种：一种以车站为中心，另一种以商业区为中心。同时还要提出一个问题：是否还有其他的人流中心？答案当然应当从获得的商情资料中去挖掘。

以车站为中心的调研方法可以是到车站前记录车牌号码，或者乘公共汽车去了解交通路线，或从车站购票处取得购买月票者的地址。

以商业区为中心的调研需要调研当地商会的活动计划和活动状况，调研抛弃在路边的购物纸袋和商业印刷品，看看人们常去哪些商店或超级市场，从而准确地掌握当地的购物行动圈。

通过访问购物者，调研他们的地址，向他们发放问卷，了解他们的生日。

然后把调研得来的所有资料一一载入最初画了圈的地图。这些调研得来的数据以不同颜色标明，最后就可以在地图上确定选址的商圈。

"应该说，正因为麦当劳的选址坚持通过对市场信息的全面咨询和对位置的评估标准的执行，才能够使开设的餐厅，无论是在现在还是在将来，都能健康稳定地成长和发展。"麦当劳中国香港总部这样说。

(资料来源：http://edu.21cn.com/qy/Learn/43748.htm)

思考题:
1. 麦当劳的商圈调研采取了哪些主要方式,调研的主要内容包括什么?
2. 麦当劳的商圈调研给我们哪些启示?

第四章

目标市场营销战略策划

目标市场营销战略又称为 STP 战略，它包括三个方面的内容：市场细分(Segmenting)，目标市场选择(Targeting)，市场定位(Positioning)。市场细分又称"市场区隔""市场分片""市场分隔"，即根据消费者对商品的不同欲望与需求、不同的购买行为与购买习惯，将整个市场分为若干个不同的购买者群，使企业可以从中认定其目标市场的过程和策略。同时，每个细分市场需要不同的产品和营销组合。目标市场选择指企业从可能成为自己的几个目标市场中，根据一定的要求和标准选择其中某个或几个目标市场作为经营目标的决策过程和决策，即企业选定一个或多个细分市场作为自己的目标市场。市场定位指企业决定把自己放在目标市场的什么位置上，即决定产品的竞争定位和详细的营销组合策略。这种定位并非随心所欲的，必须对竞争者所处的位置、消费者的实际需求和本企业经营商品的特性做出正确的评估，然后确定自己的市场位置。

知识要点：
1. 市场细分的基本概念、本质、原则及市场细分的基础
2. 消费者市场细分和组织市场细分的不同维度
3. 企业对目标市场进行有效营销的基本策略
4. 目标市场选择的步骤和目标市场选择的五种模式
5. 市场定位的含义及定位策略
6. 企业进行市场定位的主要方法
7. 企业在市场上应如何利用不同的差异化特征进行准确的产品定位

第一节 市场细分策划

消费者是一个极其庞大和复杂的群体，顾客个体由于文化水平、经济收入、消费心理与购买习惯，以及自身所处的地理环境、人文环境等诸多方面存在差异，导致其需求具有复杂多样性。对于任何一个企业，不论其规模有多大，实力有多雄厚，面对一个大市场，它是没有能力也没有必要提供足以满足整个市场所有消费者需求的商品和劳务的。这样，一方面，顾客的需求是永无止境且千差万别的；另一方面，任何一个企业所拥有的资源是有限的。因此，企业应选择它能有效地提供服务，对其最具吸引力的一个或几个细分市场。正确地选择企业的目标市场，明确企业在市场中特定的服务对象和服务内容，是制定企业营销战略的首

要内容和基本出发点。

【案例 4-1】"动感地带"是中国移动推出的一种服务品牌,定位于 ARPU 值中低、但数据业务比重高、年龄集中在 15 岁~25 岁、追求时尚、对新鲜事物感兴趣的用户。

通过与麦当劳结盟、赞助"MTV 音乐盛典"和"华语榜中榜"、举办街舞挑战赛等一系列推广活动,"动感地带"走出电信行业,整合吃穿玩用等各方面的时尚生活资源,创造出一种深受年轻人认同的生活方式,使用户在使用"动感地带"时会感到是在追随属于自己的潮流、享受属于自己的生活,从而将对年轻人的影响力由单一的移动通信领域向生活、文化甚至思想上渗透。

(资料来源:张昊民. 营销策划[M]. 3 版. 北京:电子工业出版社,2015)

一、认识市场细分

所谓市场细分是企业通过市场调研,根据整体市场消费者需求的差异性,以影响消费者需求和欲望的某些因素为依据,将某一产品的整体市场划分为若干个需求不同的消费者群的市场分类过程。每一个购买者群就是一个细分市场,亦称"子市场""分市场""亚市场"或"市场部分"。每一个细分市场都是由具有类似需求倾向的消费者构成的群体,所有细分市场之总和便是整个市场。

市场细分的逻辑是相当简单的,是基于单一的产品项目很少能满足所有消费者的需求的想法。通常来说,消费者的需求、欲望、对产品和服务的偏爱都是多样化的。成功的营销人员是要他们的营销计划(项目)满足这些偏好模式。例如,即使口香糖这样简单的产品也会有多种口味、包装尺寸、含糖量、卡路里、浓度和颜色来满足不同消费者的偏好。单一的产品项目不能满足所有消费者的需求,但它几乎能一直满足不止一个消费者。这样的话,就会有一个项目可以很好地满足一个消费群体。如果一个公司能很好地服务一个特点的消费群体,那么这样的市场细分是可行的。换句话说,公司应该制定一个营销组合来服务消费群和细分市场。

由于在同一消费者群体内,大家的需求、欲望大致相同,企业可以用一种商品和营销组合策略加以满足;但在不同的消费者群之间,其需求、欲望各有差异,需要企业以不同的商品、采取不同的营销策略加以满足。因此,市场细分实际上是一种求大同、存小异的市场分类方法,它不是对商品进行分类,而是对需求各异的消费者进行分类,是识别具有不同需求和欲望的购买者或用户群的活动过程。只要市场上的产品或劳务的购买者超过两人以上,则可按照一定准则对其需求加以识别、划分和归类为若干个细小市场,从这些细小市场中选择出自己的经营对象,采取相应对策加以占领。市场细分的基础是客观存在的需求的差异性,但差异性很多,究竟按哪些标准细分,没有一个绝对正确的方法或固定不变的模式。

【案例 4-2】

联想计算机市场细分研究

一、地理因素

针对新兴市场,联想将市场细分为农村和城市、东部和西部,打造贴近市场、专业、高效、强大的渠道体系,响应国家家电下乡的口号,向农村推出经济型计算机,把产品第一时间推向市场,满足客户需求。

二、人口因素

现在的市场对于产品的细分要求越来越高,联想考察市场后将市场群体细分为学生、商务人士、想要购置第二台计算机的家庭、一般家庭等群体。

三、消费者心理

针对学生爱玩游戏也爱追求时尚的特点,联想推出 Y 系列计算机,性能出色、外观时尚。对于商务人士,联想推出 V 系列商务本、U 系列便携本,以满足商务人士对办公要求高、经常出差的需求。针对想要购置第二台计算机的家庭一般都用来上网的需求,联想推出 S 系列的上网本。针对一般家庭想要购置计算机但是经费不足的问题,联想推出 G 系列计算机。

(资料来源:百度文库)

二、市场细分的方法

市场细分的方法是多种多样的,在进行市场细分的时候,既可以用一个变量标准,也可以用两个甚至更多。通常使用的方法有以下 4 种。

1. 单一因素法

单一因素法是指根据市场主体的某一因素进行细分,如按品种细分粮食市场,按性别细分服装市场,按用途细分钢材市场等。当然,按单一标准细分市场,并不排斥环境因素的影响作用,考虑到环境的作用更符合细分市场的科学性要求。

2. 主导因素排列法

主导因素排列法是指一个细分市场的选择存在多个因素时,可以从消费者的特征中寻找和确定主导因素,然后与其他因素有机结合,确定细分目标市场。

3. 综合因素法

综合因素法指根据影响消费者需求的两个或两个以上的因素综合进行分析,从各个角度进行市场细分。如某个企业根据性别(男、女)、收入水平(假设为 1000~2000 元、2000~5000 元、5000 元~1 万元、1 万元以上)、年龄(假设为儿童、青年、中年、老年),可将市场细分为 32 个子市场(2×4×4=32)。综合因素法的核心是并列多因素加以分析,所涉及的各项因素都无先后顺序和重要与否的区别。

4. 系列因素法

当细分市场所涉及的因素是多个时,且各个因素之间先后有序时,可由粗到细、由浅入深、由简至繁、由少到多进行细分,这种方法叫作系列因素法。例如,某服装生产企业通过系列因素法进行市场细分:服装→中学生服装→中学生上衣服装→中学生上衣休闲装→中学生上衣休闲运动服装。

三、市场细分的程序

市场细分是一个分析、比较顾客需求的过程,它要求有科学的程序,有条不紊地按照一定步骤进行。一般来说,市场细分的程序分为以下 7 个步骤。

1. 界定需要细分的产品市场范围

市场细分是在企业总体经营方向和经营目标确定后对顾客需求深入了解而开展的活动。每一个企业，都有自己的任务和追求的目标作为制定发展战略的依据，因此，进行市场细分时，首先必须根据企业产品可能适用的范围，确定需要深入研究的消费对象。当企业确定市场细分的基础后，必须确定进入什么行业，生产什么产品。产品市场范围应以顾客的需求，而不是产品本身特性来确定。为此，企业必须开展深入细致的调查研究，分析市场消费需求动向，做出相应决策。同时，选择市场范围时，应注意使这一范围不宜过大，也不应过于狭窄，企业要充分考虑自己所具有的资源和能力。实际上，细分化常常是在已经从一个整体市场上划分出来的局部市场上进行的。

2. 列出客户的基本需求

列举出市场范围内所有顾客的全部需求，以确定细分市场的标准和变量。在选择适当的市场范围之后，因为不同顾客强调的侧重点会存在差异，所以企业应按照地理、人口、心理、行为等因素尽可能全面地列举出消费者的各项需求，特别是处于萌芽状态的需求应着重列出，并对消费者需求进行大致分析，这是确定市场细分的依据。处于萌芽状态的需求多半具有心理性、行为性或地理性变量特征，因此，企业应对市场上刚开始出现或将要出现的消费需求，尽可能全面而详细地罗列归类，以便针对消费者需求的差异性，决定实行何种细分市场的变量组合。

另外，要选择最有可能导致消费者需求出现差异的因素作为市场细分的标准。例如，某企业准备进入服装市场，就必须将消费者对服装的式样、规格、种类、价格等方面的需求全部详细列出，这是企业进行市场细分的依据。

3. 对市场进行细分

对可确定的细分市场，企业应分析在消费者需求中，哪种是最重要的因素，剔除一些需求中的一般要求(如物美价廉是消费者对所有商品的一般要求)。而那些重要的因素是，通过与企业的实际条件或各细分市场的特征进行比较，寻求主要的细分因素、表征需求特点，筛选出的最能发挥企业优势的因素。然后企业通过对不同消费者需求的了解，找出各类消费者的典型需求以及需求的具体内容，并找出消费者需求类型的地区分布、人口特征、购买行为等方面的情况，做出估计和判断，粗略地划分可能存在的细分市场。同时，企业要根据各细分市场消费者的主要特征，初步确定细分市场的名称，以便于说明和分类。在定名时，应注意名称既要简单明确，又要形象化，富于艺术性和感染力。

4. 评估市场细分的有效性

不同的细分市场应该对不同的营销组合有不同的反应。经过初步细分所得到的各个细分市场之间，顾客群的需求应有明显的差异；而同一细分市场内的各个顾客群之间的需求则应有较高的相似性。若细分后的子市场不具有上述特征，则需要重新选择细分标准进行再划分。例如，如果男人和女人对某种饮料的消费习惯和行为特征高度一致，就不需要按照性别进行市场细分。

5. 研究细分市场的需求特征

对初步细分得到的子市场或亚市场的需求内容、数量、结构等特点做进一步的研究，以使企业达到对每个细分市场的基本了解。例如，某森林旅游景点在进行市场调查后发现，森林旅游最具吸引力的资源是森林植被、山石地貌、人文景观，其次是野生动物、水体景观等，而最受旅游者喜欢的产品是徒步登山、野营烧烤、漂流攀岩、休闲度假等参与性强的项目。因为进行了研究，该旅游景点开发出合适的项目，获得了巨大成功。研究细分市场的需求特点，不仅有利于发现市场机会，也有利于我们正确进行营销决策。

6. 评估各个细分市场的规模或性质

在各个细分市场的需求基本明确后，企业要做的另一项工作就是对各个市场的现有规模、潜在销量、竞争状况、发展趋势等做出评估，确定本企业在细分市场上的占有份额，检查是否符合企业的情况，为企业选择目标市场做好充分的准备。企业尽可能对定名的细分市场进行检查，深入了解这些细分市场消费者的购买动机以及可能会有的购买行为，以便对各细分市场进行调整，形成有效的目标市场。

7. 采取相应的营销组合策略开发市场

通过分析，企业可能会发现若干个有利可图的细分市场，企业选择目标市场以后，按照社会需求、盈利大小和企业能力进行综合评价，着重寻求商品、渠道、价格、促销手段等营销策略的最佳组合，使企业在选定的目标市场上能够不断扩大，从而不断扩大企业的市场占有率，提高企业的竞争能力。

以上七个步骤在具体运用时，根据情况可以进行简化扩展或合并。市场细分是一件复杂的工作，无论其过程如何，都不能忘记市场细分的结果应该达到内部需求的一致性与相互需求的差异性，它是企业选择目标市场的先决条件。

四、市场细分的要求

1. 要有明显特征

用以细分市场的特征必须是可以衡量的，细分出的市场具有明显的特征。各子市场之间有明显的区别；各子市场内部具备共同的需求特征，表现出类似的购买行为。

2. 要量力而行

在细分市场中，企业所选择的目标市场必须是自己有足够的能力去占领的子市场。在这个子市场中，能充分发挥企业的人力、物力、财力和生产、技术、营销能力的作用。

3. 要有一定的利润空间

在市场细分中，选中的子市场必须具有一定的规模，即有充足的需求量，足以使企业有利可图，并实现营利目标。同时，子市场规模不易过大，不然企业无法"消化"，结果也是白费工夫。因此，企业所选择的子市场的规模必须恰当，使企业能够合理盈利。

4. 要有发展潜力

企业所选择的目标市场，不仅要能给企业带来目前利益，还必须有相当的发展潜力，能够给企业带来较长远的利益。因此，企业在市场细分时必须充分考虑所选择的目标市场不能是正处于饱和或即将饱和的市场，不然，就没有多少潜力可挖。

五、市场细分的标准

市场细分是以顾客特征作为基础的,市场细分的出发点是消费者对商品和服务的不同需求。市场细分的标准,对于消费者市场和组织市场,存在很大的差异。

1. 消费者市场细分的标准

市场细分是根据不同类型消费者需求的差异性和同一类型消费者需求的相似性对消费者群体进行划分的。对于消费者市场进行细分的关键是确定细分的标准,划分的标准不同,所确定的细分市场也不同。消费者需求受到多种因素的影响,如自然的、社会的、经济的、文化的,这些影响消费者的不同因素及其组合就构成了市场细分变量体系,即市场细分的标准,如表4-1~表4-5所示。市场细分的标准是随社会生产和消费需求的变化而不断变化的。由于消费者价值观念、购买行为和动机不断变化,企业细分市场采用的标准也会随之变化。例如,轿车原来只需用"收入"指标来细分,而今天消费者购车除了考虑经济承担力外,还追求轿车的性能、外观等。

表4-1 消费者市场细分的标准

细分标准	具体标准
地理因素	国家、地区、自然气候、地形、资源分布、人口密度、城市大小、交通运输条件等
人口因素	年龄、性别、家庭、收入、职业、文化程度、宗教信仰、民族、社会阶层等
心理因素	消费者的个性、生活方式、社会阶层、动机、价值取向、对商品或服务的感受或偏爱、对商品价格反应的灵敏程度以及对企业促销活动的反应等
行为因素	购买时机、使用频率、使用状态、品牌依赖程度、购买准备、消费者态度、偏爱程度、了解程度、敏感因素等

表4-2 按照地理因素对消费者进行的市场细分

细分标准	具体标准
国家或地区	经济发达国家或地区、发展中国家或地区
城市或农村规模	超大城市、大城市、中型城市、中小城市、乡村
人口密度	人口密度高的地区、人口密度适中的地区、人口密度小的地区
气候	以冷、暖、干、湿这些特征来衡量
地形地貌	地形是指地势高低起伏的变化,即地表的形态,分为高原、山地、平原、丘陵、裂谷系、盆地六大基本地形(地貌形态);地貌分为山地、盆地、丘陵、平原、高原等

表4-3 按照年龄对消费者进行的市场细分

生命周期	优先需求	主要品需求
10~19岁	自我、教育、社会化	学习用品、时装、娱乐、旅游等
20~29岁	婴儿、事业	时尚应酬服饰、汽车、家居用品、园艺用品、DIY用品、育婴用品、保险等
30~59岁	小孩、事业、中年危机	婴儿食品、食品、教育、交通工具等
60~69岁	自我、社会关系	家具与服饰、娱乐、旅游、豪华汽车、投资商品、游艇设施等
70~90岁	自我、健康、独孤	健康服务、健康食品、保险、便利商品、电视和书籍等

表 4-4 对心理细分变量的再细分

心理细分变量	细目
生活方式	朴素型、追求时髦型、大众型等
个性	保守或激进、内向或外向、独立或依赖等
社会阶层	下层、中层、上层、上上层等
购买动机	求实动机、求名动机、求廉动机、求新动机、求美动机等
社会风格	剖析型、表现型、驱动型、和蔼型等

表 4-5 对行为细分变量的再细分

行为细分变量	细目
购买时机	节假日、平时、非正常工作时间等
追求的利益	质量、价格、服务、炫耀、名誉等
使用者情况	非使用者、曾经使用者、潜在使用者、初次使用者、经常使用者等
使用频率(数量细分)	大量使用者、一般使用者、少量使用者等
品牌忠诚程度	坚定品牌忠诚者、随机品牌忠诚者、非忠诚者等
待购阶段(购买准备阶段)	不知道、已知道、有兴趣、已了解、欲购买等
对产品的态度	热爱、肯定、冷淡、否定、厌恶等

【案例 4-3】

日本资生堂化妆品市场的年龄细分

日本资生堂化妆品市场按照年龄对消费者进行了市场细分，如表 4-6 所示。

表 4-6 日本资生堂化妆品市场的年龄细分

年龄	细分市场的需求特征
15~17 岁	讲时髦，好打扮，对化妆品的需求意识强，但往往购买单一化妆品
18~24 岁	对化妆品很关心，并采取积极的消费行为，只要中意，价格再高也在所不惜，往往购买整套化妆品
25~34 岁	多数已婚，对化妆品的需求心理和消费行为虽有所改变，但化妆仍是生活习惯之一
35 岁以上	分解为积极派和消极派，但也显示了对单一化妆品的需求

(资料来源：百度文库)

2. 组织市场细分的标准

组织市场包括生产者市场、中间商市场和政府市场。企业除了要面对消费者市场外，有的还要面对生产者市场。细分组织市场的变量，有一些与消费者市场细分变量相同，如消费品市场细分的行为因素、心理因素中的某些变量(使用动机、追求利益、品牌忠诚度等)是可以作为组织市场细分的依据的，但组织市场消费者的外延要大得多。虽然组织市场和消费品市场密切相关，但还是有很大的差别，组织市场拥有其独特的特性。组织市场细分的标准主要有产品最终用户、用户地点、用户规模、相关采购因素及购买者追求的利益等，如表 4-7 所示。

表 4-7 组织市场细分的标准

细分标准	具体细分标准内容
产品最终用户	军用、民用、商用等
用户地点	地区、交通、气候等
用户规模	企业资金、规模、销售额等
相关采购因素	关键采购标准、采购策略、采购的重要性等
购买者追求的利益	质量、价格、服务等
……	……

六、细分市场的评估

企业在评估各种不同的细分市场的时候，必须考虑三个因素：细分市场的规模和增长程度、细分市场结构的吸引力、企业的目标和资源。

1. 细分市场的规模和增长程度

细分市场的规模和增长程度即潜在的细分市场是否具备适度规模和发展潜力，企业必须首先搜集并分析各类细分市场的现行销售量、增长率和预期利润量信息。通常情况下，企业只对有适当规模和呈现增长特征的市场感兴趣。但是，适当规模和增长程度是一个相对量。大多数企业都愿意把销售量大、增长率和利润额高的市场作为目标市场。但是，并不是对每一个企业来说，规模最大和增长最快的细分市场便最具有吸引力。一些较小的企业会发现它们缺乏必要的技能和资源来满足较大细分市场的需要，或者这些市场竞争太激烈。需要注意的是，竞争对手也会迅速抢占正在发展的细分市场，从而抑制本企业的盈利水平。

2. 细分市场结构的吸引力

有时细分市场可能具备理想的规模和增长速度，但是在利润方面还缺乏吸引力，因此企业必须分析影响细分市场长期吸引力的重要结构因素。

在营销实践中，经常用波特的五力模型图来对细分市场结构的吸引力进行分析。在经典巨著《竞争战略》一书中，波特提出了行业结构分析模型——五力模型。波特认为，行业现有的竞争状况、供应商的议价能力、购买者的议价能力、原有竞争对手的威胁、新进入者的威胁这五大竞争驱动力决定了企业的盈利能力，并指出公司战略的核心应在于选择正确的行业以及行业中最具有吸引力的竞争位置，如图 4-1 所示。

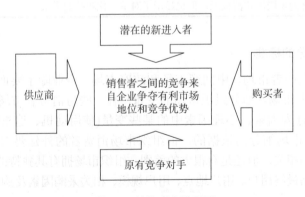

图 4-1 波特五力模型图

(1) 供应商的讨价还价能力。供方主要通过提高投入要素价格与降低单位价值质量的能力，来影响行业中现有企业的盈利能力与产品竞争力。

(2) 购买者的讨价还价能力。购买者主要通过压价与要求提供较高的产品或服务质量的能力，来影响行业中现有企业的盈利能力。一般来说，满足如下条件的购买者可能具有较强的讨价还价力量：

① 购买者的总数较少，而每个购买者的购买量较大，占了卖方销售量的很大比例。
② 卖方行业由大量相对来说规模较小的企业所组成。
③ 购买者所购买的基本上是一种标准化产品，同时向多个卖主购买产品在经济上也完全可行。
④ 购买者有能力实现后向一体化，而卖主不可能前向一体化。

(3) 原有竞争对手的威胁。一个细分市场中如果已有许多很强的竞争者，那么其吸引程度就会降低。

(4) 新竞争者加入的威胁。许多实际或潜在的替代产品会限制细分市场中的价格和可赚取的利润。

(5) 行业内现有竞争者的竞争。作为企业整体战略一部分的各企业竞争战略，其目标都是使自己的企业获得相对于竞争对手的优势，所以，在实施中就必然会产生冲突与对抗现象，这些冲突与对抗就构成了现有企业之间的竞争。

3. 企业目标和资源

必须分析企业的经营目标和所拥有的资源条件是否能够与细分市场的需求相吻合。有时候，即使某个细分市场具有合适的规模和增长速度，也具备结构性吸引力，但不符合企业的长远目标，或者企业的资源条件无法保证，那么企业就不得不放弃这个市场。尽管这些细分市场本身可能很具有吸引力，但是它们会分散企业的注意力和精力，使企业无法实现主要目标。或者，从环境、政治或社会责任的角度考虑，选择这些细分市场并不明智。

如果某一细分市场适合企业的目标，那么该企业还必须看它是否具有占领该市场所必需的技能和资源。如果企业缺乏赢得该细分市场竞争胜利所必需的力量，或不能适时地获得这些力量，那么企业就不应进入这个细分市场。除必需的力量以外，企业还要有超过竞争者的技能和资源，才能在细分市场上真正获得胜利。只有当企业能够提供优越的价值并取得竞争优势时，企业才应进入该细分市场。

七、市场细分应注意的问题

1. 只有在必要的情况下才进行市场细分

市场细分可能会增加生产成本和推销费用。市场如果分割得过细，一方面会造成市场支离破碎，给企业将来的市场管理带来意想不到的困难；另一方面，由于细分过后的子市场过多，也会给企业目标市场的选择带来极大的困难，一旦选择失误，企业很容易错失一些很好的营销机会。所以，应该把握市场细分的层次，适可而止，以确保市场细分带来的利益大于细分而增加的投入。在有些情况下，大量用户已经占有销售量的很大部分，以致他们是唯一恰当的目标市场，再对他们进行细分反而是有害的。

【案例4-4】

细分不一定出市场

儿童手机属于典型的没有需求的细分市场。尽管细分市场是一个趋势，但是从投资人角度来说，最重要的是利润。因此，只有能够赚钱的细分才是值得关注的。什么是能够赚钱的细分？企业人为地将某个产品品类细分出来，这并不代表需求的存在，也不代表消费的存在。儿童手机看似是一个很好的细分产品，但目前在市场上几乎难觅踪影。虽然各大手机厂商都曾开发概念性的儿童手机，但是关于儿童是否需要使用手机以及手机辐射的问题还一直存在争论，儿童手机在市场上并没有形成真正的需求。

2. 要避免"多数谬误"

如果一个企业总要以最大的和最易进入的细分市场作为它全力以赴的目标市场，而竞争对手也遵循同一逻辑行事，这时就会出现"多数谬误"，大家共同争夺同一个顾客群。这样的弊端是，它会严重影响企业的经济效益，造成社会资源的无端消耗，也不能满足本来有条件满足的其他多种多样的市场需求。随着市场竞争条件的变化和发展，传统的细分理论作为能产生竞争优势因而转化成商业机遇和新产品的机制，日渐暴露出其不足之处。争议最大的是如何把握细分的"度"。市场细分是一个不易控制的方面，当市场首次细分时，细分者往往得到优势；但是随着细分市场的加剧，子市场越小，利润就越少。同时，市场将可能被细分得支离破碎，使企业失去规模经济的优势。所以在实践中，考虑到规模效益不能太细地划分一个市场，当发现细分市场过细而带来不利影响时，企业应该适当实施"反细分策略"，减少细分市场的数目，即略去某些细分市场，或者把现有的几个细分市场集合在一起。过度的市场细分会导致市场的零碎化，致使细分市场缩小为缝隙市场，这必然会降低新产品和新品牌的成功率。

第二节 目标市场选择策划

企业在市场细分的基础上，根据主客观条件选择好的目标市场，有利于不断开拓市场。市场细分后，企业由于内外部条件的制约，并非把所有的细分市场都作为目标市场，企业可根据自身的情况，选择一个或几个有利于发挥企业优势、最具吸引力、又能达到最佳经济效益的细分市场作为目标市场。因为就企业来说，并非所有的环境机会都具有同等的吸引力，或者说，并不是每一个子市场都是企业愿意进入和能够进入的。这里所指的目标市场，是指企业打算进入并实施相应营销组合的细分市场，或打算满足的具有某一需求的顾客群体，即企业拟投其所好为之服务的顾客群。由于目标市场的选择是一个战略性的步骤，因此学术界把这种选定目标市场的活动称为目标市场选择。

企业的整个营销活动都是围绕其目标市场进行的，因此正确地选择目标市场，明确企业具体的服务对象，关系着企业任务和目标的落实，是企业制定营销策略的首要内容和基本出发点。另外，市场细分是企业选择和确定目标市场的前提和基础，但这并不是说在任何情况下企业选择和确定目标市场之前都要实行市场细分化策略。

一、目标市场的概念

目标市场与市场细分既有联系，又有区别。目标市场是根据市场细分标准选择一个或一个以上细分市场，作为企业进入并占领的市场。目标市场不仅是企业营销活动所要满足的市场，而且是企业为实现预期目标而要努力进入的市场。可见，企业选择目标市场是在市场细分的基础上进行的。目标市场是指通过市场细分，被企业所选定的，准备以相应的产品和服务去满足其现实或潜在需求的那一个或几个细分市场。市场营销就是针对目标市场上的顾客运用营销策略的过程，选择什么样的目标市场作为企业的营销对象，并且针对这些顾客选择什么样的营销策略非常重要。

要选择合适的目标市场，首先要做好以下准备工作。

(1) 评估不同细分市场的需求价值、市场规模、市场前景、购买力、获利空间等。

(2) 判断企业是否有能力满足这些细分市场的需求，包括人、财、物、技术、产品、质量、服务、营销等各方面。

(3) 判断哪些细分市场属于企业通过努力可以进入或占领的市场，这些细分市场应符合企业的发展战略。

(4) 确定企业打算重点满足哪些细分市场的需要，这些市场能够确保企业盈利。

【案例 4-5】

宝洁公司的细分市场

宝洁公司针对中国消费者头皮屑患者较多的现象，敏锐地观察到这一细分市场，并针对这一细分市场推出具有去头屑功能的"海飞丝"洗发水，在市场上获得巨大成功。

宝洁公司又针对城市女性推出"玉兰油"系列护肤品。宝洁公司陆续推出了针对不同细分市场的多个品牌的护肤及洗涤卫生用品，如"飘柔"二合一洗发水，既方便又有利于头发飘逸柔顺；"潘婷"则含有维他命原 B5，可以令头发健康而亮泽。

(资料来源：百度文库)

二、影响目标市场选择策划的因素

细分市场过程中就对整个市场进行了认真分析和研究，在此基础上企业还应对细分了的市场进行更深层次的评估，找出各细分市场的市场规模、增长率和市场的吸引力等方面的差异。细分市场的规模是指该细分市场的各种需求的总和，它直接决定了公司生产或营销的规模大小及其规模经济效益的高低。另外，仅有适度的规模而没有较高的潜在销售增长率，企业同样不能取得较高的投资回报。因此，在企业实力的基础之上，一个细分市场是否具有适度的市场规模和销售增长率，是企业在决定是否进入该细分市场时首先应考虑的要素。

一般说来，在选择目标市场策略时，应综合考虑企业、产品和市场等多方面因素再予以决定。在营销实践中，大中型企业在选择目标市场策略时，需要考虑的因素如下。

1. 企业的资源和实力

在市场细分的子市场中，可以发现有利可图的子市场有很多，但是不一定都能成为企业的目标市场，企业必须选择有能力占领的市场作为自己的目标市场。企业资源主要包括资金、物质技术设备、人员、营销能力和管理能力等。如果企业资源丰富，实力雄厚(包括生产经营规模、技术力量、资金状况等),且具有大规模的单一流水线,拥有广泛的分销渠道,同时产品标准化程度高,内在质量好,品牌商誉高,则可以采用无差异性市场营销策略;如果企业具有相当的规模,技术设计能力强,管理素质较高,可实施差异性市场营销策略;反之,如果企业资源有限,实力较弱,难以开拓整个市场,则最好采用密集性市场营销策略。

2. 产品同质性

产品同质性指在消费者眼里,不同企业生产的产品的相似程度。相似程度高,则同质性高;反之,则同质性低。对于同质性产品,如钢铁、大米、盐、糖等,其品质、功能、形状都是类似的,差异性较小,尽管每种产品因产地和生产企业的不同会有些品质差别,但购买者一般并不重视其区别,此时竞争主要集中在价格上,这种产品比较适合采用无差异性市场营销策略。反之,对于异质性产品,消费者对这类产品的特征感觉有较大差异,产品选择性强。如服装、家具、化妆品等,其需求弹性较大,产品的品质、性能差别较大,消费者选购时十分注意其功能和价格,并常以它们所具有的物质为依据。对这类同质性低的产品,可采取差异性或密集性市场营销策略。

3. 市场同质性

市场同质性指各细分市场顾客需求、购买行为等方面的相似程度,即各细分市场间的区别程度。不同的市场具有不同的特点,各类消费者的文化、职业、兴趣、爱好和购买动机都有较大差异。当市场同质性高,意味着各个细分市场的类似程度较高,不同顾客对同一市场营销方案的反应大致相同,即消费者的需求、爱好较为接近,每个时期购买的数量也大致相同,对市场促销因素的反应也相同,此时,企业就可考虑采用无差异性市场营销策略;反之,当市场差异程度较高时,消费者的选择性强,则宜采用差异性或集中性市场营销策略。

4. 产品生命周期

产品生命周期一般包括投入期、成长期、成熟期和衰退期四个阶段,企业应随产品生命周期的发展而变更目标市场营销策略。当企业的一种新产品进入市场时,消费者需求及销售渠道都比较单一,重点在于发展顾客对产品的基本需求,而且同类竞争产品不多,此时宜实行无差异性营销策略,以探测市场需求与潜在顾客。当产品进入成长期或成熟期,同类产品增多,竞争日益激烈,为确立竞争优势,企业可考虑使用差异性营销策略。当产品步入衰退期,为保持市场地位,延长产品生命周期,全力战胜竞争对手,企业可集中所有力量为某一个市场部分服务,采取集中性营销策略,强调品牌的差异性,建立产品的特殊地位,避免或减少企业的损失。

5. 竞争者的市场营销策略

企业选择目标市场营销策略时,一定要充分考虑竞争对手的营销策略,一般来说,应该采取同竞争者有所区别的营销策略,反其道而行之。如果对手是强有力的竞争者,实行的是无差异性营销策略,因可能有较次要的市场被冷落,这时企业实行差异性营销策略,乘虚而入,往往能取得良好的效果;如果对手已经实行差异性营销策略,而企业仍实行无差异性营销策略,就不利于企业抢占市场,在此情况下应该采用更深一层的差异性或集中性营销策略与之抗衡。

当然,竞争双方的情况经常是复杂多变的,不可能有一种固定的模式,在竞争中分析力量对比和各方面的条件，依据竞争双方的力量对比和市场的具体情况而定，扬长避短，掌握有利时机，采取适当的策略，争取最佳的效果。

6. 竞争者的数目

市场竞争的激烈程度，常迫使企业不得不采用适应竞争格局的策略。当市场上同类产品的竞争者较少，消费者只能从本企业产品得到满足，竞争不激烈时，可采用无差异性营销策略；而竞争者多，竞争非常激烈时，消费者对产品的品牌印象很重要，为了使不同的消费者群都能对本企业的产品建立较强的品牌印象，可采用差异性或集中性营销策略。

综合以上分析，目标市场策略的影响因素如表4-8所示。

表4-8 目标市场策略的影响因素

营销策略	影响因素					
	企业资源与实力	产品同质性	市场同质性	产品生命周期	竞争者的市场营销策略	竞争者的数目
无差异性营销策略	多	高	高	投入期	—	少
差异性营销策略	多	低	低	成熟期	差异	多
集中性营销策略	少	低	低	—	—	多

三、目标市场选择的五种模式

在上一节市场细分的基础上，企业应根据自身情况从中选择适合自己的目标市场。因此，企业须对不同的细分市场做出评估，即考虑细分市场结构和企业的目标与资源。在对细分市场考虑评估后，营销者已对细分市场的潜力、竞争结构及本企业的资源能力有了系统的了解。在此基础上，可以着手目标市场的选择。目标市场选择是指企业在评估了不同细分市场之后，决定选择哪些细分市场和选择多少细分市场作为其服务对象的决策过程。具体进入目标市场的模式有五种，如图4-2所示。

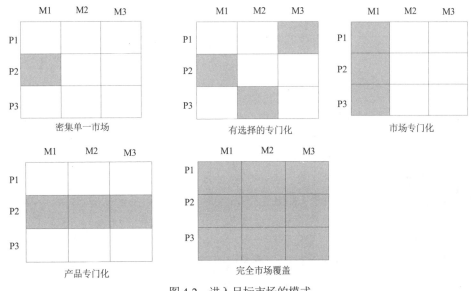

图4-2 进入目标市场的模式

(1) 密集单一市场：选择一个细分的市场进行密集营销，在一个市场专注于做一种产品。例如，国内众多的民营企业在自己出生地，专业做自己的利基市场而获得成功。

(2) 有选择的专门化：针对不同的市场，投入不同的产品，即在不同的细分市场上做不同的产品营销。比如，云南白药在牙膏市场上生产云南白药牙膏；在药品市场上生产云南白药系列产品。

(3) 市场专门化：只针对一种消费群提供产品和服务，只做一种市场。比如，某企业专门为一家汽车制造厂生产离合器，获得了巨大成功。

(4) 产品专门化：只生产一种产品，针对所有具有同样需求的目标消费者。比如，某毛巾厂只为不同类型的宾馆和酒店生产毛巾。

(5) 完全覆盖市场：针对所有市场，提供不同的产品和服务进行市场覆盖。比如国内的美的集团，针对市场上所有不同的消费者，推出高、中、低等各种家用电器产品在全国市场销售。

四、目标市场营销策略

企业确定细分市场作为经营和服务目标的决策，称为目标市场营销策略。目标市场营销策略是市场定位策略和营销组合策略的有机组合。企业确定目标市场的方式不同，选择的目标市场范围不同，其营销策略也就不一样。一般来说，目标市场营销策略有三种：无差异性市场营销策略、差异性市场营销策略和集中性市场营销策略，如图4-3所示。

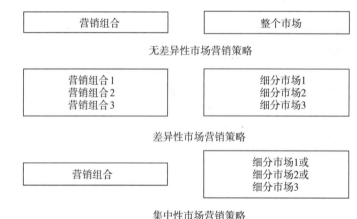

图4-3 三种目标市场营销策略

1. 无差异性市场营销策略

当企业面对的是同质市场或同质性较强的异质市场时，便可以采用这一策略开展市场营销活动。即企业把整个市场看作一个大的目标市场，不细分市场，只推出一种产品，试图吸引尽可能多的顾客，为整个市场服务。差异营销的理论基础是成本的经济性。

这一策略的最大优点是：由于大批量生产和经营，有利于企业降低成本，取得规模效应；产品种类少，有利于降低生产、库存和运输成本；广告计划之间的无差异，可以降低广告成本；无须进行细分市场的调研工作和筹划工作，可以降低市场营销调研和生产管理成本。

此种策略的缺点是：实行无差异性营销的直销商一般针对整体市场，当同行中有许多人如法炮制之后，可能发生大市场内竞争过度，而小市场却乏人问津的情况。同时也难以满足不同消费者的需求，不能适应瞬息万变的市场形势，应变能力比较差。市场容易被其他竞争者占领或瓜分。

因此，一般来说，选择性不强、差异性不大的"大路货"商品、供不应求的商品、具有专利权的商品等，宜采用此种策略。在生产观念和推销观念时期，它是大多数企业实施的营销策略。随着消费者需求向多样化、个性化发展，生产力和科技水平进一步提高，其适用范围逐步缩小。

【案例4-6】

可口可乐早期的无差异性营销策略

在无差异性营销策略实施中，美国的可口可乐公司最具代表性。1886年，名为班伯顿的药剂师发明了可口可乐的配方，并开始投入生产。一百多年以来，不论是在北美还是全球，都是奉行的无差异性营销策略，保证了可口可乐的品质口感始终如一，使之成为一个全球的超级品牌。无差异性营销的最大优点在于成本的经济性，就像制造上的"大量生产"与"标准化"一样。

(资料来源：作者收集整理)

2. 差异性市场营销策略

实行差异性市场营销策略的企业，通常是把整体市场划分为若干细分市场，并选择其目标市场。针对不同目标市场的特点，分别制订不同的营销计划，按计划生产目标市场所需要的商品，以满足不同消费者的需要，不断扩大销售成果。例如，国内一些自行车公司近年来改变了以前的经营观念，牢固树立以消费者为中心的现代经营观念。按不同消费者的爱好和要求，分别设计生产出轻便男车、轻便女车、赛车、童车等多种产品；同时，也根据不同消费者的偏好，生产出各种彩色车，改变了过去清一色的黑色车模式。

采用差异性市场营销策略的优点是：小批量、多品种、生产机动灵活和针对性强，能满足不同消费者的需求，特别是能繁荣市场。但是由于品种多，销售渠道、销售方式和广告宣传的多样化，使产品改进成本、生产制造成本、管理成本、存货成本和营销成本大大增加。由于产品品种、销售渠道、广告宣传的多样化，市场营销费用会大大增加。在营销实践中，市场营销成本增加的同时，并不保证效益会同步上升。因此，企业要防止把市场分得过细。如果分得过细，要进行"反细分"或扩大顾客的基数。

【案例4-7】

宝洁公司的差异性营销策略

始创于1837年的宝洁，是全球最大的日用消费品公司之一，在全球80多个国家设有工厂及分公司，所经营的300多个品牌的产品畅销160多个国家和地区，其中包括织物及家居护理、美发美容、婴儿及家庭护理、健康护理、食品及饮料等。

宝洁公司仅洗衣粉就有11个品牌，国内妇孺皆知的有强力去污的"碧浪"，价格较高；去污亦强但价格适中的"汰渍"等。洗发水则有6个品牌，如潘婷、飘柔、海飞丝、沙宣、伊卡璐等。

此外，它还有8个品牌的香皂、4个品牌的洗涤液、4个品牌的牙膏、3个品牌的清洁剂。宝洁公司经营的多种品牌策略不是把一种产品简单地贴上几种商标，而是追求同类产品不同品牌之间的差异，包括功能、包装、宣传等诸方面，从而形成每个品牌的鲜明个性。这样，每个品牌有自己的发展空间，市场就不会重叠。

(资料来源：https://www.sohu.com/a/118168655_499079)

3. 密集(集中)性市场营销策略

密集性市场营销策略也称集中性市场营销策略，是企业把整个市场细分化后，选择一个或少数几个细分市场为目标，实行专业化经营，企业集中所有努力向一个市场或少数几个市场推销其产品，占领一个或少数几个细分市场，其余市场则放弃的策略。无差异性市场营销策略与差异性市场营销策略，都是以整个市场为目标的；而密集性市场营销策略却选择一个或少数几个市场为其经营目标。

密集性市场营销策略的主要优点在于：可准确地了解顾客的不同需求，有针对性地采取营销策略，可节约营销成本和营销费用，从而提高企业投资利润率。最大缺点在于：风险性较大，容易受竞争者的冲击。因为目标市场比较狭窄，一旦竞争者的实力超过自己，消费者的爱好发生转移或市场情况发生突然变化，都有可能使企业陷入困境。因此，密集性市场营销策略经常被资源有限的中小企业所采用，因为它们所追求的不是在较大市场上占有较小的份额，而是要在较小的细分市场上占有较大份额。

【案例 4-8】

味事达酱油的密集性市场营销策略

酱油的分类方法在过去只有两种：一种叫作老抽，主要用于食物上色；一种叫作生抽，主要用于食物增鲜。随着不断地发展，酱油又分出一种新的品类，就是特色酱油。味事达就是其中的先行者，它首先开创出味极鲜酱油，这是一种鲜味和香味特别的风味酱油，鲜味远高于国家标准，所以一面世就受到了市场的追捧，餐饮酒楼用其点蘸肉类菜式，或是做煲汤类产品，烧制各类海鲜等，味道远甚其他产品，所以产品生命很强。其他各类大厂、小厂紧跟其后，但都因鲜、香达不到要求，而败下阵来。味事达也因此全心全意做这个品类的领导者，坚守这块市场。现在会吃的广东人，一般家庭里面都会放至少三瓶酱油，一瓶老抽，一瓶生抽，一瓶味事达味极鲜。味事达在华南市场，稳稳地占据高档酱油市场。

(资料来源：MBA 智库百科)

无差异性、差异性和集中性市场营销策略三者之间的比较如表 4-9 所示。

表 4-9 三种可供选择的目标市场营销策略比较

市场营销策略	追求利益	营销稳定性	营销成本	营销机会	竞争程度	管理难度
无差异策略	经济性	一般	低	易失去	强	低
差异性策略	销售额	好	高	易发展	弱	高
集中性策略	形象和市场占有率	差	低	易失去	强	低

第三节 市场定位策划

企业进行市场细分和选择目标市场后，须面临如下问题：如何进入目标市场？以怎样的一种姿态和形象占领目标市场？这就是市场定位。有效的市场定位，可以确定产品在顾客心目中的适当位置并留下深刻的印象，以吸引更多的顾客，帮助企业获得目标市场的竞争优势。随着市场经济的发展，在同一市场上有许多同一品种的产品出现，企业必须为自己的产品赋予一定的特色，以求在消费者心中形成一种稳定的认知和特殊的偏好，从而在竞争中取得竞争优势。

【案例 4-9】

奇瑞汽车的市场定位策划

由于微型轿车市场竞争日益激烈，奇瑞汽车公司经过认真的市场调查，精心选择微型轿车打入市场。它的新产品不同于一般的微型客车。轿车已越来越多地进入大众家庭，但由于地区经济发展不平衡及人们收入水平的差距，对汽车的需求走向了进一步的细分。奇瑞 QQ 的目标客户群体对新生事物感兴趣，富于想象力，崇尚个性，思维活跃，追求时尚。虽然由于资金的原因他们崇尚实际，对品牌的忠诚度比较低，但是对汽车的性价比、外观和配置十分关注，是容易互相影响的消费群体。从整体的需求来看，他们对微型轿车的使用范围要求较多。奇瑞 QQ 的目标客户是收入并不高但有知识、有品位的年轻人，同时也兼顾有一定事业基础、心态年轻、追求时尚的中年人。一般大学毕业两三年的白领都是奇瑞 QQ 潜在的客户，人均月收入 2000 元即可轻松拥有这款轿车。

许多时尚男女都因为奇瑞 QQ 的靓丽、高配置和高性价比而把这个可爱的"小精灵"领回了家，从此与奇瑞 QQ 成了快乐的伙伴。奇瑞 QQ 微型轿车推出后，获得良好的市场反应。

(资料来源：百度文库)

一、认识市场定位

市场定位(Marketing Positioning)是指企业根据竞争对手产品在市场上所处的位置，针对顾客对某产品的重视程度与需求状况，并结合企业现有条件与产品在市场上所处的位置，塑造本企业产品与众不同的个性或形象，进而通过特定的营销模式让顾客接受该产品，以确定本企业及其产品在目标市场的位置。根据目标市场上同类产品市场竞争状况，针对顾客对该类产品不同特性重视程度的差异，为本企业的产品塑造既能使消费者明确感知，又能很好地与竞争者的产品区别开来的特定品牌形象。例如，"苹果手机"定位于高端手机，而"大显手机"是专门为中老年人生产的手机等。

市场定位的实质是取得目标市场的竞争优势，确定产品在顾客心目中的适当位置并留下深刻的印象，以便吸引更多的顾客。科学而准确的市场定位是建立在对竞争对手所经营的商品具有何种特色，顾客对该商品各种属性重视程度等进行全面分析的基础上的。为此，企业需掌握以下几种信息：①目标市场上的竞争者提供何种商品给顾客？②顾客确实需要什么？③目标市场上的新顾客是谁？

二、市场定位的步骤

市场定位的关键是企业要塑造自己的产品比竞争者更具优势的特性。竞争优势一般有两种类型：一是价格竞争优势；二是偏好竞争优势。

1. 识别可能的竞争优势

明确企业自身的竞争优势是企业市场定位工作的基础。企业进行市场定位的过程，实质上是寻找并确认自身竞争优势的过程。同时，企业还要对目标市场上的竞争情况进行调查分析，竞争者的优势和劣势是什么，竞争者的产品是如何定位的，然后，把企业的情况和竞争者进行对比，找到本企业的优势。这一步骤的中心任务需要回答以下三大问题：①竞争对手的产品定位如何？②目标市场上足够数量的顾客欲望满足程度如何，以及还需要什么？③针对竞争对手的市场定位和潜在顾客真正需要的利益要求，企业应该做什么，能够做些什么？

2. 选择正确的竞争优势

企业在市场调查的基础上明确了自己的优势、劣势后，就要根据目标市场需求、竞争者情况和企业自身的情况做出明确的定位判断。从经营管理、技术开发、采购、生产、市场营销、财务及产品几个方面同竞争者相比较，分析企业在上述方面与竞争者相比的优势和劣势。

3. 向市场传播和表达自己的市场定位

这一步骤需要企业通过一系列的宣传活动，将企业选定的竞争优势通过各种营销手段，准确地传递给目标顾客并在消费者脑海中留下深刻的印象。这需要企业做好三个方面的工作：①建立与市场定位一致的形象；②强化顾客对市场定位的信念；③防止误导信息传播，因为当企业营销组合运用不当时，可能会在顾客中造成误解。

三、市场定位的主要方法

市场定位是企业通过为自己的产品创立鲜明的个性，从而塑造出独特的市场形象来实现的。一项产品是多个因素的综合反映，包括性能、构造、成分、包装、形状、质量等，市场定位就是要强化或放大某些产品因素，从而使产品形成与众不同的独特形象。产品差异化是实现市场定位的手段，但并不是市场定位的全部内容。市场定位不仅要强调产品差异，而且要通过产品差异建立独特的市场形象，赢得顾客的认同。市场定位的主要方法如下。

1. 根据具体的产品特点定位

构成产品内在特色的许多因素都可以作为市场定位所依据的原则，如价格的高低、质量的优劣、规格的大小、功能的多少等等。其中任何两个不同的属性变量就能组成一个坐标，从而构建起一个目标市场的平面图。

在营销实践中，企业选择以产品的价格和质量分别作为横纵坐标变量建立一个坐标来分析目标市场是非常普遍的，因为任何产品的这两个属性特点都是消费者最关心的。例如宝马和捷达，两者质量差异大，导致价格差异大，因而定位在不同的小汽车市场上。

当然，根据不同的产品，企业也可选择消费者关心的其他属性，如限量版—高品质组合用于定位奢侈品消费市场。

2. 根据特定的使用场合及用途定位

为老产品找到一种新用途，是为该产品创造新的市场定位的好方法。例如著名品牌"谭木匠"最初定位为满足顾客梳头、保健按摩的需要，随着消费者需求的变化，又将其定位为高端礼品，产品依靠其过硬的质量和出色的营销手段获得了巨大的成功。

3. 根据顾客得到的利益定位

根据顾客的利益诉求，强化产品在顾客心目中的形象。例如，世界上各大汽车巨头的定位各有特色，同样是高档汽车，宝马和奔驰给顾客的利益诉求存在区别。一般认为，宝马车更具有热情奔放的特点，奔驰车则更显稳重和大气。

4. 根据使用者类型定位

企业常常试图把某些产品指引给适当的消费者或者某个细分市场，以便根据那个细分市场的特点建立起恰当的形象。例如目前在国内出现的大量经济型连锁酒店，就受到了许多工薪阶层的欢迎。

四、常见的市场定位策略

1. 产品差别化定位策略

产品差别化定位策略是指企业采取各种手段，使本企业生产的产品在形式、特色、性能、一致性、安全性、耐用性、可靠性、可维修性、风格和设计等方面明显优于同类企业的产品，从而在市场竞争中占据有利地位。

在营销实践中，采取产品差别化定位策略的企业是比较多的。以下是一些企业实施产品差别化定位策略的案例。

(1) 产品形式差别化定位：奇瑞汽车公司经过认真的市场调查，精心选择微型轿车打入市场。它的新产品不同于一般的微型客车，是微型客车的尺寸、轿车的配置。QQ微型轿车推出后就获得了良好的市场反应。

(2) 产品特色差别化定位：某养殖场坚持原生态养殖土鸡，产品在市场上供不应求。

(3) 性能差别化定位：某运动鞋公司因产品具有出众的性能和质量，在运动鞋制造领域一直享有盛誉。

(4) 一致性差别化定位：格兰仕微波炉在微波炉领域，一直坚持高标准，产品质量一直稳定在行业内较高水平。

(5) 安全性差别化定位：沃尔沃汽车一直以安全性能高在汽车制造业享有盛誉。

(6) 耐用性、可靠性差别化定位：格力空调在产品质量上下功夫，产品经久耐用，首次提出6年保修的概念，赢得了消费者。

(7) 可维修性差别化定位：戴尔电脑因拥有出色的维修反应系统、广泛的维修网点，以及专业的维修人才队伍，在市场上一直占有较大的市场份额。

(8) 风格和设计差别化定位：麦当劳和摩托罗拉公司的商标都是一个大写的 M。麦当劳 M 代表着美味、干净、舒适。同样是以 M 为标志，与麦当劳(McDonald's)圆润的棱角、柔和的色调不一样，摩托罗拉(Motorola)的 M 标志棱角分明、双峰突出，以充分表达品牌的高科技属性。

2. 服务差别化定位策略

服务差别化定位策略是向目标市场提供与竞争者不同的优质服务的策略。当实体产品较难差异化时，要取得竞争成功的关键常常有赖于增加价值服务和改进服务质量。服务差别化主要表现在订货、交货、安装、客户培训、客户咨询、维修保养等方面。企业的竞争力越能体现在顾客服务水平上，市场差别化就越容易实现。例如，在互联网营销时代，麦当劳公司通过数字化营销、运营社交平台等方式向新一代年轻消费群体示好，打通从选餐、预订、支付到配送的整个互联网闭环，为顾客提供更为高效便捷的服务，获得了极大的成功。

3. 人员差别化定位策略

人员差别化定位策略是通过聘用、培训比竞争者更为优秀的人员以获取差别优势的竞争策略。公司可以通过培养训练有素的人员来获得强大的竞争优势。例如，新加坡航空公司之所以享誉全球，就是因为其拥有一批美丽高雅的航空小姐；麦当劳的雇员都彬彬有礼；IBM

公司的人都是专家；迪士尼乐园的雇员都精神饱满。又如，通用电器、思科、美国西北相互人寿保险的推销人员都享有卓越的声誉。实践早已证明，市场竞争归根到底是人才的竞争，企业可以利用员工的高素质这一优势击败对手。

4. 形象差别化定位策略

形象差别化定位策略是在企业产品的核心部分与竞争者的产品核心内容趋同的情况下，企业通过塑造产品与众不同的形象以获取差别竞争优势的一种策略。购买者能从公司或品牌形象方面得到一种与众不同的感觉，例如，能解释万宝路香烟异乎寻常的市场份额(约 30%)的唯一理由就是万宝路的"万宝路牛仔"形象激起了大多数吸烟民众的强烈反应。企业或产品想要成功地塑造形象，需要具有创造性的思维和设计，需要持续不断地利用企业所能利用的所有传播工具。

5. 竞争者相关定位策略

对于一些产品来说，最好的定位就是直接针对竞争对手进行定位，旨在将竞争对手赶出原来的位置，自己取而代之，它是竞争性最强的定位策略。这种定位策略尤其适合那些已经具有稳固的差异化优势，并寻求巩固这种优势的企业。例如，许多公司在做广告宣传时，常常会强调自己产品在市场占有率、口碑等方面所体现出来的优势。

6. 消费者利益定位策略

消费者利益定位策略指根据产品所能满足的需求或所提供的利益、解决问题的程度来定位。例如，传统牙膏多定位在"防蛀和清洁"上，着重解决"防蛀、美白、口气清新"等问题。随着辛辣饮食、工作压力、电脑辐射、失眠等诸多生活问题的出现，中国人牙龈出血、口腔溃疡、口臭等口腔健康问题日益突出，而云南白药药物成分对各种口腔问题有显著效果，这是传统牙膏所不能解决的。消费群体存在巨大潜在需求的"空白点"，恰恰是云南白药牙膏能填补的优势点。因此，云南白药牙膏定位于不但对牙龈出血效果显著，而且能有效防治口腔溃疡、牙龈肿痛、牙龈萎缩、牙龈炎、牙周炎、口臭、蛀牙等常见口腔问题的功效。准确的市场定位使得云南白药牙膏从一开始就获得了消费者的广泛认可，企业市场份额增长迅速。

7. 消费者群体定位策略

消费者群体定位策略主要是指依据消费者的心理与购买动机，直接以某类消费者群体为诉求对象，突出产品专为该类消费者群体服务以获得目标消费者群体的认同。把品牌与消费者的利益诉求结合起来，有利于增强消费者的归属感，使其产生"专属自己的品牌"的感觉。例如，百事可乐经过精心的调查发现，年轻人最流行的东西是"酷"，而"酷"表达出来就是独特的、新潮的、有内涵的、有风格创意的意思。百事抓住了年轻人喜欢"酷"的心理特征，推出了一系列以年轻人认为最"酷"明星为形象代言人的广告。它以"新一代的选择""渴望无限"做自己的广告语，获得了巨大的成功。

值得注意的是，并非所有的商品差异化都是有意义的或者是有价值的，也并非每一种差异都是一个差异化手段。企业必须谨慎选择能与其竞争对手相区别的途径，着力去宣传一些对其目标市场所能产生最大影响的差异，这样才能制定一个重点定位策略。

企业还可以综合运用上述策略来实现市场定位。企业及其品牌形象是多维度的，是一个多侧面的立体，所以，多种策略的结合定位恰恰丰富了企业及品牌形象。需要注意的是，各种策略之间应当协调运作，共同服务于企业的总体营销发展策略。

综合训练题

一、名词解释

STP　市场细分　反细分策略　目标市场　无差异性市场营销　差异性市场营销　密集性市场营销　市场定位

二、简答题

1. 市场细分的程序是什么？
2. 消费者市场的市场细分标准主要有哪些？
3. 无差异性市场营销策略、差异性市场营销策略和集中性市场营销策略各自有哪些优点和缺点？
4. 市场定位的步骤是什么？
5. 常见的市场定位策略有哪些？

三、案例分析

案例一：寻找市场缝隙

日本泡泡糖市场年销售额约为740亿日元，其中大部分为劳特公司所垄断，可谓江山唯劳特独坐。其他企业再想挤进泡泡糖市场非常不易。但江崎糖业公司对此却并不畏惧。江崎糖业公司成立了市场开发班子，专门研究霸主劳特产品的不足和短处，寻找市场的缝隙。经过周密的调查分析，终于发现劳特的四点不足：第一，以成年人为对象的泡泡糖市场在扩大，而劳特却仍旧把重点放在儿童泡泡糖市场上；第二，劳特的产品主要是果味型泡泡糖，而现在的消费者的需求正在多样化；第三，劳特多年来一直生产单调的条板状的泡泡糖，缺乏新颖式样；第四，劳特产品价格是110日元，顾客购买时需多掏10日元的硬币，往往感到不便。

通过分析，江崎糖业公司决定以成人泡泡糖市场为目标市场，并制定了相应的市场营销策略。不久，它便推出功能性泡泡糖四大产品：司机用泡泡糖，使用了高浓度薄荷和天然牛黄，以强烈的刺激消除司机的困倦感；交际用泡泡糖，可清洁口腔，祛除口臭；体育用泡泡糖，内含多种维生素，有益于消除疲劳；轻松性泡泡糖，通过添加叶绿素，可以改变人的不良情绪。江崎糖业公司还精心设计了产品的包装，江崎泡泡糖像飓风一样席卷全日本。江崎糖业公司不仅挤进了由劳特公司独霸的泡泡糖市场，而且占领了一定的市场份额，从0%猛升至25%，当年销售额达到175亿日元。

(资料来源：百度文库)

思考题：江崎糖业公司是如何进行市场细分和市场定位的？其成功的事例给我们什么样的启示？

案例二：适应目标市场变化

美国的Lee牌牛仔裤把目标市场对准占人口比例较大的那部分"出生高峰期"的消费者群体，从而成功地扩大了该品牌的市场占有率。20世纪六七十年代，Lee牌牛仔裤以15～24岁的青年为目标消费者。因为这个年龄段的人正是在"出生高峰期"出生的，在整个人口中占有相当大的比例。可是到了 20 世纪 80 年代,昔日"出生高峰期"一代已经成为中青年。为适应这一目标市场的变化,厂商只有将原有的产品略加改变,使其正好适合中青年消费者的体型和偏好。结果,20 世纪 90 年代,该品牌的牛仔裤在中青年市场上的份额上升了 20%,销售量增长了 17%。

(资料来源:百度文库)

思考题:

(1) 根据案例,说说 Lee 牌牛仔裤公司为什么要进行市场细分及其进行消费者市场细分的依据。

(2) Lee 牌牛仔裤公司是根据什么进行的市场细分?这种细分的考虑因素包括什么?其成功的依据是什么?

(3) Lee 牌牛仔裤公司是如何适应目标市场的变化的?

第五章

产品策划

企业制定经营战略时，首先要明确消费者需要什么样的产品和服务，企业提供什么样的产品和服务才可以满足消费者的要求。在营销实践中，企业成功与发展的关键在于产品能否最大限度地满足消费者的需求。

在营销实践中，产品策划是市场营销组合策划的基础。产品策划是指企业为了在激烈的市场竞争中获得优势，在生产、销售产品时所运用的一系列措施和手段，包括产品组合策划、产品差异化策划、新产品开发策划、品牌策划及产品的生命周期运用策划等。

知识要点：

1. 产品的整体概念
2. 三种常见的产品组合调整策划
3. 三种品牌策略策划的具体内容
4. 企业常用的包装策略
5. 不同生命周期阶段的产品营销策略
6. 新产品的开发与推广策划程序

第一节 产品组合策划

随着人们生活水平的日益提高，产品质量、产品性能、产品品牌、包装等因素日益成为消费者关注的核心内容，尤其是产品的质量，它是企业打开市场、维系市场、占领市场、巩固市场、拓展市场的根本保障。

同时，市场需要具有发展性、易变性的特点，因此，产品的品种、规格、款式也需要不断升级换代。因此，企业需要强化产品创新力度，加大新产品开发。新产品开发要以现实或潜在的市场需求为出发点，充分发挥技术创新在产品开发中的作用，满足现有的市场需求，或激活潜在的市场需求，保证为顾客带来更多的产品价值体验。

一、产品整体概念

具有某种特定物质形状和用途、看得见、摸得着的物品是人们通常所认为的产品，这是一种狭义的定义。而市场营销学认为，产品是指人们通过购买而获得的能够满足某种需求和欲望的物品的总和，它既包括具有物质形态的产品实体，又包括非物质形态的利益，这就是"产品整体概念"。现代市场营销理论认为，产品整体概念包含核心产品、有形产品、期望产品、延伸产品和潜在产品五个层次，如图5-1所示。

图5-1　产品的五个层次

1. 核心产品

核心产品也称实质产品，在产品整体概念中是最基本、最主要的部分，是消费者购买某种产品时所追求的利益，是顾客真正要买的东西。消费者购买某种产品，并不是为了占有或获得产品本身，而是为了获得能满足某种需要的效用或利益。例如，买自行车是为了代步，买汉堡是为了充饥，买化妆品是希望美丽、体现气质、增加魅力等。因此，在产品策划中必须以产品的核心为出发点和归宿，设计出真正满足消费者需要的东西。

2. 有形产品

有形产品是核心产品借以实现的形式，即向市场提供的实体和服务的形象。要满足消费者追求的利益，必须通过有形产品体现出来。可以说，有形产品是核心产品的转化形式。产品的有形特征主要指产品质量水平、款式、特色、品牌以及包装。例如冰箱，其有形产品不仅仅指冰箱的制冷功能，还包括它的质量、造型、颜色、容量等。

3. 期望产品

期望产品是指购买者购买某种产品通常所希望和默认的一组产品属性和条件。一般情况下，顾客在购买某种产品时，往往会根据以往的消费经验和企业的营销宣传，对所欲购买的产品形成一种期望。如果没有满足顾客的期望，会影响顾客对产品或服务的评价，带来负面影响。

4. 延伸产品

延伸产品是顾客购买有形产品时所获得的全部附加服务和利益，包括提供信贷、免费送货、质量保证、安装、售后服务等。延伸产品的概念来源于对市场需要的深入认识。因为购买者的目的是满足某种需要，因而他们希望得到与满足该项需要有关的一切。可以预见，在未来的市场竞争中，产品所能提供的延伸价值会成为一个关键。

5. 潜在产品

潜在产品是指一个产品最终可能实现的全部附加部分和新增加的功能。许多企业通过对现有产品的附加与扩展，不断提供潜在产品，所给予顾客的就不仅仅是满意，还能使顾客在获得这些新功能的时候感到喜悦。所以，潜在产品指出了产品可能的演变，也使顾客对于产品的期望越来越高。潜在产品要求企业不断寻求满足顾客的新方法，不断将潜在产品变成现实的产品，这样才能使顾客得到更多的意外惊喜，从而更好地满足顾客的需要。

以宾馆为例，宾馆所提供的核心利益就是为顾客提供休息和睡眠的场所，有形产品就是房子、床、被子、毛巾等，期望产品就是顾客所期望的干净的房屋、整洁的床被和安全的居住环境，附加产品就是宾馆所提供的专车接送、机票预订等，潜在产品就是如何用创新的方法满足客人的需要。

二、产品组合概念

产品组合，也称"产品的各色品种集合(Product Assortment)"，是指某个企业生产或销售的全部产品的组成方式。产品组合包括所有的产品线和每一产品线中的产品项目，它反映了一个企业的经营范围和生产的产品结构。产品组合包括四个变数：产品组合的宽度、产品组合的长度、产品组合的深度和产品组合的关联性。

1. 产品组合的宽度

产品组合的宽度指企业的产品线总数。产品线也称产品大类、产品系列，是指一组密切相关的产品项目。对于一个家电生产企业来说，可以有电视机生产线、电冰箱生产线。产品组合的宽度说明了企业的经营范围大小，跨行业经营甚至多角化经营程度。增加产品组合的宽度，可以充分发挥企业的特长，使企业的资源得到充分利用，提高经营效益。此外，多角化经营还可以降低风险。

2. 产品组合的长度

产品组合的长度指一个企业的产品项目总数。产品项目指列入企业产品线中，具有不同规格、型号、式样或价格的最基本的产品单位。通常，每一产品线中包括多个产品项目，企业各产品线的产品项目总数就是企业产品组合的长度。

3. 产品组合的深度

产品组合的深度是指产品线中每一产品有多少品种。产品组合的长度和深度反映了企业满足各个不同细分子市场的程度。增加产品项目，增加产品的规格、型号、式样、花色，可以迎合不同细分市场消费者的不同需要和爱好，招徕、吸引更多顾客。

4. 产品组合的关联性

产品组合的关联性指一个企业的各产品线在最终用途、生产条件、分销渠道等方面的相关联程度。较高的产品的关联性能给企业带来规模效益和范围效益，提高企业在某一地区、行业的声誉。

企业在进行产品组合时，涉及以下三个层次的问题需要做出抉择。

(1) 是否增加、修改或剔除产品项目？
(2) 是否扩展、填充和删除产品线？
(3) 哪些产品线需要增设、加强、简化或淘汰，以此来确定最佳的产品组合？

以上三个层次问题的抉择应该遵循既有利于促进销售又有利于增加企业的总利润这个基本原则。

三、产品组合分析

在实践中，人们常常用波士顿矩阵法来分析企业的产品组合。

波士顿矩阵法(BCG Matrix)，又称市场增长率—相对市场份额矩阵法、波士顿咨询集团法、四象限分析法、产品系列结构管理法等，是由美国著名的管理学家、波士顿咨询公司创始人布鲁斯·亨德森于1970年首创的一种用来分析和规划企业产品组合的方法。这种方法的核心在于，要解决如何使企业的产品品种及其结构适合市场需求的变化，同时，如何将企业有限的资源有效地分配到合理的产品结构中去，以保证企业收益，使企业在激烈竞争中取胜。

波士顿矩阵法认为决定产品结构的基本因素有两个：市场引力与企业实力。市场引力包括企业销售量(额)增长率、目标市场容量、竞争对手强弱及利润高低等。其中最主要的是反映市场引力的综合指标——销售增长率，这是决定企业产品结构是否合理的外在因素。企业实力包括市场占有率及技术、设备、资金利用能力等，其中市场占有率是决定企业产品结构的内在要素，它直接显示出企业竞争实力。销售增长率与市场占有率既相互影响，又互为条件。

通过以上两个因素相互作用，会出现四种不同性质的产品类型，形成不同的产品发展前景：①销售增长率和市场占有率双高的产品群(明星产品)；②销售增长率和市场占有率双低的产品群(瘦狗产品)；③销售增长率高、市场占有率低的产品群(问题产品)；④销售增长率低、市场占有率高的产品群(现金牛产品)，如图5-2所示。

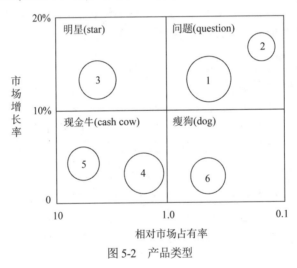

图5-2　产品类型

1. 明星(star)产品

明星产品是指处于高增长率、高市场占有率象限内的产品群，这类产品可能成为企业的现金牛产品，需要加大投资以支持其迅速发展。

采用的发展战略是：积极扩大经济规模和市场机会，以长远利益为目标，提高市场占有率，加强竞争地位。发展战略以及明星产品的管理与组织最好采用事业部形式，由对生产技术和销售两方面都很内行的经营者负责。

2. 现金牛(cash cow)产品

现金牛产品又称厚利产品。是指处于低增长率、高市场占有率象限内的产品群，已进入成熟期。其财务特点是销售量大，产品利润率高、负债率低，可以为企业提供资金，而且由于增长率低，也无须增大投资，因而成为企业回收资金、支持其他产品(尤其明星产品)投资的后盾。

采用的发展战略是：①把设备投资和其他投资尽量压缩；②采用榨油式方法，争取在短时间内获取更多利润，为其他产品提供资金。

对于这一象限内的销售增长率仍有所增长的产品，应进一步进行市场细分，维持现存市场增长率或延缓其下降速度。对于现金牛产品，适合用事业部制进行管理，其经营者最好是市场营销型人物。

现金牛业务指低销售增长率、高相对市场份额的业务，这是成熟市场中的领导者，它是企业现金的来源。由于市场已经成熟，企业不必大量投资来扩展市场规模，同时作为市场中的领导者，该业务享有规模经济和高边际利润的优势，因而给企业带来大量财源。企业往往用现金牛业务来支付账款并支持其他三种需大量现金的业务。图中所示的公司只有一个现金牛业务，说明它的财务状况是很脆弱的。因为如果市场环境一旦变化导致这项业务的市场份额下降，公司就不得不从其他业务单位中抽回现金来维持现金牛的领导地位，否则这个强壮的现金牛可能就会变弱，甚至成为瘦狗。

3. 问题(question)产品

问题产品是处于高销售增长率、低市场占有率象限内的产品群。前者说明市场机会大，前景好；而后者则说明在市场营销上存在问题。其财务特点是利润率较低，所需资金不足，负债比率高。例如，在产品生命周期中处于引进期、因种种原因未能开拓市场局面的新产品即属此类问题产品。对问题产品应采取选择性投资战略，因此，对问题产品的改进与扶持方案一般均列入企业长期计划中。对问题产品的管理组织，最好是采取智囊团或项目组织等形式，选拔有规划能力、敢于冒风险、有才干的人负责。

4. 瘦狗(dog)产品

瘦狗产品也称衰退产品，它是处在低销售增长率、低市场占有率象限内的产品群。其财务特点是利润率低，处于保本或亏损状态，负债比率高，无法为企业带来收益。

对这类产品应采用撤退战略：①减少批量，逐渐撤退，对那些销售增长率和市场占有率均极低的产品应立即淘汰；②将剩余资源向其他产品转移；③整顿产品系列，最好将瘦狗产品与其他事业部合并，统一管理。

在本方法的应用中，企业经营者的任务是通过四象限法的分析，掌握产品结构的现状及预测未来市场的变化，进而有效地、合理地分配企业经营资源。在产品结构调整中，企业的经营者不是在产品到了瘦狗阶段才考虑如何撤退，而应在现金牛阶段时就考虑如何使产品造成的损失最小而收益最大。

四、产品组合策略

所谓产品组合策划，就是根据市场需求和公司经营目标，对产品线的宽度、长度、深度和关联性进行策划。常用的产品组合策略主要有以下几种。

(1) 单一产品策略。企业简化产品线，提高自动化程度，实现批量生产。但是应注意，该策略对产品的依赖性很大，适应市场的能力弱，风险大。例如，某光纤生产企业只生产电力光缆，用户集中在各地电力公司。

(2) 有限产品专业性策略。企业集中生产经营有限的或者单一的产品，满足有限的或者单一的市场需求。

(3) 产品系列专业性策略。企业重点生产经营某一类产品，例如某企业主要生产护肤系列产品。

(4) 特殊产品专业性策略。企业生产经营某些具有特定需要的特殊产品项目，例如生产专门药品等。

(5) 市场专业性策略。企业向某个专业市场提供所需的相关产品，例如化妆品公司向女性提供护肤品、清洁用品等产品。

(6) 多系列全面型策略。企业将尽可能地增加产品组合的宽度和深度，向顾客提供他们所需要的一切产品。许多有实力的大企业往往采用此种策略，例如著名的美的集团，广泛涉足家电领域，获得了巨大的成功。

五、产品组合调整策划

企业在调整产品组合时，可以针对具体情况选用以下产品组合策略。

1. 扩大产品组合

扩大产品组合策略是指开拓产品组合的广度和加强产品组合的深度。开拓产品组合的广度是指增添一条或几条产品线，扩展产品经营范围；加强产品组合的深度是指在原有的产品线内增加新的产品项目。

扩大产品组合的具体方式有以下几种。

(1) 在维持原产品品质和价格的前提下，增加同一产品的规格、型号和款式。
(2) 增加不同品质和不同价格的同一种产品。
(3) 增加与原产品相类似的产品。
(4) 增加与原产品毫不相关的产品。

扩大产品组合策略的优点有以下几点。

(1) 满足不同偏好的消费者的多方面需求，提高产品的市场占有率。
(2) 充分利用企业信誉和商标知名度，完善产品系列，扩大经营规模。
(3) 充分利用企业资源和剩余生产能力，提高经济效益。
(4) 减小市场需求变动性的影响，分散市场风险，降低损失程度。

2. 缩减产品组合

缩减产品组合策略是指削减产品线或产品项目，特别是要取消那些获利小的产品线或产品项目，以便集中力量经营获利大的产品线和产品项目。

缩减产品组合的方式有以下几种。

(1) 减少产品线数量，实现专业化生产经营。
(2) 保留原产品线削减产品项目，停止生产某类产品，外购同类产品继续销售。

缩减产品组合策略的优点有以下几点。

(1) 集中资源和技术力量改进保留产品的品质，提高产品商标的知名度。
(2) 生产经营专业化，提高生产效率，降低生产成本。
(3) 有利于企业向市场的纵深发展，寻求合适的目标市场。
(4) 减少资金占用，加速资金周转。

3. 产品线延伸

产品线延伸是指部分或全部改变企业原有产品线的市场定位。产品线延伸策略一般可以分为以下三种。

(1) 向下延伸。向下延伸即生产经营高档产品的企业，在原有产品线中增加低档产品项目。这种策略通常有以下优点。

① 可以充分利用高档名牌产品的声誉，吸引购买力水平较低的顾客慕名购买这种产品线中的低档产品。

② 当高档产品的销售增长速度下降，市场范围有限时，企业可以充分利用其资源设备生产低档产品，吸引更多的顾客。

③ 企业通过进入中、低档产品市场，可以有效地提高销售增长率和市场占有率。

④ 可以填补企业的产品线空白，以防止新的竞争者进入。

实行这种策略也会给企业带来一定的风险，如果处理不慎，很可能影响企业原有产品的市场形象及名牌产品的声誉。

(2) 向上延伸。向上延伸即生产经营低档产品的企业，在原有产品线中增加高档产品项目。实行这种策略的主要原因有以下几点。

① 高档产品市场具有较高的销售增长率和利润率。

② 企业自身的技术设备和营销能力已具备进入高档市场的条件。

采用这种策略的企业也要承担一定的风险，因为要改变产品在消费者心目中的原有印象是有相当难度的，如果决策不当，不仅难以收回开发新产品的成本，还会影响老产品的市场声誉。

(3) 双向延伸。双向延伸即原定位于中档产品市场的企业，在掌握了市场优势以后，将产品项目向高档和低档两个方向延伸。这种策略有助于企业扩大市场占有率，加强企业的市场地位，使企业得到快速的发展。

六、产品的差异化策划

(一) 产品差异化的概念

产品差异化是指企业在提供给顾客的产品上，通过各种方法造成足以引发顾客偏好的特殊性，使顾客能够把它同其他竞争性企业提供的同类产品有效区别开来，从而达到使企业在市场竞争中占据有利地位的目的。在市场上，产品差异是普遍存在的。企业对于那些与其他产品存在差异的产品拥有一定的垄断权，这种垄断权形成了其他企业进入该市场或行业的壁垒，形成竞争优势。同时，企业在形成产品实体的要素上或在提供产品过程中，造成足以区别于其他同类产品以吸引购买者的特殊性，从而引导消费，让一部分消费者形成偏好。这样，产品的差异化使得竞争者必须耗费高额的代价去占领本企业的现有市场，而且又在同一市场上使本企业与竞争者相互区别开来，以产品差异为基础形成企业的优势地位。因此，产品差异化对于企业的营销活动具有重要意义。

(二) 产品差异化的形式

在营销实践中，产品的差异化主要有以下几种不同形式。

1. 质量差异化

质量差异化策略是指企业向市场提供比竞争对手更高质量的产品，从而赢得消费者的认可。产品质量优异,能产生较高的产品价值,进而提高销售收入,获得比对手更高的利润。例如,德国的宝马、奔驰等汽车品牌在全球市场上热卖,获取了高额利润,产品质量优越是重要原因。在营销策划实践中,产品质量主要包括产品内在质量和产品外在质量。

(1) 产品内在质量是指产品的内在属性,包括性能、寿命、可靠性、安全性、经济性五个方面。进行产品内在质量策划应考虑以下问题:产品使用质量的适用性、产品质量的可靠性、质量标准化的整体性以及产品质量的竞争性。

(2) 产品外在质量是指产品的外在特征,包括产品形态、产品式样、产品颜色和口味、产品体积和重量、产品品牌以及产品包装与装潢等。

2. 价格定位差异化

企业的价格定位是与产品定位紧密相连的。所谓价格定位,就是营销者把产品、服务的价格定在一个什么样的水平上,这个水平是与竞争者相比较而言的。常见的产品价格定位差异化可以分为高价策略、低价策略和适中价格策略。例如在奢侈品领域,一般采用高价策略或者定制策略,让消费者得到心理上的一种满足感,形成需求偏好。

一般来说,实施产品价格定位差异化策略需要考虑的因素很多,包括产品的生产成本、产品定位、消费者的需求、销售渠道、营销费用、同类产品的价格、生产周期、竞争策略等。

3. 技术差异化

产品在市场竞争中,有其独有的核心竞争力,方能在市场站稳。因此,企业在采取技术差异化策略时,技术的创新就显得十分重要。例如我国的华为公司,每年都投入大量的资金进行产品的研发,获得了巨大的成功。目前,华为的手机在中国市场上已成为行业领导者,拥有一大批忠实的顾客。

当然,产品在实施技术创新时,也要把握好市场的需求。苹果之所以取得成功,是因为紧紧把握产品未来发展趋势,结合云技术的使用,使得手机成为一个开放式终端平台,而非将技术创新重点放在质量创新方面。

4. 功能差异化

功能差异化策略是指不改变基本使用价值的前提下,通过延伸或附加功能的不同提高竞争力的办法。例如,在智能手机出来之前,功能性的手机基本上只具有通话和发短信的功能,以苹果和三星为代表的智能机不断加大研发力度,当前的智能手机功能越来越强大,游戏、拍照、导航等功能越来越多,深受消费者的喜欢。

5. 文化差异化

文化作为企业的一个重要宏观环境因素,深刻影响着消费者的购买行为。全国知名品牌金华火腿、西湖龙井、武汉热干面、兰州拉面、沙县小吃等,除了产品质量优势外,还源于这些产品所代表的一种深层次的地域文化。国外一些企业,在进入一个新市场时,特别重视文化因素对消费者的影响。例如,捷豹和路虎两个品牌进入中国市场后,经过市场调查发现汽车消费市场的年轻化,即在中国市场豪华车用户年龄较全球平均水平年轻 10 岁以上。根据调研报告显示,年轻人在选择汽车品牌时更愿意尝试新品牌,对于个性化的需求更显著。捷豹和路虎两个品牌的产品极具现代英伦文化气息,于是捷豹和路虎将最有价值的现代英伦文化介绍到中国来,获得了年轻顾客的好感。

6. 服务差异化

在现代市场营销观念中,服务已成为产品的一个重要组成部分,实施服务差异化策略已成为企业获得顾客青睐的一种有效手段。例如,百度外卖通过送餐上门,方便了顾客,从而拥有了相当多的顾客群体。

在营销实践中,企业可通过训练有素的职员为消费者提供优质服务,为消费者提供良好的服务环境,减少顾客等待的时间成本等来满足消费者的合理的差异需求。事实上,许多消费者不仅乐意接受优质服务,而且愿意为产品中包含的信息和训练支付一定的费用。

要想产品在差异化上定位成功,仅仅选择了差异化因素是不够的,还必须检讨差异化的因素能不能为顾客所关注和了解,特别是是否能够为目标顾客创造价值,从而成为吸引顾客购买的卖点。

第二节　品牌策划

品牌是企业最为重要的核心资产,也是确定企业核心竞争力的关键。现处于竞争日趋激烈的营销环境中,品牌的竞争往往起着决定性作用。企业进行科学的品牌策划,必须将企业品牌定位于满足消费者需求的立场上,借助于消费者行为调查,了解目标客户群体的生活形态或心理层面,从而将品牌定位的利益点选择除了产品自身利益外,还有其心理以及象征意义上的利益,以促进产品品牌价值的提升。同时,企业需要结合其长期发展战略和自身所面对的营销环境,综合制定有效的品牌建设策略,并在实践中贯彻执行。

一、品牌的内涵

品牌是用以识别某个销售者的产品或服务,并使与之竞争对手的产品或服务区别开来的商业名称及其标志,通常由文字、符号、标记、图案、颜色等要素或这些要素的组合构成。

品牌不仅是用于区分企业产品或服务的名称与符号的一种识别标志,更是企业产品与服务价值的核心体现。品牌策划的实质是通过品牌上对竞争对手的否定、差异、距离来引导目标群体的选择。

一个品牌通过品名和品标可表达出以下几种含义。

(1) 属性:人们能识别出它所标定下的产品有别于其他品牌产品的质量、特色、设计等最本质的特征。

(2) 利益:品牌不仅代表一系列产品属性,还体现某种特定的利益。例如,西门子冰箱"工艺精、嗓声小、信誉好"的属性可以转化为令人羡慕、感觉良好的情感性利益;"耐用"的属性可转化为省钱的功能性利益等。

(3) 用户:品牌还代表销售者交付给买者的产品的特征、利益和服务的一贯性承诺。例如,沃尔玛的承诺是"天天低价";美的空调的承诺是"一晚只需一度电"等。

(4) 价值:品牌不仅自身有价值,还体现了产品的价值大小。

(5) 文化:品牌的文化,蕴含于品牌之中,是构成品牌的要素。不同的品牌附着特定的文化。例如一些老字号品牌(同仁堂、王致和等),可以从中可以看到其品牌所包含的特定文化。

(6) 个性:著名营销学者菲利普·科特勒认为,品牌引入的基础是属性,但仅仅是品牌的属性是非常靠不住的,因为竞争者很快可以复制这些属性,并且今天对顾客有利益的属性,明天可能不再对其有利益，因而成为无价值的属性。而品牌最持久的因素是它的价值、文化和个性，由它们确定了品牌的营销基础。

二、品牌名称及标志策划

品牌名称是品牌的基本核心要素，通常结合的是图像与语句。品牌名称的功用则像人的名字一样，是由一个字或是一组文字所组成。品牌名称是品牌认知的基础，一个好的品牌名称能传达信息，易于识别与记忆，还富于内涵，能激发顾客的联想。

1. 品牌名称策划的原则

(1) 简短明了，易读易记。如可口可乐、SONY、3M等。

(2) 暗喻功能，启发联想。例如，"柯达"读起来使人联想到按动快门的声响，"红豆"则象征纯洁的爱情，"雪碧"则让人联想到清凉爽洁等。

(3) 个性突出，风格独特。如"万宝路"森林、骏马、牛仔的粗放个性；IBM理性、尖端、成熟的蓝色巨人个性；"麦当劳"快乐、善良、高效的热情个性；"长虹"产业报国、志为民族昌盛的责任个性；"喜之郎"温馨、浪漫、活泼的个性。

2. 品牌名称策划的思路

品牌名称要符合上述要求，必须经过认真的思考和选择。品牌名称的设计并不是一件轻而易举的事，往往要花费大量的心血和时间，同时需要有丰富的想象力和灵感。品牌名称设计的类型主要包括以下几种。

(1) 人名命名类型，如"狗不理""麦当劳"等。

(2) 地名命名类型，如"茅台""燕京""桑塔纳"等。

(3) 字首组合命名类型，如TCL、LG、IBM、3M等。

(4) 企业名称命名类型，如"海尔""长虹""春兰""格力""飞利浦""三洋""联想"等。

(5) 数字命名类型，如999、555、505、666等。

(6) 寓意命名类型，如"耀华""轻骑""金利来""娃哈哈""活力28"等。

(7) 吉祥命名类型，如"双喜""长寿""幸福""永久"等。

(8) 民俗命名类型，如"神龙""凤凰""孔雀""熊猫""英雄""红旗""东风""美的""万家乐""大中华"等。

【案例5-1】

服装行业品牌名称洋化

美特斯邦威、JASONWOOD、唐狮、森马、思迈尔、依丝芬、依米奴……这些品牌是"洋品牌"吗？不是，它们都是国产品牌。这是需要评判的崇洋媚外的现象，还是一种有效的营销策略？

一项关于服装品牌的调查显示：服装行业的品牌名称"洋化"有利于引起消费者对品牌名称的注意，提高品牌名称的吸引力，增加消费者了解和关注该品牌名称的意愿，提高消费者对产品质量的感知。

在同等质量水平下，消费者对来自经济发展水平较低的国家或地区的品牌或产品的评分，低于来自经济发展水平较高的国家或地区的品牌或产品的评价。服装行业的这些企业正是合理利用了品牌名称洋化策略,通过淡化或模糊消费者对该品牌的原产国认知,降低或低效化消费者负面的原产地评价。因此,民族企业合理借助品牌名称"洋化"策略,通过淡化或模糊品牌的血缘或血统,以提高消费者对产品质量的感知,是一种比较有效的营销策略。

(资料来源:田圣炳,张福经. 服装行业品牌名称洋化实证研究[J]. 销售与市场,2010(10))

3. 品牌标志策划

品牌标志通常包含图案、符号、颜色等构成要素,品牌标志的设计要能给人以强烈的视觉冲击力,体现鲜明的品牌个性,又不能太复杂、太深奥,应简洁明朗。如联想、工商银行、农业银行等企业的品牌标志,都是成功的典范。

品牌标志策划时应把握以下原则:①简洁明了,易懂易记;②个性鲜明,独具特色;③耐人寻味,启发联想;④生动形象,美观大方。

此外,在品牌标志策划时还应做到尊重风俗,避免禁忌。例如,在不同的地区,由于社会习俗、宗教、文化以及法律法规上的差异,一些特定的图案不能应用到商标设计中,对商标的颜色也有一定要求。

【案例 5-2】

名车的品牌名称及标志

1. 奔驰

1909 年 6 月戴姆勒公司申请登记了三叉星作为轿车的标志,象征陆上、水上和空中的机械化。1916 年在该标志的四周加上了一个圆圈,在圆的上方镶嵌了 4 个小星,下面有梅赛德斯 Mercedes 字样。"梅赛德斯"是幸福的意思,意为戴姆勒生产的汽车将为车主们带来幸福。

2. 奥迪

奥迪轿车的标志为 4 个圆环,代表着合并前的 4 家公司。这些公司曾经是自行车、摩托车及小客车的生产厂家。由于该公司原是由 4 家公司合并而成,因此每一环都是其中一个公司的象征。

3. 兰博基尼

兰博基尼的标志是一头浑身充满了力气、正准备向对手发动猛烈攻击的斗牛。据说兰博基尼本人就是这种不甘示弱的牛脾气,也体现了兰博基尼公司产品特点,因为公司生产的汽车都是大功率、高速的运动型跑车。车头和车尾上的商标省去了公司名,只剩下一头斗牛。

4. 宝马(BMW)

中间的蓝白相间图案,代表蓝天、白云和旋转不停的螺旋桨,喻示宝马公司渊源悠久的历史,象征公司一贯宗旨和目标:在广阔的时空中,以先进的精湛技术、最新的观念,满足顾客的最大愿望。

5. 保时捷(PORSCHE)

保时捷图标采用斯图加特市的盾形市徽:商标中间是一匹骏马,代表斯图加特市盛产的一种名贵种马;左上方和右下方是鹿角的图案,表示斯图加特曾是狩猎的好地方;右上方和左下方的黄色条纹代表成熟了的麦子,喻示五谷丰登,黑色代表肥沃的土地,红色象征人们的智慧和对大自然的钟爱。

三、品牌策略策划

品牌策略策划主要有品牌化策划、品牌归属策划、品牌统分策划等方面。

1. 品牌化策划

品牌化策划是指企业对其生产和经营的产品是否采用品牌的抉择，包括采用品牌、不采用品牌两种情况。

(1) 无品牌商品，即有些产品不使用品牌。一般来说，农、牧、矿业等初级产品，如粮食、牲畜、矿砂等，无须使用品牌；技术标准较低、品种繁多的日用小商品，也可不使用品牌名称。企业采用无品牌策略，可以节省包装、广告宣传等费用，降低产品成本和价格，达到扩大销售的目的。

(2) 品牌商品，即企业为其产品确定采用品牌，并规定品牌名称、品牌标志，以及向政府有关部门注册登记的一切业务活动。品牌化是一种大趋势，是品牌化决策的一种主要策划。

2. 品牌归属策划

如果企业决定使用品牌，还要确定品牌归谁所有，由谁负责，有以下策略可供选择。

(1) 制造商品牌，亦称全国性品牌、生产者品牌，即制造商使用自己的品牌。制造商使用自己的品牌，可以获得品牌带来的全部利益，享有盛誉的制造商可以将品牌租赁给他人使用，从而获得一定的特许经营费。

(2) 中间商品牌，亦称私人品牌，即由生产者将产品卖给中间商，再由中间商贴上自己的品牌出售。采用这种策略主要是因为生产者自身实力不足，市场影响力较小，而中间商实力雄厚，市场声誉较高。

(3) 混合品牌，这可以分为两种情况：一是生产者将部分产品使用自己的品牌，部分产品卖给中间商，用中间商的品牌；二是在产品上将属于自己的品牌和中间商的品牌联用。

【案例 5-3】

家乐福的自有品牌

法国家乐福集团在中国各地的所有家乐福店推出了 400 种自有品牌产品，如家乐福的洗发露、香皂、饼干、薯片、白砂糖、速溶方糖等。经仔细查看顾客会发现，家乐福的洗发露、沐浴露等的生产厂商是"上海美臣化妆品有限公司"；香皂的制造商在南京；饼干的制造商在广州；薯片的制造商在江苏苏州；白砂糖的产地有广东和广西两地；速溶方糖的产地标明在广东佛山……与同类商品相比显得特殊的是，凡是家乐福自己的品牌，商品都有一个醒目的导购标志。

(资料来源：屈冠银. 市场营销理论与实训教程[M]. 北京：机械工业出版社，2009)

3. 品牌统分策划

(1) 统一品牌，即企业决定对所有的产品都使用同一个品牌。例如，美国通用电气公司的所有产品都使用 GE 这个品牌；国际商用机器公司都统一使用 IBM 品牌；我国"长虹"集团的产品统一采用"长虹"品牌，等等。该策略的主要优点是可以节省发展新品牌的时间、费用，同时能形成"品牌伞"效应。缺点是任何一种产品的失误都可能会影响到其他产品乃至整个企业的声誉。

(2) 个别品牌，即对企业的不同产品分别使用不同的品牌，如宝洁的舒肤佳香皂、潘婷洗发水、玉兰油润肤霜和汰渍洗衣粉等。这种策略的优点是整个企业的声誉不受某种商品的信誉的影响,还有利于区分不同种类、不同档次的产品。缺点是要为每一种产品命名和促销,广告宣传费用大,成本高。

(3) 类别品牌,即按产品类别分别使用不同的品牌,包括不同种类、不同用途,抑或不同的质量等级。我国的海尔集团在销售其家用电器(如冰箱、彩电、洗衣机等产品)时使用的是"海尔"品牌,而其产品线延伸至保健品行业时,用的却是"采力"品牌。这种策略能将不同类别的产品明显地区分开来,主要适用于经营产品类别多、性能和质量有较大差异的企业。

(4) 统一品牌加个别品牌,即对每一产品使用不同品牌的同时,在每个品牌上均冠以企业名称或统一的品牌。这种策略主要的好处是:在各种不同新产品的品牌名称前冠以企业名称,可以使新产品享受企业的信誉,而各种不同产品分别使用不同的品牌名称,又可以使不同的产品保持自己的特色。例如,海尔集团的冰箱依据其目标市场定位不同而分别命名为"海尔双王子""海尔小王子""海尔帅王子"等。

(5) 多品牌策划,即一种产品采用一个品牌的品牌决策。一个品牌只用于一种产品,适用于一种市场定位,因而能最大限度地形成品牌的差异化和个性化。美国宝洁公司(P&G)是实施多品牌策略的突出代表和成功范例。该公司拥有300多个品牌,每个品牌都有其独特的属性,且知名度很高。

多品牌策略有以下明显的优点:①有利于企业全面占领一个大市场,扩大市场覆盖面;②有利于细分市场的需要,推进品牌的个性化和差异化,满足不同消费者群体的不同需要;③获取品牌转换的利益;④有利于提高企业抗风险的能力。多品牌决策也有其局限性:①耗费的资金多,时间长;②增加品牌管理难度。

第三节 包装策划

产品包装是一项技术性、艺术性和实用性都很强的工作。近年来随着自助服务销售方式的增加,产品的包装除了要保护好产品外,还承担了更多的促销职能。科学合理的包装策划,不仅可以节约企业生产成本,提升产品形象,还可以实现企业宣传的目的。包装已经成为企业一项重要的营销工具。

一、包装策划概述

1. 包装的含义

商品包装是指在商品的流通过程中,为了保护商品、方便储运、促进销售,按一定技术方法而采用的容器、材料及辅助物等的总体名称;也指为了达到上述目的而采用的容器、材料和辅助物的过程中施加一定技术方法等的操作活动。

2. 包装的功能

商品包装在从商品生产领域转入流通领域的整个过程中起着非常重要的作用,其主要功能有以下4种。

(1) 保护产品。产品从出厂起到消费者手上为止的整个流通过程中都存在运输和储存。

即使到使用者手中,从开始使用到使用完毕,也还有存放的需要。商品在运输中可能会遇到震动、挤压、碰撞、冲击以及风吹、日晒、雨淋等损害,在储存时也会受到温度、湿度和虫蛀、鼠咬、尘埃等损害或污染。包装就起着防止各种可能的损害,充分发挥保护商品使用价值的作用。对某些商品,包装所起的这种作用特别明显,如感光器材、化工产品、药物、食品、饮料等,如果没有一定的包装,它们的使用价值就不可能存在。

(2) 便于运输、携带和储存。商品的物质形态有气、液、固、胶等不同形态,它们的理化性质也各异,可能是有毒的、有腐蚀性的或易挥发的、易燃的、易爆的等,外形上可能有棱角、刃口等危及人身安全的形状。凡此种种只有加以合适的包装,才便于运输、携带和存放,或保证储运中的安全。

(3) 便于使用。适当的包装,有便于使用和指导消费的作用。根据商品在正常使用时的用量加以包装,如瓶装酒用一斤装、半斤装,味精用一斤装(适用于食堂)、一两装(适用于家庭),药片1000片装(适用于医院)、10片装(适用于个人)等。另一方面,适当的包装结构也起着便于使用的作用,如拉环式、掀扭式易开罐头。

(4) 美化商品,促进销售。商品采用包装以后,首先进入消费者视觉的往往不是商品本身而是商品的包装。能否引起消费者的兴趣,触发其购买动机,在一定程度上取决于商品的包装,因而包装成为"无声的推销员"。一般说来,商品的内在质量是商品市场竞争能力的基础。但是一个优质产品,如果不和优质包装相配合,在市场上就会削弱竞争能力,降低"身价",这在国际市场上特别明显。例如,苏州的檀香扇在香港市场上的售价原为65元,由于改用锦盒包装,售价提高到165元,销售量大幅度增长。名贵药材人参,过去用木箱包装出口,每箱20斤,改用精致的小包装后,售价平均提高30%。

【案例5-4】

5万元的建议

有家生产牙膏的公司,每年的营业增长率为10%~20%左右,然而,最近几年停滞不前。

董事会对业绩表现感到不满,便召开全国经理级高层会议,以商讨对策。会议中,有名年轻经理站起来,对总裁说:"我手中有张纸,纸里有个建议,若您要使用我的建议,必须另付我5万元!"

总裁听了很生气。这个年轻人解释说:"总裁先生,请别误会。若我的建议行不通,您可以一分钱也不必付。"

总裁阅毕,马上签了一张5万元支票给那年轻经理。那张纸上只写了一句话:将现有的牙膏开口扩大1mm。

总裁马上下令更换新的包装。

(资料来源:百度文库)

3. 包装策划应遵循的原则

(1) 体现产品特征。包装首先要使消费者一目了然包装内的内容物为何物,具有什么特色,能为消费者提供什么功能。为了突出产品特色,还要对包装进行艺术加工,给人以美感,引导消费者的消费愿望。

(2) 避免过度包装。一流产品、二流价格、三流包装的情况曾在很长一段时间成为我国产品在国际市场滞销的原因,因此包装中要避免简单化倾向。但产品包装更应符合内容与形式统一的原则,不能在形式上追求过度的华丽富贵,而与内容物不相一致,使得消费者在购买后有受骗上当的感觉。一般包装价值不应超过内容物价值的30%，否则，就会陷入过度包装的境地，既浪费了大量包装资源，又使消费者花费过多的包装成本。

(3) 便于保管运输。包装应考虑保管储存的方便，包装材质的选用要考虑到保管仓储叠放的可行性，形状大小也要尽量减少占有的空间位置。包装还要便于运输安全，方便装卸，防止运输震动对物品的损伤。

(4) 便于携带使用。为了便于消费者的使用，将包装设计成提包、拎包等形式是一种较好的方法。此外，在包装策划时还要考虑消费者不用工具就可以自行方便地拆封使用，避免徒手难以启封使用的尴尬。

(5) 尊重风俗信仰。包装的文字、图案、色彩应尊重不同国家和地区的消费者的不同风俗习惯和宗教信仰，不应出现有损于风俗和信仰的情况。

(6) 符合法律法规。包装设计必须符合法律法规，如在包装上应注明企业名称和地址、生产日期、保质期等，包装还应采用无污染材料。

二、包装策略策划

企业常用的包装策略主要有以下几种。

1. 类似包装策略

类似包装策略又称统一包装策略，就是一个企业所生产的各种不同产品，在包装上采用相同的图案、色彩或其他共同的特征，使顾客极容易发现是同一家企业的产品。

其优点在于能节约包装的设计和印刷成本，树立企业形象，有利于新产品的促销。该策略一般只适用于品质较为接近的产品，如果企业的各种产品品质过分悬殊，有可能影响到优质产品的声誉。

2. 组合包装策略

组合包装策略又称配套包装策略，是指按照人们消费的习惯，将多种相关产品配套放置在同一包装物中出售，例如工具箱、急救箱、化妆包、针线包等。这种策略可以方便消费者的购买和使用，有利于促进企业产品销售。但要注意的是，不能把毫不相干的产品搭配在一起，更不能乘机搭售积压或变质产品，坑害消费者。

3. 再使用包装策略

再使用包装策略又称多用途包装策略、复用包装策略，是指原包装内的商品用完后，包装物还能移作他用。如啤酒瓶、果汁瓶喝完之后可以作为水杯使用等。这种策略可以节约材料，降低成本，有利于环保；同时，包装物上的商标、品牌标记，还可起到广告宣传的作用。

4. 附赠品包装策略

附赠品包装策略，是指利用顾客的好奇和获取额外利益的心理，在包装物内附赠实物或奖券，以吸引消费者购买。这种策略对儿童尤为有效，例如在儿童饮料或食品包装里放入图片或小型玩具等。我国某企业出口的"芭蕾珍珠膏"，在每个包装盒内附赠珍珠别针一枚，顾客购买50盒就可以串成一条美丽的珍珠项链，这使得珍珠膏在国际市场十分畅销。

5. 等级包装策略

等级包装策略又称多层次包装策略，是指将企业的产品分成若干等级，针对不同等级采用不同的包装，使包装的风格与产品的质量和价值相称，以满足消费者不同层次的需求。例如，对送礼的商品和自用的商品采用不同档次的包装等。这种策略能显示出产品的特点，易于形成系列化产品，便于消费者选择和购买，但包装设计成本较高。

【案例 5-5】

雀巢咖啡的包装

雀巢集团的起源可以追溯到1866年的瑞士。雀巢公司的主要产品为速溶咖啡、炼乳、奶粉、婴儿食品、奶酪、巧克力制品、糖果、速饮茶等数十种。其中雀巢咖啡销量最大。在市场上，雀巢咖啡主要有以下4类包装。

(1) 软包装(纸外盒+塑料包)：20～50元。

外盒为纸包装，内包为小袋塑料包。包装材料低廉，价格实惠。塑料包密封性好、存储方便、冲泡方便，适合生活节奏快的人购买。

(2) 饮料装(铝制易拉罐/塑料瓶)：3～6元。

即开即饮，无须冲泡，便于途中携带与购买。

(3) 瓶装(玻璃瓶)：17～30元。

瓶装的产品密封性好，一般受温度变化影响小，容量大，适合家庭购买。

(4) 礼盒包装(硬盒+玻璃瓶+附赠品)：90～200元。

雀巢礼盒包装精美、装饰性强，是馈赠亲友的首选。

(资料来源：百度文库)

6. 绿色包装策略

绿色包装策略又称生态包装策略，是指包装材料可重复使用或可再生、再循环，包装废物容易处理或对环境影响无害化的包装。随着环境保护浪潮的冲击，消费者的环保意识日益增强，绿色营销已经成为当今企业营销的新主流，而与绿色营销相适应的绿色包装也成为当今世界包装发展的潮流。实施绿色包装策略，有利于环境保护以及与国际包装接轨，易于被消费者认同。例如，某食品企业将产品包装由塑料纸包装改为纸包装等。

7. 改变包装策略

改变包装策略又称改进包装策略，是指企业产品的包装要适应市场的变化，加以改进。当一种包装形式使用时间过长或产品销路不畅时，可以考虑改变包装设计、包装材料，使用新的包装，从而使消费者产生新鲜感，促进产品销售。

【案例 5-6】

零食商品包装的变迁

随着市场经济的发展，越来越多的企业开始重视包装对促进产品销售的作用。以小零食包装为例，过去小食品(例如蜜饯、炒货等)用包装纸包装成三角包出售，后来改变包装为塑料、纸盒等小包装。虽然进行了改变，但改变力度不大，因此供销效果不够显著。近年来街上流行的透明小包装食品、休闲食品采用透明的包装，其特点有：一是透明，谁家生产的一目了然，既给商品增加了附加值，又增加了产品价值；二是卫生，让人"眼见为净"，一眼看出是否新鲜、有否掺杂；三是雅观，如有些炒货过去"三斤核桃四斤壳"，现在连瓜子也有葵花子仁，用作休闲食品、旅游食品，不必担心乱丢果壳影响环境；四是方便，不再为食用不便担心，而且保持原有风味、香脆依旧，连老人、孩子吃这些食品也无后顾之忧。

(资料来源：http://www.bz800.com/tech/201007/17384.html)

第四节　不同产品生命周期阶段的策划

一个产品从进入市场到完全退出市场，经历了一个完整的生命周期。在营销实践中，通常把完整的产品生命周期分为导入期、成长期、成熟期和衰退期。正是由于产品生命周期的存在，企业更需要深入了解市场，并在此基础上加强产品研发力度、强化营销组合创新，在市场上不断以更低的价格来满足顾客需求的产品，或者同样的价格为顾客带来更好价值体验的产品。

一、产品生命周期的概念

产品生命周期(Product Life Cycle，PLC)是产品的市场寿命，指产品从进入市场开始，直到最终退出市场为止所经历的市场生命循环过程。产品只有经过研究开发、试销，然后进入市场，它的市场生命周期才算开始。产品退出市场，则标志着生命周期的结束。

产品生命周期各阶段在不同的技术水平的国家里，发生的时间和过程是不一样的，期间存在一个较大的差距和时差，正是这一时差，表现为不同国家在技术上的差距，它反映了同一产品在不同国家市场上的竞争地位的差异，从而决定了国际贸易和国际投资的变化。

典型的产品生命周期一般可分为 4 个阶段，即导入期、成长期、成熟期和衰退期，如图 5-3 所示。

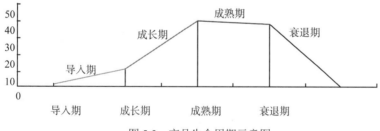

图 5-3　产品生命周期示意图

(1) 导入期。导入期指产品从设计投产直到投入市场进入测试阶段。新产品投入市场，便进入了介绍期。为了扩展销路，需要大量的促销费用，对产品进行宣传。在这一阶段，由于技术方面的原因，产品不能大批量生产，因而成本高，销售额增长缓慢，企业不但得不到利润，反而可能亏损，产品也有待进一步完善。

(2) 成长期。这时顾客对产品已经熟悉，大量的新顾客开始购买，市场逐步扩大。产品大批量生产，生产成本相对降低，企业的销售额迅速上升，利润也迅速增长。竞争者看到有利可图，将纷纷进入市场参与竞争，使同类产品供给量增加，价格随之下降，企业利润增长速度逐步减慢，最后达到生命周期利润的最高点。

(3) 成熟期。市场需求趋向饱和，潜在的顾客已经很少，销售额增长缓慢直至转而下降，标志着产品进入了成熟期。在这一阶段，竞争逐渐加剧，产品售价降低，促销费用增加，企业利润下降。

(4) 衰退期。衰退期是指产品进入了淘汰阶段。随着科技的发展以及消费习惯的改变等原因，产品的销售量和利润持续下降，产品在市场上已经老化，不能适应市场需求，市场上已经有其他性能更好、价格更低的新产品，足以满足消费者的需求。此时成本较高的企业就会由于无利可图而陆续停止生产，该类产品的生命周期也就陆续结束，以致最后完全撤出市场。

生命周期曲线的特点：在产品开发期间，产品销售额为零，公司投资不断增加；在导入期，销售缓慢，初期通常利润偏低或为负数；在成长期，销售额快速增长，利润也显著增加；在成熟期，利润在达到顶点后逐渐走下坡路；在衰退期，产品销售量显著衰退，利润也大幅度滑落。

二、产品生命周期不同阶段的营销策略

1. 导入期的营销策略

导入期的特征是产品销量少，促销费用高，制造成本高，销售利润很低甚至为负值。根据这一阶段的特点，企业应努力做到：投入市场的产品有针对性；进入市场的时机要合适；设法把销售力量直接投向最有可能的购买者，使市场尽快接受该产品，以缩短导入期，更快地进入成长期。

在产品的导入期，一般可以由产品、分销、价格、促销4个基本要素组合成各种不同的市场营销策略。仅将价格高低与促销费用高低结合起来考虑，就有下面4种策略。

(1) 快速撇脂策略：以高价格、高促销费用推出新产品。实行高价策略，可在每单位销售额中获取最大利润，尽快收回投资；高促销费用能够快速建立知名度，占领市场。实施这一策略须具备以下条件：产品有较大的需求潜力；目标顾客求新心理强，急于购买新产品；企业面临潜在竞争者的威胁，需要及早树立品牌形象。一般而言，在产品导入阶段，只要新产品比替代的产品有明显的优势，市场对其价格就不会那么计较。

(2) 缓慢撇脂策略：以高价格、低促销费用推出新产品，目的是以尽可能低的费用开支求得更多的利润。实施这一策略的条件是：市场规模较小；产品已有一定的知名度；目标顾客愿意支付高价；潜在竞争的威胁不大。

(3) 快速渗透策略：以低价格、高促销费用推出新产品，目的在于先发制人，以最快的速度打入市场，取得尽可能大的市场占有率；然后随着销量和产量的扩大，使单位成本降低，取得规模效益。实施这一策略的条件是：该产品市场容量相当大；潜在消费者对产品不了解，且对价格十分敏感；潜在竞争较为激烈；产品的单位制造成本可随生产规模和销售量的扩大迅速降低。

(4) 缓慢渗透策略：以低价格、低促销费用推出新产品。低价可扩大销售，低促销费用可降低营销成本，增加利润。这种策略的适用条件是：市场容量很大；市场上该产品的知名度较高；市场对价格十分敏感；存在某些潜在的竞争者，但威胁不大。

2. 成长期的营销策略

新产品经过市场导入期以后，消费者对该产品已经熟悉，消费习惯也已形成，销售量迅速增长，这种新产品就进入了成长期。进入成长期以后，老顾客重复购买，并且带来了新的顾客，销售量激增，企业利润迅速增长。随着销售量的增大，企业生产规模也逐步扩大，产

品成本逐步降低，新的竞争者会投入竞争。企业为维持市场的继续成长，需要保持或稍微增加促销费用，但由于销量增加，平均促销费用有所下降。针对成长期的特点，企业为维持其市场增长率，延长获取最大利润的时间，可以采取下面几种策略：

(1) 产品策略：在切实保证产品质量的同时，实施产品组合策略，挖掘产品的广度和深度，提高产品的覆盖面，同时还要努力降低成本，增强产品竞争力。

(2) 价格策略：实施价格调整策略，对于不同的产品，制定不同的价格，以满足不同层次消费者的需求。在适当的时机降低价格，以吸引对价格较为敏感的消费者。

(3) 渠道策略：对原有的渠道进行改良和调整，实施深度分销，积极地寻找并打开新市场，开辟新的细分市场，使其产品得到更多的展示机会和更广泛的销售面。

(4) 促销策略：调整广告策略的目标，使之由提高产品的知名度逐渐转向建立消费者对产品的信赖度和提高购买量。

3. 成熟期的营销策略

通常成熟期比前两个阶段持续的时间更长，大多数商品均处在该阶段，因此管理层也大多数是在处理成熟产品的问题。在成熟期中，有的弱势产品应该放弃，以节省费用开发新产品；但是同时也要注意到原来的产品可能还有其发展潜力，有的产品就是由于开发了新用途或者新的功能而重新进入新的生命周期的。一般而言，在成熟期可以采取以下策略：

(1) 从广度和深度上进一步开辟新市场或扩充原有市场。从广度上看，即把市场从城市拓展到农村，从国内拓展到国外；从深度上看，即将产品原来只适应顾客一般要求，有针对性地转变为能够适应顾客的特殊要求，还可以发掘产品新的用途。

(2) 进行产品改革，使产品多样化、差异化。例如，改善产品的耐用性、可靠性、安全性和方便性，或者改变产品的性能、规格、款式、设计和材料等。其目的在于使消费者感受到产品新出现的吸引力，以突破销售量增长减缓或停滞不前的困境。

(3) 调整市场营销组合手段，即调整某种营销组合的因素，如改进包装、降低价格、加强服务、改进广告宣传等，以刺激销售量的增加。

(4) 在促销过程中，要强调品牌差异和产品给消费者带来的利益和好处。

4. 衰退期的营销策略

衰退期是产品销售量持续下降、即将退出市场的阶段。市场主要表现为：消费者对产品已经没有兴趣；市场上出现了改进型产品，市场需求减少；同行业为了减少存货损失，竞相降价销售，竞争激烈。

当商品进入衰退期时，企业不能简单地一弃了之，也不应该恋恋不舍，一味维持原有的生产和销售规模。企业必须研究商品在市场的真实地位，然后决定是继续经营下去，还是放弃经营。

(1) 维持策略：即企业在目标市场、价格、销售渠道、促销等方面维持现状。由于这一阶段很多企业会先行退出市场，因此，对一些有条件的企业来说，并不一定会减少销售量和利润。使用这一策略的企业可配以商品延长寿命的策略，企业延长产品生命周期的途径是多方面的，最主要的有以下几种。

① 通过价值分析，降低产品成本，以利于进一步降低产品价格。
② 通过科学研究，增加产品功能，开辟新的用途。
③ 加强市场调查研究，开拓新的市场，创造新的内容。

④ 改进产品设计，以提高产品性能、质量、包装、外观等，从而使产品生命周期不断实现再循环。

(2) 缩减策略：即企业仍然留在原来的目标上继续经营，但是根据市场变动的情况和行业退出障碍水平在规模上做出适当的收缩。如果把所有的营销力量集中到一个或者少数几个细分市场上，以加强这几个细分市场的营销力量，也可以大幅度地降低市场营销的费用，以增加当前的利润。

(3) 撤退利润：即企业决定放弃经营某种商品以撤出目标市场。在撤出目标市场时，企业应该主动考虑以下几个问题。

① 将进入哪一个新区划，经营哪一种新产品，可以利用以前的那些资源？
② 品牌及生产设备等残余资源如何转让或者出卖？
③ 保留多少零件存货和服务，以便在今后为过去的顾客服务？

5. 产品生命周期各阶段特征与营销策略对比

产品生命周期各阶段特征与营销策略对比如表 5-1 所示。

表 5-1 产品生命周期各阶段特征与营销策略对比

	阶段	导入期	成长期	成熟期	衰退期
特征	销售额	低	快速增长	缓慢增长	衰退
	利润	易变动	顶峰	下降	低或无
	现金流量	负数	适度	高	低
	顾客	创新使用者	大多数人	大多数人	落后者
	竞争者	稀少	渐多	最多	渐少
策略	策略重心	扩张市场	渗透市场	保持市场占有率	提高生产率
	营销支出	高	高(但百分比下降)	下降	低
	营销重点	产品知晓	品牌偏好	品牌忠诚度	选择性
	营销目的	提高产品知名度及产品试用	追求最大市场占有率	追求最大利润及保持市场占有率	减少支出及增加利润回收
	分销方式	选择性的分销	密集式	更加密集式	排除不合适、效率差的渠道
	价格	成本加成法策略	渗透性价格策略	竞争性价格策略	削价策略
	产品	基本型为主	改进品，增加产品种类及服务保证	差异化，多样化的产品及品牌	剔除弱势产品项目
	广告	争取早期使用者，建立产品知名度	大量营销	建立品牌差异及利益	维持品牌忠诚度
	销售追踪	大量促销及产品试用	利用消费者需求增加	鼓励改变采用公司品牌	将支出降至最低

第五节　新产品的开发与推广策划

在竞争不断加剧的营销环境中，能否开发出消费者真正需要的产品，并通过该产品为顾客带来价值体验，往往决定了企业能否取得成功。世界非常成功的公司都很注重保持产品创新的活力，并愿意为此支付高额的研发费用。例如，某运动鞋系列经典产品始终畅销不衰，为保持竞争力，该公司仍每年推出近千种新的运动鞋产品供消费者选择。正因消费者的需求具有多样化和发展性的特点，企业需要在认真研究消费者需求的基础上，强化产品设计和创新，在巩固原有市场的同时，不断开拓新的市场。

一、新产品概述

1. 新产品的含义

新产品开发是指从研究选择适应市场需要的产品开始，到产品设计、工艺制造设计，再到投入正常生产的一系列决策过程。从广义而言，新产品开发既包括新产品的研制，也包括原有的老产品改进与换代。新产品开发是企业研究与开发的重点内容，也是企业生存和发展的战略核心之一。

市场营销学中使用的新产品概念不是从纯技术角度理解的，产品只要在功能或形态上得到改进，与原产品产生差异，并为顾客带来新的利益，即视为新产品。企业新产品开发的实质是推出不同内涵与外延的新产品，对大多数公司来说，是改进现有产品而非创造全新产品。

2. 新产品的分类

为了便于对新产品进行分析研究，可以从多个角度进行分类。

(1) 按新产品创新程序分类，有以下几种。

① 全新新产品：是指利用全新的技术和原理生产出来的产品。

② 改进新产品：是指在原有产品的技术和原理的基础上，采用相应的改进技术，使外观、性能有一定进步的新产品。

③ 换代新产品：采用新技术、新结构、新方法或新材料在原有技术基础上有较大突破的新产品。

(2) 按新产品所在地的特征分类，有以下几种。

① 地区或企业新产品：指在国内其他地区或企业已经生产但该地区或该企业初次生产和销售的产品。

② 国内新产品：指在国外已经试制成功但国内尚属首次生产和销售的产品。

③ 国际新产品：指在世界范围内首次研制成功并投入生产和销售的产品。

(3) 按新产品的开发方式分类，有以下几种。

① 技术引进新产品：是直接引进市场上已有的成熟技术制造的产品，这样可以避开自身开发能力较弱的难点。

② 独立开发新产品：是指从用户所需要的产品功能出发，探索能够满足功能需求的原理和结构，结合新技术、新材料的研究，独立开发制造的产品。

③ 混合开发产品：是指在新产品的开发过程中，既有直接引进的部分，又有独立开发的

部分，将两者有机结合在一起而制造出的新产品。

二、新产品开发策划

1. 新产品开发的方向

企业开发新产品，把有限的人、财、物有效地分配在急需的开发项目上，使新产品开发取得最佳效果，关键在于准确地确定新产品开发方向。由于市场竞争日益激烈，消费需求日益多样化和个性化，新产品开发呈现出多能化、系列化、复合化、微型化、智能化、艺术化等发展趋势。

企业在选择新产品开发方向时应考虑以下几点：

(1) 考虑产品性质和用途。在进行新产品开发前，应充分考察同类产品和相应的替代产品的技术含量和性能用途，确保所开发产品的先进性或独创性，避免"新"产品自诞生之日起就被市场淘汰。

(2) 考虑价格和销售量。系列化产品成本低，可以降价出售增加销售量，但是系列化产品单调，也可能影响销售量。因此，对系列化、多样化产品以及价格、销售之间的关系，要经过调查研究再加以确定。

(3) 充分考虑消费者需求变化速度和变化方向。随着人们物质生活水平的提高，消费者的需求呈多样化趋势，并且变化速度很快。而开发一样新产品需要一定的时间，这个时间一定要比消费者需求变动的时间短，才能有市场，才能获得经济效益。

(4) 企业产品创新满足市场需求的能力。曾经代表中国民族通信旗帜的巨龙、大唐、中兴、华为四家企业，面对的市场机会差不多，起步差不多，但经过三四年时间，华为、中兴已远远走在前面，巨龙则几乎退出了通信市场，而决定四家企业差距的最关键因素就是各自推向市场的产品所包含的产品和技术创新的能力。

(5) 企业技术力量储备和产品开发团队建设。企业技术力量储备和产品开发团队建设往往决定了企业产品创新的能力和方向，例如格力空调在市场上享有盛誉的一个重要原因，就是格力拥有一支数量惊人的强大科研团队。

2. 新产品开发的基本方式

企业开发新产品，选择合适的方式很重要。选择得当，适合企业实际，就能少承担风险，易获成功。新产品开发一般有独创方式、引进方式、结合方式和改进方式4种。

(1) 独创方式。从长远考虑，企业开发新产品最根本的途径是自行设计、自行研制，即所谓独创方式。采用这种方式开发新产品，有利于产品更新换代及形成企业的技术优势，也有利于产品竞争。自行研制、开发产品需要企业建立一支实力雄厚的研发队伍、一个深厚的技术平台和一个科学、高效率的产品开发流程。

(2) 引进方式。技术引进是开发新产品的一种常用方式。企业采用这种方式，可以很快地掌握新产品制造技术，减少研制经费和投入的力量，从而赢得时间，缩短与其他企业的差距。但引进技术不利于形成企业的技术优势和企业产品的更新换代。

(3) 改进方式。这种方式是以企业的现有产品为基础，根据用户的需要，采取改变性能、变换形式或扩大用途等措施来开发新产品。采用这种方式可以依靠企业现有设备和技术力量，开发费用低，成功把握大。但是，长期采用改进方式开发新产品，会影响企业的发展速度。

(4) 结合方式。结合方式是独创与引进相结合的方式。

3. 新产品开发的流程

新产品开发是一项复杂又极具风险的工作,它直接关系到企业经营的成功与失败。据统计,开发新产品从构思到投入市场,成功率只有 1%～2%。因此,为了提高新产品开发的经济效益,必须按照一定的科学程序来进行。新产品开发的主要流程是:产品新构思—筛选构思方案—建立产品概念—商业分析—开发研制—市场试销—正式上市。

(1) 产品新构思。产品构思是指企业对准备向市场推出的可能产品加以研究、发展。新产品的开发工作始于产品构思,即寻求一种能够满足某种需要或欲望的产品。构思过程不是一种偶然的发现,而是有计划探索的结果。

(2) 筛选构思方案。新产品构思的好坏,对新产品开发能否成功影响很大。创新的构思以后,还要进行抉择和取舍,即组织构思的筛选。

(3) 建立产品概念。这是开发新产品过程中最关键的阶段,目的在于把产品构思转变为使用时安全、能增进消费者利益、制造上经济、具有为顾客乐于接受的物质特征的实际产品。产品概念具体是指针对选定的细分市场,设计可以转化为多个不同产品的概念。

(4) 商业分析。一旦生产者决定了产品概念,接着进行的是评价该产品在商业上的吸引力。商业分析是指对预计的销售额、成本和利润进行审视,判断其是否与生产者的目标相符合。如果的确能令生产者满意,则进行下一阶段的开发研制工作。

(5) 开发研制。经过市场分析以后,产品由概念进入实际研制过程,这一阶段企业要试制出新产品样品或实体模型。一般来说,样品生产要经过设计和实验、再设计和再实验的反复过程,还要进行品牌和包装设计,一直到符合生产和市场营销的要求为止。若是实体模型,既要具备产品概念中所描述的特征,又要以经济的成本和可行的技术制造出来。

(6) 市场试销。产品样品经过实验室试验以后,还要经过消费者或用户的试用,以帮助企业进一步修改产品设计,确定新产品是否值得投入市场。

(7) 正式上市。试销成功后的新产品,即可以批量生产,正式推向市场。

新产品开发这一典型流程提示我们,新产品开发的创意与策划过程应该从产品构思开始,经评价筛选变成初步的方案,再经过不断的检测,最后变成正式的优秀的方案。至于是否成功,企业还须在上市时间、上市地点、上市目标等方面做出精心的营销策划。

三、新产品推广策划

新产品进入市场后,马上面临着消费者反应的考验,被消费者接受、怀疑或者拒绝。营销人员须采用一定的措施,进行新产品推广。所谓新产品推广,是指采取一定的措施,使新产品被越来越多的消费者接受。

1. 新产品采用过程

美国著名营销学者罗杰斯认为新产品被消费者接受并采用的过程,包括以下 4 个阶段。

(1) 认识。这是消费者获得有关新产品信息的起点,这些信息主要来源于广告或亲友的讨论,但缺乏关于新产品的详细信息。

(2) 兴趣。消费者认识到新产品的存在后,产生了喜爱和占有的愿望,并积极寻求有关新产品的其他信息。

(3) 评价。顾客通过试用，重新评价产品。

(4) 采用。试用后，消费者对新产品持肯定态度，决定经常购买该产品。

以上 4 个阶段是一个连续的过程，任何一个环节的否定都不会形成最终的采用决策。因此，企业在新产品刚刚进入市场时，一定要充分了解每一阶段消费者的反应，不断改进营销策略。

2. 新产品推广策略与方法

(1) 新产品推广策略主要有：①准确判断目标顾客。根据顾客对产品的反应，选择创新采用者和早期采用者为投入目标。②合理确定投放时间。营销人员选择新产品上市时间时，要考虑季节因素、节假日因素以及对原有产品销路影响等因素。季节性产品在季前投入市场，代替老产品入市的新产品等到老产品的存货处理后再进入市场。③准确决定投放地区。这要视企业实力决定，一般先在主要地区取得立足点后，再实施覆盖投放策略扩大至其他地区。

(2) 新产品推广方法。新产品的推广方法很多，这里主要介绍几种：①推介会。指通过集中的产品展示和示范表演，配之以多种传播媒介的复合式传播形式，集中宣传新品和企业的活动。②特殊手段推销法。利用大型体育活动、新闻等广泛传播的特殊手段推销新产品。③有力人士介绍法。借助著名的政治家、文学家、演员、歌唱家、记者、节目主持人等名人的地位与声望来宣传企业及产品。④直销法。直接面对消费者，取消中间环节，把给予中间环节的利润给予消费者。较流行的方式有电话和电视直销、直接邮寄、上门推销、综合直销等。

综合训练题

一、名词解释

产品　　产品整体概念　　产品组合　　产品组合关联度　　产品线延伸　　品牌　　包装　　新产品　　产品生命周期　　生长期　　成长期　　成熟期　　衰退期

二、简答题

1. 何为产品线的向上延伸和向下延伸？
2. 简述品牌化策划、品牌归属策划、品牌统分策划的含义。
3. 包装策划所要遵循的主要原则有哪些？
4. 新产品开发的程序是什么？
5. 产品的导入期、成长期、成熟期和衰退期各自的营销策略有哪些？

三、案例分析

L.L.Bean 公司的新产品开发过程

L.L.Bean 公司位于美国缅因州，是美国著名的生产和销售服装以及户外运动装备的公司，于 1912 年开始生产狩猎靴。到 20 世纪 90 年代，L.L.Bean 公司已经发展到 10 亿美元资产，持续 30 多年年增长率都超过 20%。为顾客着想这一理念始终贯穿于新产品开发的过程中。

1. 了解顾客的真实感受

针对公司的狩猎靴，产品开发小组就要选定那些经常狩猎的人，设计一些问题，使其能够详细描述狩猎活动的感觉和环境，进而了解其对狩猎靴的感觉和希望。在访谈中，面谈者的工作就是要用一种非引导的方法来提出开放性的问题。"你能给我讲述一下最近狩猎的一次经历、一个故事吗？""告诉我你最好的狩猎故事，它是怎样的经历？"然后是非常安静地听顾客尽情讲述。两人小组的另外一位负责记录，一字一句地记录，不加过滤，不做猜测。通过这些在狩猎者家中或者具体的狩猎场所的访谈，可以获得狩猎者的真实想法，而不是提问者的想法。

2. 转化为产品需求和设计思想

所有的面谈结束后，整个开发团队进入隔离阶段，集中精力研究顾客需求，努力将顾客的语言翻译成一连串关于新的狩猎长靴要满足的需求。由于收集了丰富的材料，队员们在白板上贴了数百个即时贴的便条，每个便条都是一个需求陈述。最后，数量有限的几个需求组形成了，团队成员讨论关于每一组需求的新的陈述。作为一个团体，大家必须清楚这些小小的即时贴上的意见是否完全抓住了队员思考的问题，描述是否准确。通过大量细致的工作，团队将每组的内容转化为一个陈述，这个流程进一步将需求的数目减少到大约12个。3天封闭会议结束的时候，L.L.Bean 的产品开发团队开发出了一份列有最终顾客需求的总结报告。此后便是将需求转化为设计思想的过程，头脑风暴会议是主要的讨论形式。比如"在靴子里装一个动物气味的发散装置，每走一步都会散发出一点点气味。像一个小型火车一样，气味从靴子里出来如同火车两侧的气体一股股喷出，只不过是无形的"，各种疯狂的主意中能得到产品最具创新变化的核心思想，这样反复加以讨论。

3. 对新产品测试

这种新的狩猎长靴设计原型生产出来后，被送往所有 L.L.Bean 公司希望改进其产品的地方——顾客，在产品最终要使用的环境中进行实际测试。为保证开发人员能够近距离地看到和听到这些顾客专家的意见，L.L.Bean 安排了一次实地旅行。在新罕布什尔的品可汉峡谷地区，L.L.Bean 集合了一组实地测试者来评审，包括导游、山顶装袋工、徒步旅行者、大农场管理员、滑雪巡逻队员等，这些顾客大部分是 L.L.Bean 公司好几个季节的测试者。会议的第一天花费在一次精力充沛的徒步旅行上，按每个人所穿的靴子的尺寸进行分组，每个人的包里都有两到三双靴子，几乎每个小时都要更换所穿的靴子产品，如穿九号的要与一个穿八号的交换靴子，有 L.L.Bean 生产的，也有竞争对手生产的。大家在各种环境里实验，及时记下对适应性、稳定性的评价，以便于公司及时做出调整。经过几个月的试用，公司获得了所有的改进建议。

在产品上市时的目录介绍中，公司能够通过测试期间的照片来说明种种问题，在推广产品时可以宣传整个测试过程，以便获得顾客的信赖。该种类型靴子在市场中很快获得认可，供不应求。

(资料来源：百度文库)

思考题：
1. 请结合本章所学知识分析 L.L.Bean 公司的新产品开发的过程。
2. L.L.Bean 公司的新产品开发给我们什么启示？

第六章

价格策划

在营销组合各因素中,定价策略是最关键性的策略,也是企业决策的一个难点因素。毕竟在多数情况下,价格是买者做出选择的主要决定因素。科学的定价策略、有效的价格管理,不仅有利于企业获取预期利润,在市场上获取竞争优势,扩大生产规模,也有利于整个行业的健康发展。

企业进行定价策划时,不但要求企业对成本进行核算、分析、控制和预测,而且要求企业根据市场结构、市场供求、消费者心理及竞争状况等因素做出判断与选择,价格策略选择是否恰当,关系到企业的营销目标是否能够实现。在营销实践中,有些企业甚至因为定价不当,导致企业陷入困境。企业在制定价格时,需要决策者既要在决策前做好大量细致的调研工作,也要在决策时具备相当大的勇气和智慧。

知识要点:
1. 影响定价的主要因素
2. 价格制定的程序
3. 三种常见的定价方法及其应用
4. 新产品定价的主要策略
5. 产品组合定价策划
6. 如何进行价格调整策划

第一节 价格策划概述

价格是商品同货币交换时单位商品量需要货币的多少。或者说,价格是单位价值(单价)。一般情况下,在消费水平一定的情况下,市场上某种商品的价格越高,消费者对这种商品的需求量就越小;反之,商品价格越低,消费者对它的需求量也就越大。而当市场上这种商品的价格过高时,消费者也就可能做出少买或不买这种商品,或者购买其他商品替代这种商品的决定。因此,价格通常是影响市场交易成败的关键因素。企业进行价格策划时,首先要认真研究行业环境、顾客需求和心理,制定价格时既要考虑企业生产成本,又要考虑消费者对价格的接受能力,并能够依据市场行情的变化及时进行价格调整,确保企业定价目标的实现。

一、价格策划的概念

价格策划就是根据购买者各自不同的支付能力和效用情况,结合产品进行定价,从而实现企业经营目标的定价办法。在营销组合中,价格是最为活跃的因素,也是唯一能产生收入的因素,其他因素(产品、渠道和促销)表现为成本因素。

定价策略与企业的市场占有率、市场接受新产品的快慢、企业及其产品在市场上的形象,都有着密切的关系,定价策略的正确与否,对企业营销计划的成败至关重要。

在营销实践中,定价是非常复杂的,需要考虑的因素非常多,而且这些因素变化非常快,我们经常发现有些产品的价格如过山车。因此,企业在制定价格策略时,一定要进行准确的市场分析和预测,同时也要善于在市场中根据市场的发展变化情况,适时地进行价格调整。

【案例6-1】某连锁咖啡厅卖矿泉水一瓶20元,好像很难卖出去,那么为什么还要在柜台一直摆着呢?其实商家也没有打算卖出去,只是让顾客觉得,矿泉水都20元一瓶,咖啡卖30元一杯好像也不算贵。这就是价格锚定。这个定价技巧通俗来讲就是设置一个炮灰产品,这个产品不是为了卖给顾客,只是给顾客参考的。

(资料来源:作者收集整理)

二、影响定价的主要因素

企业为实现其经营目标,需要制定适当的价格,使自己的产品被消费者接受。企业在定价时,常常受到多方面因素的影响。

1. 产品成本

成本是构成产品价格的最基本、最主要的因素。根据产品的成本与产量之间的关系来划分,产品成本可以分为固定成本和可变成本。其中,固定成本是指在一定限度内不随产量或销售量的变化而变化的成本,可变成本是指随着产量或销售量的变化而变化的成本。两者之间的总和就是产品的总成本。成本是影响企业定价的主要因素,也是产品价格的最低界限,产品价格只有高于成本,企业才能补偿生产上的耗费,从而获得一定盈利。但这并不排斥在一段时期内,个别产品价格低于成本。

2. 产品差异性

所谓产品差异性,是指产品具有独特的个性,拥有竞争产品不具备的特殊优点,从而与竞争产品形成差异。产品差异性不仅指产品实体本身,而且包括产品设计、商标品牌、款式和销售服务方式的特点。拥有差异性的产品,其定价灵活性较大,可以使企业在行业中获得较高的利润。这是因为:一方面,产品差异性容易培养忠诚的顾客(客户),使顾客(客户)产生对品牌的偏爱,从而接受企业的定价;另一方面,产品差异性可抗衡替代品的冲击,从而保持企业有利地位,使价格敏感性相对减弱。

3. 供求关系

价格与供求是一对互为因果又互相影响的因素。企业在进行定价时,应对市场的供求状况进行认真的分析和判断,充分考虑供求状况对定价的影响。总的来说,产品供不应求,价格可以定得较高;产品供过于求时,则相反。例如,小龙虾因为市场需求旺盛,价格好,导致养殖小龙虾的水域面积成倍增加，后来，过量的市场供给直接导致小龙虾的价格暴跌。

在分析供求状况对价格的影响时，还应考虑到不同产品的价格弹性。在正常情况下，市场需求会按照与价格相反的方向变动，即价格升高，需求量下降；价格下降，需求量上升。但是价格变化对各种商品需求量变化的影响程度是不同的。需求弹性就是研究因价格变动而引起的需求量的变动率，反映需求变动对价格变动的敏感程度。我们用 E 表示需求弹性系数，则

$$E = \frac{需求量变动的百分比}{价格变动的百分比}$$

由于价格变动与需求变动相反，因此，需求弹性系数小于零。为方便起见，常用绝对值来表示 E。

当 $E>1$ 时，反映出需求量变动的百分比大于价格变动的百分比，即需求弹性强。对这类商品，价格的下降会引起需求量较大幅度的增加，因此在定价时，应通过降低价格、扩大销售量达到增加盈利的目的。

当 $E<1$ 时，反映出需求量变动的百分比小于价格变动的百分比，即需求弹性弱。对这类商品，价格上升所引起的需求量减少程度较小，因此在定价时，较高的价格能达到增加盈利的目的。

当 $E=1$ 时，说明价格与需求量等比例变动。对于这类商品，由于价格的上升或下降引起需求量等比例减少或增加，因此价格变动对盈利影响不大，可选择市场通行的价格。

【案例 6-2】

大东鞋业的低价策略

这几年随着电商的快速发展，实体店的生意越来越不好做，女鞋这一行业也不例外。但大东的线下门店一直都是门庭若市的状态。那么，面对如此强大的电商冲击，达芙妮等品牌都受到了影响，为什么卖着"地摊货"的大东却能屹立不倒呢？

在大东买过鞋的人应该都会有这样的感觉：大东天天都在打折！29 元一双，49 元一双，甚至 50 块钱两双的都有。这样的价格对于一个品牌鞋店来说，简直是太便宜了。其实并不是大东的鞋卖得太便宜，而是其他商家太"黑心"。要是有心可以对比一下几家店的鞋子，质量不相上下、款式差不多的鞋子在其他店里价格就能翻几番。其实大东只是做到了把优惠真正让给了消费者，让消费者用地摊货的价格就能享受到品牌店的体验。

对于企业来说，盈利还是最主要的。几十块钱一双的鞋还不抵其他鞋厂出厂价的鞋，大东如何盈利呢？首先，大东在浙江、广东、四川都有自己的生产基地，先进的全自动化生产流程实现机械化大规模生产，而规模越大，相应的成本就会越低。其次，大东采用的是联营店的加盟模式，即加盟店只需负责日常的运营即可，而铺货、促销活动等全由大东总部统一管理制定，并且加盟店的销售额当天就要回款到总公司，这就形成了强大的现金流。而这两点正符合大东薄利多销、以量取胜的销售模式，一旦达到了一定的规模，成本就会更低，这就形成了一个良性循环。

(资料来源：https://www.sohu.com/a/216805589_410842)

4. 市场竞争

市场竞争是影响价格制定的另一重要因素。按市场竞争的程度，竞争可以分为完全竞争、完全垄断和不完全竞争(即垄断竞争和寡头垄断竞争)。不同竞争状况对企业制定价格策略会产生不同的影响。

在营销实践中，市场竞争不激烈或无市场竞争时，企业可以制定较高的价格；而市场竞争激烈时，为了争夺市场份额，企业一般会参照各竞争对手的价格，并适当降低价格水平。这就要求价格策划人员必须熟悉市场竞争的态势，熟知企业竞争者产品的价格，对产品的特性和质量等进行详细分析。在开放的市场中，企业总是面对这样那样的竞争，因此市场竞争也是企业定价及实施相应价格策略的参考依据。

5. 消费者的收入水平因素

市场需求是消费者有购买能力的需求，而购买力来自消费者的收入。收入水平高的消费者，购买力强；反之，则购买力弱。市场营销者应通过对消费者的收入水平进行调查研究，来确定适合消费者财力的价格。例如，在我国一些经济欠发达地区，宝洁公司开发出相对廉价的产品以满足消费者的需求。同样，一些国际上著名的奢侈品品牌企业在我国开设奢侈品店时，首先选择在一些经济发达的地区开设。

6. 消费者心理

在实践中，我们经常会发现有些商品价格上涨了，反而导致需求量上升的这种违背经济规律的现象。造成这一现象的主要原因就是消费者心理，如果这个产品价格上涨了，可能会引起消费者的猜测：①是不是市场出现了恐慌；②是不是产品即将停产，以后买到的机会越来越少；③价格还将进一步提升。而且，价格经常被认为是质量高低的指示器，消费者往往认为价格高的产品拥有更好的质量。同时，一部分消费者往往通过消费高档商品来显示自己的消费层次和社会地位等，此时，高价反而会刺激需求的增长。例如，在我国的房地产市场中，往往存在买涨不买跌的现象。投资者觉得房地产火热，投资房子的话未来能赚一笔不小的收入；而刚需者也买涨不买跌，是因为怕房价不断地涨，未来更加买不起。

7. 政策法规

在当今市场经济舞台上，政府扮演着越来越重要的角色。为了维护市场秩序和其他目的，政府可能会通过"有形的手"对市场上的价格策略进行干预，具体表现为一系列的经济法规。例如，规范企业定价的法律法规有《中华人民共和国价格法》《中华人民共和国反不正当竞争法》《中华人民共和国消费者权益保护法》《中华人民共和国反垄断法》等，还有一些其他政策措施，包括毛利率、规定最低最高限价、价格补贴等。这些政策法规在不同方面和不同程度上影响着企业的定价行为。例如，各地的房地产市场价格受到政策法规的影响就很大，在2016年我国放开第二胎后，许多楼盘的价格就出现了小幅上涨。

此外，整个国家的经济形势、货币价值和流通量、政府力量、产品生命周期因素、营销组合市场因素等都会对定价产生深远的影响。

【案例6-3】

用价值营销对抗价格战

中国企业对价格战已经是司空见惯了。从最早的冰箱大战到彩电大战，从空调大战到手机大战，再到汽车价格大战，无一不是以降价作为竞争手段。价格战是把双刃剑，用得好可以获利，用得不好容易导致企业陷入困境。

企业应该如何应对价格战？价值营销将是越来越多企业对抗价格战的出路。何谓价值营销？价值营销是相对于价格营销提出的，"价值营销"不同于"价格营销"，它是通过向顾客提供最有价值的产品与服务来创造出新的竞争优势而取胜的。

著名市场营销学权威菲利普·科特勒认为,"顾客是价值最大化者,要为顾客提供最大、最多、最好的价值"。企业的价值营销,应在有形竞争和无形竞争上下功夫。有形竞争即实物(产品)含量竞争,无形竞争即环境、品牌和服务等竞争。企业要在产品质量、产品功能、开发能力、品牌形象等方面进行创新和提高,优化价值竞争的群体组合,实现创造价值经营,拉开与竞争对手的差异,不断创造出新的竞争活力。

在营销实践中,很多中小企业无法与大企业打价格战,便可以通过提升顾客价值来回避价格战,给顾客带来更多的顾客价值体验。例如有一农家乐饭庄,通过顾客自助娱乐项目来帮助顾客参与做菜全过程,强化了顾客体验,收到了较好的效果。

(资料来源:作者收集整理)

三、价格制定的程序

1. 明确定价目标

企业的定价目标是以满足市场需要和实现企业盈利为基础的,它是实现企业经营总目标的保证和手段,同时又是企业定价策略和定价方法的依据。

企业定价目标的分类如表 6-1 所示。

表 6-1 企业定价目标的分类

定价目标类别	每种定价目标的具体内容
以获取利润为定价目标	1. 以扩大眼前利润为目标,旨在短期内通过高价的形式获得尽量多的利润; 2. 以一定的收益率为目标,追求一定的投资收益率,获取一定时期内的稳定收入; 3. 以获取合理利润为目标,这种目标被广大的中小企业所采用
以扩大市场份额为定价目标	采取扩大市场份额为定价目标的企业,多采用低价吸引消费者策略,这样做虽然可能会使商品的单位利润下降,但由于销售量的增加能弥补降价所造成的损失,所以利润总量一般不减少,甚至增加
以应付和防止竞争为定价目标	这种定价目标主要是针对竞争对手确定的。当企业面对来自竞争者的威胁时,应根据竞争者的情况和自身条件采取相应对策
以创造和维护企业形象为定价目标	良好的企业形象是企业在经营中创造的无形资产,也是企业经营的重要手段。树立这一定价目标,就是在价格行为中维护消费者利益,兼顾企业利益,维护社会公德和商品道德,服从国家宏观发展目标要求,遵纪守法等
以质量领先为定价目标	此目标是指企业依据其产品或服务质量的领先地位确定价格。采用此定价目标一般要求具有以下条件:有一些企业由于采用了新技术,生产出的产品形象较好;市场上的消费者对产品质量的关注超过对价格的关注;企业希望树立产品领先形象。在这种情况下,企业提供给市场超过平均质量水平的产品,也采用与其质量相当的超过平均定价水平的价格
以生存为定价目标	此目标是指企业置长远的利润于不顾,而只是考虑以尽可能低的成本进行定价以保证生存

2. 确定市场需求

价格会影响市场需求。在正常情况下，市场需求会按照与价格相反的方向变动。价格上升，需求减少；价格降低，需求增加。所以，需求曲线是向下倾斜的，但就威望高的商品来说，需求曲线有时呈正斜率。例如，黄金和房地产提价后，其销售量却有可能增加。当然，如果提得太高，需求将会减少。

企业定价时必须依据需求的价格弹性，即了解市场需求对价格变动的反应。价格变动对需求影响小，这种情况称为需求无弹性；价格变动对需求影响大，则叫作需求有弹性。

在以下条件下，需求可能缺乏弹性。

(1) 代用品很少或没有，没有竞争者。

(2) 买者对价格不敏感。

(3) 买者改变购买习惯较慢和寻找较低价格时表现迟缓。

(4) 买者认为产品质量有所提高，或认为存在通货膨胀等，价格较高是应该的。

如果某产品不具备上述条件，那么产品的需求有弹性，在这种情况下，企业应采取适当降价，以刺激需求，促进销售，增加销售收入。

3. 估计成本

需求在很大程度上为企业确定了一个最高价格限度，而成本则决定着价格的底数。价格应包括所有生产、分销和推销该产品的成本，还包括对企业的努力和承担风险的一个公允的报酬。

产品的成本有多种表现形式，市场营销中所涉及的成本主要有以下几种。

(1) 固定成本：是指在一定限度内不随产量的增减而增减，具有相对固定性质的各项成本费用，如固定资产折旧费、房租、地租、办公费用等。

(2) 变动成本：是指随着产品产量的增减而增减的各项费用，如原材料消耗、储运费用、生产工人的工资等。

(3) 总成本：即固定成本与变动成本之和。一般来说，产品价格的最低限度是要收回产品的总成本。

(4) 边际成本：是指每增加或减少一单位产量所造成的成本变动数。边际成本的变动与固定成本无关，在产量增加初期，边际成本呈现出下降趋势，低于平均成本，导致平均成本下降；当产量超过一定限度，边际成本则高于平均成本，将导致平均成本的上升。

(5) 机会成本：企业为了经营某一商品或项目只好放弃另一商品或项目经营的机会，被放弃的另一商品或项目所取得的收益即为现在经营商品或项目的机会成本。

4. 选择定价方法

定价方法是企业在特定的定价目标指导下，依据对成本、需求及竞争等状况的研究，运用价格决策理论，对产品价格进行计算的具体方法。企业依据一定的方法计算、确定出来的价格，可能是准市场价格，它再经过调整成为实际价格；也可能直接成为市场价格。

定价方法主要包括成本导向、竞争导向和顾客导向三种方法，这三种方法的具体内容将在下面做详细的介绍。

5. 选定最终价格

企业最后拟定的价格必须考虑以下因素。

(1) 最后价格必须同企业定价政策相符合。企业的定价政策是指：明确企业需要的定价形象、对价格折扣的态度以及对竞争者的价格的指导思想。

(2) 最后价格必须考虑是否符合政府有关部门的政策和法令的规定。

(3) 最后价格要考虑消费者的心理。利用消费者心理，采取声望定价，把实际上价值不大的商品的价格定得很高(如把实际上价值10元的香水定为100元)，或者采用奇数定价(把一台电视机的价格定为1299元)，以促进销售。

(4) 选定最后价格时，须考虑企业内部有关人员(如推销人员、广告人员等)对所定价格的意见，经销商、供应商等对所定价格的意见，以及竞争对手对所定价格的反应。

6. 适时调整定价

定价一旦确定，并不意味着是一成不变的，企业还应根据实际情况适时调整定价。例如，在国内手机市场上，企业往往开始采取成本导向定价和撇脂定价，在根据产品成本预留一定利润空间后上市销售，后续随着销售规模的扩大、硬件成本的下降，产品生产成本逐步降低，换代产品出现，手机生产厂家从提高产品竞争力角度考虑，会对手机销售价格进行降价调整。

四、三种常见的定价方法

1. 成本导向定价法

以产品单位成本为基本依据，再加上预期利润来确定价格的成本导向定价法，是中外企业最常用、最基本的定价方法。成本导向定价法又衍生出了总成本加成定价法、目标收益定价法、边际成本定价法、盈亏平衡定价法等几种具体的定价方法。

(1) 总成本加成定价法。在这种定价方法下，把所有为生产某种产品而发生的耗费均计入成本的范围，计算单位产品的变动成本，合理分摊相应的固定成本，再按一定的目标利润率来决定价格。

(2) 目标收益定价法。目标收益定价法又称投资收益率定价法，是根据企业的投资总额、预期销量和投资回收期等因素来确定价格。其计算公式为：产品价格=(总成本+目标利润)/预计销售量。目标收益定价法的优点是可以保证企业既定目标利润的实现。这种方法一般适用于在市场上具有一定影响力的企业、市场占有率较高或具有垄断性质的企业。

(3) 边际成本定价法。边际成本是指每增加或减少一单位产品所引起的总成本变化量。由于边际成本与变动成本比较接近，而变动成本的计算更容易一些，所以在定价实务中多用变动成本替代边际成本，而将边际成本定价法称为变动成本定价法。

(4) 盈亏平衡定价法。在销量既定的条件下，企业产品的价格必须达到一定的水平才能做到盈亏平衡、收支相抵。既定的销量称为盈亏平衡点，这种制定价格的方法称为盈亏平衡定价法。科学地预测销量和计算固定成本、变动成本是盈亏平衡定价的前提。

这是一种较为通用的定价方法，是其他定价方法的基础。由于可以在产量和成本既定的情况下，按照预期的利润要求确定价格，故又称为目标利润定价法。

它的基本原理如图6-1所示，图中 P 为价格，Q 为产量或销售量，TR 为总收入，TC 为总成本，FC 为固定成本，VC 为变动成本，BEP 为盈亏平衡点。

在产品销售量一定的情况下，当价格增加到一定界限时，产品生产的固定成本和变动成本才能为销售收入所抵偿，即达到盈亏平衡点。如果价格低于这一平衡点(BEP)，就会发生亏损；只有当价格高于此点，企业才会获得盈利。

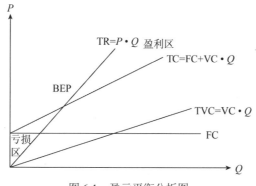

图 6-1 盈亏平衡分析图

盈亏平衡时的定价公式为:

$$P=(VC \cdot Q+FC)/Q$$

获得利润 R 的定价公式为:

$$P=(VC \cdot Q+FC+R)/Q$$

【案例 6-4】 某企业生产某种产品,企业的年固定成本为 100 万元,每件产品的变动成本为 5 元/件,当年的预期销售量为 50 万件,目标利润要求为 200 万元,问如何定价?

解: 盈亏平衡时,$P=(1\,000\,000+5\times 500\,000)/500\,000=7(元/件)$。

获得目标利润时,$P=(1\,000\,000+5\times 500\,000+2\,000\,000)/500\,000=11(元/件)$。

答: 保本定价为 7 元/件,获得目标利润定价为 11 元/件。

2. 竞争导向定价法

在竞争十分激烈的市场上,企业通过研究竞争对手的生产条件、服务状况、价格水平等因素,依据自身的竞争实力,参考成本和供求状况来确定商品价格。这种定价方法就是通常所说的竞争导向定价法。竞争导向定价法主要包括以下几种定价方法。

(1) 随行就市定价法。在垄断竞争和完全竞争的市场结构条件下,任何一家企业都无法凭借自己的实力而在市场上取得绝对的优势,为了避免竞争特别是价格竞争带来的损失,大多数企业都采用随行就市定价法,即将本企业某产品价格保持在市场平均价格水平上,利用这样的价格来获得平均报酬。此外,采用随行就市定价法,企业就不必去全面了解消费者对不同价差的反应,也不会引起价格波动。

(2) 产品差别定价法。产品差别定价法是指企业通过不同的营销努力,使同种同质的产品在消费者心目中树立起不同的产品形象,进而根据自身特点,选取低于或高于竞争者的价格作为本企业产品价格。因此,产品差别定价法是一种进攻性的定价方法。采用这种方式定价的企业往往在市场上具有一定的实力和影响力。企业制定价格的不同并不是基于成本的不同,而是企业为满足不同消费层次的要求而构建的价格结构。例如,内存为 32G 的手机比内存为 16G 的价格高出一大截,可其成本差额远没有这么大。

在营销实践中,产品差别定价法一般可以分为顾客细分定价法、产品形式差别定价法、形象差别定价法、地点差别定价法和时间差别定价法。

(3) 密封投标定价法。在国内外,许多商品、原材料、成套设备和建筑工程项目的买卖和承包及出售小型企业等,往往采用发包人招标、承包人投标的方式来选择承包者,确定最终承包价格。一般来说,招标方只有一个,处于相对垄断地位;而投标方有多个,处于相互竞争地位。标的物的价格由参与投标的各个企业在相互独立的条件下来确定。在买方招标的所有投标者中，报价最低的投标者通常会中标，它的报价就是最终的成交价格。这样一种竞争性的定价方法就称为密封投标定价法。比如一家采购机构刊登广告说要采购某种规格、型号的办公用品，邀请供货商在规定的日期投标。采购机构在规定的日期开标，将优先选择与报价最低、最有利的供货商成交。

一般来说，报价高，利润大，但中标机会就小；反之，报价低，虽然中标机会大，但利润低，企业可能得不偿失。因此，企业应同时考虑企业目标利润和中标概率，以求确定投标的最佳报价。

【案例6-5】某企业经过研究，得出了如表6-2所示的报价结果。

表6-2 企业报价

单位：元

企业报价	企业利润(1)	中标概率(%)(2)	期望利润(3)=(1)×(2)
9500	100	81	81
10000	600	36	216
10500	1100	9	99
1000	1600	1	16

显然，企业应该报价为10000元，这样所得到的期望利润最大。

3. 顾客导向定价法

现代市场营销观念要求企业的一切生产经营必须以消费者需求为中心，并在产品、价格、分销和促销等方面予以充分体现。根据市场需求状况和消费者对产品的感觉差异来确定价格的方法叫作顾客导向定价法，又称"市场导向定价法""需求导向定价法"。顾客导向定价法主要包括理解价值定价法、需求差异定价法和逆向定价法。

(1) 理解价值定价法。所谓"理解价值"，是指消费者对某种商品价值的主观评判。理解价值定价法是指企业以消费者对商品价值的理解度为定价依据，运用各种营销策略和手段，影响消费者对商品价值的认知，使其形成对企业有利的价值观念，再根据商品在消费者心目中的价值来制定价格。

(2) 需求差异定价法。需求差异定价法是指产品价格的确定以需求为依据，首先强调适应消费者需求的不同特性，而将成本补偿放在次要的地位。企业采取这种定价方法，通常会对同一商品在同一市场上制定两个或两个以上的价格，或使不同商品价格之间的差额大于其成本之间的差额。其好处是可以使企业定价最大限度地符合市场需求，促进商品销售，有利于企业获取最佳的经济效益。

(3) 逆向定价法。这种定价方法主要不是考虑产品成本，而是重点考虑需求状况。依据消费者能够接受的最终销售价格，逆向推算出中间商的批发价和生产企业的出厂价格。逆向定价法的特点是：价格能反映市场需求情况，有利于加强与中间商的良好关系，保证中间商的正常利润，使产品迅速向市场渗透，并可根据市场供求情况及时调整价格，定价比较灵活。

4. 各种定价方法的运用

企业定价方法很多，应根据不同经营战略和价格策略、不同市场环境和经济发展状况等，选择不同的定价方法。

(1) 从本质上说，成本导向定价法是一种卖方定价导向。它忽视了市场需求、竞争和价格水平的变化，有时候与定价目标相脱节。此外，运用这一方法制定的价格均是建立在对销量主观预测的基础上，从而降低了价格制定的科学性。因此，在采用成本导向定价法时，还需要充分考虑需求和竞争状况来确定最终的市场价格水平。

(2) 竞争导向定价法，是以竞争者的价格为导向的。它的特点是：价格与商品成本和需求不发生直接关系；商品成本或市场需求变化了，但竞争者的价格未变，就应维持原价；反之，虽然成本或需求都没有变动，但竞争者的价格变动了，则相应地调整其商品价格。当然，为实现企业的定价目标和总体经营战略目标，谋求企业的生存或发展，企业可以在其他营销手段的配合下，将价格定得高于或低于竞争者的价格，并不一定要求和竞争对手的产品价格完全保持一致。

(3) 顾客导向定价法是以市场需求为导向的定价方法，价格随市场需求的变化而变化，不与成本因素发生直接关系。顾客导向定价法一般是以该产品的历史价格为基础，根据市场需求变化情况，在一定的幅度内变动价格。采取这种定价方法，同一商品可以按两种或两种以上价格销售；这种差价可以因顾客的购买能力和对产品的需求情况、产品的型号和式样以及时间、地点等因素而不同。这种定价方法符合现代市场营销观念要求，被越来越多的企业所采用。

第二节 价格策略策划

价格是企业竞争的主要手段之一，企业除了要根据不同的定价目标，选择不同的定价方法，还要根据复杂的市场情况，采用灵活多变的方式确定产品的价格。

一、新产品定价策划

1. 有专利保护的新产品的定价

有专利保护的新产品的定价，可采用撇脂定价法和渗透定价法。

(1) 撇脂定价法。撇脂定价法是指新产品上市之初，将价格定得较高，在短期内获取厚利，尽快收回投资，就像从牛奶中撇取所含的奶油一样，取其精华。

这种方法适合需求弹性较小的细分市场，其优点是：①新产品上市，顾客对其无理性认识，利用较高价格可以提高身价，适应顾客求新心理，有助于开拓市场；②主动性大，产品进入成熟期后，价格可分阶段逐步下降，有利于吸引新的购买者；③价格高，限制需求量过于迅速增加，使其与生产能力相适应。缺点是：获利大，不利于扩大市场；很快会招来竞争者，迫使价格下降，好景不长。

(2) 渗透定价法。渗透定价法是指在新产品投放市场时，价格定得尽可能低一些，其目的是获得最高销售量和最大市场占有率。

当新产品虽然有专利保护，但也没有显著特色，竞争激烈，需求弹性较大时，宜采用渗透定价法。其优点是：①产品能迅速为市场所接受，打开销路，增加产量，使成本随生产发展而下降；②低价薄利，使竞争者望而却步，减缓竞争，获得一定市场优势。

对于企业来说，采取撇脂定价法还是渗透定价法，需要综合考虑市场需求、市场竞争、市场供给、市场潜力、产品价格弹性、产品特性、企业发展战略等因素。

2. 仿制品的定价

仿制品是企业模仿国内外市场上的畅销商品而生产出的新产品。仿制品面临产品定位问题，就其产品质量和价格而言，有九种可供选择的战略：优质优价、优质中价、优质低价、中质高价、中质中价、中质低价、低质高价、低质中价、低质低价。在营销实践中，对于仿制品定价，较多的企业采用降档定价策略，即优质中价、中质低价、低质低价的三种定价策略。这三种方法，实际就是尽量使本企业产品与同类产品质量保持一致的情况下，考虑到仿制品制造成本相对较低，将本企业的商品价格定得比对手低，利用低价的方式来占领一定的市场份额。但是，我们在市场上经常看到，有些企业往往是在模仿的基础上，进行了一定的创新和改进，产品的性能明显提升。如果是在别的商品的基础上进行了性能改进的仿制品，企业也可以将其视为专利新产品而进行定价，并不一定需要通过制定低价策略来获得一定的市场份额。

二、产品组合定价策划

组合价格是指对相关商品按一定的综合毛利率联合定价。对于互替商品，适当提高畅销品价格，降低滞销品价格，以扩大后者的销路，使两者的销售相得益彰，增加企业总盈利。对于互补商品，有意识降低购买频率低、需求价格弹性高的商品价格，同时提高购买频率高、需求价格弹性低的商品价格，会在各种商品销售量取得的同时增加良好效果。产品组合定价策略是指企业将两种或两种以上相互联系的产品联系起来制定价格，主要有以下类型。

(1) 产品线定价。企业产品线中一般不止一个产品，这时企业应该适当地确定产品线中相关产品的价格差异。在确定价格差异时，要考虑各相关产品之间的成本差异、顾客对相关产品的不同特点的评价及竞争者产品的价格。当产品线中前后系列的产品的价格差异较小时，顾客会购买更先进的产品，这时如果两种产品的价格差异大于成本差异，企业的盈利会增加；当价格差异较大时，顾客又会购买较低级的产品。实践中，低价位的产品往往充当产品线的招徕价格，高价位的产品充当品牌象征。

(2) 选购品定价。许多企业在提供主要产品的同时，还提供与主要产品密切相关的一些产品，如自行车的坐垫、舞厅里提供的口香糖及饮料、汽车的防盗报警器等。企业首先要确定是将这些产品与主要产品一起出售，产品的总价格中包括这些产品的价格，还是将这些产品作为选购品，由顾客自主决定是否购买。对于单独计价的选购品，企业还必须考虑如何为它们制定价格。企业可以将选购品的价格定得很低以吸引顾客，也可以定得很高以获得更多的利润。

(3) 附带产品定价。附带产品是指必须和主要产品一起使用的产品，如照相机的胶卷、计算机软件、主机的辅助设备和零部件等。企业往往将主要产品的价格定得很低，将附带产品的价格定得较高，通过低价促进主要产品的销售来带动附带产品的销售。附带产品的高额利润不仅足以弥补主要产品降价的损失，还能增加企业的盈利。

(4) 副产品定价。肉类加工和石油化工等行业的企业在生产主要产品过程中，往往会有副产品。如果企业不能加以利用，那么就要额外花钱来处理这些副产品，这会影响企业主要产品的定价。因此，企业就必须为这些副产品寻找买主，只要买主愿意支付的价格大于企业储存和处理这些副产品的费用，那么就是可以接受的。这样，既能够减少企业的支出，又可以为主要产品制定更低的价格,增强竞争力。

(5) 组合产品定价。企业可以将相关产品组合在一起,为它们制定一个比分别购买各种产品的总价更低的价格,进行"一揽子"销售,如世界杯足球赛出售的套票、配套的茶具及餐具等。采用这种定价方式时,企业提供的价格优惠应该足以吸引原本只能购买部分产品的顾客转而购买全套产品,同时也要注意不能搞硬性搭配,这样不但不利于产品的销售,反而会损害企业形象。

三、心理定价策划

心理定价是指根据消费者的消费心理定价,主要有以下6种方式。

(1) 尾数定价。许多商品的价格,宁可定为98元或99元,而不定为100元,是适应消费者购买心理的一种取舍。尾数定价使消费者产生一种"价廉"的错觉,比定为100元反应更积极,从而更利于促进产品的销售。

(2) 整数定价。有的商品不定价为980元,而定为1000元,同样使消费者产生一种错觉,即整数定价迎合消费者"便宜无好货,好货不便宜"的心理。这种策略主要适用于高档商品或消费者不太了解的某些商品。

(3) 声望定价。此种定价法有两个目的:一是提高产品的形象,以价格说明其名贵名优;二是满足购买者的地位欲望,适应购买者的消费心理。在营销实践中,一些高档场所经营的产品(包括奢侈品在内)的定价往往采用这种方式。有些商店或生产企业的商品在消费者心目中有了威望,消费者认为其产品质量好、服务态度好、不经营假冒伪劣商品、不坑害顾客等,因此,这些商品也可以定价稍高一些。

(4) 习惯定价。某种商品,由于同类产品多,在市场上形成了一种习惯价格,个别生产者难以改变。例如,火柴、肥皂、卫生纸等即属此类。对这类产品降价易引起消费者对品质的怀疑,涨价则可能受到消费者的抵制。因此,即使产品生产成本大幅度提高,甚至企业感到无法维持时,也不宜提价。但在这种情况下,企业可以采用降低质量或减少分量的办法以变相提价,也可以通过生产新的花色品种或改进包装装潢再重新定价。

(5) 分级定价。分级定价即把相同品牌的产品分为不同级别,制定不同的价格。例如,红双喜球拍有一星级、二星级、三星级、四星级等不同级别,相应的价格各异。分级定价便于顾客按需购买,有利于满足不同消费层次的顾客需求,从而可以扩大商品销售量。

(6) 招徕定价。招徕定价是指利用部分顾客求廉的心理,特意选取某些商品,将价格定低,从而吸引消费者的光顾,提高客流量,带动其他商品的销售。采用这一方法的关键是选择的特价品必须是大多数消费者熟悉并且是日常必需、购买频率较高的产品。这种定价方式在服装店、餐馆等消费场所被广泛采用。

四、折扣定价策划

大多数企业通常都酌情调整其基本价格,以鼓励顾客及早付清货款、大量购买或增加淡季购买,这种价格调整叫作价格折扣或折让。

(1) 现金折扣。是对及时付清账款的购买者的一种价格折扣。比如,对付款期限为30天的货款,立即付款给予5%的折扣,10天内付款给予3%的折扣等。许多行业习惯采用此法以加速资金周转,减少收账费用和坏账。

(2) 数量折扣。数量折扣是企业给那些大量购买某种产品的顾客的一种折扣，以鼓励顾客购买更多的货物。大量购买能使企业降低生产、销售等环节的成本费用。例如，顾客购买某种商品100单位以下，每单位10元；购买100单位以上，每单位9元。

(3) 职能折扣，也叫贸易折扣，是制造商给予中间商的一种额外折扣，使中间商可以获得低于目录价格的价格。其主要目的是鼓励中间商大批量订货，扩大销售，争取顾客，并与生产企业建立长期、稳定、良好的合作关系。

(4) 季节折扣。季节折扣一般对有明显淡旺季的商品或服务实行，是指卖方为鼓励买方在淡季购买商品或服务而给予的折扣，目的在于鼓励淡季购买，减轻仓储压力，利于均衡生产。例如，服装生产经营企业对不合时令的服装给予季节折扣，以鼓励中间商和用户提前购买、多购买。季节折扣比例的确定，应考虑成本、储存费用、基价和资金利息等因素。

(5) 推广津贴。推广津贴为扩大产品销路，生产企业向中间商提供的促销津贴。例如，零售商为企业产品刊登广告或设立橱窗，生产企业除负担部分广告费外，还在产品价格上给予一定优惠。推广津贴在新产品上市期被广泛采用。

(6) 折让。折让是企业根据价目表给予顾客价格折扣的一种类型。常见的折让有旧货折价折让和促销折让。旧货折价折让是当顾客买了一件新品目的商品时，允许交还同类商品的旧货，同时在新货价格上给予折让。促销折让是卖方为了报答经销商参加广告和支持销售活动而支付的款项或给予的价格折让。

五、差别定价策划

企业往往根据不同顾客、不同时间和场所来调整产品价格，实行差别定价，即对同一产品或服务定出两种或多种价格，但这种差别不反映成本的变化。差别定价主要有以下几种形式。

(1) 对不同顾客群定不同的价格。例如，"老干妈"在美国市场上的价格明显高于在国内的价格。

(2) 不同的花色品种、式样定不同的价格。例如，同样面料的服装，制造成本相同，但因领口是圆领或者是方领，价格上会有差异。

(3) 不同的地点定不同的价格。例如，有些企业将产品在经济发达地区销售时，制定的价格偏高，即使在不同地点提供的商品成本是相同的。

(4) 不同的时间定不同的价格。例如，目前各地的旅游景点，在制定价格时都分淡季和旺季，通过差别定价，满足不同消费者的需求，同时更好地保护生态环境。

实行差别定价的前提条件是：企业对价格必须有一定的控制能力，同时不同市场的价格弹性存在差异。实行差别定价，就是为了利用产品在不同市场的不同价格弹性，采取不同的价格，以取得最大的利润。营销实践中，在价格弹性大的市场，产品价格适当定得低一点，以扩大市场份额；在价格弹性小的市场，产品价格适当定得高一点，以增加营业收入。

此外，实行差别定价，还需满足以下条件：市场必须是可细分的，且各个细分市场的需求强度是不同的；商品不可能转手倒卖；不违反法律规定；不能引起顾客反感。一般来说，服务是不能转卖的，所以在服务行业特别适宜实行差别定价。例如一些品牌理发店，可能会因为时间、地点或者理发师的不同，而制定不同的服务价格。

第三节 竞争性调价策划

企业在产品价格确定后，由于客观环境和市场情况的不断变化，往往会对价格进行修改和调整。企业进行价格调整是市场上的一个非常普遍的现象，科学合理的调价有利于企业掌握市场的主动权，赢得市场，提高企业的市场竞争力。

一、降价策划

企业降价的原因很多，可能因为企业外部需求及竞争等因素的变化，也可能因为企业内部的战略转变、成本变化等，还可能因为国家政策、法令的制约和干预等。这些原因具体表现在以下几个方面。

(1) 企业急需回笼大量现金。
(2) 企业决定通过降价开拓新市场。
(3) 企业决策者决定排斥现有市场的边际生产者。
(4) 企业生产能力过剩，产品供过于求。
(5) 企业决策者预期降价会扩大销售，由此可望获得更大的生产规模。
(6) 由于生产成本降低、费用减少，使企业降价成为可能。
(7) 政治、法律环境及经济形势的变化，迫使企业降价。

降价最直截了当的方式是将企业产品的目录价格或标价绝对下降，但企业更多的是采用各种折扣形式来降低价格，如数量折扣、现金折扣、回扣和津贴等形式。此外，变相的降价形式有：赠送样品、优惠券，实行有奖销售；给中间商提供推销奖金；允许顾客分期付款、赊销；提供免费或优惠送货上门、技术培训、维修咨询服务；提高产品质量，改进产品性能，增加产品用途。由于这些方式具有较强的灵活性，在市场环境变化的时候，即使取消也不会引起消费者太大的反感，同时也是一种促销策略，因此在现代经营活动中应用广泛。

二、提价策划

提价确实能够增加企业的利润率，但是会引起竞争力下降、消费者不满、经销商抱怨，甚至还会受到政府的干预和同行的指责，从而对企业产生不利影响。虽然如此，营销实践中仍然存在较多的提价现象，其主要原因如下。

(1) 通货膨胀。物价普遍上涨，企业生产成本必然增加，为保证利润，不得不提价。
(2) 产品供不应求。一方面买方之间展开激烈竞争，争夺货源，为制造企业创造有利条件；另一方面也可以抑制需求过快增长，保持供求平衡。
(3) 利用顾客心理，创造优质效应。企业为了打造名牌形象，促使消费者产生质优价高的心理定式，一般会采用这一策略，从而增强企业的知名度和声望。

为了保证提价策略的顺利实现，提价时机可选择在这样几种情况下：产品在市场上处于优势地位；产品进入成长期；季节性商品处于销售旺季；竞争对手的产品提价。

此外，在方式选择上，企业应尽可能多地采用间接提价，把提价的不利因素降到最低程度，使提价不影响销量和利润，并且能被潜在消费者接受。同时，企业有必要采取各种渠道向顾客说明提价原因，配之以产品策略和促销策略，并帮助顾客寻找节约途径，以减轻顾客不满情绪，维护企业形象，提高消费者信心，从而刺激消费者的需求和购买行为。

在营销实践中，企业除了直接涨价外，还可以采用以下方式提价。

(1) 采取推迟报价定价法。企业直到产品制成或交货时才制定最终价格。推迟报价定价法在生产周期长的行业很常见。

(2) 利用自动调整条款。合同中的自动调整条款规定价格可以按一定的价格指数来调整，企业要求顾客按当前的价格付款，并支付因通货膨胀引起的部分或全部费用。

(3) 除去某些服务和产品。企业决定产品价格保持不变，但对原先提供的某些劳务(如送货上门或安装服务等)单独定价。例如，许多饭店从按餐定价转为按菜单定价。

(4) 减少折扣。企业不再提供正常的现金折扣和数量折扣。

三、价格变化的反应

产品价格变化无疑会影响购买者、竞争者、分销商和供应厂商的利益，也会引起政府的注意，因此企业在调整产品价格时必须考虑到相关因素的反应。

1. 购买者的反应

一般而言，产品在一定范围内的价格变动是可以被消费者接受的。提价幅度超过可接受价格的上限，则会引起消费者不满，产生抵触情绪，而不愿购买企业产品；降价幅度低于可接受价格的下限，会导致消费者的种种疑虑，也对实际购买行为产生抑制作用。

在产品知名度提高、收入增加、通货膨胀等条件下，消费者可接受价格上限会提高；在消费者对产品质量有明确认识、收入减少、价格连续下跌等条件下，消费者可接受价格的下限会降低。

购买者对价值不同的产品价格的反应也有所不同，对于价值高，经常购买的产品的价格变动较为敏感；而对于价值低，不经常购买的产品，即使单位价格高，购买者也不大在意。此外，购买者通常更关心取得、使用和维修产品的总费用，因此卖方可以把产品的价格定得比竞争者高，取得较多利润。

消费者对某种产品降价的可能反应是：产品因式样陈旧、质量低劣而将被淘汰；企业遇到财务困难，很快将会停产或转产；价格还要进一步下降；产品成本降低了。

消费者对某种产品的提价则可能这样理解：很多人购买这种产品，自己也应赶快购买，以免价格继续上涨；提价意味着产品质量的改进，企业将高价作为一种策略，以树立名牌形象；卖主想尽量取得更多利润；各种商品价格都在上涨，提价很正常。

2. 竞争者的反应

竞争者的反应也是企业调价所要考虑的重要因素。企业在调价之前，必须了解竞争者当前的财务状况、近年来的生产和销售情况、经营目标及其顾客的忠诚度等，以便预测竞争者可能对本企业调价做何反应。一般来说，企业涨价时，竞争者的反应不会过于激烈，需要重点研究的是竞争者可能对本企业的降价行为做出的反应。

竞争者可能对本企业的降价行为做出不同的理解。

(1) 该企业想与自己争夺市场。

(2) 该企业想促使全行业降价以刺激需求。

(3) 该企业经营不善，想改变销售不畅的状况。
(4) 该企业可能将推出新产品。

竞争者对本企业降价的不同认识将导致其采取不同的行动。在营销实践中，富有竞争意识的竞争者往往会采取"你降我也降"的策略，平和的竞争者往往不会做出激烈的反应。

3．企业应付竞争者调价的策略

在同质产品市场中，如果竞争者降价，企业必随之降价，否则企业会失去顾客；某一企业提价，其他企业随之提价(如果提价对整个行业有利)，但如果有一个企业不提价，最先提价的企业和其他企业将不得不取消提价。

在异质产品市场中，购买者不仅会考虑产品价格高低，而且会考虑质量、服务、可靠性等因素，因此购买者对较小价格差额无反应或不敏感，则企业对竞争者价格调整的反应有较多自由。

企业在对竞争者调价做出反应时，首先必须分析竞争者调价的目的是什么，调价是暂时的还是长期的，调价能否持久，是否应做出反应以及如何反应。另外，还必须分析价格的需求弹性、产品成本和销售量之间的关系等复杂问题。企业要做出迅速反应，最好事先制定反应程序，到时按程序处理，提高反应的灵活性和有效性。

一般来说，企业对竞争者价格的变化有以下三种可选择的对策。

(1) 相向式反应。"你提价，他涨价；你降价，他也降价。"这样一致的行为，对企业影响不太大，不会导致严重后果。企业坚持合理营销策略，不会失掉市场和减少市场份额。

(2) 逆向式反应。"你提价,他降价或维持原价不变；你降价,他提价或维持原价不变。"这种相互冲突的行为，影响很严重，竞争者的目的也十分清楚，就是乘机争夺市场。对此，企业要进行调查分析，首先摸清竞争者的具体目的，其次要估计竞争者的实力，再次要了解市场的竞争格局。

(3) 交叉式反应。众多竞争者对企业调价的反应不一，有相向的，有逆向的，有不变的，情况错综复杂。

企业在不得不进行价格调整时应注意提高产品质量，加强广告宣传，保持分销渠道畅通等。

【案例6-6】

休布雷公司：巧定酒价

休布雷公司是美国一家专门生产和经营伏特加酒的公司，由于该公司生产的史密诺夫酒品质优良、价格适中，因而在美国伏特加酒市场上的占有率一直高达20%以上。

20世纪60年代，另一家伏特加酒公司为击败休布雷公司，便瞄准休布雷公司的主导产品——史密诺夫酒，专门生产一种新型的伏特加酒与之竞争。这种酒的质量与史密诺夫酒不相上下，但价格每瓶低于史密诺夫酒1美元。显然，这个定价策略对史密诺夫酒乃至整个休布雷公司都是巨大威胁。

按照惯例，休布雷公司有以下三种对策可用。

(1) 降价1美元，以保证市场占有率。
(2) 维持原价，通过增加广告和推销支出来与竞争对手争夺市场。
(3) 维持原价，听任其市场占有率降低。

由此可以看出，不论休布雷公司采取上述哪种价格策略，都似乎输定了。然而该公司的高层人员经过深思熟虑后，却采取了对方意想不到的第四种价格策略：

将史密夫酒的价格再提高 1 美元，同时推出一种与竞争对手新伏特加酒价格一样的瑞色加酒和另一种价格低一些的波波酒。

这一价格策略使休布雷公司扭转了不利局面：一方面，提高了史密诺夫酒的地位，同时使竞争对手的新产品成为一种普通的品牌；另一方面，不仅使公司顺利地渡过了难关，甚至比过去显得更强大，公司盈利情况不仅没有下降，反而大大增加。

(资料来源：百度文库)

综合训练题

一、名词解释

价格策划　　定价目标　　成本导向定价　　竞争导向定价　　顾客导向定价
撇脂定价法　　渗透定价法　　招徕定价　　声望定价

二、简答题

1. 价格制定的程序是什么？
2. 影响定价的主要因素有哪些？
3. 成本导向定价、竞争导向定价和顾客导向定价各有哪些特点？
4. 常见的心理定价有哪几种？
5. 企业应付竞争者调价的策略主要有哪些？

三、案例分析

格兰仕微波炉：价格策略的成功

1978 年 9 月 28 日，广东顺德人梁庆德带领 10 多个乡亲在田里挖啊挖，打算办一个羽绒制品厂。1979 年，这个名叫"广东顺德桂洲羽绒厂"的小厂正式成立，以手工操作洗涤鹅鸭羽毛供外贸单位出口。当时谁都不会想到，这个再普通不过的乡镇小厂，会成为震惊世界的"微波炉大王"。

格兰仕成功的原因到底是什么？这绝不是用一句话就能回答的，其中有企业体制方面的原因、企业领导人素质方面的原因和企业经营战略决策方面的原因等，特别是价格策略运用的独到之处，揭示了其成功的奥秘。

在微波炉市场的发展过程中，格兰仕成功地运用价格因素，经历"三大战役"，在市场中确立了霸主地位。

(1) 1996 年 8 月，格兰仕集团在全国范围内打响微波炉的价格战，降价幅度平均达 40%，带动中国微波炉市场从 1995 年的不过百万台增至 200 多万台。格兰仕集团以全年产销量 65 万台的规模，占据中国市场的 34.7%，部分地区和月份的市场占有率超过 50%，确立了市场领先者地位。

(2) 1997 年格兰仕看到了市场形势的变化，趁"洋品牌"尚未在中国站稳脚跟，国内企业尚未形成气候之际，抓住时机，于春节后发起了微波炉市场的"第二大战役"——阵地巩固战。

这次是变相的价格战。格兰仕采用买一送一的促销活动，发动新一轮的让利促销攻势：凡购买格兰仕任何一款微波炉均赠送一个豪华高档电饭煲。1997 年 5 月底，格兰仕进一步"火上加油",突然宣布在全国许多大中城市实施"买一赠三"甚至"买一赠四"的促销大行动。品牌促销的高度集中使得格兰仕的产销规模迅速扩大,1997年格兰仕已经成为一个年生产能力达260万台微波炉的企业,市场占有率节节攀升,1998年3月最高时达到58.69%,创造了行业新纪录。到1997年底,微波炉市场的价格激战无疑极大地促进了整个市场潜在消费能力的增长,市场容量快速扩大,格兰仕也因此成为全球最具规模的微波炉生产企业之一。

(3) 在取得市场的绝对优势后,格兰仕并没有因此而停滞,反而乘胜追击,加大了市场的冲击力度,发动了微波炉市场的"第三大战役"——品牌歼灭战。

1997年,东南亚爆发了金融危机,韩国企业受到重创,韩国政府下令要调整亏损企业,这再度给格兰仕创造了一个绝好的市场契机。1997年10月,格兰仕凭借其规模优势所创造的成本优势,再度将12个品种的微波炉降价40%,全面实施"薄利多销"的策略,以抑制进口品牌的广告促销攻势,"格兰仕"微波炉在全国的市场占有率始终保持在50%左右,最高时达到58.9%。1998年6月13日,微波炉生产规模已经成为全球最大的格兰仕企业(集团),在国内微波炉市场又一次实施"组合大促销":购买微波炉可获得高档豪华电饭煲、电风扇、微波炉专用饭煲等赠品外,又有"98世界杯"世界顶级球星签名的足球赠品和千万元名牌空调大抽奖活动。这种以同步组合重拳打向市场,被同行业评价为毁灭性的市场营销策略,再度在全国市场引起巨大震动。

格兰仕靠着规模优势所创造的成本优势连续几次大降价,获得了微波炉的霸主地位,同时也加速了微波炉这一产业的价格下降趋势。通过降价,格兰仕成功地为这个行业竖起了一道价格门槛:如果想介入,就必须投巨资去获得规模。但如果投巨资却做不过格兰仕的盈利水平,就要承担巨额亏损。即使做过格兰仕的盈利水平,产业的微利和饱和也使对手无利可图。凭此,格兰仕成功地使微波炉变成了鸡肋产业,并成功地使不少竞争对手退出了竞争,使很多想进入的企业望而却步。

目前,格兰仕垄断了国内60%、全球35%的市场份额,成为中国乃至全世界的"微波炉大王"。全球微波炉市场中每卖出两台就有一台是格兰仕生产的,格兰仕成功地完成了从一家乡镇羽绒制品厂到全球最大的微波炉生产商的转变。

思考题:

1. 格兰仕采取了怎样的价格策略获得了成功?为什么这种价格策略能取得成功?
2. 你认为格兰仕以大规模和低成本为支撑的"价格战",能够支撑它的长期持续发展吗?为什么?

第七章

分销渠道策划

分销渠道是指某种货物或劳务从生产者向消费者移动时，取得这种货物或劳务的所有权或帮助转移其所有权的所有企业和个人。因此，一条分销渠道主要包括个人、中间商(因为他们取得所有权)和代理中间商(因为他们帮助转移所有权)等。在营销实践中，分销渠道策划主要包括分销渠道结构策划、分销渠道设计策划和分销渠道管理策划。

知识要点：
1. 分销渠道的长度和宽度策划
2. 独家分销、密集分销及选择性分销的比较
3. 企业的选址策划
4. 影响分销渠道设计的因素
5. 渠道成员激励的方法
6. 渠道冲突化解的方法
7. 渠道系统整合的途径

第一节 分销渠道结构策划

传统的分销渠道是由生产企业、批发企业和零售企业及顾客构成，他们建立起关系松弛的销售网络。各个成员(企业)之间彼此独立，相互间的联系通过买卖条件来维持，讨价还价，各为其利，条件合适便存在买卖关系，不合适便独自行动。这种传统的分销结构模式已不适合现代市场营销的发展。设计合理的分销渠道结构，可有效增强渠道成员之间的联系，降低渠道成员之间的不合理冲突，增强整个供应链的运行效率，为顾客带来更多的便利和价值。

一、分销渠道的长度策划

在产品从生产者转移到消费者的过程中，任何一个对产品拥有所有权或推销责任的机构或个人，就称为一个渠道层次。分销渠道的长度指的就是商品在流通过程中经过不同类型中间商层次的多少。分销渠道可以分为直接渠道和间接渠道，间接渠道又分为短渠道和长渠道。

直接渠道也称"零层渠道",是指生产者将其产品直接销售给消费者或用户。直接渠道是产业用品分配渠道中的主要类型,适用于以下情况。

(1) 产品用途单一:生产厂家根据用户的特殊需要组织加工和供应。
(2) 产品技术复杂:许多高技术产品的服务要求高,需一条龙服务体制。
(3) 产品用户集中:购买批次少、批量大。
(4) 鲜活食品、手工业制品等传统产品,邮购、电话电视购物、计算机网络销售等新兴服务业。

间接渠道是指生产者将其产品通过中间商销售给消费者或用户。间接渠道是消费品分配的主要类型,也用于许多产业用品的销售。中间商在间接渠道中起着调解产销矛盾、提高营销效益的重要作用。根据中间商层次的多少,间接渠道的类型划分如图7-1所示。

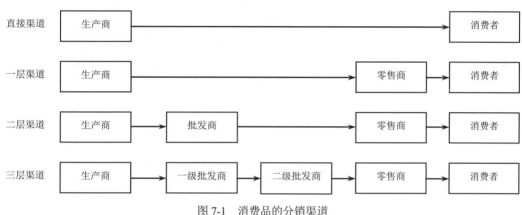

图 7-1 消费品的分销渠道

(1) 一层渠道:制造商和消费者(或用户)之间经过一层中间环节,这在消费者市场是零售商,在产业市场通常是代理商或经纪人。

(2) 二层渠道:制造商和消费者(或用户)之间经过两层中间环节,这在消费者市场是批发商和零售商,在产业市场则可能是销售代理商与批发商。

(3) 三层渠道:在批发商和零售商之间再加上一道批发,因为小零售商一般不可能直接向大批发商进货。

此外,还有层次更多的渠道,但在营销实践中较为少见。

二、分销渠道的宽度策划

分销渠道的宽度指分销渠道的每个环节或层次中,使用相应类型的中间商的数量。同一层次或环节使用的中间商越多,渠道就越宽;反之,渠道则越窄。当企业将产品销向同一个目标市场时,按使用中间商的多少,可以将分销渠道分为宽渠道分销和窄渠道分销。根据分销渠道宽窄的不同选择,可以形成以下3种策略。

1. 密集分销

密集分销是指运用尽可能多的中间商分销,使渠道尽可能加宽。消费品中的便利品(卷烟、火柴、肥皂等)和工业用品中的标准件、通用小工具等,适合采取这种分销形式,以提供购买上的最大便利。

2. 选择性分销

选择性分销是指在同一目标市场上，选择一个及一个以上的中间商销售本企业产品，而不是选择所有愿意经销本企业产品的中间商，这有利于提高企业经营效益。一般来说，消费品中的选购品和特殊品、工业品中的军用配件宜采用此分销形式。

【案例7-1】

耐克在六种不同类型的商店中销售其生产的运动鞋和运动衣：

- 体育用品专卖店，如高尔夫职业选手用品商店。
- 大众体育用品商店，供应许多不同样式的耐克产品。
- 百货商店，集中销售最新样式的耐克产品。
- 大型综合商场，仅销售折扣款式。
- 耐克产品零售商店，例如设在大城市中的耐克城，供应耐克的全部产品，重点是销售最新的款式。
- 工厂的门市零售店，销售的大部分是二手货和存货。

(资料来源：菲利普·科特勒. 营销管理[M]. 北京：中国人民大学出版社，2005)

3. 独家分销

独家分销是指在一定地区内只选定一家中间商经销或代理本企业产品，实行独家经营。独家分销是最极端的分销形式，是最窄的分销渠道，通常只对某些技术性强的耐用消费品或名牌商品适用。独家分销对生产者的好处是：有利于控制中间商，提高其经营水平；也有利于加强其产品形象，增加利润。但这种形式有一定风险，如果这一家中间商经营不善或发生意外情况，生产者就要蒙受损失。

采用独家分销形式时，通常产销双方议定：销方不得同时经营其他竞争性商品，产方也不得在同一地区另找其他中间商。这种独家经营妨碍竞争，因而在某些国家被法律所禁止。

独家分销、密集分销及选择性分销的比较如表7-1所示。

表7-1 独家分销、密集分销及选择性分销的比较

分销类型	含义	优点	不足
独家分销	在既定市场区域内，每一渠道层次只有一家经销商运作	市场竞争程度低；厂家与经销商的关系较密切；适用于专业产品的分销	因缺乏竞争，顾客满意度可能会受到影响；经销商对厂家的反控制力较强
密集分销	凡符合厂家要求的经销商均可参与分销	市场覆盖率高；比较适用于快速消费品的分销	经销商之间的竞争容易使市场陷入混乱（如窜货），甚至破坏企业的营销意图；渠道管理成本相对较高
选择性分销	从入围者中选择一部分分销商	优缺点通常介于独家分销和密集分销之间	

三、分销渠道的系统策划

传统渠道中生产企业和各个中间商彼此独立决策，购销交易建立在相互激烈竞争的基础上，因此联系松散，对象也不固定，这样虽保持了企业的独立性，但缺乏共同目标，影响整

体效益。因此，现代渠道成员之间大都采取不同程度的一体化经营或联合经营。一方面，大企业为了控制和占领市场，实现集中经营或垄断经营，往往采取一体化经营或联合经营的方式；另一方面，广大中小批发商和零售商为了在激烈竞争中求得生存与发展，也往往走联合经营的道路，因而形成了不同的渠道系统。

1. 垂直式渠道系统

垂直式渠道系统是由制造商、批发商和零售商形成的统一体，他们协商行动，对渠道的影响取决于能量和实力。最强的一方或者拥有其他各方，或者给其他各方以特许权，或者领导这种营销系统的合作。垂直式渠道系统主要有3种类型。

(1) 公司式垂直系统：指一家公司拥有和统一管理若干工厂、批发机构和零售机构，控制分销渠道的若干层次，甚至控制整个营销渠道，综合经营生产、批发、零售业务。该模式分为工商一体化经营和商工一体化经营。工商一体化指大工业公司拥有并统一管理若干生产单位和商业机构；商工一体化指由大零售公司拥有和管理若干单位。

(2) 管理式垂直系统：指制造商和零售商共同协商销售管理业务，涉及销售促进、库存管理、定价、商品陈列、购销活动等。管理式垂直系统一般是由某一家规模大、实力强的企业出面组织的，宝洁公司就是一个典型的例子。

(3) 契约式垂直系统：指不同层次的独立的制造商和中间商，以合同为基础建立的联营形式，以求获得比其独立行动时所得更大的经济效益。该模式包括批发商自愿连锁店、零售商合作组织、特许经营组织等。

2. 水平式渠道系统

水平式渠道系统是指由两个或两个以上的独立公司统一它们的资源和计划来开发一个新的市场机会。水平式渠道系统可以使合作公司实现优势互补，收获巨大的成功。合作公司间的联合行动可以是暂时性的，也可以是永久性的，还可以创立一个专门的公司。

3. 多渠道分销系统

多渠道分销系统是指对同一市场或不同市场采用多条渠道的分销体系。一种类型是制造商通过两条以上的竞争性分销渠道销售同一商标的产品；另一种类型是制造商通过多条分销渠道销售不同商标的差异性产品。企业通过多渠道分销系统，可以增加市场覆盖率，增加能降低销售成本的新渠道，降低渠道成本，同时，还可以实现顾客定制化销售。但是，分渠道分销系统同样存在渠道冲突和难以控制等问题。

四、企业选址策划

对一个企业特别是商业企业而言，选址往往关系到企业的兴衰成败。在营销实践中，经常需要做一些企业选址的策划，尤其是对新创企业而言。

1. 企业选址的考虑因素

具体而言，企业在选址时，重点要考虑以下几个因素。

(1) 选址是否具备企业生产所需的条件。企业生产运营需要具备一些基本条件，如水、电、场地面积及其他条件等，例如，要从事农村养殖业，就必须了解所选生产基地是否符合养殖要求。曾经有一个农业企业，从事养青蛙的活动，但其选择的养殖基地靠近马路。马路上车来车往，噪声很大，导致青蛙很不适应，造成大面积死亡，直接影响到企业经济效益。

(2) 选址要依据企业产业特点。有些企业需要多考虑成本因素，若运输成本、仓库成本等占据的比例大，则选址时要尽可能接近原材料产地，或者是生产燃料产地。例如，在荆州监利县有一家专门用秸秆做原料生产电厂燃料的企业，它的选址就必须靠近农户田间，否则企业成本太大，影响企业经济效益。在营销实践中，企业在选择地址时，一定要多考虑商圈的人流量以及人群密度、收入水平、交通条件等，切不可贪图租金便宜而选择一个人迹稀少的位置。例如，在高等院校附近开设水果店，在学生下课回宿舍的主干道做生意，往往会非常容易赚钱。一个好的位置将在很大程度上决定企业的经营收入。

有些企业对选址的要求相对来说不是很高，例如快递业、网上营销店等，可以将租金等成本多加以考虑，以节约企业成本。

(3) 选址要考虑"聚焦效应"。顾客在买东西时往往需要进行比较，他们更愿意到一些比较成熟的商圈进行消费。例如买服装，消费者一般不会到一个孤零零的服装店去购买。在营销实践中，在聚焦于某地的几个公司的吸引下而来的顾客总数，会大于这几个公司分散在不同地方吸引的顾客。因此，如果企业所选地址已经形成良好的商业环境或者是产业形成了集群，往往会比较容易吸引到顾客，这样企业可以少做广告和宣传，从而节约了成本，则企业可将重点放在产品质量和服务态度上。

(4) 选址要考虑租金因素。经营场地的租金是企业的一项重要成本，甚至有些企业的租金成本会抵消掉企业的一大部分利润。在营销实践中，位置好的门店往往租金是很高的。有些货品周转快、体积小而利润高的行业，如首饰店、高级咖啡厅、高档餐饮等，需要接近好的商圈，就不要过分计较租金，可以考虑设在高租金区；而家具店、旧货店等，对位置选择不需要过分苛刻，可以考虑设置在低租金区。

(5) 选址要考虑消费者的购买习惯和特点。例如，商店位于中心街道的右边，或位于下班人群常经过的路上，是有利的；对大多数制造企业而言，顾客一般不直接上门购买，因此，接近顾客就不是企业选址的关键因素。

(6) 选址要考虑附近企业的相容性。例如，大型超市、购物商场和游乐场所是好邻居，在这些场所附近常吸引来许多餐馆、美容院、发廊、冷饮店等相容的企业。因此，企业在选址时，要多考虑附近企业的性质和特点，力求使各企业相互享有对方的顾客，实现互利共赢。

2. 企业选址的策划工作

在申办企业之前，企业就必须做好选址工作。结合我国创业实践，为了给企业选择一个好的办公场所，创办人重点要做好以下三项工作。

(1) 进行商圈调查。在创办企业之前，就应对所选区域做精心细致的调查，例如备选区域出入的人口流量是多少，附近有几家同类或不同类企业及其采取的经营策略主要有哪些等。这个工作是最基础的工作，一定要调查清楚。例如，肯德基计划进入某城市，就先通过有关部门或专业调查公司收集这个地区的资料。把资料收集齐了，才开始规划商圈。商圈规划采取的是计分的方法。例如，这个地区有一个大型商场，商场营业额在1000万元算1分，5000万元算5分；有一条公交线路加多少分；有一条地铁线路加多少分。这些分值标准是多年平均下来的一个较准确经验值，通过打分把商圈分成好几大类，肯德基在此基础上选择最适合的商圈开设门店。正因为肯德基非常重视商圈调查工作，所以它的门店总是处于非常有利的商业区，顾客非常多。

(2) 进行顾客调研。顾客调研包括市场容量调研和购买行为调研。市场容量调研主要是指现有和潜在人口变化、人民收入水平和生活水平、本企业的市场占有率、消费者购买力等。购买行为调研要重点研究顾客的购买欲望、购买动机、兴趣爱好、购买习惯、购买时间、购买地点、购买数量、品牌偏好等情况。企业在选址时，要多考虑顾客的消费习惯。顾客的消费习惯会受到民族、年龄、性别、文化、职业、地区等的影响。例如，在大学附近开设门店，该地区的消费人群多是大学生，所以他们的消费习惯是：比较容易受到周围人的影响，愿意为新事物买单，但消费金额普遍不高，不愿意专门花很多的时间去购买零食等物品，很多购买的行为主要就是顺道购买。因此，在学生宿舍附近开设休闲食品店、网吧等往往会生意较好。

(3) 多请教专家或者有该行业从业经验的人。在营销实践中，因为选址非常重要，所以一定要多请教专家和有该行业从业经验的人，多比较、多观察，切不可盲目冲动，导致因选址失误造成损失。例如，有个大学生创业开餐馆，与房东签订了长达 5 年的合同。该学生准备大干一场，对餐馆进行了豪华装修，但经营一年后，因拆迁问题，餐馆无法继续经营下去，所有的投资付诸东流。这样的例子有很多，特别是大学生在创业时，一定要多向有创业经验的人学习，他们有实战经验，懂得如何规避风险、如何做到合理选址。

第二节　分销渠道设计策划

优秀的分销渠道系统应该是一个开放和发展的系统，能够确保企业高效率为顾客提供优质的产品和服务。设计好分销渠道对企业提升整个供应链效率至关重要。在营销实践中，由于生产的产品类型、顾客群体组成、面临的行业环境等存在差异，各类企业在设计分销渠道时，需要在研究好市场的基础上进行合理的规划和设计，为顾客带来更好的价值体验。

一、影响分销渠道设计的因素

企业只有通过一定的分销渠道将产品送达目标市场才能实现商品的价值，因此分销渠道选择与设计的起点应是企业所要到达的目标市场，而中心环节则是确定企业到达目标市场的最佳途径。

企业在选择和设计分销渠道时，首先应对影响渠道选择与设计的因素进行综合分析，然后再做出决策。影响分销渠道选择与设计的因素主要有以下几个方面。

1. 市场因素

(1) 目标市场的大小。如果目标市场范围大，渠道则应长；反之，则应短些。

(2) 目标顾客的数量及集中程度。如果顾客分散，宜采用长而宽的渠道；反之，宜用短而窄的渠道。

(3) 目标顾客的购买量、购买频率。购买量小，购买频率高，适用长而宽的渠道；相反，购买量大，购买频率低，适用短而窄的渠道。

(4) 目标市场的竞争情况。除非竞争特别激烈，通常，同类产品应与竞争者采取相同或相似的销售渠道。

2. 产品因素

(1) 产品的物理、化学性质。体积大、较重、易腐烂、易损耗的产品，适合采用短渠道或者采用直接渠道、专用渠道；反之，适合采用长而宽的渠道。

(2) 产品单价。一般地，价格高的工业品、耐用消费品适合采用短而窄的渠道；价格低的日用消费品适合采用长而宽的渠道。

(3) 产品的技术与服务要求。产品技术越复杂，需要的售后服务要求越高，则适合采用直接渠道或短渠道；反之，则采用间接销售。

(4) 产品的标准化程度。标准化程度高、通用性强的产品适合采用长而宽的渠道；非标准化产品适合采用短而窄的渠道。

(5) 产品的季节性等。

3. 生产企业本身的因素

(1) 企业实力，主要包括人力、物力、财力等。如果企业实力强，可建立自己的分销网络，实行直接销售；反之，应选择中间商推销产品。

(2) 企业的管理能力。如果企业管理能力强，又有丰富的营销经验，可选择直接销售渠道；反之，应选择中间商推销产品。

(3) 企业控制渠道的能力。企业为了有效地控制分销渠道，大多选择短渠道；反之，如果企业不希望控制渠道，则可选择长渠道。

4. 中间商的特性

(1) 中间商的合作意愿。中间商不愿意合作，只能选择短而窄的渠道。

(2) 分销费用。分销费用高，只能选择短而窄的渠道。

(3) 中间商提供的服务。中间商提供的服务优质，可采用长而宽的渠道；反之，选择短而窄的渠道。

5. 环境因素

(1) 经济形势。经济形势好，分销渠道的选择余地较大；经济萧条，市场需求下降，必须减少流通环节，使用较短渠道。

(2) 有关法规。国家政策、法律，如专卖制度、反垄断法规、进出口规定、税法等，也会影响分销渠道的选择。例如，一些国家实施医药、烟酒的专卖制度，这些产品的分销渠道就必须依法选择，其分销的自由度大大下降。

总之，影响渠道选择的因素及选择原因如表 7-2 所示。

表 7-2　影响渠道选择的因素及原因

因素	选择直接渠道的原因	选择间接渠道的原因
消费者特点	市场潜量大 集中 需求特殊 偶尔订货	市场潜量小 分散 无特殊需求 频繁订货
产品性质	特殊商品 技术复杂	便利商品 技术简便

(续表)

因素	选择直接渠道的原因	选择间接渠道的原因
产品性质	易腐 时尚商品 单位价值高 笨重 附加服务多	耐久 大宗常用商品 单位价值低 轻便 附加服务少
企业状况	具有营销管理技能与经验 需要高度控制渠道 财力雄厚、声誉高	缺乏营销管理技能与经验 对渠道的控制要求不高 资金紧缺、知名度低
宏观经济环境	经济繁荣	经济萧条

二、分销渠道设计的程序

一般而言，分销渠道设计的基本标准在于它能否以最快的速度、最好的服务质量、最少的流通费用把商品送到消费者手中，实现经营者的利益。因此，企业非常有必要按照一定的程序进行渠道设计，在理想的渠道和现实可能实现的渠道之间做出选择。

1. 分析顾客需要的服务产出水平

分销渠道的服务产出水平主要表现在以下几个方面。

(1) 批量大小：即分销渠道在一次购买过程中提供给顾客的单位数量。

(2) 等候时间：即顾客等候收到货物的平均时间。顾客一般喜欢快速交货渠道、快速服务要求高的服务产出水平。

(3) 空间便利：即分销渠道对顾客购买产品所提供的方便程度。

(4) 产品品种：即分销渠道提供的商品样式品种的宽度。一般而言，顾客喜欢较宽的样式品种。

(5) 服务支持：即分销渠道提供的附加服务，如信贷、交货、安装、修理等。服务支持越强，分销渠道提供的服务工作越多。

2. 确定渠道的目标与限制

渠道目标是指企业预期达到的顾客服务产出水平以及中间商应执行的职能等。渠道设计的中心问题是确定到达目标市场的最佳途径，每一个生产者都必须在顾客、产品、中间商、竞争者、企业效果和环境等因素的限制下确定其渠道目标。

3. 明确可供选择的渠道方案

(1) 中间商的类型与数目。考察中间商要从以下三个方面着手。

① 经营能力：表示中间商实力的大小，包括资金能力、人员能力、营业面积、仓储设备。

② 经营水平：是中间商市场活动能力的表现，反映其经营成效。

- 适应力：经营是否灵活多变、适应力强。
- 创新力：是否不断提高服务质量，在各方面给予用户和消费者更大的满足。
- 吸引力：是否满足顾客心理，符合市场需求。

因此，适应力、创新力和吸引力程度的高低是评价中间商经营水平的标准。

③ 周转能力：指中间商的资金周转能力。周转能力包括资金周转能力、偿债能力、筹集资金的能力、资金合理利用的能力，反映中间商与银行、其他企业及运输部门的合作关系。

(2) 渠道成员的特定责任。渠道成员的特定责任主要有以下几项。

① 价格政策：指企业制定的价格目录和折扣标准。

② 销售条件：指付款条件和生产者保证。例如，对提前付款的经销商给予现金折扣、对产品质量的保证，甚至给予对产品市场价格下降时的承诺保证等。对价格不下降的保证，可用来诱导经销商大量购买产品。

③ 经销商的区域权利：企业对于中间商的区域权利要相应明确，尤其是在采用特许经营和独家代理等渠道形式时，更应当明确双方的义务和责任。企业在邻近地区或同一地区特许经营人的多少，以及企业对特许经营人的特许权的允诺，均会影响中间商的销路，也会影响中间商的积极性。

④ 各方应执行的服务项目：企业通常与中间商制定相互服务与责任条款，特别是在选择特许经营和独家代理渠道时更应如此。

4．评估渠道方案

分销渠道评估的实质是从那些看起来似乎合理但又相互排斥的方案中选择最能满足企业长期目标的方案。因此，企业必须对各种可能的渠道选择方案进行评估，评估标准有三个，即经济性、控制性和适应性。

(1) 经济性标准。经济性标准是最重要的标准，是企业营销的基本出发点。在分销渠道评估中，首先应该将分销渠道决策所可能引起的销售收入增加同实施这一渠道方案所需要花费的成本做一比较，以评价分销渠道决策的合理性。

(2) 控制性标准。企业对分销渠道的设计和选择不仅应考虑经济效益，还应该考虑企业能否对其分销渠道实行有效的控制，因为分销渠道是否稳定对于企业能否维持其市场份额，实现其长远目标是至关重要的。对分销渠道的控制应讲究适度，应将控制的必要性与控制成本加以比较，以求达到最佳的控制效果。

(3) 适应性标准。在评估各渠道方案时，还有一项需要考虑的标准，那就是分销渠道是否具有地区、时间、中间商等适应性。适应性好的营销渠道，在市场上盈利的能力也要明显更强一些。

第三节　分销渠道管理策划

分销渠道建立好之后，首要工作就转移到渠道管理上，将渠道系统不断进行优化和组合，最大限度地发挥渠道应有的作用。一般而言，分销渠道管理的内容主要包括渠道成员激励、渠道冲突管理、渠道系统整合。

一、渠道成员激励

产品从生产者经过代理商、批发商、零售终端，最终到达消费者手里这个流程中，得到中间商的支援愈多，产品到达消费者手中的机会也就愈多。实际上，许多大公司对销售通路上的中间商都不敢怠慢，在他们身上的促销花费远比人们想象得多。一些弱势品牌更是如此。

通常，渠道成员并不认为自己是制造商一条供应链中的雇佣的一员，而是认为自己首先是客户的采购代理商，其次才是供应商的销售代理商。渠道成员关心的是销售客户需要的产品。可见，制造商和渠道成员的关系不是上令下行的关系，维系相互之间关系的纽带是对利益的追求。因此，对制造商而言，为使整个系统高效运转，渠道管理中很重要的一部分就是不断增强维系与渠道成员关系的利益纽带。针对渠道成员的需求持续提供激励，激发他们推广产品的热情，使其提高服务水平，以保证消费者不仅购买而且乐于购买本企业产品。

对渠道成员的激励分为直接和间接激励两种方式。

1. 直接激励

直接激励是指通过给予物质或金钱来肯定渠道成员在销量和市场规范操作方面的成绩。营销实践中，企业多采用返利的形式奖励渠道成员的业绩，主要有以下三种形式：

(1) 进货激励。进货激励主要采用批发回扣的形式，即企业为争取批发商或零售商多购进本企业的产品，或争取让原来不愿经营本企业产品的批发商或零售商经销本企业的产品，在某一时期内可给予购买一定数量本企业产品的批发商或零售商一定的货物回扣。当然，也有企业采取其他形式。

(2) 推广激励。推广激励主要采用推广津贴的形式，即企业为促使中间商购进本企业产品，并帮助本企业推销产品，而支付给中间商一定的推广津贴，主要包括新产品津贴、清货津贴、广告津贴、单独货架津贴、大批展示津贴、减价津贴等。

(3) 销售激励。销售激励主要采用销售竞赛的形式，即根据各个中间商销售本企业产品的实绩，分别给优胜者以不同的奖励，如现金奖、实物奖、免费旅游奖、度假奖等。这种竞赛活动可以鼓励中间商超额完成其销售任务，从而使本企业产品的销量增加。

2. 间接激励

间接激励是指通过帮助渠道成员提高服务水平、销售效率以增加其销售利益，从而激发渠道成员的积极性。间接激励通常采用以下几种方式。

(1) 提供帮助。保证供货及时，减少因订货环节出现失误而引起发货不畅；妥善处理销售过程中出现的产品损坏或变质、顾客投诉、顾客退货等问题，切实保障经销商利益不受无谓的损害；减少因制造商政策不合理而造成的渠道冲突等。

(2) 提供促销支持。分销商在自己的区域内进行产品促销时，制造商应给予大力支持，为分销商提供各种补贴措施，达成利益统一体。这样既提高本企业产品的品牌知名度，又帮助分销商赚取利润，激发他们推广产品的热情。

(3) 管理级差价格体系。级差价格体系是指在将销售商网络内的经销商分为总经销商、二级批发商、三级零售商等的基础上，由制造商销售网络管理者制定的包括总经销价、出厂价、批发价、团体批发价和零售价等在内的综合价格体系。通过建立合理的级差价格体系，保证每一层次的经销商都能通过销售产品取得合理的利润，调动每一层次人员的积极性，渠道才能顺畅，效率才能提高。

(4) 管理终端。终端管理的内容主要是铺货和商品陈列，通过定期拜访，帮助零售商整理货架、设计商品陈列形式。通过加强终端零售商的管理，可以提高终端零售商的服务水平，实现从终端拉动销售。

(5) 管理客户。企业可以帮助中间商管理其客户网以加强中间商的销售管理工作，从而更好地服务不同性质的客户，提高顾客忠诚度。

二、渠道冲突管理

1. 渠道冲突的概念

渠道冲突是指某渠道成员意识到另一渠道成员正在从事会损害、威胁其利益或者以牺牲其利益为代价获取稀缺资源的活动,或是由于观点不一、目标差异从而引发在渠道成员之间的争执、敌对和报复等行为。分销渠道的设计是渠道成员在不同角度、不同利益和不同方法等多因素的影响下完成的,因此,渠道冲突是不可避免的。

2. 渠道冲突的起因

渠道成员间发生冲突的起因有很多,归纳起来大致有以下几个方面。

(1) 目标不一致。同一渠道系统中的所有成员被认为有着共同的目标,那样可以使他们的效率和效益最大化。但事实上,每个渠道成员都是一个独立的法人实体,都有自己的目标。有时,这些目标会重叠,有时则会背道而驰。

生产企业希望占有更大的市场,获得更多的销售增长额及利润,但大多数零售商,尤其是小型零售商,更希望在本地市场上维持一种舒适的地位,即当销售额及利润达到满意的水平时,就满足于安逸的生活。以一家百货商店的男士衬衫部为例,这里同时销售三种品牌。该部门的目标为总销售目标,卖出哪个品牌的衬衫都无所谓。而对于制造商来讲,其特定品牌产品的销售量和市场占有率决定其"生死",其品牌销售观与零售商有着天壤之别。

(2) 角色或权利不明确。当渠道中的成员并没有就他们在整个渠道系统中的确切的经营范围达成共识时,就有可能产生渠道冲突。例如,有些企业有自己的销售队伍向各类客户供货,同时它的授权经销商也努力向大客户推销。地区边界、销售信贷等方面的任务和权利的模糊和混乱会导致诸多冲突。

(3) 感知偏差。渠道冲突还可能来自渠道成员的市场感知差异。例如,生产企业预测近期经济前景良好,要求经销商的存货水平高一些,而经销商却可能认为经济前景不容乐观,不愿保留较多的存货。

(4) 沟通不畅。在营销实践中,渠道成员之间没有沟通或者沟通不及时,还或者沟通受到"噪声"干扰,也往往会导致渠道冲突。例如,有家服装连锁企业,因为信息沟通不畅,在某个时段内居然有三家授权企业在一个小城镇进行降价促销活动,促销力度还不一样,这就造成了渠道冲突。

此外,区域市场差异、意识形态差异等都可能产生渠道冲突。

3. 渠道冲突的表现形式

渠道冲突的表现形式有如下几种。

(1) 水平渠道冲突。水平渠道冲突指同一渠道中同一层次的成员之间的冲突,如同级批发商或同级零售商之间的冲突,表现为跨区域销售、压价销售、不按规定提供售后服务或促销等。水平渠道冲突往往发生在划分区域分销的渠道系统中。例如,某一地区经营A企业产品的某中间商,可能认为同一地区经营A企业产品的另一中间商在定价、促销和售后服务等方面过于"进取",抢了他们的生意。如果发生了这类矛盾,生产企业应及时采取有效措施,缓和并协调这些矛盾,否则,就会影响渠道成员的合作及产品的销售。

(2) 垂直渠道冲突。垂直渠道冲突指同一渠道中不同层次的成员之间的冲突,如制造商和分销商之间、总代理商和批发商之间、批发商和零售商之间的冲突，表现为信贷条件的不同、进货价格的差异、提供服务(如广告支持)的差异。这类冲突比较普遍。例如，某些批发商可能会抱怨生产企业在价格方面控制太紧，利润薄，而提供的支持(包括促销补贴、服务支持等)太少；零售商对批发商或生产企业，可能也存在类似的不满。

(3) 多渠道冲突。多渠道冲突是指某一生产企业通过两条或两条以上的渠道向同一市场出售其产品而发生的冲突，其本质是几个分销渠道在同一市场内争夺同一客户群而引起的利益冲突。

在渠道管理实践中，冲突多表现为水平性和垂直性冲突，其中水平性冲突中的"越区销售"为最常见的冲突。

4. 渠道冲突的解决流程

渠道冲突的解决流程具体如下。

(1) 发现渠道冲突。要发现渠道冲突，主要有三种途径：一是对渠道成员进行定期调查，及时听取反馈；二是进行市场营销渠道审计(环境、目标、战略和活动等)；三是定期召开经销商大会，在经销商大会上一个重要的任务就是创造一个宽松和谐的气氛，让经销商把他们的不满和牢骚都发泄出来，这样制造商就可以直接了解到渠道存在的冲突和矛盾。

(2) 评估渠道冲突的影响。判断渠道冲突所处的水平，是低水平冲突、中等水平冲突，还是高水平冲突。低水平的渠道冲突对渠道效率可能没什么影响，中等水平的渠道冲突可能反而提高渠道效率，而高水平的渠道冲突则降低渠道效率。

(3) 保持现状或解决渠道冲突。对渠道冲突保持现状的原因：适当的冲突可以激发渠道人员的竞争意识，有可能一种新的渠道运作模式将取代旧有模式。

在营销实践中，企业有时会利用"放水"的方式，增加固定区域内的经销商数量，人为地制造内部竞争，以降低总经销商或独家代理商的反控制力。在企业自身市场占有率不高且有主导品牌主宰市场时，适度的"倒货"可以促进市场尽早进入火爆状态，对提高市场占有率是有帮助的。完全没有渠道冲突和客户碰撞的企业，其渠道的覆盖与市场的开拓往往缺乏活力。渠道冲突的激烈程度还可以成为判断冲突双方实力及商品热销与否的"检测表"。

当然，虽然渠道冲突在一定程度上意味着渠道的一种活力，但更多的时候它展现的是极具破坏性的一面。为保证对渠道的控制力和加强中间商的忠诚度，采取有效的化解措施是必要的。

5. 渠道冲突的解决方法

解决渠道冲突的方法主要有以下几种。

(1) 建立产销战略联盟。生产企业和分销商之间通过签订协议的方式，形成风险利益联盟体。产销战略联盟最大的特点是参与联盟的企业具有共同的战略联盟目标。产销战略联盟是管理渠道冲突最为有效的方法。

(2) 渠道扁平化。渠道扁平化可以弱化一级经销商，加强二级经销商，决胜终端零售商。例如，一些企业由多层次的批发环节变为一层批发，即厂家—经销商—零售商；还有一些企业在大城市设置配送中心，直接向经销商、零售商提供服务。

(3) 构建渠道伙伴关系，确立共同的目标和价值观。渠道成员需要与合作伙伴沟通协作，建立一整套的双赢合作模式，在相互尊重和理解的基础上，确立共同的目标和价值观，建立彼此信任和公平的合作关系。在营销实践中，如果合作伙伴之间拥有共同的目标和价值观，将极大地提高渠道的经营效率。

(4) 加强与渠道成员的沟通。生产企业和分销商之间要注意换位思考。与他人沟通的关键就在于善于从他人的角度看问题，作为合作双方，必须加强沟通和联系。生产企业要虚心听取渠道成员的意见，探索并确定合作伙伴业务驱动因素，明确伙伴关系的成本和双方的经济收益，切不可以自我为中心。

(5) 掌握渠道控制权。在营销实践中，制造商品牌实力的强弱直接决定着他对整个渠道控制力的大小。企业要掌握渠道控制权，必须在自身品牌建设上多下功夫，尽可能在渠道成员中取得较高的话语权。

(6) 对渠道成员的权利、义务尽可能明确界定。企业在进行渠道规划时，要详细界定渠道成员的权利、义务等，这样才能减少归属差异带来的渠道冲突。

(7) 与渠道成员共同成立渠道管理组织。生产企业和渠道成员有必要共同成立渠道委员会等形式的渠道管理组织，最重要的是通过建立定期或不定期的沟通机制，使企业和渠道组织、渠道成员间加深对共同目标的认识，加深相互理解，最终有利于避免冲突的实现。

三、渠道系统整合

渠道系统就是一个互动联盟，它能通过优势互补达到集成增势的效果，从而在纵、深两方面增强渠道竞争能力。渠道系统的整合，可以从以下几个途径着手。

(1) 渠道扁平化。渠道扁平化是指销售渠道越来越短，销售网点越来越多。销售渠道变短，可以增加企业对渠道的控制力；销售网点增多，则有效地促进了产品的销售量。渠道扁平化的实质就是组织结构的模式尽量扁平，尽量减少流通环节，从而实现成本优势；同时，减少因中间环节过多导致的信息失真。渠道扁平化、强化终端，能更好地了解并满足消费者的需要。但是，渠道扁平化并不是摒弃经销商，而是将核心放在重视终端，并以此更好地对经销商进行服务和管理，从根本上达成和经销商的良好合作。

(2) 渠道品牌化。专卖店是渠道品牌化的一种重要方式，它可以作为一个展示中心，充分展示本企业的产品和服务，提升品牌形象；同时，也是一个推广中心和培训中心，使其更好地接触到消费者。通过设立专卖店，企业可以建设统一的、具有个性的、符合时尚的品牌文化，实现渠道增值；同时减少了中间商的环节，可以最大限度地让利消费者。

(3) 渠道集成化。渠道冲突中越来越明显的冲突是传统渠道和新兴渠道之间的冲突。新兴渠道包括综合性连锁商店、品牌专卖店、集团采购、网上订购等，它和大商场、中小商店等传统渠道的矛盾逐渐增多。渠道集成化是解决这一渠道冲突的有效方法，通过把传统渠道和新兴渠道完整地结合起来，能够充分利用二者的优势，创造全新的经营模式。

(4) 渠道关系伙伴化。传统的渠道关系是"我"和"你"的关系，即每一个渠道成员都是一个独立的经营实体，以追求个体利益最大化为目标，甚至不惜牺牲渠道和厂商的整体利益。在伙伴式销售渠道中，生产厂家与经销商由"你"和"我"的关系变为"我们"的关系。生产厂家与经销商一体化经营，实现厂家渠道的集团控制，使分散的经销商形成一个有机体系，渠道成员为实现自己或大家的目标共同努力。

综合训练题

一、名词解释

分销渠道　分销渠道的长度　分销渠道的宽度　选择性分销　垂直式渠道系统　渠道冲突

二、简答题

1. 直接渠道主要适合于哪几种情况？
2. 密集分销及选择性分销各有哪些优缺点？
3. 影响分销渠道设计的主要因素有哪些？
4. 如何激励渠道成员？
5. 简述渠道冲突的成因和解决方法。

三、案例分析

宝洁公司：乡镇终端市场

作为世界上最大的日用消费品制造商之一的美国宝洁公司，有一套独特的做事方法：讲求科学，防止主观，凡事必须经过精心的测试、科学的论证及周密的部署才能付诸实施。

鉴于中国农村市场的特殊情况，宝洁公司决定在荆门设立办事处，具体负责项目的实施，并与当地经销商配合，利用经销商现有的资源及地域优势，帮助其建立完善的网络系统。办事处的货源直接来自当地经销商，记入经销商的销量。这样，经销商既可以直接享受乡镇网络资源，又能提高经济收入，会更好地配合宝洁公司的工作。

人员方面，在每个乡镇招聘业务员一名，负责本镇小店的业务联系、铺货店面维护、终端促销等事宜。所有招聘的业务员都必须经过严格培训，包括产品知识、销售技巧、统一形象等。之所以在当地乡镇招聘，主要是由于业务员来自本乡本土，对本镇的人文、地理非常了解，同时和当地店主都很熟悉，业务工作自然效率更高、准确性更强，避免了外地业务员进入本地的交通、住宿、情况不熟悉等诸多问题。

业务员定期对当地商店进行拜访，每周对每个小店至少拜访一次，和店主搞好关系，了解他们的经营情况、具体要求、付款信用等，甚至店主的生日及爱好都必须做详细的访问登记，并如实汇报到测试中心。总体原则是帮助小店解决问题，使其能顺利销售宝洁公司的优质产品，同时让他们相信卖宝洁公司的产品更赚钱。

所有资料以客户档案的形式进行详细归类、整理并登记，这也是宝洁公司进行业务分析与市场分析甚至市场决策的最宝贵的资源及原始数据。

"一切依据科学""文本化""数据化"是宝洁公司的一贯风格，在此次策划与执行过程当中得到了淋漓尽致的体现。

小店的店主都很"实际"，如果卖你的货赚不到钱，任凭你说得再好，他也不可能帮助你推销产品。如果能将各个小店的店主联合起来，大家一起做熟市场，既节省了资源，同时又避免了恶性竞争。很简单，恶性竞争必将导致价格战，价格战一起自然有了假货滋长的温床，而假货横行对正品造成冲击，结果是市场无序，大家都没钱赚。于是，"店主联谊会"出现了。

"店主联谊会"的目的就是整合现有资源，把所有小店店主联合起来，大家一起卖宝洁的正牌产品，"安安稳稳开店，踏踏实实赚钱"。小店店主只要从宝洁公司指定的经销商处进货(而不是从其他渠道)，并填写相应的表格登记，签订《店主联谊会会员合同》，就可以成为"宝洁公司店主联谊会"会员，同时在店门口悬挂牌匾及横幅，消费者看到牌匾就可以在这里放心购买宝洁公司的产品。联谊会会员还可以享受到宝洁公司的促销及免费的POP等各种优惠，由当地业务员统一执行。

当然也有一些不规矩的店主，"挂羊头卖狗肉"，为了贪图短期利益，购进部分假货出售。对此，业务员会定期巡查，根据宝洁公司培训的几大鉴别假货的技巧，一旦发现联谊会会员有卖假货欺骗消费者的行为，马上向测试中心汇报。测试中心将根据合同，对其进行罚款、警告甚至取消其联谊会会员资格。没有了宝洁公司的牌匾，明摆着告诉乡里乡亲这里没有宝洁公司的真货可卖，生意自然难做。经过几次整顿，这种现象就再没有发生过。

对联谊会会员有两种奖励措施：让利折扣和奖励促销。会员达到一定的销量时，宝洁公司根据合同为其粉刷小店及赠送奖品、货架等。同时，对销售额突出的小店，宝洁公司免费为其提供促销服务，通过培训过的促销队伍在其店门口进行规范的产品促销与展示。

宝洁公司以荆门为典范，依次克隆，终于全方位地开拓了中国乡镇市场。

(资料来源：百度文库)

思考题：
1. 宝洁公司为什么能开拓中国乡镇市场？
2. 宝洁公司对乡镇终端网络的管理给予我们什么启示？

第八章

促销策划

在市场经济快速发展的大背景下,企业不可能完全清楚顾客的真实需要,同样,广大消费者也不可能完全清楚商品供应商的基本情况。正因为客观上存在这种生产者与消费者间信息分离的矛盾,企业必须利用广告、人员推销、公共关系和营业推广等促销手段,把产品信息传递给消费者,以增进其对企业的了解、信赖,并最终产生购买本企业产品的意愿和行动。科学制定和实施促销活动方案,可以使更多的消费者了解、熟悉并购买企业的产品。企业通过消费者对促销活动的反馈,可以及时调整公司经营策略,帮助企业生产适销对路的产品,扩大企业的市场份额,提高企业的市场竞争能力。

知识要点:

1. 促销的概念及方式
2. 不同促销方式的效果和影响力
3. 影响促销组合的因素
4. 人员推销的含义以及人员推销策划的程序和内容
5. 推销人员的招聘、培训、激励和评价
6. 推销人员的薪酬设计
7. 广告策划的含义、类型、程序、内容
8. 广告媒体的分类、广告效果的评估
9. 公共关系策划的内容和程序以及公共关系具体的活动策划
10. 营业推广的含义、内容以及营销推广策划的程序

第一节 促销及促销组合概述

当前,企业市场竞争环境日益激烈,为了吸引更多的顾客关注,各种企业促销活动层出不穷。随着"互联网+技术"的快速发展,企业促销方式也由单一的推销模式向多元化方向发展。例如,现代网络直播带货促销组合策划是近年来国内外十分流行的一种公关传播与市场推广手段,集新闻效应、广告效应、公共关系、形象传播、客户关系于一体,在帮助企业实现经营目标的同时,也可以快速提升品牌价值。设计好促销组合对企业明确销售方向、控制经营风险、实现短期的营销目标具有重要意义。

一、促销的概念及方式

促销是促进销售的简称,指企业通过信息传播和说服活动,帮助消费者认识商品或服务所能带来的利益,从而引起消费者的兴趣,激发消费者的购买欲望及购买行为的活动。促销的本质是营销者与消费者之间的信息沟通。

促销有多种方式,主要包括人员推销、广告、公共关系和营业推广。我们常将这几种方式的组合称为促销组合。不同的促销方式各有其特点,具体如表8-1所示。

表8-1 不同促销方式的比较

促销类型	沟通方式	促销功效	优点	缺点	时效性
广告	靠媒介进行传播、单向沟通	提高企业及产品的知名度	传播范围广、形式多样、可控、人均成本低	信息传播量有限、总成本高	中长期
公共关系	间接促销手段、双向沟通	树立良好的公众形象	客观、可信度高	可控性差	长期
营业推广	直接促销手段、单向沟通	短期内增加销售量	直接、见效快、可控性高	某些推广形式成本高	短期
人员推销	面对面、双向沟通	与顾客建立良好关系	针对性强、灵活性大、见效快	成本高、覆盖范围有限、预算困难	中长期

【案例8-1】

小王是如何成为一家超市的忠实顾客的

小王家附近有5家超市,小王第一次去A超市时,店主说,小王是新顾客,加入微信第一次购物可以优惠5元钱。晚上7点的时候,小王收到了店主的短信,说店里有一批蔬菜没有卖完,现在买可以打五折,因为明天就不新鲜了,所以便宜处理。晚上十点的时候,小王又收到店主的短信,说有一批土鸡蛋要到货,提前预订没有损耗,现在可以打八折,不用上柜台,可以送货上门。过段时间,店主将小王拉进了一个微信群,小王每天都可以收到店主发来的微信随机红包,抢到微信红包的三个人进店可以打九折。慢慢地,小王就成了这家超市的忠实顾客。

(资料来源:百度文库)

二、不同促销方式的效果和影响力

不同的促销工具在消费者市场和组织市场的意义不一样。消费品企业通常更多地使用拉引策略,将资金更多地投入广告,其次是营业推广、人员推销和公共关系。相反,工业品企业则往往更喜欢利用推动策略,将其资金更多地使用在人员推销方面,其次是营业推广、广告和公共关系。一般来讲,人员推销更多地适用于那些价格昂贵、有风险的商品,以及卖主偏少、一次购买额偏大的市场之中。

消费者在购买一项产品或服务之前,会经过一连串的消费分析过程:认知→兴趣→评价→试用→采用。若产品采用后,发现效益不错,很可能会重复消费,并成为品牌忠诚度高的老客户。

各种促销方式在消费者分析过程中,分别有着不同的影响力,如表 8-2 所示。例如,公共关系在认知—兴趣阶段有强烈的影响力,可形成对企业或产品的好感,但在产品的试用—采用阶段,影响力较微弱;而人员推销由于面对面的口头诉求,在评价—试用—采用阶段有重大影响力。

表 8-2 促销手段在消费过程中的影响因子分析

促销方式	消费过程				
	认知	兴趣	评价	试用	采用
广告	A	A	C	D	D
公共关系	A	A	B	B	D
营业推广	B	B	B	A	A
人员推销	E	E	A	A	A

说明:A——成效极佳;B——令人满意;C——成效普通;D——成效不佳;E——单独使用时成本太高

三、促销的基本策略

促销的基本策略包括推动策略、拉引策略和推拉组合策略。这三种促销策略各有千秋,企业在促销中应根据自身营销特点,侧重使用某种促销策略。

1. 推动策略

推动策略是指以中间商为主要促销对象,运用人员推销手段,把产品推向销售渠道,推向最终消费市场。其作用过程为:企业的推销员把产品或劳务推荐给批发商,再由批发商推荐给零售商,最后由零售商推荐给最终消费者,如图 8-1 所示。

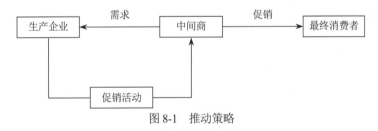

图 8-1 推动策略

推动策略适用于以下几种情况:①企业经营规模小,或无足够资金用于执行完善的广告计划;②市场较集中,分销渠道短,销售队伍大;③产品具有很高的单位价值,如特殊品、选购品等;④产品的使用、维修、保养方法需要进行示范。

2. 拉引策略

拉引策略是以最终消费者为主要促销对象,通过广告等直接面向最终消费者的强大促销攻势,把新的产品或服务介绍给最终顾客,使之产生强烈的购买欲望,从而形成急切的市场需求,然后拉引中间商纷纷要求经销这种产品或服务,如图 8-2 所示。

拉引策略适用于以下几种情况:①市场广大,产品多属便利品;②商品信息必须以最快速度告知广大消费者;③对产品的初始需求已呈现出有利的趋势,市场需求日渐上升;④产品具有独特性能,与其他产品的区别显而易见;⑤能引起消费者某种特殊情感的产品;⑥有充分的资金用于广告。

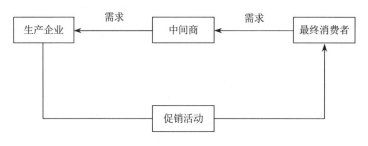

图 8-2　拉引策略

3. 推拉组合策略

在现代市场经济条件下，竞争日趋激烈，单独地使用一种促销策略往往不能适应竞争环境，生产商可以在推动中间商的同时拉引消费者，通过对中间商和消费者同时采取促销攻势，使产品迅速打开销售渠道，占领市场，如图 8-3 所示。这种双向的促销方式是目前多数企业采用的促销方式。

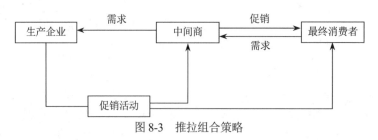

图 8-3　推拉组合策略

四、影响促销组合的因素

影响促销组合决策的因素主要如下。

(1) 促销目标。促销目标是影响促销组合决策的首要因素。每种促销工具——广告、公共关系、营业推广和人员推销——都有其特性，营销人员必须根据具体的促销目标选择合适的促销工具组合。

(2) 市场特点。除了促销目标外，市场特点也是影响促销组合决策的重要因素。受文化、风俗习惯、经济政治环境等的影响，每个市场都有其特点，促销工具在不同的市场上所起作用是不同的。所以，企业应该综合考虑市场特点和促销工具的特点，选择合适的促销工具，使它们相匹配，以达到最佳促销效果。

(3) 产品性质。产品类型不同，购买者的购买行为差别很大。一般来说，消费品最重要的促销方式是广告，然后是营业推广、人员推销和公共关系；工业品主要靠人员推销，然后是营业推广、广告和公共关系。

(4) 产品生命周期。在产品生命周期的不同阶段，促销的目标和重点不同，所采取的促销方式也不同，如表 8-3 所示。从表 8-3 可以看出，在整个产品生命周期中，企业所应采取的促销方式因阶段不同而有所不同。总的来看，在导入期和成长期，促销活动十分重要；而在成熟期和衰退期，则可以降低促销费用支出，缩小促销规模，以保证足够的利润收入。

表 8-3　产品生命周期各阶段的促销方式比较

生命周期	促销目标	促销的主要方式	预期效果
导入期	促使消费者认识、了解本企业产品，提高企业及产品的知名度	广告和公共关系	知晓度
成长期	提高市场占有率，树立企业形象	广告和公共关系	知名度
成熟期	与竞争对手相抗衡，保持市场占有率	针对性的广告、营业推广，配合人员推销	创新度
衰退期	保持顾客忠诚，延长生命周期	提示性广告	忠诚度
全周期内	建立信任感，让顾客满意	公共关系	偏爱度

(5) 促销费用组合。促销费用组合较大程度上受企业选择推动或拉引策略的影响。推动策略要求使用人员推销和公共关系，通过销售渠道推出产品；而拉引策略则要求在广告和营业推广等方面投入较多，以建立消费者的需求欲望。

(6) 其他营销因素。影响促销组合的因素是复杂的，除上述五种因素外，企业的营销风格、销售人员素质、整体发展战略以及社会和竞争环境等都会不同程度地影响促销组合决策。营销人员应审时度势、全面考虑，才能制定出有效的促销组合决策。

五、促销策划的基本程序

促销策划是指通过制定促销的战略部署图，让促销得以成功达到目的的谋划与设计。一般而言，促销策划有以下程序。

(1) 确定目标市场。促销策划的第一步就是确定目标市场，其实就是确定产品或是服务针对的消费者。只有认准了目标消费者，才能针对目标消费者的特征采取有效的促销手段。与目标消费者进行沟通，并在沟通过程中传达给他们最适合的产品信息。

(2) 确定促销目标。促销策划的第二步是确定促销目标。不管进行什么市场活动，没有目标也就没有活动开展的方向，这项活动也就没有任何意义。这里的促销目标就是期待目标市场对促销活动所做出的反应，比如促使目标消费者获取购物优惠券并进行购物。企业要根据促销目标来制定促销方式及促销手段。

(3) 确定促销信息。促销信息实质上就是在与目标消费者进行沟通时用以吸引目标消费者所采用的文字和形象设计。它是促销方案搬到市场上的外在形象。

(4) 选择促销手段。企业作为信息的发送者，必须选择最有效的促销手段，以便准确传达促销信息，这是促销策划的关键步骤。

(5) 确定促销预算。促销预算是促销方案当中的费用部分。促销活动是为了刺激消费，而如果让促销活动造成了企业的负担就得不偿失了。

(6) 确定促销总体方案。当促销总体方案确定下来以后，必须自始至终协调和整合总体方案中所采用的各种促销手段，这一点对实现预期促销目标来说显得非常重要。制订详细的推销计划，是保证促销总体方案顺利实施的前提。

(7) 评估促销绩效。企业要对促销总体方案做出评估和调整，不仅是为了调整那些效果不佳的促销手段，同时也是为了使以后的促销总体方案能够更有效地为实现促销目标服务。

第二节 人员推销策划

人员推销是人类最古老的促销方式。在商品经济高度发达的现代社会，人员推销这种古老的形式更焕发了青春，成为现代社会最重要的一种促销形式。

人员推销是一种具有很强人性因素的、独特的促销手段。它具备许多区别于其他促销手段的特点，可完成许多其他促销手段所无法实现的目标，其效果是极其显著的。

一、人员推销的概念

人员推销是指营销人员在与顾客沟通过程中所提供的有关产品信息或展示产品等必要的服务。人员推销的核心问题是说服，即说服目标顾客接受其推销的产品或服务。一般而言，人员推销的基本要素为推销员、推销产品、推销对象。

人员推销较适用于性能相对复杂的产品。当销售活动需要较多的解决问题和说服工作时，人员推销是最佳选择。说服和解释能力在人员推销活动中尤为重要，它会直接影响推销效果。

人员推销的不足之处在于：在市场广阔、顾客分散时，建立庞大的推销队伍会导致推销成本上升；推销人员的管理较难；理想的推销人员也很难觅得。

【案例8-2】

丝宝集团的人员推销策略

丝宝集团成立于1989年，中国管理总部位于湖北武汉，以"追求美的真谛、创造美的事业、奉献美的至诚、共建美的世界"为企业理念。丝宝集团涉足日用化工、卫生用品、药业、房地产、旅游、纺织等领域，形成多元化的产业格局，创造了丽花丝宝、舒蕾、美涛、洁婷、理舒达等品牌。

在与中国消费者的直接接触中，丝宝发现：化妆用品的消费者多是情感型、冲动型的人，销售现场的刺激(包括广告宣传、人员推销、优惠促销、公关活动等)对其购买欲望和购买行动的影响非常大；中国人容易受到周围群体的影响，许多人本不愿购买某种产品，但当他发现很多人在排队购买甚至抢购该产品时，或很多人都在说该产品好时，他也会怦然心动，跟随群体的行为或认同群体的态度。

"从终端打造核心竞争力"的方略，直接造就了舒蕾国内唯一可以与宝洁在单一产品上对峙的品牌地位。终端营销模式是指经营者在销售现场运用商品堆码、销售现场广告宣传、发放赠品和宣传手册、人员推销、公关、有奖销售活动等促销手段，营造、烘托销售现场的商业气氛，从而直接引发消费者的购买欲望。

当宝洁品牌模式被业界纷纷效仿的时候，丝宝另辟蹊径，充分利用低成本终端资源打造品牌、扩大销售，首创目前已被日化企业广泛采用的终端营销模式，这种营销模式对冲动型购买者尤其有效。

丝宝是国内最早引入导购促销模式的。丝宝为经销其产品的商场配备导购小姐，导购小姐由丝宝进行培训，并由丝宝支付薪酬。导购小姐的职责是当有顾客走向丝宝在商场的专柜时，为顾客介绍丝宝系列产品的功效，根据顾客的要求和个人特征向顾客推荐适用的产品，帮助顾客试用丝宝的产品，给顾客传授一些日常的护理小知识等。

丝宝集团还广泛开展人海战术。在丝宝集团中国市场，四种最普遍的、不同形态的丝宝产品终端分别是大卖场、专卖店、高档商场、连锁商店,舒蕾的终端战略在这里得到了极致的演绎。在中国市场上,廉价的劳动生产力是最划算的生产要素。因此,在很多情况下,运用人员推销进行的差异化营销往往比做高端广告更实际和有效。而且,在中国市场上,产品同质化严重、消费者的忠诚度不高等事实,使得顾客购买的临时性和随意性很大,终端促销这一人海战术的"临门一脚"就变得十分有效和关键。

(资料来源:百度文库)

二、人员推销的基本形式

人员推销的基本形式主要有以下几种。

(1) 上门推销。上门推销是最常见的人员推销形式。它是由推销人员携带产品样品、说明书和订单等走访顾客,推销产品。这种推销形式可以针对顾客的需要提供有效的服务,方便顾客,故为顾客广泛认可和接受。上门推销是一种积极主动的、名副其实的"正宗"推销形式。

(2) 柜台推销。柜台推销又称门市推销,是指企业在适当地点设置固定门市,由营业员接待进入门市的顾客,推销产品。门市的营业员是广义的推销员。柜台推销与上门推销正好相反,它是等客上门式的推销方式。由于门市里的产品种类齐全,能满足顾客多方面的购买要求,为顾客提供较多的购买方便,并且可以保证产品完好无损,故顾客比较乐于接受这种方式。柜台推销适用于零星小商品、贵重商品和容易损坏的商品。

(3) 会议推销。会议推销是指利用各种会议向与会人员宣传和介绍产品,开始推销活动。例如,在订货会、交易会、展览会、物资交流会等会议上推销产品。这种推销形式接触面广、推销对象集中,可以同时向多个推销对象推销产品,成交额较大,推销效果较好。

三、人员推销的类型

人员推销的种类繁多,形式各异,将其归类后,有以下 5 种类型。

(1) 生产厂家的人员推销。生产厂家的人员推销即生产厂家雇佣推销员向中间商或其他厂家推销产品。日用消费品生产厂家的推销员往往将中间商作为他们的推销对象;而工业品生产厂家的推销员则把将其产品作为生产资料的其他生产厂家作为推销对象。

(2) 批发商的人员推销。批发商雇佣成百上千名推销员在指定区域向零售商推销产品,零售商也常常依靠这些推销员对商店的货物需求、货源、进货量和库存量等进行评估。

(3) 零售店人员推销。这类推销往往是顾客上门,而不是推销员拜访顾客。

(4) 直接针对消费者的人员推销。这类推销在零售推销中所占比重不大,是推销力量中的一个重要部分,有其特殊优点和作用。

(5) 对无形产品的推销。对无形产品的推销主要指保险、银行、旅游、服务等行业的人员推销,还包括对不动产(如工商企业的不动产、房地产等)的人员推销。对这类推销员的要求很高,他们要通晓法律等各方面知识,甚至需要通过国家规定的考试。

四、人员推销的工作步骤

不同的推销方式可能会有不同的工作步骤。通常情况下,人员推销一般包括以下 7 个既相互关联又有一定独立性的工作步骤。

1. 寻找顾客

寻找顾客是人员推销工作的第一步。寻找潜在顾客有很多途径，可以通过现有顾客的介绍，也可以通过其他销售人员介绍、寻找工商名录、电话号码簿等寻找潜在顾客。

2. 事前准备

在走出去推销之前，推销人员必须知己知彼，掌握以下三方面的知识。

(1) 产品知识：本企业产品的特点、用途、功能等各方面的情况。

(2) 顾客知识：包括潜在顾客的个人情况、所在企业的情况，具体用户的生产、技术、资金情况，用户的需要，购买决策者的性格特点等。

(3) 竞争者知识：竞争者的能力、地位和它们的产品特点。同时，还要准备好样品、说明材料，选定接近顾客的方式、访问时间，准备应变语言等。

3. 接近顾客

接近即开始登门访问，与潜在客户开始面对面的交谈。这一阶段推销员要注意以下几点。

(1) 给顾客一个好印象，并引起顾客的注意。因而，穿着、举止、言谈、态度都是必须要注意的方面。

(2) 验证在准备阶段所准备的全部情况。

(3) 为后面的谈话做好准备。在接近顾客时，注意使自己有一个正确的心态——友好、自信。友好是指自己与对方是进行利益交换，是互惠互利的交换，因而态度要亲近、友善。自信是指相信自己不需要低人一等求别人，相信企业的产品是能经得起考验的。

4. 产品介绍

产品介绍是推销过程中的重要一步。任何产品都可以也必须用某种方法进行介绍，即使是那些无形产品(如保险、金融、投资业务)，也可以采用图形、坐标图、小册子等形式加以说明。介绍产品时要注意通过顾客的视、听、触摸等感官向顾客传递信息，其中视觉是最重要的。在介绍产品时，要特别注意说明该产品可能给顾客带来的利益，要注意倾听顾客的发言，以判断顾客的真实意图。

5. 推销障碍处理

推销障碍指顾客提出的有关产品或服务等推销内容的不同意见和看法。推销人员应欢迎顾客提出异议，并相信自己能够解决异议；努力防患于未然，事先解决可能的异议，消除顾客的各种不满意感；说服顾客同意或接受自己的观点，促使顾客最终购买本企业的产品和劳务。

6. 达成交易

达成交易是指推销人员要求顾客采取行动，即订货购买阶段。许多有经验的推销人员认为，接近顾客和达成交易是推销过程中两个最困难的步骤。在与顾客洽谈、协商过程中，推销人员要随时给予对方能够达成交易的机会。有些买主不需要全面的介绍，推销人员介绍产品过程中如发现顾客表现出愿意购买的意图，应立即抓住时机达成交易。在这个阶段，推销人员还可以提供一些优惠条件，以尽快达成交易。

7. 售后追踪

达成交易不是推销的结束,而是下一轮推销的起点。如果推销人员希望顾客对产品满意并重复购买,希望他们传播企业的好名声,则必须坚持售后追踪。售后追踪访问调查的直接目的是了解顾客是否满意已购买的产品,发现可能产生的各种问题,表示推销人员的诚意和关心;另外一个重要的目的是促使顾客传播企业及产品的好名声,听取顾客的改进建议。

五、人员推销策划的程序与内容

推销人员、推销对象、推销产品是人员推销的三个要素,也是企业开展人员推销策划时需要重点考虑的因素。一般而言,人员推销的策划过程可分为调查与分析、确定推销任务与目标、选择推销方式与策略、组建推销队伍、制定行动方案5个步骤。

1. 调查与分析

在开展推销策划前,销售人员首先要对企业所处的营销环境、企业的营销现状、企业整体实力、竞争对手的情况以及消费者的需求特点等有全面的了解,要重点分析市场需求、竞争态势、目标消费者的购买心理与行为等。销售人员在没有做好市场调查与分析的情况下,非常容易在首次与顾客的交流过程中遇到困难,有时甚至会导致失去消费者的信任。为了确保销售成功,做好市场调查与分析至关重要。

2. 确定推销任务与目标

在市场调查与分析的基础上,销售人员应进一步明确自身的推销任务,如开拓新客户、客户维护、产品销售、客户服务,明确推销产品与推销对象,确定推销的目标。一般推销目标的制定应明确、具体,包括客户目标、销售目标、推广目标等。具体而言,人员推销的任务主要包括以下内容。

(1) 挖掘和培养新顾客。销售人员首要的任务是不间断地寻找企业的新顾客,包括寻找潜在顾客和吸引竞争者的顾客,积聚更多的顾客资源,这是企业市场开拓的基础。

(2) 培养企业忠实顾客。销售人员应该通过努力与老顾客建立"莫逆之交"的关系,使企业始终保持一批忠实顾客,这是企业市场稳定的基石。

(3) 提供服务。销售人员应该为顾客提供产品咨询、技术指导、迅速安全交货、售后回访等服务,以服务来赢得顾客的信任。

(4) 沟通信息。销售人员应该熟练地向顾客传递企业的各种信息,以说服、劝导顾客购买本企业的产品。在信息传递的过程中,应关注顾客对企业产品的信息反馈,主动听取顾客对产品、企业的意见和建议。

(5) 产品销售。销售人员努力的最终成果,应该是源源不断地给企业带来订单,把企业产品销售出去,实现企业的销售目标。

3. 选择推销方式与策略

常见的人员推销方式有上门推销、柜台推销和会议推销,这里不再赘述。下面主要介绍常见的人员推销策略,包括试探性策略、针对性策略和诱导性策略。

(1) 试探性策略,亦称刺激—反应策略,指推销人员在事先尚不了解顾客需求的情况下,同顾客进行试探性接触，了解其具体要求，然后根据顾客的反应，采取一定的方法激发其产生购买欲望，引导其产生购买行为的商品促销策略。

(2) 针对性策略，亦称配合—成交策略。这种策略的特点是事先基本了解客户的某些方面的需要，然后有针对性地进行"说服"，当讲到"点子"上引起客户共鸣时，就有可能促成交易。

(3) 诱导性策略，也称诱发—满足策略。这是一种创造性推销策略，指推销人员通过与顾客交谈，从顾客的角度分析产品能给顾客带来的效用，诱导顾客对产品产生兴趣并进行购买的商品促销策略。这种策略要求推销人员有较高的推销技术，在"不知不觉"中成交。

4. 组建推销队伍

企业应围绕推销目标组建推销队伍。首先，要确定推销人员的组织结构，一般按地理区域、产品、目标市场来设置推销机构，也可以综合考虑这几种因素进行设置。其次，要确定推销人员的数量，推销人员的数量一般与销售人员的素质、销售目标直接相关。通常，推销队伍的组织结构有以下四种。

(1) 按地区划分的组织结构：即按地理区域配备推销人员，设置销售机构，推销人员在规定的区域内负责销售本企业的各种产品。优点是责任明确，有助于与顾客建立牢固的关系，可以节省推销费用。该结构适用于产品组合关系性较强、产品的市场需求类似的企业。

(2) 按产品划分的组织结构：即按产品线配备推销人员，设置销售机构，每组推销人员负责一条产品线在所有地区的市场销售。优点是能使推销员熟悉其推销的商品，有利于加强推销时的顾客服务，扩大顾客群。该结构适用于产品技术性强、生产工艺复杂、品种多的企业。要求推销员有专门的知识，否则很难进行有效推销。

(3) 按顾客类别划分的组织结构：即按某种标准(如行业、客户规模)把顾客分类，再据此配备推销人员，设置销售机构。优点是能满足不同用户的需求，提高推销成功率。缺点是推销费用增加，难以覆盖更广阔的市场。这种推销结构只适合产品销售范围较小、用户比较集中、用户规模较大、分销渠道比较稳定的企业。如果同类顾客的地理位置过于分散，采用这种结构费用会较大，销售成本也会较高。

(4) 复合式组织结构：即将上述三种结构结合起来，或按区域—产品，或按区域—顾客，或按区域—产品—顾客来组建销售机构或分配推销人员。通常当大企业拥有多种产品且销售区域相当广阔时适宜采取这种结构。复合式推销结构的好处是能发挥推销人员的知识才能，调动其积极性；推销人员能从企业整体营销现状出发开展营销活动，有利于扩大销售；推销人员能在某地区或某一单位解决诸多商品推销问题，节省推销费用。此结构适用于顾客类别复杂且分散的企业，其存在的问题是不同部门配合不好时，会直接影响推销的效果。

5. 制定行动方案

行动方案即推销活动的具体实施细则，如时间表、经费预算、预计取得的效果等。销售主管人员可在访问时对销售人员进行教育指导说明，借此提高整体销售队伍的销售技术及加强其对产品的知识。此外，推销宣传品(产品目录、价目单、订单等)的印制，推销人员的选择、培训与管理等细节，也是其中很重要的内容。表 8-4 是某公司销售人员在一个工作日的销售行动方案清单。

表 8-4　销售行动方案清单

销售人员	工作内容	须做好的准备工作	经费预算	预期效果
销售员 A				
销售员 B				
销售员 C				
销售员 D				

六、推销人员的招聘、选拔、培训、激励与评价

1. 推销人员的招聘

推销人员素质的高低对扩大产品销售和实现企业目标有着举足轻重的影响，因此，企业必须十分重视推销人员的招聘工作。企业招聘的途径主要有校园招聘和社会招聘。

理想的推销人员是否应该具备哪些特质？一般认为推销人员应该富有自信、精力充沛、性格外向、能言善辩，但事实上也有许多成功的推销人员温文尔雅、性格内向、不善言辞，因此，关于推销人员的特质问题尚无定论。尽管如此，企业在招聘推销人员时总要根据工作要求制定一些选择标准，诸如年龄、身体状况、学历、口才、智商、能力、仪表等标准。招聘的程序一般是刊登广告、申请应聘、面谈、测试、调查、体检、安排工作等。

2. 推销人员的选拔

企业在开始招聘工作后，就要从应聘者中进行选拔，一般来说，选拔标准可以参考以下几条。

(1) 具有以消费者为中心、全心全意为消费者服务的经营观念和经营意识，热爱推销工作。

(2) 能够认真贯彻党和国家的有关方针、政策、法令，坚持推销人员的职业道德，自觉维护消费者的利益。

(3) 具有丰富的文化知识、企业知识、产品知识、消费心理知识、市场营销知识、现代科学技术知识、国家经济政策与法规知识等。

(4) 具备一定的社交能力、观察分析能力、推销能力、信息反馈能力、创新开发能力、随机应变能力等。

(5) 仪表端庄，举止大方；态度和蔼，谦恭有礼，为人正派；讲究语言艺术，谈吐得体。

(6) 年富力强，身体健康，精力充沛，能适应各种交通工具。

3. 推销人员的培训

在新录用的推销人员上岗之前，必须对其进行系统的知识和技能的训练。经过训练后，推销人员应该具有以下素质。

(1) 必须对所代表的企业有一个全面了解。

(2) 应该是产品专家，应全面了解从产品设计到生产的全过程，熟悉产品性能、特点、使用、维修，熟知产品成本、费用、出厂价格。

(3) 了解顾客的购买条件、购买方式和购买时间，深入分析不同顾客的心理、习惯、爱好和需求。

(4) 掌握的相关知识主要包括营销策略、市场供求情况、潜在顾客的数量及分布、购买动机、购买能力、有关法规等。

(5) 要具备良好的文化、法律和商务素质，以及熟悉推销礼仪。

训练可以采取课堂讲授、角色扮演、观看有关推销技术的录像，以及跟班实习和观摩等方式进行。在整个训练过程中，要特别强调理论与实践相结合，还可以组织优秀的推销人员介绍经验，以提高训练的效果。

4. 推销人员的激励

对推销人员的激励包括物质激励和精神激励两个方面，物质激励主要通过报酬制度来实现，这里着重讨论精神激励。

为了激励推销人员，首先必须制定科学合理的销售定额。销售定额不应高到难以完成，也不应低到轻易就能完成。要让推销人员参与制定销售定额，这样他们就更容易接受并积极地去完成定额。其次，要创造一个重视推销工作和推销人员的组织氛围。例如，企业领导者应对推销工作和推销人员给予极大的关心，要主动地与推销人员经常保持沟通和联系，要重视推销人员的意见和建议等。同时，还应对推销人员采取公开的、正面的精神鼓励措施。例如，定期表扬表现突出的推销人员，每年评选最佳推销人员，开展销售竞赛，提供更多的晋升机会等。

5. 推销人员的评价

推销人员的评价工作是人员推销管理的重要环节，因为许多关于推销人员的重要决策都是以此为基础做出的，如推销人员的报酬、晋升、去留等。评价推销人员最主要的是考核其销售定额的完成情况，就是将其完成的销售量与销售定额相比较。其他评价标准还有实现的毛利、推销访问次数、访问成功率、平均订单数、新订单数、丧失客户数、销售费用及费率等。

为了正确地评价推销人员的工作，可采取多种方法，从不同角度进行评价。常用的评价方法主要有以下几种。

(1) 横向比较。横向比较是指对不同的推销人员在同一时期完成的各项销售指标的情况进行比较。采用这种方法，必须注意不同推销人员的推销环境和推销条件应该具有可比性。

(2) 纵向比较。纵向比较是指对同一推销人员在不同时期完成的各项销售指标的情况进行比较。采用这种方法，比较能反映推销人员工作的改进情况。

(3) 素质评价。素质评价是指对推销人员的知识、技能、品行、工作态度、进取精神等方面进行评价。

七、推销人员的薪酬设计

推销人员的工作具有很大的独立性、流动性和自主性，难以对其进行日常控制；而且他们的工作环境很不稳定，风险较大。因此，推销人员报酬制度应当具有较大的灵活性。当前推销人员工资报酬的计算方法主要有纯薪金制、纯佣金制、混合制、瓜分制、浮动定额制、同期比制、落后处罚制、谈判制和排序报酬制。其中前三种形式适用性最广。

1. 纯薪金制

纯薪金制即固定工资制，其优点是便于管理，能给予推销人员安全感。营销实践中，在销售人员工作试用期内，这种报酬形式被广泛采用。但由于这种报酬形式会导致推销人员的业绩与其所得脱节，所以激励作用较差，不利于鼓励推销人员做出比平均销售水平更好的业绩，给管理、评估和奖励销售人员的工作带来困难，容易导致推销效率低下。

2. 纯佣金制

纯佣金制也叫分成制，就是按一定的比例从销售额或利润中提取给推销人员作为报酬。优点是：能多最大限度地调动推销人员的积极性，比较符合推销工作的特点。缺点是：容易导致推销人员为了追求高销售额而采用不恰当的手段推销产品，以至损害企业声誉；推销人员的安全感相对较低。采用此方式，销售人员收入的计算公式如下：

个人收入=销售额(或毛利、利润)×提成率

3. 混合制

混合制就是将推销人员的报酬分为两个部分：一部分是相对固定的薪金，包括基本工资、福利补贴等；另一部分是佣金，与推销人员的销售业绩挂钩。这种方式保留了纯薪金制和纯佣金制各自的优点，又尽可能避免了两者的缺点。采用这种报酬形式，关键在于确定薪金和佣金的合理比例，以及准确考核推销的各项工作。采用此方式，销售人员收入的计算公式如下：

个人收入=基本工资+(当期销售额-销售定额)×提成率

个人收入=基本工资+(当期销售额-销售定额)×毛利率×提成率

第三节　广告策划

广告是一种古老的社会现象。广告主要是指广告主为了实现某种特定的需要，通过一定形式的媒体，并消耗一定的费用，公开而广泛地向公众传递信息的促销手段。科学技术的突飞猛进，广告在内容设计、媒体选择及广告手段方面等都发生了巨大的变化，传统的广告模式受到了极大的挑战。科学合理地进行广告策划，需要综合考虑企业实际、产品特点、媒体特点、市场需求特点，以及企业的营销目标等多种因素，力求以最低的广告经营成本实现最佳的广告效果，并实现企业的广告目标。

一、广告策划概述

1. 广告策划的含义

广告策划是根据企业的营销策略，按照一定的程序对广告运动或者广告活动的总体战略进行前瞻性规划的活动。它以科学、客观的市场调查为基础，以富有创造性和效益性的定位策略、诉求策略、表现策略和媒介策略为核心内容，以具有可操作性的广告策划文本为直接结果，以广告活动的效果调查为终结，追求广告活动进程的合理化和广告效果的最大化，是企业营销运作的一个重要环节。有效的广告策划，是广告宣传达到其预期目的的强有力保证。因此，它是决定广告活动成败的关键。

2. 广告策划的类型

(1) 根据广告活动规模的不同，广告策划可划分为整体性广告活动策划和单一性广告活动策划，如表 8-5 所示。

表 8-5　根据广告活动规模划分

分类	说明	特点
整体性广告活动策划	指多个按照统一的目标和计划开展的广告活动，是多个相关联广告活动的总和形成的广告系列	规模大，持续时间长，内容复杂，难度高
单一性广告活动策划	指按照单一目标开展的某一项具体的广告活动	规模小，持续时间短，内容简单，难度低

(2) 根据广告目标的不同，广告策划可划分为通知性广告策划、说服性广告策划和提醒性广告策划，如表 8-6 所示。

表 8-6　根据广告目标划分

分类	适用阶段	特点
通知性广告策划	主要用于新产品的开拓阶段	目的在于建立、促进初步需求
说服性广告策划	主要用于竞争阶段	目的在于建立对某一特定品牌的选择性需求，常利用与同类产品的其他品牌直接或间接的比较来衬托本品牌的优越性
提醒性广告策划	在产品成熟期非常重要	强化消费者对产品的记忆，加强重复购买与使用的信心

(3) 根据广告活动的直接目的的不同，广告策划可划分为促销广告策划、形象广告策划、观念广告策划和公关广告策划，如表 8-7 所示。

表 8-7　根据广告活动的直接目的划分

分类	目的	特点
促销广告策划	直接促进产品销售	时间短，见效快，费用投入比较集中
形象广告策划	树立形象增强信任	时间长，见效慢，费用投入须持续稳定
观念广告策划	传达观念说服受众	时间长，见效慢，费用投入须持续稳定
公关广告策划	直接解决紧迫问题	时间短，见效快，费用投入比较集中

(4) 根据广告活动对象的不同，广告策划可划分为以消费者为对象的广告策划和以经销商为对象的广告策划，如表 8-8 所示。

表 8-8　根据广告活动对象划分

分类	对象	特点
以消费者为对象的广告策划	消费者	注重产品优势的传达和消费者使用产品能够获得利益的承诺，通常采用大众媒介进行传播，注重声势
以经销商为对象的广告策划	经销商	注重市场前景和获利可能的承诺，通常比较注重信息传播渠道的选择，多采用某一行业的专业媒介、直接邮寄广告来进行

3. 广告策划的程序和主要内容

企业广告策划运作的过程一般时间较长，内容也较丰富，但从整体上来看，可以将其分为营销分析、战略规划、战术规划、计划执行和控制总结五个大的阶段，如表 8-9 所示。在不同的阶段，广告策划的任务、重点与中心内容都是不一样的。把握广告策划的阶段划分有助于策划人员明确策划运作各个阶段的特定和任务，从而确保广告策划能够有张有弛、按部就班地进行。

表 8-9　广告策划的程序和相关内容

程序		内容
营销分析	市场调研	确定问题和调研目标
		制订调研计划
		信息分析
		撰写调研报告
		实施反馈追踪调查
	环境分析	分析宏观环境对企业营销的影响
		分析产业发展态势对企业营销的影响
		分析企业营销的微观影响因素
	消费者分析	分析现有消费者特性、消费行为
		分析潜在消费者特性、态度
		分析潜在消费者成为实际消费者的可能性等
	产品分析	分析产品特性、形象和生命周期
		比较产品与同类产品
		识别产品的 SWOT
	企业竞争对手分析	确定企业的竞争对手
		分析企业与竞争对手相比的优劣势
	企业与竞争对手广告分析	分析企业与竞争对手的广告时间与范围的差别
		分析企业与竞争对手的诉求对象、媒介策略、广告效果的差别
		分析企业与竞争对手相比在广告方面的优势与不足等
战略规划	广告目标决策	确定通知性目标
		确定说服性目标
		确定提醒性目标
	目标市场策略	对市场进行细分
		对细分市场进行评估与选择
		确定各细分市场的问题与机会，确定产品的目标市场
	产品及广告定位策略	根据确定的目标市场，决定产品定位和广告定位策略
		分析原有产品定位的优势和不足
		分析竞争对手产品的定位
		确定本企业产品的市场定位
战术规划	广告诉求策略	确定广告的诉求对象
		确定广告的诉求重点
		确定广告的诉求方法
	广告媒介策略	按照覆盖面、受众群体、千人成本对广告媒介进行评估
		选择媒介及确定媒介组合
		确定广告发布的时机、时序及时点
		确定广告发布的频率

(续表)

程序		内容
战术规划	广告表现策略	确定广告创意概念
		确定广告表现的具体要求
	促销组合策略	确定在广告活动中，除广告外，是否还需要公共关系活动、店面促销等其他促销手段
	广告计划的制订	根据前面的决策制订具体的广告计划，包括广告目标、时间、范围、媒介、表现以及广告与其他活动的配合策略等
	广告预算的制定	根据广告计划制定广告费用预算
	广告效果预测和检测方法的研讨与确定	为保证广告效果，确定对广告效果进行事前预测和事后监测与反馈的方法
	广告策划文本撰写	根据以上内容，撰写完整的广告策划文本
	广告策划的内部检核与修改	在广告策划小组内部对广告策划文本进行检核和修改
	广告策划提案	将经过内部检核与修改的广告策划文本提交客户(或上级主管)，并加以说明，然后听取意见
	广告策划修改	根据商讨结果进行最后修改，形成最后付诸实施的定稿文案
计划执行	广告表现计划实施	根据广告策划文本，进行广告作品的设计、制作，形成最终用于发布的广告作品
	广告媒介实施	按照计划组织广告媒介的预定以及广告的购买和发布
	其他活动的实施	按照计划实施其他规定的活动
控制总结	广告效果的监测与评估	按照广告策划文本中规定的方法对广告的实际效果进行评估
	广告策划总结	在广告计划实施全部完成后，对整个广告策划运作进行总结与评估，撰写总结报告并存档

通过表 8-9，我们可以看出企业在进行广告策划时是以营销调查分析为根本，以企业的营销战略为前提，以广告诉求策略、广告定位策略、广告表现策略、广告媒介策略等战术规划为核心内容，以具有可操作性的广告策划文本为直接结果，以广告效果测定为终结。

在实际操作中，也可以将广告策划的主要内容概括为 5M。

(1) 任务(Mission)：广告的目的是什么？
(2) 资金(Money)：广告要花多少钱？
(3) 信息(Message)：广告要传送什么信息？
(4) 媒体(Media)：要使用什么广告媒体？
(5) 衡量(Measurement)：如何衡量广告效果？

【案例 8-3】

江南布衣的广告策划

江南布衣(JNBY)是杭州江南布衣服饰有限公司旗下的主力品牌，它推崇自然、健康、完美的生活方式。其品牌理念为 Joyful Natural Beauteous Yourself；其品牌设计定位为崇尚这种生活的都市知识女性；其设计风格为浪漫、丰富、自然(以这个群体的生活状态为依据)；其设计理念为与自然相融，强调单品之间随意、丰富的可搭配性。

经过市场调查，江南布衣发现多数女性购买成衣的渠道主要是专卖店，其次为百货商场，再次为批发市场。女行政人员中 62%喜欢到百货商场购买服装，白领女性中 83%喜欢到服装精品店购买服装,女学生中也有50%以上喜欢到专卖店购买服装。女性在购买服装时考虑的因素依次为:价格合理88%,质地优良85%,款式时尚76%。此外,白领女性中60%以上注重品质,54%注重颜色与款式,38%注重价格。从消费者对品牌女装的广告媒体接触率看,杂志广告影响力最大,对户外精品店广告的信度也较高。名店经销、名厅采用,会使品牌服装在人们心目中的优质名牌的地位更快地树立起来。于是江南布衣决定采取以下广告策略。

1. 广告目标

确保品牌市场地位,巩固市场;增加品牌美誉度、知名度;参与市场竞争,确立女性品牌服装市场销售份额和销售地位。

2. 广告对象

主要对象为18~35岁青年学生和职业女性。

3. 推广目标

(1) 加深品牌印象,提升品牌在目标受众群中的品牌知名度,例如提供赞助(排除赞助新闻类主持人服装)。

(2) 建立企业形象,并维护、提升品牌在目标受众群中的品牌形象,例如店面广告与杂志广告的产品展示。

4. 媒体策略

根据媒体调查,受众的广告接触率为:杂志广告43.7%,报纸广告、电视广告14%,店面广告29.8%。

(1) 以杂志广告为主,户外广告为辅。

(2) 杂志广告选择《时尚》《女友》等。

5. 广告实施

(1) 广告活动时间:节庆期间——五一、十一、圣诞节、元旦、春节;平时——元月、五月、十月、十二月等销售旺季。

(2) 广告诉求对象:都市时尚女性,以改善生态环境为目标的青年群体。

(3) 广告诉求重点:把"江南布衣"发展成为以设计为核心、以顾客需求为导向的知名品牌,以具有竞争力的"自然、丰富、浪漫"的设计风格和穿着舒适的品牌优越感来赢得市场竞争。

(4) 广告预算:6个月内杂志广告总预算为328万元,其中《时尚》刊播费154万元,占总刊播费的46.6%;《女友》刊播费174万元,占总刊播费的53.4%。

(资料来源:百度文库)

二、广告总体策划

广告总体策划主要包括三部分的内容:明确广告目标、确定广告预算、广告创意策划。

1. 明确广告目标

明确广告目标是广告策划的第一步。根据广告承担任务的不同,广告目标可以分为通知、说服和提醒三种类型,如表8-10所示。

表 8-10 广告目标的分类

通知	说服	提醒
1. 向市场通告新产品信息； 2. 描述企业可提供的各项服务； 3. 阐述产品的新用途； 4. 纠正消费者对产品错误的印象； 5. 将价格变化通告市场； 6. 解除消费者的顾虑	1. 培养消费者的品牌偏好； 2. 劝导消费者立即购买； 3. 鼓励消费者转向本企业品牌； 4. 劝导消费者接受销售访问； 5. 改变消费者对产品特性的认识	1. 提醒消费者可能不久即需要该产品； 2. 使消费者在淡季也能记住产品； 3. 提醒消费者可购买产品的地点； 4. 使产品保持尽可能高的知名度

(1) 通知性广告。这是一种以介绍为目标的广告，目的在于诱导消费者产生初次需求，向消费者宣传新产品的基本情况，以解除消费者对企业生产和销售的产品的顾虑，加深消费者对新产品的认识，促使消费者建立购买新产品的信心，使新产品迅速占领目标市场。

(2) 说服性广告。这是一种竞争性的广告，目的是促使消费者建立特定的需求，使其对本企业的某种商品产生偏好。说服性广告应着重宣传产品用途，说明产品的特色，突出本企业产品与其他品牌的同类产品相比的优越之处，努力介绍本企业产品的品牌与商标，使消费者对本企业品牌的产品产生偏好，以稳定产品的销售。

(3) 提醒性广告。这是一种加强消费者对产品的认识和理解的强化性广告。提醒性广告应着重宣传产品的市场定位，以引导消费者产生"回忆性"需求，使企业某一品牌产品在市场衰退期退出市场之前仍能满足一部分老顾客的需求。

2. 确定广告预算

所谓广告预算，就是对开展广告活动的所有费用开支进行一个预计。一般来说，广告预算包括广告调研费用、广告制作费用、广告媒体费用、广告管理费用及其他杂费。

在制定广告预算时，需要着重考虑以下因素。

(1) 产品生命周期所处的阶段：对于处于导入期的新产品，一般需要做大量重复的广告，才能建立产品知名度和争取潜在消费者试用，因而投入的广告费用相对较高。

(2) 市场占有率的高低：要争夺更高的市场占有率，一般意味着需要更多的广告费用投入。另外，广告对于高市场占有率产品的促销成本效应，往往低于低市场占有率的产品。

(3) 产品替代性的强弱：替代性强的产品，需要通过大量的广告宣传来树立有差别的形象，因此广告费用投入一般较大。

(4) 竞争与干扰：在一个有很多竞争者和广告开支很大的市场上，必须依靠强大的广告宣传来减少竞争对手的干扰声音。

在营销实践中，确定广告预算往往是一件棘手的事情，但是有多种方法来进行决策。

(1) 承受能力法：根据公司的实力决定广告预算。

(2) 销售额百分比法：根据销售额一定的百分比决定广告预算。

(3) 投资收益法：根据预测的广告投资所能产生的收益决定广告预算。

(4) 竞争平衡法：参考竞争对手的广告费用决定广告预算，一般采用大体相同的预算。

预算的制定方法非常多样化，应该根据实际情况选择适宜的方法，避免盲目制定。

3. 广告创意策划

在确定广告目标之后，要进一步设计广告的内容与表现形式，这一过程称为广告创意策划。广告创意策划主要包括以下三方面内容：信息的采集、信息的评估与选择、信息的表达。

(1) 信息的采集。信息采集的渠道与方法是多种多样的，策划者可以通过与消费者交谈、与经销商交谈、与营销人员交谈、与竞争对手交谈，从中搜集素材，经过研究分析，最终提炼出有价值的、适合传播的产品与服务信息。

(2) 信息的评估与选择。在众多可能适合的信息中，策划者还应进一步比较评估，找出最能激发多数消费者需求的信息，即确定广告主题或广告诉求。信息的选择应把握以下三个标准。

① 主题性。广告概念应明确，能全面准确地介绍产品或表现产品形象，激发消费者兴趣，使之产生购买的欲望。

② 独特性。广告信息应充分体现本企业产品的特色，特别是与同类产品相比的优势；编排上要新颖奇特，给人留下深刻的印象。

③ 可信性。广告所传达的信息还必须真实可靠。只有客观真实的广告，才能增加可信度，使公众乐于接受；才能塑造良好的企业品牌与产品形象。

(3) 信息的表达。光有好的内容是不够的，一则广告要收到良好的效果，还必须赋以恰当的表达方式。广告信息的表达方式除了受到内容及媒体的限制外，往往还涉及美学、文学、心理学等方面的专业知识。广告信息的表达应注意图文并茂、引人入胜，要以尽量少的语言表达出核心信息，易懂易记。可以采用一些日常生活中的小片段或通过表现人们的某种生活方式来介绍产品，也可以请国家权威机构的专业人士、名人或普通消费者现身说法，介绍产品及消费经验。常用的广告信息表达方式有生活片段、生活方式、科学证明、专门技术、气氛或意境、人格化等。

【案例8-4】
广告文案中的信息表达

在广告策划中，我们经常发现文案设计者往往会运用一定的修饰手法来设计出精美的广告信息。设计好广告信息，不仅有利于加深消费者对产品的印象，也有利于得到消费者的好感，给消费者带来一种美的享受，从而促进产品销售。

拟人："你只要按一下按钮，其余的我来负责。"(佳能照相机)
借代："今年二十，明年十八。"(白丽香皂)
反复："燕舞，燕舞，一曲歌来一曲舞。"(燕舞牌收录机)
双关："不打不相识。"(打字机)
反语："不要太潇洒。"(杉杉牌西服)
顶针："万家乐，乐万家。"(万家乐热水器)
对偶："古今中外尽收眼底，喜怒哀乐皆驻心头。"(家用电器商店)
设问："谁为万家燃灯火？恒星牌灯泡为您带来光明与欢乐。"(恒星牌灯泡)
回环："静静地洗，洗得净净。"(洗衣机)
对比："比一比，撕纸的声音让汽车的行驶变得悄无声息。"(汽车)
呼告："请大家转告大家。"(皮鞋)
反衬法："这部全新的劳斯莱斯以60英里的时速行驶，最大的噪声来自这只电子钟。"(劳斯莱斯)

(资料来源：百度文库)

三、广告媒体

目前广告媒体大致可以分为大众广告媒体、小众广告媒体、新兴广告媒体三大类,以下分别进行说明。

1. 大众广告媒体

大众广告媒体的形式及其优缺点如表 8-11 所示。

表 8-11 大众广告媒体

媒体形式	优点	缺点
报纸广告	灵活、及时,本地市场覆盖面广,信息能广泛地被消费者接受,可信性强	保存性差,复制质量低,相互传阅者少
杂志广告	读者对象明确,针对性强;印刷精美,表现力强;保存期长,传阅者多	广告购买前置时间长,传阅速度慢,存在发行量浪费、版面无法保证的情况
广播广告	大众化宣传,地理和人口方面的选择性强,成本低	只有声音,不如电视引人入胜,信息保存性差
电视广告	综合视觉、听觉和动作,富有感染力;传播面广,影响深远	成本高,干扰多,转瞬即逝,观众选择性少

2. 小众广告媒体

小众广告媒体的形式及其优缺点如有 8-12 所示。

表 8-12 小众广告媒体

媒体形式	优点	缺点
销售点广告(POP 广告)	直接面向消费者,针对性强;营销造势效果明显	接触面局限于现场,对设计人员要求高;竞争者容易效仿,干扰因素多
户外广告	灵活,展示时间长,费用低,竞争少,区域性强,提醒性能强	可传递的信息有限,针对性差
直邮广告	诉求直接,针对性强,人情味较重	传播范围较小,可能造成滥发"垃圾邮件"的印象
宣传单	相对电视、报纸广告,传单的针对性要强些;告知作用明显,派发简单易行,成本低廉	传单泛滥,顾客容易产生厌烦情绪,宣传效率低
交通广告	填补了其他媒体的空白,传播效果好	传播的范围有一定的局限,传播的信息有限

3. 新兴广告媒体

(1) 楼宇广告。楼宇广告主要是针对高层建筑人口密度高、群体特征明显及干扰因素少等特点而发展起来的一种媒体形式。高层建筑主要有两种:商业楼宇、社区公寓。楼宇广告一般集中在三个位置:电视广告媒体、楼梯间、地下停车场,表现形式有海报、框架、液晶显示屏等。银行理财产品、体育赛事、旅游产品、通信产品等是此类广告媒体的投放热点。

(2) 手机广告。手机广告是借助手机及其他通信设备传递产品和服务信息的一种媒体形式。一般有两种做法:一种是根据用户数据库做 WAP PUSH 广告,这是一种用户被动式的广告，对用户有强迫性，是推的方法；另一种是基于免费 WAP 形式，通过手机上网，把互联网广告模式复制到手机广告中，其特点是强调为客户建立移动营销专区，再通过各种广告链接导入，是拉的方法。

(3) 网络广告。网络广告是在网络上做的广告，是通过 Chinapex 等网络广告投放平台，利用网站上的广告横幅、文本链接、多媒体等方法，在互联网上刊登或发布广告，通过网络传递给互联网用户的一种高科技广告运作方式。网络广告与传统的四大传播媒体(报纸、杂志、电视、广播)广告及近来备受青睐的户外广告相比，具有得天独厚的优势，是实施现代营销媒体战略的重要部分。

网络广告是网络营销主要的方法之一，在网络营销方法体系中具有举足轻重的地位。网络广告的本质是向互联网用户传递营销信息的一种手段，是对用户注意力资源的合理利用。网络广告并不仅限于放置在网页上的各种规格的 banner 广告，电子邮件广告、搜索引擎关键词广告、搜索竞价排名广告等都是网络广告的表现形式。

此外，其他新兴的广告媒体形式还有超市购物袋广告、车载广告、电影前置广告、ATM 取款机广告和会议广告等。

四、选择广告媒体需要考虑的因素

广告媒体的种类很多，各有优缺点。除了要分析各种广告媒体的特点外，还要研究如何正确地选择广告媒体，才能把商品或服务的信息及时、有效地传递给消费者。企业在合理选择广告媒体时应当综合考虑以下因素。

(1) 广告目标。不同的目标决定了广告不同的诉求点、内容与表达方式，企业应根据不同的目标确定相应的媒体。

(2) 产品性质。不同的产品，广告内容的侧重点不同，所选用的媒体也应有所不同。例如技术性较复杂的工业产品，必须较详细地说明产品性能，宜采用印刷品媒体；而日用消费者则多采用电子媒体。

(3) 目标受众的媒体习惯。不同的目标消费群往往有不同的媒体习惯，某些媒体更适合一些特定的人群，例如，针对工程技术人员的广告，可选择专业杂志或产品宣传手册等媒体；而针对儿童的玩具、糖果等，最好的媒体是电视。

(4) 媒体的影响及效果。不同的媒体的流通范围和时效不同。例如，报纸覆盖面广，传播迅速，影响较大，但有效时间短；杂志针对性强，易于保存，但传播速度较慢，传播范围窄，影响相对较小。所以，企业在选择媒体要充分考虑到各种媒体的特点、影响和效果。

(5) 媒体费用。企业还必须考虑媒体成本，在同等效果下尽可能选用相对便宜的广告媒体，以节约成本、提高效益。

【案例 8-5】

认识礼品广告

目前大多数企业的广告支出大多花在了传统媒体上，如电视、报纸、广播、大型户外广告等，这些大众媒体虽然影响力广，但缺乏一定的针对性，礼品广告能够很好地解决这个问题，并且易于被消费者接受。

礼品广告是在礼品上标明广告主简单的销售信息，如地址、名称、电话等，免费赠给顾客以表示好感的广告形式，在美国又称为特种广告(Specialty Advertisement)。通过此种形式传播广告信息的礼品，即为礼品广告媒体。美国 50%的企业经常向顾客赠送礼品，每年的营业额为40~50亿美元，特别是中小规模的银行、保险公司、服务机构和零售商店等，对礼品广告更为重视。常见的礼品广告主要有以下三种。

(1) 广告赠品。为了使顾客对本企业产品和品牌名称产生深刻的印象，广告主将印有公司、产品或品牌名称的裁纸刀、钥匙扣、圆珠笔、打火机等赠给客户。这些赠品虽然价值不高，但因制作精美且具有实用价值，颇受顾客欢迎。

(2) 广告日历。使用时间长，使用频率高，是树立企业形象、宣传企业品牌效果较好的媒体。

(3) 商业礼品。商业礼品是广告主为开拓销售业务而向与产品销售有关的人员赠送的礼品，其价值视广告主的需要及目的而定，一般远高于广告赠品。商业礼品的赠送通常受到政府及有关组织的限制。

(资料来源：百度文库)

五、广告效果评估

广告的有效计划与控制，主要是基于广告效果的测定。所谓广告效果，通常指广告信息通过广告媒体传播后所产生的社会影响和效应。广告效果的测定主要包括沟通效果的测定和销售效果的测定。

1. 广告沟通效果的测定

广告沟通效果的测定主要是测定消费者对广告信息的注意、兴趣、记忆等心理反应的程度。一般有以下几项内容。

(1) 对广告注意度的测定。它是借助有关指标了解视听者的认知程度，测定其注意力。常用的指标有：粗知百分比，即记得视听过此广告的视听者百分比；熟知百分比，即记得该广告一半以上内容的视听者百分比；联想百分比，即能准确辨认该产品及其广告主的视听者百分比。常用的方法一般是通过表格调查，也可采用仪器装置进行测定。

(2) 对广告记忆率的测定。对广告记忆率的测定，可通过间接调查方式，也可采用直接询问方式，来了解消费者对企业名称、商品名称、商标、商品特性和购买地点等广告内容的记忆程度。

2. 广告销售效果的测定

广告销售效果是以广告传播后商品销售量的增减为衡量标准，因此销售效果是把广告费用与销售额的增加做比较。计算公式如下：

$$广告效果比率 = (销售额增加率 / 广告费增加率) \times 100\%$$

销售额的增加受多种因素的影响，广告只是因素之一，因此用此法衡量广告效果不一定准确，只是作为研究广告效果的参考。在确定销售额增加率时，必须考虑扣除的因素有商品的质量、价格和数量、服务质量、社会购买力的变化、经济形势的变化等。

第四节　公共关系策划

公共关系是指企业为加强与社会公众的沟通和联系，帮助公众进一步认识、理解并支持企业的发展，达到树立良好企业形象、实现商品销售的目的而进行的一系列公共活动。公共关系的目的是通过深入细致、持之以恒的工作，树立企业良好的形象和信誉，以取得更广泛公众的理解、支持、信任，从而提升企业的品牌价值及竞争优势。

一、公关关系策划概述

1. 公共关系策划的概念

公共关系策划是指公关人员通过对公众进行系统分析，利用已经掌握的知识和手段对公关活动的整体战略和策略进行运筹规划，是对于提出公关决策、实施公关决策、检验公关决策的全过程做预先的考虑和设想。

这个定义包括如下几层含义。

(1) 公共关系策划工作是公关人员的工作，是由公关人员来完成的。

(2) 公共关系策划是为组织目标服务的。

(3) 公共关系策划是建立在公关调研基础上的，既非凭空产生，也不能囊括所有公关活动。

(4) 公共关系策划可以分为三个层次：总体公关战略策划，例如某企业的 CIS 导入、组织形象的五年规划、建设型公关、进攻型公关、防守型公关等；专门公关活动策划，例如四通集团向科技奥运会获奖学生赠电脑的活动、壳牌公司为司机发放交通图的活动等；具体公关操作策划，如典礼、联谊会、集资、赞助等。

(5) 公共关系策划包括谋略、计划和设计三个方面的工作。

2. 公共关系策划的主要内容

公共关系策划主要包括以下几个方面。

(1) 树立企业形象。帮助企业建立良好的内部和外部形象。首先从企业内部做起，使员工具有很强的凝聚力和向心力。此外，要加强企业的对外透明度，利用各种手段向外传播信息，让公众认识企业、了解企业，进而赢得公众的理解、信任、合作与支持。

(2) 建立信息网络。公共关系是企业收集信息、实现反馈以帮助决策的重要渠道。由于外部环境在不断发展，企业如果不及时掌握市场信息，就会丧失优势。公共关系策划可以使企业及时收集信息，对环境的变化保持高度的敏感性，为企业决策提供可靠的依据。

(3) 处理公共关系。在现代社会环境中，企业不是孤立存在的，不可能离开社会去实现企业的经营目标，公共关系活动正是维持和协调企业与内外公众关系的最有效的手段。企业与内外公众关系的协调主要包括三个方面：一是协调领导者与企业职工之间的关系；二是协调企业内部各职能部门之间的关系；三是协调企业与外界公众的关系。

(4) 消除公众误解。任何企业在发展过程中都可能出现某些失误，而失误往往是一个转折点，处理不妥，就可能导致满盘皆输。因此，企业平时要有应急准备，一旦与公众发生纠纷，要尽快掌握事实真相，及时做好调解工作。

(5) 分析预测。及时分析、监测社会环境的变化，包括：政策、法令的变化，社会舆论、公众兴趣、自然环境、市场动态等的变化；向企业预报有重大影响的近期或远期发展趋势；预测企业重大行动计划可能遇到的社会反应等。

(6) 促进产品销售。以自然随和的公共关系方式向公众介绍新产品、新服务，既可以增强公众的购买或消费欲望，又能为企业和产品树立更好的形象。

二、公共关系策划的程序

公共关系策划包括调查与分析、确定公关目标、选择目标公众、设计公关活动、编制公关预算、公关决策与效果评估六个步骤。

1. 调查与分析

在开展公共关系策划时，首先应收集相关信息，进行自我形象分析。信息主要有两大类：产品形象信息与企业形象信息。产品形象信息包括公众特别是用户对于产品价格、质量、性能、用途等方面的反映，对于该产品优点、缺点的评价以及如何改进等方面的建议。企业形象信息则包括公众对企业组织机构的评价、对企业管理水平的评价、对企业人员素质的评价、对企业服务质量的评价等。通过对这两类信息的分析，企业可以对自己的公众形象有真实的认知，有利于分析公共关系中的问题，指明公关活动的方向与重点。

2. 确定公关目标

公共关系的总体目标是树立组织良好形象。它具有四大要素：传播信息，这是最基本的公关目标；联络感情，这是公关工作的长期目标；改变态度，这是公关实践中所追求的主要目标；引起行为，这是公共关系的最高目标。策划了总体目标之后，还要制定具体的、可测量的、定量化的目标。应根据组织的自身性质，所处的特殊环境与面临的实际问题来制定。

3. 选择目标公众

确定与企业有关的公众是公共关系策划的基本任务，若忽略此步骤便不能有效地开展公关工作。一般来说，公关对象策划有以下几个步骤。

(1) 要鉴别公众的权利要求。公关在本质上是一种互利关系，一个成功的公关策划必须考虑到互利的要求，要做到这一点，就必须明确公众的权利要求。

(2) 对公众对象的各种权利要求进行概括和分析。先找出各类公众权利要求中的共同点和共性问题，把满足公众的各种共同权利要求作为设计企业总体形象的基础。进行概括和分析时，应注意不要简单地按照公众的规律地位或表面一致性来考察，而应从各种公关的意图、权利要求、观察和行为的一致性等方面来加以考察。

企业所面向的公众范围很广，包括消费者、新闻媒体、政府部门、业务伙伴、竞争对手等。策划时应根据本次公关的目标，确定目标公众并深入分析其心理。

4. 设计公关活动

设计公关活动是公共关系策划的主体，这一部分的具体内容包括确定公关活动的主题、内容模式、时间与地点等。

(1) 主题。公关活动的主题是对公关活动内容的高度概括，对整个公关活动起着指导作用。公关活动的主题首先必须与公关活动目标相一致；其次必须独特新颖，适应目标公众心理的需要，具有强烈的感召力。

(2) 内容模式。公共关系策划中可选择的模式多种多样，企业应根据企业特点、公关目标、公关对象具体确定。常见的公关模式有以下几种。

① 交际型模式。以面对面的人际传播为手段，通过人与人之间的交往促进企业与公众之间的关系。如企业庆典、纪念酒会等，企业会广邀相关公众，加强彼此之间的联系。

② 宣传型模式。通过各种媒介向内外公众传播信息，目的是提高企业的知名度、塑造企业的良好形象。例如，内部刊物、新闻稿、记者招待会、新产品展示会等都属于这种模式。

③ 征询型模式。通过民意测验、舆论调查等活动方式为企业决策收集信息，有助于增强公众的参与感，提高企业的社会形象。例如，某公司推出的有奖调查、某化妆品公司关于使用心得的有奖征文，都吸引了不少消费者，收到了不错的宣传效果。

④ 社会型模式。通过开展各种社会福利活动来提高企业的知名度和美誉度。不少知名企业都会赞助各种文化体育活动，为公益事业与慈善事业尽心尽力，这种公关模式体现了企业的社会责任感，有助于增进消费者对企业的好感，是一种基于长远利益的投资。

⑤ 服务型模式。主要以开展各种服务活动来提高企业的知名度和美誉度。例如，中药店聘请名医坐堂，提供咨询和消费指导，这个仅仅是药店的一种附加服务，更是一种有效的公关宣传。

(3) 时间与地点。确定了公关活动的主题与模式之后，还应考虑公关活动的时间与地点，要选择合适的公关时机，制定详细的时间表。在营销实践中，周年庆典，新产品、新项目、新服务、新技术推出之际，国际、国内各种节日和纪念日等，都是比较好的进行公关策划的时间节点。此外，还应根据活动的性质与要求选择合适的公关场所。

5. 编制公关预算

公关预算即活动费用的估算与安排，包括场租费用、招待费用、礼品费用、相关促销配合的费用等。此外，公共关系策划中还会涉及公关活动效果的评估，一般可从以下指标展开评价：一是曝光频率，这是衡量公共关系效果的最简易的方法；二是公众的反响，可以通过调查了解公众对产品的知名度、理解、态度方面的变化。此外，也可以从销售额、利润的变化来计算公关的投资收益率。

6. 公关决策与效果评估

公关决策是对公关活动方案进行优化、论证和决断，是公共关系策划活动成功的关键。公关方案的优化过程就是提高方案合理值的过程。方案的优化可以从三个方面去考虑：增强方案的目的性，增加方案的可行性，降低花费。方案的优化方法有重点法、轮变法、反向增益法、优点综合法等。评估内容主要是：检查公关目标是否实现，核定计划实施的效益，评估公关活动的效果。通过评估，使公关活动呈现出一个完整的过程。

三、公共关系具体活动策划

企业要实现公关目标，就必须掌握各种公关活动方式，通常而言，有以下几种。

1. 新闻发布会

新闻发布会又称为记者招待会，是企业为公布重大新闻或解释重要方针政策而邀请新闻记者集会，先将信息公告给记者，然后通过记者所属的大众传播媒介告知公众的一种公共关系专题活动。它是企业传播各类信息，吸引新闻界客观报道，处理好媒体关系的重要手段。特别是当企业遇到一些问题需要向社会公众解释时，借助新闻媒介向公众传递真相、澄清事实、引导舆论、树立或维护企业形象，及时召开新闻发布会便是一种有效的形式。

2. 展销会

展销会是一种综合运用各种媒介或手段推广产品、宣传企业形象和建立良好公关的大型活动。展销会是一种复合性的传播方式，它提供了企业与公众进行直接双向沟通的机会，是一种高度集中和高效率的沟通方式；同时，作为综合性的大型公关专题活动，是新闻报道的好题材，而且一般来说，展销会带有娱乐性质，可以吸引大量公众。

3. 专题活动

通过举办各种专题活动，扩大企业的影响力。这方面的活动包括：举办各种庆祝活动、开工典礼、开业典礼等；开展各种竞赛活动，如知识竞赛、劳动竞赛、有奖评优等。

4. 赞助活动

赞助活动是企业无偿地提供资金或物质支持某一项社会事业或社会活动，以获得一定形象传播效益的公共关系专题活动。它是一种信誉投资和感情投资行为，也是一种积极有效的公共关系促销手段。通过参与各种公益活动和社会福利活动，协调企业与社会公众的关系。这方面的活动包括：安全生产和环境卫生、防止污染和噪音等，赞助社会公益事业，为社会慈善机构募捐等。

5. 对外开放参观活动

对外开放参观活动是指企业为了让公众更好地了解自己，面向社会各界开放，及时组织和安排广大公众到企业内部来参观、考察。对外开放参观活动是提高企业的透明度、争取公众了解和支持的一个重要手段。

此外，有些企业甚至开展了企业旅游项目。游客通过参观企业，不仅可以更好地了解企业的产品和文化，还可以享受到旅游的快乐，企业也可以创造新的利润增长点。

6. 危机公关活动

企业面临公共关系危机的原因主要有三种：自身行为不当、突发事件、失实报道。企业应根据具体情况，分析具体原因，及时开展卓有成效的危机公关活动。例如，属于企业自身原因引起的公关危机，企业应真诚接受批评，立即采取善后措施，引以为戒；属于突发事件引起的公关危机，则要把真相告知公众，争取公众的谅解与支持，并积极处理突发事件引起的矛盾；属于失实报道引起的公关危机，则要坚持不失态、不失策、冷静处理的原则，及时消除不利影响，扭转不利的舆论状态。

【案例8-6】

强生公司如何应对危机

强生公司生产的泰乐诺胶囊是一种止痛药，1981年销售额43.5亿美元，占强生公司总销售额的7%，其利润占总利润的17%。1982年9月末的一天，一位叫亚当·杰努斯的患者服了一粒泰乐诺胶囊后当天死亡；同一天，另一对服了泰乐诺胶囊的夫妇，也在两天后死亡。此消息迅速传遍了美国，强生公司在止痛药市场上的份额从35.3%一度下跌到不足7%，公司面临巨大危机。强生公司对此迅速做出如下反应。

1. 调查并澄清事实

（1）公司迅速收集有关受害者的情况、死因以及有毒泰乐诺胶囊的批号、零售点、生产日期、送往分销网的途径等。为此，强生公司特别请了100名联邦调查局和州侦探，追查了

2000条线索，研究了57份报告。

(2) 求助媒体提供准确及时的消息，以避免恐慌。通过调查，得出报告：有毒的胶囊是有人从药店买了成品后掺入硫化氢又退回商店所致，并不是强生公司生产中出的问题。强生公司把这个消息迅速传达给客户和媒体，仅电报费就花了50万美元。

2. 评估并遏止事件的影响

"泰乐诺中毒事件"使强生公司损失过亿美元，但最主要的是对其商标本身的影响。强生公司事后进行民意调查，发现49%的人回答他们仍会使用这种药，于是，强生公司又把药摆到了货架上。

3. 使泰乐诺重振雄风

强生公司为实现这一目标，采取了"稳住常客，渗透新顾客群"的策略，具体步骤如下：

(1) 请开发此药的麦克奈尔实验室的药学博士托马斯·盖茨在广告中向使用该药的美国人民致谢。

(2) 鼓励胶囊的使用者去试用泰乐诺药片。

(3) 承诺在"中毒事件"发生后扔掉泰乐诺的客户，只要打一个免费电话，就可得到2.5美元的赠券。

(4) 设计了一种新型的防破坏的包装，增强人们的信任感。

强生公司通过这一系列周密的计划和行动，仅用了8个月就使泰乐诺重新赢得了35%的市场份额，并一直维持到1986年，为强生公司赢得了巨额利润。

(资料来源：百度文库)

第五节　营业推广策划

营业推广是指企业为了刺激市场需求而采取的能够迅速产生激励作用的促销活动。在营销实践中，营业推广不是一种常规性的促销活动。营业推广的方式比较灵活，企业可根据经营的不同商品特点和所处的不同营销环境，加以灵活选择和运用。随着科学技术的发展，营业推广的手段也更加多样化。

一、营业推广的含义

营业推广是指除人员推销、广告和公共关系宣传以外，在一个比较大的目标市场上，为了刺激消费者需求而采取的能够迅速产生激励作用的一种促销措施。营业推广很少单独使用，一般是作为广告或人员推销的辅助手段。

营业推广最大的特点是即期效果明显。在推销新品、处理库存或与竞争对手进行直接竞争方面，作用非常明显。营业推广包括优惠券、现金折扣、赠奖、赠物、竞赛(抽奖、游戏)、惠顾回报、免费试用、样品、产品保证、现场陈列和示范表演等多种形式。我们通常所说的店铺促销主要就是使用营业推广方式。

营业推广是一种有效的促销手段。在开展营业推广活动时，必须注意以下问题：①选择适当的方式；②确定适当的时间；③限定营业推广的对象；④做好营业推广方案的实施工作；⑤正确评估营业推广效果。

二、营业推广的具体方法

1. 针对消费者的营业推广类型

(1) 赠送样品：向消费者赠送样品或试用品。赠送样品是介绍新产品最有效的方法，缺点是费用高。样品可以选择在商店或闹市区散发，或在其他产品中附送，也可以公开广告赠送，或入户派送。此种方法在食品、保健品、美容产品、洗化品等类别中使用非常广泛。

(2) 折价券：给购买者一个凭证，在购买某种商品时可凭此证免付一定金额的货款。这是一种刺激成熟品牌商品销路的有效工具，也可以鼓励买主早期试用新品牌。专家们认为折价券至少要提供15%～20%的折价才会有效。折价券可以通过广告或直邮的方式发送。

(3) 交易贴花：在营业过程中向顾客赠送印花，当购买者手中的印花积累到一定数量时，可兑换一定数量的商品或优惠购物(积点、积分两种)。这种方式可吸引顾客长期购买本企业的产品。

(4) 赠奖：以相当低的费用出售或赠送一些商品作为购买某特定产品的刺激。它有以下三种形式。

① 随附赠品：在顾客所购买商品包装内附送，可以给顾客一个惊喜。

② 免费邮寄赠品：消费者凭购买凭证就可得到商店免费寄去的奖品。

③ 付费赠送：以低于通常零售的价格出售给需要此种商品的消费者。现在许多厂家和经销商给予消费者名目繁多的赠品，有些赠品上还印有企业的名称，既作为赠奖又可以宣传企业。

(5) 产品陈列与示范：企业在零售店占据有利位置，将本企业的产品进行橱窗陈列、货架陈列、流动陈列，同时进行现场使用示范，以展示产品的性能与优越性。例如，某商场销售蒸汽电熨斗，其示范方法是把各种不同质地的布料揉皱，再用熨斗展平，从而打开了销路。这种方法适用于新产品以及家电、化妆品等的促销活动。

(6) 有奖销售：在顾客购买商品后发给其奖券或号码，使顾客不仅能够得到商品，而且可以有额外收获，以此来刺激顾客的购买欲望。

(7) 特价包装：企业对其产品给予一定折扣优惠，并把原价或正常价格与限定优惠价格标明在商品包装或标签上。特价包装可以将商品单独包装减价销售，也可以采用组合包装的形式，即将相应商品合并包装。特价包装对于刺激短期销售方面甚至比折价券更有效。这种方法适用于非耐用性消费品，短期效果明显。

(8) 会员营销：又称作俱乐部营销，是指企业以某种利益或服务为主题，将各种消费者组成俱乐部形式，开展宣传、促销和销售活动。会员营销能培养消费者的品牌忠诚度，缩短厂商与消费者之间的距离，加强营销竞争力。

2. 针对中间商的营业推广类型

(1) 价格折扣。为了促进中间商大量进货，生产商经常使用的方法是价格折扣。价格折扣有两种基本形式：一是给予中间商数量折扣，是指中间商在一定时期内进货达到一定数量就可以享受一定的价格折扣；二是给予中间商职能折扣，是指当中间商为产品做广告或做产品陈列时，生产商给予其一定的费用补偿或相应的津贴。

(2) 产品交易会和订货会。生产商利用交易会和订货会邀请中间商参会，在会上陈列产品，企业的推销人员介绍产品相关知识，同时进行现场操作演示。采用这种方式，推销人员可以直接与客户代表进行洽谈,形成双向沟通,引导客户签订购货合同。

(3) 销售激励。为了激励中间商全力推销商品,完成或超额完成销售任务,在中间商中开展一系列竞赛活动,获胜者可以得到生产商的奖励。竞赛通常以销售额、销售增长率、货款回笼速度、售后服务质量等一系列指标为标准进行评价,而奖励的形式也是多种多样,有财务支持、福利支持和促销支持等。

(4) 扶持零售商。生产商可以对零售商专柜的装潢予以资助,提供POP广告,以强化零售网络,促使销售额增加;也可以派遣厂方信息员对零售商销售人员进行经营指导或代培销售人员。

(5) 采购支持。采购支持是厂家为了帮助中间商采购、节省采购费用和库存费用而采取的一种销售促进方式。采购支持的方式主要有以下几种。

① 网上自动订购系统:厂家向中间商提供订购的各种单据、表格,并通过计算机联网,中间商一旦需要订购,厂家马上给予支持。

② 库存支持采购:为了在库存和存货管理上支持中间商,厂家负责产品的库存,一旦接到中间商要货通知,立即送货上门。

③ 报销采购费用:厂家对中间商采购人员到本企业订购提货的差旅费、住宿费等给予报销,进而吸引采购人员订购本企业产品。

3. 针对推销人员的营业推广类型

(1) 销售红利。为了鼓励推销人员积极推销,企业规定推销人员按销售额提成,或按所获利润提成。销售人员的报酬与其销售业绩挂钩,会使其更主动、积极地工作,销售绩效会不断地激发销售人员的潜力。

(2) 推销竞赛。为了刺激和鼓励推销人员努力推销商品,企业确定一些推销奖励的办法,对成绩优良者给予奖励。奖励可以是现金,也可以是物品或旅游机会等。

(3) 培训机会。在企业中学习也是一种奖励,推销人员一般都非常重视培训的机会。推销人员认为参加不同程度的培训学习,可以证明他受到肯定和重视。因此,推销人员往往为了获得培训的机会而努力地工作,争取做出更好的销售业绩。

(4) 职务提拔。对业务做得出色的推销人员进行职务提拔,并鼓励他将好的经验传授给其他推销人员,也有利于优秀推销员的培养。

三、营业推广策划的程序和内容

营业推广策划是一项系统工程,需要对营业推广的各个环节进行一系列的策划。营业推广策划包括确定营业推广目标、选择营业推广手段、制定营业推广方案、实施与控制营业推广方案、评估营业推广效果五个步骤。

1. 确定营业推广目标

企业首要应确定营业推广所要达到的目标,这一目标应该与企业整体目标相一致。营业推广所要达到的具体目标要根据所选定的目标市场对象而定,营业推广的对象分为消费者、中间商和推销人员三类,针对不同的对象开展的营业推广活动,其促销目标也存在差异。

针对消费者开展营业推广活动的目标如下。

(1) 鼓励消费者更多地使用和重复购买本企业产品,促进产品的销售。

(2) 吸引竞争者的顾客购买和使用本企业的产品，改变，其品牌忠诚。

(3) 争取未曾使用过本企业产品的顾客试用，使潜在顾客成为现实顾客，扩大顾客规模。

针对中间商开展营业推广活动的目标如下。

(1) 鼓励中间商经销本企业的新产品，鼓励中间商大批量进货并提高促销水平。

(2) 鼓励中间商购进并储存非季节性产品。

(3) 鼓励中间商协助本企业进行促销活动，以抵消竞争者的促销活动的影响，建立和提高中间商的品牌忠诚度。

(4) 吸引新的中间商加入本企业的销售渠道，建立新的销售网点。

针对推销人员开展营业推广活动的目标如下。

(1) 鼓励推销人员支持本企业的新产品或新型号，激励推销人员寻找更多的潜在顾客并不断开拓新市场。

(2) 刺激推销人员努力推销非季节性产品，增加产品销售量。

(3) 鼓励推销人员广泛搜集和反馈市场信息，鼓励推销人员提供更好的顾客服务。

2. 选择营业推广手段

营业推广的手段多种多样，不同的手段适应不同的产品与市场，促销效果也各有差异。一般来说，在选择营业推广手段时，企业应考虑营业推广目标、产品特点、市场需求、竞争产品、预算等因素。各种营业推广手段的具体内容或适用范围如表 8-13 所示。

表 8-13 营业推广手段的具体内容或适用范围

序号	营业推广手段	具体内容或适用范围
1	加量不加价	饮料、洗衣粉、食用油等商品
2	优惠券	比较适合小型零售店采用
3	附赠抽奖	购买一定金额的商品，可以进行抽奖活动
4	赠送商品	例如买一包牙刷送牙膏，买一袋洗衣粉送香皂等
5	有奖销售	赠送现金、保险单、体育奖券、福利彩票等
6	集点优惠	例如收集到规定的图案或商标，则赠送礼物
7	明折降价	现场打折、降价销售
8	包装促销	收集包装物后换取奖品，包装再利用
9	团购优惠	例如在美团网的消费
10	免费样品	在街头或卖场派发，例如饮料免费品尝、健身器材免费试用
11	POP 广告	特别是在国家喜庆的日子，通过 POP 广告吸引消费者
12	签名活动	例如消费后有机会获得明星(或者企业管理层)的签名
13	回邮赠送	购物凭证(商品标签、条形码、价牌、商标或发票)获得赠品
14	货到付款	例如在唯品会等网络购物平台的消费
15	限时特卖	不同时段不同价格，每日限量特价品
16	分期付款	例如汽车、房屋、电脑等的消费
17	成为指定产品	例如成为各类重大活动或事件的赞助商、运动会的专用产品
18	以旧换新	例如旧手机加钱换新机
19	承诺售后服务	例如质量三包、关于产品使用方法对顾客进行培训、开通热线电话
20	工厂旅游	通过工厂旅游活动提升企业的知名度和美誉度

3. 制定营业推广方案

企业在进行营业推广时必须有一个科学而又切实可行的方案。营业推广方案是营业推广活动的具体安排,包括规模与强度、对象、途径、时间及费用等内容。

(1) 营业推广规模与强度。一般而言,营业推广规模越大,对潜在消费者产生的影响面就会越大;强度越高,刺激程度就会越强。但从成本效益的角度看,规模大、强度高,不一定就能达到最佳投入产出比,过度的刺激可能反而会造成企业利润的减少,还可能引起消费者的抵触情绪。

(2) 营业推广对象。营业推广对象可能是目标市场范围内的所有消费者、中间商和全部推销人员,也可能是特定的团体或人员。一般来说,企业应该选择那些对营业推广刺激反应最强烈的群体作为营业推广的对象,这样能够有效地促进销售,增强营业推广的效果。

(3) 营业推广途径。营业推广的形式多样,具体的营业推广形式可以通过不同的途径来实施,但是每一种途径都有其适应性。例如配合新产品上市的广告,可以用赠送样品的方式,也可以用现场演示的方式,但一般不用廉价包装的方式,因为廉价包装更适合推销老产品。

(4) 营业推广时间。营业推广时间的控制,是营业推广能否取得预期效果的关键因素之一。在何时开始发动推广战役,持续多长时间效果最好等,也是值得研究的主要问题。持续时间过短,由于在这一时间内无法实现重复购买,很多应获取的利益不能实现;持续时间过长,又会导致开支过大和损失刺激购买的力量,并容易使企业产品在顾客心目中的价值降低。一般来说,营业推广活动以每季度用三周时间开展为宜,每一次推广的周期应与消费者的平均购买周期相近。

(5) 营业推广预算。制定营业推广预算的方法一般有两种:第一种是根据营业推广的形式计算每个项目的费用,再将它们加总得出总费用,主要包括管理成本(如印刷费、邮寄费、宣传活动费等)、刺激成本(如赠品或减价提成等);第二种方法是采用总促销预算比例法,即从总促销预算中拨出一定比例的款项用于营业推广活动。

4. 实施与控制营业推广方案

营业推广方案制定之后不能停留在方案阶段,而是要有条不紊地组织与实施营销推广方案。在实施前有时需要进行测试以防发生重大失误,在测试通过后方可付诸实施。在实施过程中还要进行控制,发现问题及时解决,以不断改进营业推广方案,力求达到最佳效果。

(1) 营业推广方案的测试。虽然营业推广方案是在经验的基础上确定的,但仍然有必要进行实验以检验推广工具的选择是否适当,刺激程度是否理想,现有的途径是否有效。实验可采取询问消费者、填调研表、在有限的地区内试行方案等方式进行,当实验同预期相近时,便可进入实施阶段。在实施中,要密切注意和测量市场反应,并及时对推广范围、强度、频度和重点进行调整,保持对推广方案实施的良好控制,以顺利实现预期的目标。

(2) 营业推广方案的实施。营业推广方案在经过测试与完善后,应按计划组织实施,要对营业推广方案各个环节的工作做出具体安排。

(3) 营业推广过程的控制。在营业推广方案的实施过程中,还要加强对各个环节的控制,及时解决实施过程中出现的问题。如果发现重大问题又未能及时发现并矫正,将会出现不良后果。

5. 评估营业推广效果

评估营业推广效果是一项重要而又困难的工作。应当明确，评估工作事实上在选择推广手段前就已经开始了。例如，制造商向推广对象(中间商)说明将要使用的推广手段，听取他们的意见，通过获得推广对象对这些手段的反应来做出判断；营销者也可以通过各种方法了解消费者的意见。

在营业推广方案实施后要对其有效性进行总的评估，有两种方法可以采用，即销售量比较评价法和推广对象调查法。

(1) 销售量比较评价法。销售量比较评价法指以销售量评价营业推广效果，即通过对营业推广活动前、中、后的销售量进行比较分析来进行。

(2) 推广对象调查法。通过对推广对象的调查来了解他们对营业推广活动的反应，以此对营业推广效果进行评价。调查的内容包括：有多少人知道并记得企业的营销推广活动，消费者的看法如何，有多少人在活动期间增加了产品的购买量，有多少新顾客购买了企业的产品，营业推广活动对消费者今后的购买行为中的品牌选择有什么影响，等等。

综合训练题

一、名词解释

促销　　人员推销　　会议推销　　广告策划　　公共关系策划　　营业推广

二、简答题

1. 广告、公共关系、营业推广、人员推销这四种促销方式各有哪些优缺点？
2. 广告策划的程序和主要内容有哪些？
3. 常见的公共关系活动有哪些？
4. 简述营业推广策划的程序和内容。
5. 如何组建一支高效的人员推销队伍？

三、案例分析

屈臣氏的促销策略

今天，我们在很多店铺里可以看到"换购""加1元多1件"等常见的促销活动。可是大家知道吗？这样的促销活动概念的起源正是屈臣氏。

屈臣氏的促销活动每次都能让顾客获得惊喜，在白领丽人的"好优惠啊""好得意啊""好可爱啊"声中，商品常被"洗劫"一空，创造了屈臣氏单店平均年营业额高达2000万元的战绩。在屈臣氏工作过的人应该都知道，屈臣氏的促销活动算得上是零售界最复杂的，不但次数频繁，而且流程复杂，内容繁多，每进行一次促销活动更是需要花很多的时间去策划与准备。策划部门、采购部门、行政部门、配送部门、营运部门都围绕着这个主题运作。为超越顾客期望，屈臣氏所有员工都在尽最大努力。

同时，为了取得供应商的支持和理解，屈臣氏在年初谈合同协议时，就会将本年度的主题促销活动计划与时间表分享给供应商，同时对其中的关键要求也会比较清楚地传达给供应商，或者说供应商通过与屈臣氏的长期合作，自然会很清楚屈臣氏的要求。在这样的计划下，供应商就能够很好地做些配合的准备工作，包括商品准备、道具准备、人员准备等。一旦屈臣氏按计划执行促销活动时，所有的准备工作已经就绪，从而避免了促销活动开始时没商品、没道具、没人员的尴尬！另外一个方面，屈臣氏的采购部门和营运部门在促销活动执行前，对于准备工作的检查较细，从而能够提前发现不到位的地方，及时要求供应商解决。

这么多的促销活动会不会越来越失去效果呢？可事实是屈臣氏的每档主题促销活动对于店铺的销售都很有帮助，最重要的是消费者很喜欢这样的促销氛围，而且会期待屈臣氏的每期促销！为什么这些主题促销活动能够起到好的作用呢？其实，关键的因素是这样的主题促销活动避免了一些直接的价格折让，给消费者一种不断变化的、具有创意性的概念，这也是屈臣氏对消费者购买习惯和方式不断深入分析、研究与总结的结果。相反，很多的零售店铺，哪怕是只有一家店的老板，可能从来都没有真正地想过他们的消费者到底喜欢什么。因此，有些店铺也"照葫芦画瓢"地推出与屈臣氏一样的主题促销活动，却没有得到好的销售增长，这就是因为偶然性的促销活动并不会吸引消费者！

(资料来源：百度文库)

思考题：
屈臣氏促销成功的主要原因是什么？对我们有什么借鉴意义？

第九章

营销策划书

营销策划书是营销策划活动的最终研究结果,是帮助企业实施营销策划活动的书面文件和重要依据。一份优秀的营销策划书需要营销策划人员进行周密的市场调查与分析,并在此基础上集思广益,充分发挥主观能动性和创造力。同时,营销策划人员需要掌握好营销策划书的撰写技巧和规范,以便整个方案得到更多、更广泛的支持,从而最大限度地发挥营销策划书的重要作用。

知识要点:
1. 营销策划书与市场调查报告和可行性分析报告的联系与区别
2. 营销策划书的编制原则
3. 营销策划书的基本结构
4. 营销策划书的主要内容
5. 营销策划书的基本撰写技巧
6. 营销策划书的几种常见模板

第一节 营销策划书概述

营销策划书的撰写是整个营销策划的最后一环,它是将策划的思路、工作步骤等内容予以形式化、具体化的过程。同时,营销策划书也是下一阶段实施营销活动的具体行动指南。通过营销策划书可以使企业相关工作人员获悉企业营销的若干细节,明白下一步应做什么及应如何做。营销策划书是创意与实践的连接点,在整个营销策划工作中起着承上启下的作用。

一、营销策划书的含义

营销策划书又叫营销策划文案、营销策划方案,是将营销策划经理或者策划人的创意思想与创新概念转化为一种具体的、有形的、看得见的物质载体。营销策划书是营销策划工作的进一步深化、升华和文字化,是营销策划经理或者策划人实现企业营销策划目标的行动指南和行动方案。

要正确理解营销策划书,就必须了解营销策划书与市场调查报告、可行性分析报告和创业计划书之间的区别与联系。

1. 营销策划书与市场调查报告

市场调查报告是营销策划活动的一个环节，重点在于通过市场进行调研，判定或判断策划活动是否具有可行性、可操作性与现实性。市场调查的过程是一种去粗取精、去伪存真的过程，市场调查报告既可能认定原有的策划，也可能推翻或者部分修改原有的创意与策略。因此，市场调查报告形成的过程也是整个策划活动中极为重要的部分。

营销策划书是营销策划活动的另一个环节，重点在于在具有可行性的市场调查报告的基础上，着手绘制一幅总的蓝图、方案、设计和规划。

这两者的区别就在于在整个营销策划活动中所处的阶段不同，侧重点不同，其地位与意义自然也就不一样。它们之间有一种相互依存的关系，那就是只有建立在市场调查报告基础之上的营销策划书，才具有充分的可行性和现实性。

2. 营销策划书与可行性分析报告

营销策划书是一份内容涵盖十分丰富的全方位、多视角、多层次的项目整体计划书，它涉及企业的人、财、物、规章制度等多种因素。

可行性分析报告只侧重于计划本身在技术方面是否具有可操作性的分析和计划的实施能否带来经济效益的评估。可行性分析报告只涉及营销策划书的一部分内容，属于局部性的东西，它的侧重点在于分析、评估项目实施中的可操作层面和技术层面，一般不涉及管理因素、人的因素和对投资人在利益方面的回报以及回报的形式等诸多方面的内容。

营销策划书则是为企业规划出一幅宏伟蓝图，它涉及的内容、要求和目标都比可行性分析报告广泛。营销策划书不仅要在技术方面和产业化的模式方面对项目进行详细的阐述和说明，同时还要对项目实施中的管理因素、人的因素和对投资人在利益方面的回报以及回报的形式等诸多方面的内容加以分析和说明。

两者间的联系在于可行性分析报告是为营销策划书服务的，有了可行性分析报告作为前提条件，营销策划书就更加具有可操作性和现实性。

3. 营销策划书与创业计划书

创业计划书又称为商业计划书，是创业者将有关创业的想法最终落实在书面上的内容，是对构建一个企业的基本思想以及对企业创建有关的各种事项进行总体安排的文件。创业计划书是吸引投资者并获得资金的一个基本性文件，是为了达到融资的目的或者其他的发展目标，在经过前期的项目调研、项目分析、盈利模式设计后搜集与整理有关资料，全面展示公司和项目的目前状况、未来发展潜力及投入产出计划的书面材料。

营销策划书与创业计划书主要有以下区别。

(1) 营销策划书主要是针对目前已有的企业和产品进行创意构思，实现未来营业增长和利润提高，实现营销目的；而创业计划书是为潜在顾客、商业银行和风险投资家提供一份推销新创企业的报告，实现创业计划的融资需求。

(2) 创业计划书中既需要提供企业全部现状及其发展方向，又需要提供良好的效益评价体系及管理监控标准，因此，创业计划书要花更多的时间进行项目可行性分析；相对而言，营销策划书中则更需要创新思想和创意思维。

【知识链接 9-1】

创业计划书的主要结构和内容如表 9-1 所示。

表 9-1 创业计划书的主要结构和内容

序号	具体内容	描述和说明
1	保密协议	公司的一些保密制度及文件规定等
2	执行总结	2.1 公司概述；2.2 产品介绍；2.3 市场分析与营销；2.4 生产运作管理；2.5 组织与人力；2.6 投资与财务
3	产品介绍	3.1 产品概述；3.2 产品优点；3.3 产品研发与延展
4	市场分析	4.1 宏观环境分析；4.2 微观环境分析；4.3 市场竞争分析；4.4 STP 分析；4.5 SWOT 分析图解；4.6 产品市场总结和应对策略；4.7 发展趋势预测；4.8 问卷调查数据整理及分析
5	营销策略	5.1 营销目标；5.2 4P 策略组合及具体措施；5.3 前期市场进入策略；5.4 成长期市场扩大化策略；5.5 服务营销(Service)；5.6 阶段性创意营销活动
6	商业模式	6.1 商业模式概述；6.2 公司商业模式；6.3 商业模式的创新途径
7	公司战略	7.1 总体战略；7.2 技术创新战略；7.3 人才培养战略
8	公司体系	8.1 组织形式；8.2 企业文化；8.3 管理方式及创新机制
9	生产运营管理	9.1 公司选址及布局；9.2 产品研发与生产；9.3 产品前景规划；9.4 运营管理；9.5 物流管理；9.6 质量管理
10	创业团队	10.1 团队简介；10.2 团队成员分工；10.3 团队顾问
11	投融资分析	11.1 投资估算；11.2 资金筹措方案；11.3 股本结构与规模；11.4 重要生产销售指标；11.5 预计生产销售趋势；11.6 总成本费用及营运资金估算
12	财务评价	12.1 财务指标分析；12.2 财务报表分析
13	风险分析及其应对方案	13.1 政策风险及其应对方案；13.2 市场竞争风险及其应对方案；13.3 技术风险及其应对方案；13.4 公司运营风险及其应对方案；13.5 财务风险及其应对方案；13.6 管理风险及其应对方案
14	法律问题	14.1 各方责任与义务；14.2 公司设立与注册；14.3 知识产权
15	附录	附录 1 专利(两项)；附录 2 专利授权书；附录 3 资质计量认证证书；附录 4 业绩证明；附录 5 安全运行证明；附录 6 与其他仪器对比分析表；附录 7 获奖证书；附录 8 订货合同书；附录 9 支持本团队创业证明；附录 10 调查报告

【知识链接 9-2】

中国"互联网+"大学生创新创业大赛介绍

中国"互联网+"大学生创新创业大赛，以"'互联网+'成就梦想，创新创业开辟未来"为主题，旨在深化高等教育综合改革，激发大学生的创造力，培养造就"大众创业、万众创新"的主力军；推动赛事成果转化，促进"互联网+"新业态形成，服务经济提质增效升级；以创新引领创业、创业带动就业，推动高校毕业生更高质量创业就业。其中，大赛中的"青年红色筑梦之旅"是鼓励广大青年扎根中国大地，走进革命老区、贫困地区，了解国情民情，用创新创业成果，服务乡村振兴战略、助力精准扶贫，在艰苦奋斗中锤炼意志品质，把激昂的青春梦融入伟大的中国梦。

中国"互联网+"大学生创新创业大赛首次举办于 2014 年，目前大赛已经成为覆盖全国所有高校、面向全体高校学生、影响最大的赛事活动之一。

大学生团队参加比赛时，需要提交一份高水平的创业计划书。创业计划书的质量基本决定了比赛的名次和成绩。每次大赛也会成为风险投资基金、孵化器公司等机构寻找商业机会的重要窗口。

二、营销策划书的作用

营销策划书既是营销策划工作的表现形式,也是下一步实施营销活动的具体行动指南。任何一种营销策划的最终成果都要在营销策划书中体现出来,这样只要通过营销策划书的内容就可以了解策划者的意图和观点,因此营销策划书和营销策划具有同等重要的意义。营销策划书的作用可以归结为以下几个方面。

(1) 准确、完整地反映营销策划的内容。营销策划以营销策划书的形式被表现出来,因此,营销策划书的内容是否能准确地传达策划者的真实意图,就显得极为重要。从整个策划过程上看,营销策划书是达到营销策划的第一步,是营销策划能否成功的关键。

(2) 充分、有效地说服决策者。通过营销策划书的文字表述,可以使企业决策者信服并认同营销策划的内容,说服企业决策者采纳营销策划中的意见,并按营销策划的内容去实施。因此,如何通过营销策划书的文字表述魅力及视觉效果去打动及说服企业决策者,也就自然而然地成为策划者所追求的目标。

(3) 成为执行和控制营销策划的依据。营销策划书中不但包括营销战略和营销策略,而且还包括落实这些战略和策略的具体行动方案以及企业营销活动的具体安排。因此,营销策划书作为企业执行营销策划方案的依据,可使营销职能部门在操作过程中增强行动的准确性和可控性。同时,营销策划书也是企业控制营销策划活动进程的依据,是营销策划活动的行动指南。

三、营销策划书的编制原则

为了提高营销策划书撰写的准确性与科学性,策划者在编制营销策划书时应把握以下几个主要原则。

(1) 逻辑思维原则。营销策划的目的在于解决企业营销中的问题,按照逻辑性思维的构思来编制营销策划书。首先要设定情况,交代营销策划背景,分析产品市场现状;其次要对具体策划内容进行详细阐述;最后要明确提出解决问题的对策。

(2) 简洁朴实原则。编制营销策划书时要注意突出重点,抓住企业营销中所要解决的核心问题并对其进行深入分析,提出相应的可行性对策。这些对策,要求简洁具体,针对性强,对具体操作上具有指导意义。

(3) 可操作原则。编制的营销策划书是要用于指导营销活动的,其指导性涉及营销活动中每个人的工作及各环节关系的处理,因此必须具有可操作性。不能操作的方案再好也没有任何价值。

(4) 创意新颖原则。新颖的创意是营销策划书的核心内容,它要求策划的"点子"新,内容新,表现手法也要新,要给人以全新的感受。

四、营销策划书的撰写步骤

撰写营销策划书一般需要遵循下列五个步骤。

1. 资料准备

以营销策划书总体的框架为指导,针对策划目的和宗旨,收集内部与外部资料,包括企业所在行业的发展趋势、产品市场信息、产品测试信息、实验资料、竞争对手信息、行业同类企业财务报表等。资料收集分为实地调查和收集二手资料两种方式。与此同时，也可搜集和整理其他类似的营销策划书案例，借鉴他人的成功经验，有针对性地准备自己的营销策划书。

2. 策划构思

在分析企业条件和了解营销策划目的的基础上，策划者可对整个营销策划项目做初步的构思和选择，即选择策划的切入点。

(1) 环境分析：主要包括宏观环境和微观环境分析。宏观环境指的是能对企业活动产生强制性、不定性和不可控性的影响因素，比如要充分了解国家政策是鼓励发展，还是限制发展。微观环境指的是直接制约和影响企业活动的力量和因素，比如供应商、企业内的各个部门。营销策划者必须学会规避风险，找到发展的机遇。

(2) 产品和服务的定位分析：好的企业营销策略，首先要有好的策划构思，而好的策划构思建立在市场需求和服务开发上。所以，策划者在进行策划构思时，需要明确产品或服务的定位目标，根据市场的需求设计开发具有价值的产品或服务，才能牢牢把握住市场的发展趋势。

3. 市场调研

确定策划构思之后，要详细调查和论证产品或服务是否符合市场需求，从而明确市场需求和产品定位。可以尝试思考并回答如下问题。

(1) 企业如何向顾客提供有价值的产品或服务？
(2) 企业给顾客提供的商品会被其他商品轻易替代吗？
(3) 市场上确定有这种需求吗？竞争对手的情况如何？
(4) 产品或服务处于什么样的阶段？市场前景如何？
(5) 确定企业是最适合的产品或服务的提供者吗？
(6) 构思是否具有操作可行性和经济可行性？

4. 方案起草

根据策划构思和市场调研的结果，对企业信息、产品或服务信息、管理团队信息、商业模式、营销策略、市场分析及风险管理办法、发展规划、财务规划、融资需求及资金用途等内容进行编写，初步形成比较完整的营销策划方案。

5. 检查更新

此步骤主要是对营销策划书的格式、文字、内容进行检查和修改，使其更加符合营销策划书的规范，并对营销策划书进行提升和提炼，从而进一步理清策划思路，以保证营销策划书能够顺利实施，并达到预期效果。

完成一份营销策划书并不意味着可以一劳永逸。在实际操作过程中，由于环境、市场等不断变化，要经常对营销策划方案进行更新，以确保策划的时效性、真实性和完备性。

第二节 营销策划书的基本结构和主要内容

营销策划人员在撰写营销策划书时，必须首先安排和设计其基本结构和主要内容，让整个营销策划方案做到结构合理、条理清楚、思路清晰，也便于企业今后在实践中贯彻执行营销策划方案。

一、营销策划书的基本结构

营销策划书从功能上讲，兼具项目可行性分析、营销活动计划说明和营销策划方案说明三种作用。策划项目不同，策划专题不同，营销策划书的风格和内容也不一定相同。但是，从营销策划活动的一般规律来看，其中有些要素是相同的，营销策划书的结构一般情况下可以和营销策划的构成要素保持一致。规范的营销策划书的结构框架如表9-2所示。

表9-2 营销策划书的基本结构

构成		内容	作用
封面		策划案名称、消费者名称、策划人名称、提案日期、策划适用时间段、保密级别及编号	策划书名片
概要		策划书主要内容概括	方案精髓
目录		策划案提纲	构成框架
前言		策划目的、方法、意义等说明	背景与过程
正文	界定问题	明确策划主体与目标	策划任务
	环境分析	重要环境因素分析	策划依据
	SWOT分析	分析优势、劣势、威胁与机会，并进行组合考虑	提出问题
	营销目标	市场目标、财务目标等	明确营销目标
	营销战略	STP营销(市场细分、选择目标市场、市场定位)	总体布局
	营销组合策略	产品策略、价格策略、渠道策略及促销策略	具体对策
	行动方案	人员安排、道具设备、时间计划、地点选择	执行蓝本
	财务分析	费用预算、效益分析	可行性分析
	控制方案	执行控制、风险预测、应急方案	保障成功
结束语		总结、突出、强化策划人意见	总结主张
附录		数据资料、问卷样本及其他背景材料	提高可信度

二、营销策划书的主要内容

1. 封面

很多人认为营销策划书重在内容，而封面无关紧要，这种看法忽略了封面的形象效用。其实对于营销策划书来讲，形式和内容都相当重要。营销策划书的封面，如同营销策划方案的名片，它是营销策划书的脸面，能起到强烈的视觉效果，给人留下深刻的印象。封面设计的原则是醒目、整洁，切忌花哨，至于字体、字号、颜色则应根据视觉效果具体考虑。

营销策划书封面的制作要点如下。

(1) 标出营销策划委托方。如果是受委托进行的营销策划，那么在营销策划书的封面要把委托方的名称列出来，如"××公司××年度××策划书"。委托方的名称必须具体、完整、明确、规范，注意不能出现错误。

(2) 取一个简明扼要的标题。题目的确定要准确而不累赘，使人一目了然。有时为了突出策划的主题或者表现策划的目的，可以加一个副标题或小标题，例如"××公司 2016 年度产品在荆州市场营销推广策划方案"。

(3) 标明日期。这里指的日期一般是指营销策划方案完成的日期或正式提案的日期，而且应该按完整规范的格式标注，例如"2020 年 4 月 5 日"或"2020.04.05"。

(4) 标明策划者。一般在封面的最下部标出策划者。如果策划者是公司，则须列出企业全称。

2. 概要

概要相当于一般书籍的内容简介，或者相当于普通文章的内容摘要。为了使读者对营销策划者的意图与观点予以理解，具有总结性的概要提示是必不可少的。概要的撰写同样要求简明扼要，篇幅不能过长，最好可以控制在一页纸以内，最多不超过 400 字，视情况可以加一些说明，不过最好不要超过 500 字，让人一目了然。另外，概要不是简单地把策划内容加以列举，而是要单独成一个系统。

概要撰写的方法有两种：①先写概要，后写正文。这种方法的好处是可以使营销策划书正文的撰写有条不紊地进行，有效防止正文撰写的离题或无中心化。②先写正文，后写概要。这种方法的好处是简单易行，只要把策划书内容归纳提炼即可。

3. 目录

目录的内容也是营销策划书的主要部分，让人看过之后能够理解营销策划的全貌。在营销策划书内容较多时，建议加上目录。目录的作用是使营销策划书的结构一目了然，同时也使阅读者能够方便地查找营销策划书的相关内容。

编制目录时需要特别注意的是，目录与正文内容要一一对应，不能出现差错，否则会增加阅读者的麻烦，同时也有损营销策划书的形象。

4. 前言

前言一方面是对营销策划书内容的高度概括和表述，另一方面在于引起阅读者的注意和兴趣，也就是说使阅读者翻过封面、看了前言以后，能产生急于看正文的强烈欲望。前言的文字不能过长，一般不要超过一页，字数应控制在 1000 字以内。前言的具体内容如下。

(1) 策划任务的由来，即为什么要进行此策划。
(2) 策划的背景和意义。
(3) 策划目标或者是策划需要达到的效果。
(4) 策划的指导思想与策划思路。
(5) 策划的简单过程。
(6) 执行方案后预期达到的水平。

5. 正文

(1) 界定问题。任何策划方案都是为解决企业某一营销问题而做的，策划的过程就是为企业寻求解决这个问题方案的过程。所以，正文的第一部分应该对企业当前需要解决的营销问题有个初步的界定，界定问题的过程就是分析企业战略目标与营销现状之间的差距的过程，这个差距就是企业存在的营销问题。

(2) 环境分析。环境分析即对营销策划各方面重要环境因素的分析，是营销策划的依据。主要包括以下 4 个方面。

① 营销宏观环境分析。即对企业所处的政治环境、经济环境、技术环境和社会文化环境等宏观方面进行分析，找出这些因素对企业营销策划的影响。

② 行业市场分析与行业竞争分析。行业市场分析包括行业的市场规模等基本状况分析、行业的市场竞争类型分析、行业的经济周期分析、行业的一般结构分析、行业的要素集约度分析等。行业竞争分析包括行业竞争状况分析、主要竞争者的市场表现分析、竞争优势与劣势分析等。

表 9-3 为某公司进行行业竞争者分析的竞争态势矩阵表。

表 9-3 竞争态势矩阵表

关键因素	权重	A 公司		B 公司		企业自身	
		评分 1	加权分数 1	评分 2	加权分数 2	评分 3	加权分数 3
产品质量	0.1	3	0.3	3	0.3	4	0.4
技术先进性和实用性	0.15	3	0.45	3	0.45	4	0.6
市场认知度	0.05	3	0.15	2	0.1	1	0.05
价格竞争力	0.1	3	0.3	3	0.3	4	0.4
营销能力	0.1	3	0.3	3	0.3	3	0.3
盈利模式	0.1	4	0.4	4	0.4	4	0.05
用户接受度	0.1	3	0.3	3	0.3	3	0.4
运营成本	0.1	4	0.4	3	0.3	2	0.3
管理水平	0.1	4	0.4	3	0.3	2	0.2
市场份额	0.05	1	0.05	1	0.05	1	0.05
财务状况	0.15	4	0.6	3	0.45	1	0.15
总计	1		3.65		3.25		3.05

结论：竞争态势矩阵分析表明，本企业在竞争态势中总加权得分 3.05 分，低于其他两个竞争对手，这表明本企业在一些方面竞争能力不够强。

③ 企业自身因素分析。企业自身因素分析即企业的资源分析，主要包括人力、物力、财力、公共关系等方面。例如，营销队伍有多少人，他们的素质如何，与中间商的关系如何，终端建设如何等。

④ 购买者分析。购买者分析包括企业的目标市场区域和存在的细分市场分析、企业的目标消费群体及容量分析，以及消费者的特点、购买量、购买模式、购买过程、购买时的影响因素等的分析。

(3) SWOT 分析。解决某项营销问题是建立在内部条件分析和外部环境分析的基础之上的。因此，分析问题，寻找机会(O)、避免威胁(T)、发挥优势(S)、避免劣势(W)，实现企业内部条件、外部环境与营销目标之间的平衡就成了营销策划成功的关键。

从问题中找劣势予以克服，从优势中找机会予以把握，从而发掘产品的市场潜力。在分析各目标市场或消费群体特点的基础上进一步进行市场细分，对不同的消费需求予以满足，抓住主要消费群体作为营销重点，找出与竞争对手的差距，把握并利用好市场机会。

表 9-4 为某公司 SWOT 分析表。

表 9-4 SWOT 分析表

内部优势(S)	内部劣势(W)
1. 技术领先，技术能力强； 2. 产品品质好，产品线全； 3. 产品口碑好，有品牌积累； 4. 资金实力强，融资方便； 5. 生产能力强，生产和质量管理经验丰富； 6. 在三、四级市场有较大的网络优势	1. 组织机构尚未度过磨合期，人须经市场考验； 2. 终端建设落后于竞争者 A，一、二级市场不如竞争者 A； 3. 市场不规范，经销商积极性不高； 4. 营销管理手段落后，工作效率低； 5. 服务、传播力度及效应与竞争者 A 有一定差距
潜在的外部机会(O)	潜在的外部威胁(T)
1. 宏观经济形势好； 2. 西部大开发给西部市场带来新的发展机遇； 3. 周边国家经济逐渐复苏及我国加入 WTO，有利于出口业务的拓展； 4. 有潜力的三、四级市场在成长； 5. 新渠道的发展	1. 行业进入微利时代，竞争加剧，盈利水平下降； 2. 新竞争者的加入，给行业带来更多不确定的因素，随时面临降价的威胁； 3. 地方品牌的复苏加大了区域市场的竞争壁垒； 4. 竞争品牌的经济型产品、特价产品对市场冲击较大

(4) 营销目标。营销目标是指在目前任务的基础之上企业所要实现的具体目标，一般涉及发展目标、竞争目标、财务目标等，各方面的目标又包含若干具体目标，如表 9-5 所示。

表 9-5 常用营销目标一览表

类别	目标名称	目标内涵
发展目标	销售增长率	销售增加额/基期销售额×100%
	市场扩大率	本年度市场占有率/上年度市场占有率×100%
	市场覆盖率	本企业产品投放地区数/全市场应销售地区数×100%
	新产品开发立项率	新产品开发立项数/新产品开发创意总数×100%
	新产品开发成功率	进入成长期产品数/开发时试制新产品总数×100%
	品牌市场知晓度	知晓企业品牌公众数/收回有效问卷数×100%
	品牌美誉度	对企业品牌满意数/收回有效问卷数×100%
	产销率	本期产品销售量/同期产品生产量×100%
	销售量或销售额	—
	投诉次数	—
	其他相关目标	—
竞争目标	绝对市场占有率	本企业产品销售量/同期同地同类产品销售总额×100%
	相对市场占有率	本企业产品销售量/同期同地同类产品最大竞争对手销售量×100%
	实质销售增长率	本企业销售增长率/同行业销售增长率×100%
	其他相关目标	—
财务目标	销售利润率	利润/销售额×100%
	投资收益率	净利润/净资产×100%
	资产收益率	净利润/总资产×100%
	利润总额	—
	其他相关目标	—

(5) 营销策略。营销策略是关于营销策划的总体布局，包括市场细分与目标市场策略、

定位及传播策略、发展策略、竞争策略等。

在营销策划书中的"营销策略"部分，要清楚地表述企业所要实行的具体策略，包括市场细分、目标市场和市场定位三方面的内容。

① 市场细分：目的在于帮助企业发现和评价市场机会，以正确选择和确定目标市场。

② 目标市场：根据企业资源状况及实力，找准目标市场。

③ 市场定位：指企业为在目标顾客心目中寻求和确定最佳位置而设计产品和经营特色的活动。

(6) 营销组合策略。营销组合策略包括以下4个方面。

① 产品策略：指企业为满足顾客需要，确定应该提供什么样的产品或服务。它包括产品组合策略、新产品的开发与推广策略、产品生命周期不同阶段应采取的营销策略、品牌与包装策略等。

② 价格策略：包括定价方法、定价策略、价格改进策略等。

③ 分销渠道策略：包括渠道设计策略、渠道管理策略、物流系统策略、渠道调整策略等。

④ 促销策略：包括广告策略、公共关系策略、人员推广策略、整合营销传播策略等。

(7) 行动方案。策划者在营销策划方案的构想思路上往往倾注了较多的心血，也常有较好的点子和大胆的创意产生，但执行方案时却往往不够细致。优秀的构想必须通过精细的执行才能充分发挥功效，所以"做"跟"说"同样重要，如果执行方案太粗糙，即可判定整个策划方案不合格。

在撰写这部分内容时，必须清楚地提出具体营销目标、营销策略，同时要根据营销策划期内各时间段的特点，推出各项具体行动方案。行动计划要细致、周密、操作性强，而又不乏灵活性。此外，还要考虑行动的费用支出，一切都要在预算之内量力而行。行动方案要运用6W2H分析法进行周密安排，具体包括做什么、何时做、何地做、何人做、怎么做、对谁做、为什么做等，按照这些问题为每项活动编制出详细的程序，以便于执行和检查，如表9-6所示。

表9-6 行动方案安排样表

活动项目	负责人	活动地点	开始时间		结束时间		费用		人员	物资	备注
			计划	实际	计划	实际	预算	实际			
项目1											
项目2											
……											

(8) 财务分析。财务分析主要是对策划方案各项费用的预算(见表9-7)，包括营销过程中的总费用、阶段费用、项目费用等，其原则是以较少的投入获得最优效果。

表9-7 营销预算表

作业名称	预算												
	1月	2月	3月	4月	5月	6月	7月	8月	9月	10月	11月	12月	合计
作业A													
作业B													
作业C													
……													
合计													

(9) 控制方案。控制方案是保障营销策划成功必须要考虑的因素。它作为营销策划方案的补充部分，应明确对方案实施过程的管理与控制。具体来说，控制方案中一般包括以下几个方面的内容。

① 动员与准备的工作计划。新方案的出台往往牵一发而动全身，而且营销策划方案的实施需要把任务分解到企业的各个相关部门去执行。因此，控制方案中最好安排有实施营销策划方案之前的动员和准备的工作计划。

② 适当的实施时机。营销策划方案的实施要精心挑选时机，瞄准后再出击，这样才能取得最终的胜利。如果时机选择准确，往往能取得事半功倍的效果；反之，如果贻误时机，结果只能事倍功半。

③ 实施过程监控方案。营销策划书中要明确制定各种实施过程监控方案，如实施效果评估方案、实施业绩奖惩措施、实施状况信息反馈制度等。

④ 应急方案。应急方案应扼要地列举可能发生的各种不利情况及发生的概率和危害程度，以及企业应当采取的预防措施和必须准备的善后措施。

6. 结束语

结束语主要起到与前言的呼应作用，使营销策划书有一个圆满的结束，而不致使人感到太突然。结束语中应再重复一下主要观点并概述策划要点。

7. 附录

附录是营销策划书的附件部分，主要包括营销策划方案中提到的一些数据资料的原始依据、一些理论观点的原始结论，或者由于篇幅太长不适合放在正文中的分析过程等。在营销策划实践中，凡是有助于阅读者理解营销策划内容和增强阅读者对营销策划信任的资料，都可以考虑列入附录，如引用的权威数据资料、消费者问卷的样本、研发过程记录、专利证书、文本合同、座谈会记录等。企业需要在附录中列出具体清单和目录，既能补充说明一些正文内容中的问题，又显示了策划方案设计者做事严谨的工作态度，同时也能增加策划方案的可信度。

第三节　营销策划书的撰写和推销技巧

当营销策划的创意、构想过程基本完成后，接下来的工作是将营销策划的内容和实施步骤条理化、文字化，也就是撰写营销策划书。要依据创意和策划者的意图勾勒出营销策划书的主体框架，然后才能开始具体内容的撰写。框架纲要不仅是营销策划书总体思路的体现，还有利于找到具体问题的切入点，并及时发现不足和遗漏。

同时营销策划书需要具有易读性、可信性、可操作性，撰写营销策划书时应充分利用好各种撰写技巧，同时发挥推销在营销策划书写作过程中的重要作用。

一、成功的营销策划书的特征

成功的营销策划书一般表现出以下特征。
(1) 阅读者粗略过目就能了解策划的大致内容。
(2) 使用浅显易懂的语言，充分体现委托方的利益和要求。

(3) 策划书展现的内容与同类策划书相比，有相当明显的差异性和优越性。
(4) 图文并茂，增强策划书的表现效果。
(5) 条理清晰，逻辑分明，阅读者看完策划书后，能够按照策划书的内容有步骤、有计划地执行
(6) 能够充分体现企业的勃勃生机和企业的基本特征。

二、常见的营销策划书撰写技巧

营销策划书从实质上来说，既是一份营销活动的可行性报告，也是一份营销活动的工作计划。因此，它对可信性、可操作性以及说服力等有着比较高的要求。在撰写营销策划书时应注意以下技巧。

(1) 寻找一定的理论依据。要想提高策划内容的可信性并使阅读者接受，就必须为策划者的观点寻找理论依据。但是，理论依据要注意对应关系，纯粹的理论堆砌不仅不能提高可信性，反而会给人一种理论脱离实际的感觉。

(2) 多举例子，作为策划的依据。这里的举例是指通过正反两方面的例子来证明自己的观点。有时候理论分析和验证只能说明一些共性问题或一般性问题，并不一定能解决消费者的个性化问题。此时策划者最好能列举一些与本企业情况、环境比较相似的企业等类似案例，通过这些企业的成功经验或失败教训进一步印证自己的观点。需要注意的是，举例以多举成功的例子为宜，选择一些国外先进的经验和做法来印证自己的观点，是十分有效的。

(3) 用数字说话。营销策划书是一份指导企业实践的文件，其可靠程度是决策者首先要考虑的。营销策划书的内容不能留下查无凭据之嫌，任何一个论点均要有依据，而数字就是最好的依据。当前，咨询策划以定性策划居多，定量策划明显薄弱。定性策划与定量策划各具优缺点，策划者最好能定性与定量相结合进行策划，以进一步提高策划方案的科学性。

(4) 多运用图表帮助读者进行理解。运用图表能有助于阅读者理解营销策划书的内容，同时，图表还能提高页面的美观性。图表的主要优点在于有强烈的直观效果，因此，用其进行比较分析、概括归纳、辅助说明等非常有效。图表的另一个优点是能调节阅读者的情绪，从而有利于阅读者对营销策划书的深刻理解。

(5) 合理利用版面。良好的版面设计可以使营销策划书重点突出、层次分明，从而达到良好的沟通效果。因此，有效利用版面、合理安排文字，也是营销策划书撰写的技巧之一。版面安排包括打印的字体、字号、字距、行距以及插图和颜色等。如果整篇营销策划书的字体、字号完全一样，没有层次、主辅，那么这份营销策划书就会显得呆板、缺少生气。

(6) 注意细节。细节往往容易被人忽视，但细节对营销策划书来说却是十分重要的。第一，如果营销策划书出现错字、漏字，就会影响决策者对策划者的印象；第二，企业的名称、专业术语不得有误；第三，一些专业术语的英文单词，差错率往往是很高的，在检查时要特别予以重视；第四，纸张的好坏、打印的质量等都会对营销策划书本身产生影响，所以绝对不能掉以轻心。

三、营销策划书的版面设计

营销策划书的视觉效果在一定程度上会影响营销策划的效果，合理安排版面也是营销策划书撰写过程中需要重视的地方。

(1) 版面大小。营销策划书的印刷纸张一般都应采用国际标准的纸张,如 A4、A5 等。同时与一般的公文或普通文件排版相比,营销策划书的版心应设计得小一些,即页面边缘空白要留得多一些。这样不仅较为美观,而且便于对其进行装帧美化,也便于读者进行批注。

(2) 标题格式与位置。不同级的标题可分别设计,以使版面活泼,更显得好看。各级标题的格式与位置要注意前后统一,便于读者知道论证和阐述的策划内容的逻辑关系,也显示出策划人员清晰的思路。

标题可以分为主标题、副标题、小标题等,通过简练的文字,可以使营销策划书的内容与层次一目了然。

(3) 图片。图片在正文中的安排,应该尽量做到放在与其内容相关的文字附近,并且应该加上顺序编号和说明文字。

(4) 页码、页眉的设计。营销策划书的一个可以画龙点睛之处是其页码与页眉。页码与页眉不仅可以起到记录页数的作用,更重要的是,能够进行版面的美化和独特的装帧设计,使营销策划书的外观呈现出独特性和美观性。因此,应对页码与页眉做些艺术化的设计或处理。

在营销策划书的页眉处,一般应写上策划者的单位、策划书的标题等内容,以进一步加深读者对营销策划者的印象。

(5) 版面装饰。营销策划书可以通过一些辅助性的装帧图片,使其看起来更加活跃,同时用一些能够起到强调作用的特殊符号,将希望引起读者注意的内容突显出来。

四、营销策划书的完善

营销策划书的完善是指对营销策划书进行通篇复查,对重点内容进行审核,修正错误与不妥之处,以提高营销策划书的质量。

1. 营销策划书的检查

营销策划书撰写完成以后,要对其进行全面的校正,就是对营销策划书的内容、结构、逻辑以及文字等进行检查与修改。策划书执笔人校正后,最好再交其他一些相关或无关的人进行校正,涉及一些专业性很强的问题时,最好还要请教一些专家进一步核实,以保证策划书准确无误。

首先,校正过程中要留意策划方案还有没有留下一些考虑不周全的问题或研究未果、悬而未决的问题;其次,校正过程中要特别注意那些关键的数据、日期、金额、数量、人物信息等有无差错;再次,要校正核实有无错别字、页面格式是否前后一致等面上的细节问题,如表 9-8 所示。

表 9-8 营销策划书的检查

营销策划书的检查内容	具体内容分析
是否能够显示出良好的营销策划经验	明确说明自己具有丰富的营销策划经验,即使缺乏相关经验,也要提出相应的解决方法
是否有完整的市场调查、市场分析与预测内容	让读者相信自己的市场分析是很真实的,产品需求是真实可信的
是否有良好的营销策划方案和风险控制分析内容	让读者相信自己的营销策划方案是切实可行的、稳健的,风险是可控的

(续表)

营销策划书的检查内容	具体内容分析
是否有技术创新、产品创新和市场创新	让读者相信自己的产品或服务有竞争对手没有的核心优势，营销策略具有创新性
附件上的材料是否完整	附件上的材料是为了证明营销策划书是可信赖的
是否在排版、文案写作上有瑕疵	排版、文案写作上的瑕疵会给读者留下不快

2. 营销策划书的装订

营销策划书的撰写、校正工作完成以后，还要对营销策划书进行装订。一份装订整齐得体的营销策划书，同样是营销策划工作顺利推进的重要保证之一。

在装订营销策划书时，要注意以下几点：营销策划书是否要分成若干册；各部分内容之间是否要插入分隔页；如果内含彩色图片，则应灵活应用彩色复印；确定营销策划书的复印或印刷册数。

第四节　营销策划书的模式

营销策划书的模式并不是固定不变的，策划人员可以灵活地根据实际表达需要加以调整，但是也存在一些通用的模式。下面介绍几种当前比较流行的营销策划书的常见模式。

一、按部就班模式

这种模式的营销策划书严格按照规范的营销策划流程来呈现，中规中矩，因为符合大部分人的逻辑思维方式，所以比较常见。其基本的逻辑结构如下。

第一部分：前言

(一) 策划的背景
(二) 策划的目的和意义
(三) 主要的策划人(或单位)以及策划的过程简介

第二部分：营销环境分析

(一) 宏观的制约因素
具体包括：
1. 目标市场所处区域的宏观经济形势(含总体的经济形势、总体的消费态势、产业的发展政策)。
2. 市场的政治、法律背景(含可能影响产品市场的政治因素、可能影响产品销售和推广的法律因素)。
3. 市场的文化背景(含产品与目标市场的文化背景、产品与目标消费者的文化背景)。
(二) 微观的制约因素
具体包括：
1. 原料供应商与企业的关系。
2. 营销中间商与企业的关系。

(三) 市场概括

具体包括：

1. 市场的规模(含整个市场的销售额、市场可能容量的最大销售额、消费者总量、消费者总的购买量，以及以上几个要素在过去一个时期中的变化、未来市场规模的变化趋势)。

2. 市场的构成(含构成这一市场的主要产品的品牌、各品牌占据市场的份额、市场上居于主要地位的品牌、与本品牌构成竞争的品牌、未来市场构成的变化趋势)。

3. 市场的特性(含季节性、暂时性、其他突出的特点)。

第三部分：消费者分析

(一) 消费者的总体消费态势

具体包括：

1. 现有的消费趋势。

2. 各类消费者消费本类产品的特性。

(二) 现有消费者分析

具体包括：

1. 现有消费者群体的构成(含现有消费者的总量、现有消费者的行业分类、现有消费者的企业规模、现有消费者的经营模式、现有消费者的管理模式、现有消费者的收入状况、现有消费者的地域分布)。

2. 现有消费者的消费行为(含购买动机、购买时间、购买频率、购买数量、购买地点)。

3. 现有消费者的态度(含对产品的喜爱程度、对本品牌的偏爱程度、对本品牌的认知程度、对本品牌的指名购买程度、产品使用后的满意程度、未满足的需求)。

(三) 潜在消费者分析

具体包括：

1. 潜在消费者的特性(含总量、行业、规模、经营模式、管理模式、收入状况、地域分布)。

2. 潜在消费者现在的购买行为(含现在购买哪些品牌的产品、对这些产品的态度、有无新的购买计划、有无可能改变计划购买的品牌)。

(四) 消费者分析总结

具体包括：

1. 目标消费者群体的特性。

2. 目标消费者群体的共同需求。

3. 如何满足目标消费者群体的需求。

第四部分：产品分析

(一) 产品特征分析

具体包括：

1. 产品的性能(含最突出的性能、最适合消费者需求的性能、还不能满足消费者的需求的性能)。

2. 产品的质量(含质量的等级，消费者对产品质量的满意程度，继续保持、继续提高的可能)。

3. 产品的价格(含在同类产品中的档次、与产品质量的配合程度、消费者对产品价格的认知程度)。

4. 产品的材质和工艺(含产品的主要原料、在材质上的特别之处、消费者对产品材质的认知程度、现有的生产工艺、在生产工艺上的特别之处、消费者对生产工艺的认知程度)。

5. 产品的外观与包装(含与产品的质量、价格和形象的融合程度,外观和包装上的欠缺之处,在货架上的同类产品是否醒目,对消费者的吸引力,消费者对产品外观和包装的评价)。

(二) 产品的品牌形象分析

具体包括:

1. 企业赋予产品的形象(含企业对产品形象的考虑、企业为产品设计的形象、品牌形象设计中的不合理之处、企业对消费者进行的产品形象宣传)。

2. 消费者对产品形象的认知(含消费者对产品形象的反馈、消费者认知的形象与企业设定的形象间的差距、消费者对产品形象的预期、产品形象在消费者认知方面的问题)。

(三) 产品定位分析

具体包括:

1. 产品的预期定位(含企业对产品定位的设想、企业对产品定位的不合理之处、企业对消费者进行的产品定位宣传)。

2. 消费者对产品定位的认识(含消费者对产品定位的反馈、消费者认知的定位与企业设定的定位间的差距、消费者对产品定位的预期、产品定位在消费者认知方面的问题)。

(四) 产品分析总结

对产品与竞争对手进行比较分析,包括产品性能分析、产品质量分析、产品价格分析、产品采购分析、产品工艺分析等。

第五部分:竞争状况分析

(一)竞争地位分析

具体包括:

1. 市场占有率。
2. 对消费需求的认识。
3. 企业自身的资源和经营目标。

(二) 竞争对手分析

具体包括:

1. 主要的竞争对手。
2. 竞争对手的基本情况。
3. 竞争对手的优势与劣势。
4. 竞争对手的策略。

(三) 竞争分析总结

第六部分:营销环境分析总结(常用 SWOT 分析法)

(一) 优势与劣势

(二) 机会与威胁

优劣势分析主要是着眼于企业自身的实力及其与竞争对手的比较,而机会和威胁分析将注意力放在外部环境的变化及对企业的可能影响上。在分析时,应把所有的内部因素(即优劣势)集中在一起,然后用外部的力量来对这些因素进行评估。

第七部分：目标市场选择策划

(一) 总体目标

具体包括：

1. 企业提出的目标。
2. 企业根据市场情况可以达到的目标。

(二) 目标市场

具体包括：

1. 原有目标市场分析(含市场的特性、市场的规模、机会与威胁、优势与劣势、问题重要点、重新进行目标市场决策的必要性)。
2. 市场细分(含市场细分的标准、各个细分市场的特性、各个细分市场的评估、最有价值细分市场的描述)。
3. 企业的目标市场策略(含目标市场选择的依据、目标市场选择的策略)。

第八部分：营销组合策划

(一) 产品创意

包括产品概念塑造、包装塑造、品牌塑造、形象塑造等。

(二) 价格策划

包括定价目标、定价方法、定价策略、调价策略等。

(三) 渠道策划

包括渠道设计、渠道管理、渠道组建等。

(四) 促销策划

包括广告策划、人员推销策划、营业推广管理、公共关系策略等。

营销组合策划这部分是重点内容，需要策划人员具有创新意识和创新精神，提出具有操作可行性和经济可行性的建议。

第九部分：行动计划

(一) 在各目标市场的开始时间

(二) 活动的结束时间

(三) 策划活动的持续时间

(四) 进程安排

第十部分：经费预算

(一) 策划创意费用

(二) 策划设计费用

(三) 策划制作费用

(四) 广告媒介费用

(五) 其他活动所需要的费用

(六) 机动费用

第十一部分：效果预测与控制

(一) 策划效果的预测

包括策划主题测试、策划创意测试、策划文案测试、策划作品测试等。
(二) 策划效果的监控
包括媒介发布的监控、策划效果的测定等。

第十二部分：附录
(一) 市场调查问卷
(二) 市场调研报告
(三) 其他证明材料等

二、问题解决模式

这种模式的营销策划书按照提出问题、分析问题、解决问题的逻辑思路来撰写，比较符合一般人的思维方式，容易让阅读者接受。它重点强化解决问题的对策，特别是在企业经营中遇到问题的时候，如果能够准确把握问题并且提出有针对性的对策，会更容易让阅读者产生认同感，操作更有针对性。其基本的逻辑结构如下：

(一) 选题的原因
1. 现状分析
2. 竞争分析
3. 市场分析
4. 解决问题的紧迫性和重要性分析
(二) 问题的原因
1. 战略的选择
2. 策略的选择
3. 品牌重塑
(三) 有关对策
1. 品牌创新策略
2. 市场创新策略
3. 战略创新策略
4. 策略创新策略

三、专题策划模式

这种模式的营销策划书重点分析某个营销专题的策划，如推广活动策划、广告策划、新产品上市策划等，根据某个专题营销活动来展开，因此没有固定的逻辑写作模式，根据策划的专题不同而有所调整。

以某产品销售(或人员推销)策划书为例，通用的逻辑结构如下：

(一) 产品的销售状况分析
(二) 产品的投资与利润分析
(三) 产品的价值分析与建议
(四) 产品的销售对象分析与建议

(五) 产品的销售可行性分析

(六) 产品的销售时机的选择与建议

(七) 产品的销售策略的提案与建议

1. 策略构想

2. 销售策略建议

包括产品包装的建议、产品分销模式的建议、产品销售价格体系的建议、产品推广活动的建议、产品组合搭配的建议、产品终端展示策略的建议。

(八) 产品的销售预算

(九) 产品的销售效果预估

以某产品促销策划书为例，通用的逻辑结构如下：

(一) 市场分析(为决策提供依据)

1. 总则
2. 促销调查主要观点及内容
3. 市场预测及建议

(二) 促销目标

1. 总体目标
(1) 市场目标
(2) 财务目标
2. 目标分解

(三) 促销提案

1. 促销的主题和卖点
2. 促销时机和持续时间
3. 促销对象
4. 促销地点
5. 促销区域
6. 促销的类型和方法
7. 促销媒介
8. 促销活动方式

(四) 广告配合方式(宣传形式)

1. 广告媒介选择
2. 广告创意设计
3. 广告时段选择

(五) 促销活动的步骤

1. 前期安排
(1) 人员安排
(2) 物资安排
(3) 实验方案
2. 中期操作
3. 后期延续

> (六) 促销预算
> 1. 预算计划
> (1) 总预算
> (2) 分预算(管理费用、销售费用、附加利益费用)
> 2. 资金费用来源
> (七) 效果评估
> 1. 销售业绩评估
> 2. 市场影响力评估

第五节　营销策划书的推销与实施

在营销策划实践中，企业制定营销策划书的最终目的是落实整个营销策划方案。一份不能在实践中贯彻和执行的营销策划方案是没有价值和意义的。因此，在整个营销策划书的撰写过程中，企业就要规划好策划书的推销及宣传工作。出色的推销工作不仅可以帮助策划者集思广益，提高策划书撰写质量，还有助于营销策划书在实施过程中得到更多的支持和帮助。

一、营销策划书的推销

"酒香不怕巷子深"曾经被无数商人奉为经商圣哲，但是在信息大爆炸的今天，好酒也怕巷子深。因为在网络信息化时代，如果一个产品推销工作做得很出色，往往消费者会非常认可。反之，一个产品质量再好、功能再完整，如果推销工作做得不够，人们对其质量及其功能缺乏了解，那么它很快会被淹没在信息的海洋里，难以获得良好的市场份额和竞争力。正如产品需要推销一样，一份优秀的营销策划方案也要开展推销工作。特别是由于营销策划方案的撰写者往往并非决策者，若不能得到决策者和执行者的认可，便难以发挥应有的作用。所以，在一个营销策划方案推出时，一定要做好宣传和推广工作，加大推销营销策划方案的力度，以提高营销策划方案的知名度和认同度，实现预定的目标。

二、推销在营销策划过程中的作用

推销在不同营销策划阶段的作用具体如下。

(1) 营销策划初期阶段，让大众了解策划的主题。在营销策划初期一定要树立推销意识，企业可以相应地推出一些活动，让决策者或者参与人员了解策划的大致内容和主要观点。人们对事物的认识都有一个过程，在初期阶段所做的宣传工作实际上也是为了确保整个策划方案能够最终得到认可和实施。

(2) 营销策划中期阶段，让接受者关注策划方案。进入营销策划中期阶段，推销工作变得相对复杂。因为在这一阶段，大量的工作需要进行分工和筹划，包括推销策划方案的人员组成、分工以及有关推销人选方面的确定。此外，要同决策者和影响者即策划方案的接受者沟通和交流，整个过程需要进行周密的安排和准备，需要虚心听取并采纳各方面的建议和措施，引起对方的认同，为正式提交策划方案扫除障碍。

(3) 营销策划方案正式推出阶段，让审议者认同策划书。在完成营销策划书的撰写工作后，就进入了最后阶段，即推出营销策划书，此时推销工作至关重要。因为策划方案是否能达到预期的效果或取得比以前更佳的效果，关键在于能否被评审者通过，要让评审者觉得策划书是有价值和意义的。因此，企业一方面要对策划方案的细节进行深入研究和掌握，另外一方面要注意利用好各种宣传资料和工具帮助自己进行策划书的宣讲。

三、营销策划书的实施

策划方案一旦被采纳和接受，整个策划活动的重点便转移到了营销策划书的实施。营销策划书的实施是整个策划活动的归宿和落脚点，也是关键的一个必要程序。即使是一个优秀的策划方案，如果不能很好地实施或者在实施过程中出现重大的偏差，也会导致策划的效果受影响，甚至使得整个策划活动失去价值和意义。反之，一个有效的实施，不仅可使一个优秀的策划取得成功，而且还可以帮助解决一些企业的新问题，如表9-9所示。

表9-9 策划制定与策划实施的关系

策划实施	策划制定	
	优秀的	较差的
有效	成功； 实现策划的预期目标，达到既定的效果	挽救或毁灭； 好的实施可以挽救一个不好的策划，或者帮助企业不断纠正策划中的不足之处
无效	麻烦； 很差的实施妨碍一个好的策划发挥作用，甚至导致策划方案实效	失败； 策划方案的失败往往是由多种原因造成，但一个糟糕的策划加上不得力的实施，整个策划方案注定要失败

然而，策划实施并不是轻而易举的过程，它涉及大量的工作、资金和时间安排。另外，策划要得以实施还须满足两个条件：一是制定的策划方案具有实施的现实可能性；二是实施策划的组织和人员必须了解和掌握策划组织实施的科学方法、技巧和程序。此外，在实施过程中还需要各部门密切配合，策划人员需要与各部门人员沟通和交流，对实施过程中的各种疑问进行详细解答。得到企业各部门的支持是策划实施能够取得实效的关键。

四、营销策划书的实施效果测评

为了保证实施效果测评准确、恰当与全面，在进行方案测评过程中，应坚持以下几个原则。

(1) 有效性原则。坚持有效性原则，是指测评工作必须要达到测评的目的，要以具体结论和各种数据指标而非空泛的评述来证明营销策划的实施效果。这就要求在测评时必须选取真正有效的、确有代表性的测评指标作为衡量标准，并且尽可能采用多种有效的测评方法，综合考察，广泛收集意见，以得出客观的结论。这样，可以真正地将营销策划方案的效果充分体现和评价出来。

(2) 可靠性原则。可靠性原则要求前后的测评工作具有连续性，所采用的测评指标方法和被测对象要相对稳定。

(3) 相关性原则。相关性原则是指测评的内容必须与所确定的策划目标相关。在进行策划活动时，要根据不同的策划目标来界定策划的相关性。

(3) 广泛参与性原则。在营销策划实践中，要进行效果测评，必须要集思广益，组建一支由行政管理人员、财务管理人员、市场营销管理人员等组成的测评队伍，充分吸收并尊重测评人员的观点和想法，确保测评达到既定目标。

综合训练题

一、简答题

1. 营销策划书与市场调查报告和可行性分析报告的联系与区别是什么？
2. 举例说明营销策划书与创业计划书的框架结构？
3. 常见的营销策划书撰写技巧有哪些？
4. 如何推销你的营销策划书？
5. 简述推销在营销策划过程中的作用。

二、情景模拟题

小张是一名即将毕业的大学生，他申请到了 10 万元的大学生创业基金，准备在学校附近开设一家日用杂货店，开展主要面对学生的业务。目前，他成功地在学校西门对面租到一个 30 平方米左右的门面，门面租金为每月 3000 元。在熟悉市场后，请帮他写一份创业策划书，要求格式正确，思路清晰，有很好的创意。评分标准如表 9-10 所示。

表 9-10　评分标准

评价标准	分值	评估成绩	评价标准	分值	评估成绩
主题明确	5		结构合理，内容完整	20	
目标明确且合理	10		有良好的风险控制	10	
人员组织合理可行	10		费用预算具体、合理	10	
内容有新意，且可行	20		效果评估	15	

第十章

服务营销策划

随着市场竞争环境的变化，消费者有了越来越多的选择。现在的消费者在购买产品时，不仅要看产品本身所带来的价值体验，而且更加注重企业的服务精神和服务态度。企业的服务精神和服务态度可以帮助企业开拓新的市场，提高原有顾客的忠诚度。在企业内部进行科学的服务营销策划，可以极大地提高企业内部员工的服务意识，提升服务质量，进而可以很好地满足顾客需求，形成稳定的顾客群体，提升企业的核心竞争优势。

知识要点：

1. 服务以及服务的特征
2. 服务营销的含义和特征
3. 服务营销策划的特点
4. 服务营销策划的流程
5. 理解服务营销组合策划的具体内容
6. 服务营销策划的策略与方法

第一节 服务与服务营销

21世纪以来，服务业在整个社会经济中发展迅速。据世界银行统计，发达国家服务业生产总值占国民生产总值的70%以上，中等发达水平国家的服务业生产总值平均占国民生产总值的50%左右。随着我国社会的发展，服务业的重要性日益凸现，服务营销及其策划活动也成为人们关注的热点，成为企业竞争和提高核心竞争力的有效手段。服务营销是营销策划活动的重要组成部分。

一、服务的含义与特征

1. 服务的含义

简单地说，服务是行动、过程和表现。国际营销大师菲利普·科特勒认为："服务是一方能够向另一方提供的无形的任何行为或绩效，并且不会导致任何所有权的发生。服务的产生可能与某种物质产品相联系。"A. 佩恩对服务的定义是："服务是一种涉及某种无形因素的活动，它包括与顾客或他们拥有财产的相互活动，它不会造成所有权的变更。条件可能发生变化,服务产出可能或不可能与物质产品紧密相连。"

在综合各种不同的服务定义和分析服务的真正本质的基础上,人们认为,服务是一种涉及某些无形因素的活动、过程和结果,它包括与顾客或他们拥有的财产间的互动过程和结果,并且不会造成所有权的转移。在这种定义中,服务不仅是一种活动,而且是一种过程,还是某种结果。

【知识链接 10-1】

现代服务业

现代服务业是相对于传统服务业而言,为适应现代人和现代城市发展的需求,而产生和发展起来的具有高技术含量和高文化含量的服务业。现代服务业主要包括以下四大类。

1. 基础服务

基础服务包括电信、邮政、电子商务、战略咨询、信息咨询、品牌代理、会展、公共关系、广告等。

2. 生产和市场服务

生产和市场服务主要包括资本服务类、会计服务类、经营组织类、技术研发类、人力资源类和法律服务类。其中,资本服务类包括银行、信托、保险、评估、投资、融资、拍卖、典当、资信、担保等。会计服务类包括会计代理、审计事务、资产管理、信用管理、财务公司等。经营组织类包括企业托管、物流、配送、产品批发、商品代理、监理、经纪、租赁、环保等。技术研发类包括产品研发、技术转让、软件开发、知识产权交易服务等。人力资源类包括人才招募、人才培训、人力资源配置、岗位技能鉴定等。法律服务类包括律师事务、涉讼代理、公证、调解等。

3. 个人消费服务

个人消费服务包括教育、医疗保健、住宿、餐饮、文化娱乐、旅游、房地产、商品零售等。

4. 公共服务

公共服务包括政府的公共管理服务、基础教育、公共卫生、医疗及公益性信息服务等。

(资料来源:http://m.chinabgao.com/k/xdfwy/13309.html)

2. 服务的特征

与有形产品相比,服务具有以下共同特征。

(1) 无形性。服务的无形性又称为服务的抽象性和不可触知性,是服务特征中最基本、最主要的特征。服务在本质上是无形的,顾客不能像有形商品那样在购买之前就能看到、感觉到或触摸到,因而很难事先判断和预知结果的好坏。它可以从以下三个不同的层次来理解。

① 服务的很多元素看不见、摸不着、无形无质,但又是可以被感知的,消费者正是根据感受来评价服务质量的优劣的。因此,在提供服务时应当化无形为顾客的良好感受。

② 我们说服务是无形的,并不认定说服务过程都不存在任何有形的物体或要素。在绝大多数的情况下,服务过程是有形物品与无形服务的结合。

③ 服务进行的过程有时是有形元素和无形元素的结合,但有形元素并不是服务的本质。

(2) 不可分离性。有形产品的生产、销售及消费往往在不同的时间和空间进行,而服务产品则不同。在很多情况下,服务产品的生产过程与消费过程往往是同时的,两者难以在时间和空间上割裂开来。在服务产品的供应商提供服务的同时,消费者也就享受了该服务。某些情况下,顾客不仅在服务生产现场,而且在相当程度上参与服务生产过程。当然,企业提供服务产品的种类不同，顾客参与生产过程的程度也不同。

(3) 差异性。差异性是指服务无法像有形产品那样实现标准化，每次服务带给顾客的效用和顾客感知的服务质量都可能存在差异。这主要体现在以下三个方面。

① 由于服务人员的原因，如心理状态、服务技能、努力程度等，即使同一服务人员提供的服务在质量上也可能会有差异。

② 由于顾客的原因，如知识水平、爱好等，也直接影响服务的质量和效果。

③ 由于服务人员和顾客之间相互作用的原因，在服务不同次数的购买和消费过程中，即使是同一服务人员向同一顾客提供的服务也可能会存在差异。

(4) 不可存储性。不可存储性是指服务产品无法保留、转售及退还的特性。有形产品可以储存至另一时间销售，在顾客对所获得的产品不满时，可以退换。服务却因其生产和消费的同时性而无法保存、转销或退换。由于不可储存，也就无法用预先储存起来的服务满足高峰时期顾客的需要。顾客为消费某种服务而来，服务产品供不应求时，就可能使顾客失望而归。

(5) 相互替代性。服务产品同其他实物产品之间有很强的相互替代性，如在获得物品的维修服务后，则不用再购置新商品。服务业同实物商品存在相互补充、相互促进的关系，如电脑等耐用消费品的普及会扩大与其相关的服务业市场；各类服务产品间也可相互替代，如各种运输服务方式可相互替代，即去某地选择一种交通工具即可。

二、服务营销的含义与特征

1. 服务营销的含义

服务营销是现代市场营销的一个新领域，是随着服务业的快速发展和激烈的市场竞争而产生的一种新的管理手段。它是指服务业为了满足顾客对服务效用的需求，实现其预定的目标，通过采取相应的策略而达成服务交易的商务活动过程。

服务营销能否取得成功的关键是企业能否为消费者提供满意的服务产品，并不断引进适应性的营销策略，以满足更多的顾客的需要，并在为顾客提供服务的同时，给予对方足够的理解和尊重。

【案例10-1】

耐克的终端体验服务营销

位于纽约耐克公司的"耐克体验中心"是实施终端体验营销的成功典范，耐克品牌之所以比阿迪达斯、锐步等品牌更胜一筹的原因也许就在于此。

一进入位于纽约的"耐克城"，你享受到的不仅仅是一个购物场所，仿佛置身于一个体育运动博物馆和信息中心。"自信"这一主题对于形成这种整体顾客印象起了极大的作用。在这里，运动鞋按尺码陈列于大房间四周的搁架上，存货位于陈列品下方墙的里面。你可以挑选自己喜欢的运动鞋，然后在下面寻找适合自己的尺码。你还可以获得最新的体育赛事结果，或提出要求取得有关体育人物如卡尔·刘易斯、乔丹等的录像带和录音带信息。此外，以旋动识别为标记的信息亭，加强了"自信"这一主题。

进入"耐克城"，你会体会到体现体育力量和运动的美学理念。从旋转门进去，你就像进入了体育赛场，眼前是7台录像机，其中有些录像机正现场直播体育赛事。这种风格强化了体育馆的主题。开放式正厅给人一种体育馆的感觉，地板上铺着毯子像个篮球场，外部墙砖、木制的座位、时钟以及保护性挡球网……所有这些设计都是为了创造出高技术与不同凡响的运动表现相匹配的整体印象。

"耐克城"为消费者提供了更为个性化和相互作用的体验，它的经营方式超出了一般销售产品的意义，而更加像是健身、激励和推动人们成功的地方。置身于这样的环境中能给顾客的眼、耳和指尖带来无数的惊喜，它给人们提供了健康知识和体育历史知识，用鼓舞人心的话语和关于人类成就的故事来催人奋进。这些感官的、理智的、情感的交流，相互重叠，紧密结合，产生了非常感人的效果。许多人对"耐克城"情有独钟，依恋不舍，是因为耐克把它的商店变成了人们体验的入口和旅游胜地。

服务，就是用心地去对待你的顾客，让他们感觉到被理解和尊重，并愿意将这种服务的体验与他人分享。

(资料来源：百度文库)

2. 服务营销的特征

(1) 供求分散性。在服务营销活动中，服务产品的供求具有分散性，不仅供方覆盖了第三产业的各个部门和行业，企业提供的服务也广泛分散，而且需方更是涉及各种各类企业、社会团体和千家万户不同类型的消费者。由于服务企业一般占地小、资金少、经营灵活，往往分散在社会的各个角落。服务供求的分散性，要求服务网点要广泛而分散，尽可能地接近消费者。

(2) 营销方式单一性。有形产品的营销方式有经销、代理和直销多种方式。服务营销则由于生产与消费的统一性，决定了其只能采取直销方式，中间商的介入是不可能的，储存待售也不可能。服务营销的单一性、直接性，在一定程度上限制了服务市场规模的扩大，也限制了服务业在许多市场上出售自己的服务产品，这给服务产品推销带来了困难。

(3) 营销对象复杂多变。服务市场的购买者是多元的、广泛的、复杂的。购买服务的消费者的购买动机和目的各异，某一服务产品的购买者可能牵涉社会各界各业各种不同类型的家庭和不同消费特点的个人。例如同样是一家餐馆，面对的顾客群体的口味可能多种多样，这就需要餐馆合理制定营销策略，力求最大限度地满足消费者的需求。

(4) 服务的消费者需求弹性大。根据马斯洛需求层次理论，人们的基本物质需求是一种原发性需求，对这类需求人们易产生共性；而人们对精神文化消费的需求属于继发性需求，需求者会因各自所处的社会环境和各自具备的条件不同而形成较大的需求弹性。同时，对服务的需求与对有形产品的需求在一定组织及总金额支出中相互牵制，也是导致服务需求弹性较大的原因之一。同时，服务需求受外界条件影响较大，如季节的变化、气候的变化、科技的发展等。

(5) 对服务营销人员的技术、技能和心理素质要求高。服务者的技术、技能直接关系着服务质量。服务者的服务质量不可能有唯一的、统一的衡量标准，而只能有相对的标准和凭购买者的感觉体会。同时，服务营销需要从业人员拥有良好的心理素质，有良好的沟通技巧，要对自己有信心，面对顾客的抱怨时，能够认真倾听，保持良好的精神状态。

三、服务营销策划

营销策划是对企业的营销活动做出的预先筹划和谋略。我们可以将服务营销策划理解为服务型企业为实现特定目标，在市场调查的基础上提出新颖的营销思路和营销对策，并制定出具体实施计划方案的思维活动。和一般实体产品相比，服务营销策划具有以下特点。

(1) 以提供无形服务为目标。无形是服务最明显的特点。如果说有形产品是一个物体或一件东西的话，服务则表现为一种行为、绩效或努力。顾客在购买服务之前是看不见、尝不到、摸不着、听不见、嗅不到的，他们难以感知和判断其质量和效果，他们更多的是根据服务设施和环境来衡量。

(2) 以顾客为核心。服务的不可分离性决定了服务产品的消费与服务产品的提供是同时进行的，也就是服务的消费者要直接参与服务的生产过程，并与服务提供者密切配合，顾客成为服务的一部分。在这一过程中，服务绩效的好坏不仅取决于服务者的素质，也与顾客个人的行为密切相关，这就使得服务营销工作复杂化。服务营销者在努力提高自己的素质、创建良好信誉的同时，还要注意揣摩消费者的心理喜好，区别不同类型消费者对同一服务的需求差异特性，有针对地开展服务营销工作。

(3) 注重服务质量的整体控制。服务质量是服务企业对消费者或顾客服务的效果与效率。对于顾客而言，服务质量就是顾客对其所接受的服务过程、服务水准、服务效用的认同度和满意度。从全面意义上的服务质量须从以下两方面来描述。

① 技术质量：以服务操作规程来描述和控制。
② 功能质量：以顾客感受和获得的满意度来描述。

(4) 时间是非常重要的因素。由于服务的不可感知形态以及生产与消费的同时进行，从而使服务具有不可贮存性。虽然服务设备、劳动力等能够以实物的形态存在，但它们只代表一种服务供应能力而非服务本身。服务的供过于求造成服务供应力的浪费，供不应求则又使顾客失望。因此，使波动的市场需求与企业服务供应能力相匹配，并在时间上一致，便成为企业服务营销管理的一项课题。

另外，在服务市场上，既然服务生产和消费过程是由顾客同服务提供者面对面进行的，服务的推广就必须及时、快捷，以缩短顾客等候服务的时间，因为等待时间过长会引起顾客的厌烦，使其对企业的服务质量及形象产生怀疑。服务营销中的时间因素对提高服务效率和顾客对服务的评价起着重要作用。

第二节　服务营销策划的流程

不同于其他行业，服务企业在提供服务过程中，顾客一直是身处其中的，我们把服务过程中顾客与服务组织的接触叫作"交锋时刻"。顾客是否对服务感到满意，在很大程度上取决于"交锋时刻"。服务营销策划帮助企业提高各个环节的效率，更好地应对服务行业的需求波动。服务营销策划的流程一般分为七个环节，整个流程如图10-1所示。

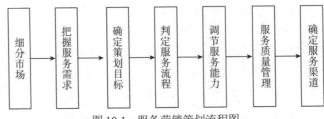

图10-1　服务营销策划流程图

一、细分市场

任何一个企业,无论其规模如何,它所能满足的也只是市场总体中十分有限的部分,而不可能全部满足,不可能为所有消费者都提供有效的服务。市场细分就是根据消费者明显不同的需求特征,将整体市场划分成若干个消费者群的过程,每一个消费者群都是一个具有相同需求和欲望的细分子市场。

和实物产品市场细分一样,服务市场的细分主要是依据一定的细分变量来进行,服务市场细分的常用变量可以概括为地理因素、人口统计因素、心理因素和行为因素四个方面,每一个方面又包括一系列的细分变量。

二、把握服务需求

服务需求是指在顾客心目中服务应达到的和可达到的水平。服务行业是由于顾客的期望才产生的,有句经典的话这么说,"企业拥有一个最简单的结构:最首要的事情是让用户满意,其次才是利润。如果做不好第一件事情,第二件事情将永远不可能发生。"特别是对于服务行业,顾客的回头率很高,及时地了解顾客的期望,调整产品的结构,才能保证在竞争日益激烈的市场中站稳脚跟。

一般来说,了解服务期望可以从以下几个方面入手。

1. 了解顾客最关心的期望

企业与顾客对某个具体服务的认识有时是不同的,弄清什么是顾客最关心的内容,企业才能有针对性地提供满意的服务。例如,在餐厅消费时,顾客的满意度受到食品价格、口味、附加价值等影响,但同时人们也非常关心卫生状况。

【案例10-2】

IBM——从顾客最关心的期望着手提供服务

IBM 的辉煌可以说是在很大程度上得益于它正确的营销战略,即 IBM 就意味着服务。IBM 把服务精神列为竞争取胜的重要手段。例如,一家大医院要安装一套电脑系统,电脑的品牌很多,有些品牌的科技性能及软件比 IBM 还先进,但是医院最后还是选择了 IBM。其原因在于,IBM 销售人员总是耐心访问了医院上上下下有关人士,他们不说专业术语,不用高深的电脑知识"吓唬"人,而是尽量根据医院的需求,努力解决医院的实际问题。

(资料来源:百度文库)

2. 了解重点客户的期望

一般来说,企业必须重点对待那些关键客户,因为他们是利润的主要来源。服务行业可以从自己行业的特点出发,例如,证券行业的经纪业务可以按照财务指标来划分,按照保证金的数额就可以把客户划分为大户室、中户室和散户大厅的服务类别。

三、确定服务策划目标

明确服务策划目标是企业制定服务流程的重要步骤。策划目标如同指航灯,引领着企业未来的发展,同时也是企业形成团队精神的核心动力。根据彼得·德鲁克的理论,服务策划目标的设置如表 10-1 所示。

表 10-1 服务策划目标的设置

构成要素	具体内容
市场地位	1. 服务产品的销售额； 2. 服务产品所占的市场份额； 3. 服务拓展的可行性
生产率	1. 服务劳动效率； 2. 资本产出率
利润率	1. 利润率的预期； 2. 利润的使用和扩大投入； 3. 吸引新资本
创新目标	1. 服务产品的创新； 2. 服务营销方式的创新； 3. 服务营销理念的创新
管理者的业绩	1. 管理者业绩的目标与具体目标； 2. 管理者培训和开发

四、判定服务流程

服务流程可以看作一个"投入—变换—产出"的过程，其最后的结果通常不是一件有形的产品。服务可以被描述为一种行为或者是行为的结果。根据顾客本身及资产在服务流程中的不同情况，服务可以分为以下四种。

(1) 作用于人体的可触行为。这种服务发生在人的身体上，使身体的形状、地理位置发生一定的变化，如外科手术、交通运输、美容服务等。这种服务要求顾客必须身处服务现场，与服务组织及员工有长时间的紧密接触。

(2) 作用于人的精神的不可触行为。这种服务结束时对人的精神产生影响，使顾客感到愉悦或头脑充实，例如增加了知识、得到了信息、改变了想法等。在提供这种服务的过程中，并不一定需要顾客身处服务机构中，也可以通过传播媒介，如广播电视、移动通信等。无形的信息是此类型服务组织和顾客的主要接触内容。

(3) 作用于有形资产的可触行为。这种服务针对的是顾客的有形资产，所以客户本人并不要求在场，如包裹运输、服装洗涤、家电送修等。在许多情况下，顾客将物品送到服务机构或组织上门服务，顾客只要提供相应的要求和指示就行。

(4) 作用于无形资产的可触行为。这里的无形资产主要包括顾客的钱财、重要文件、数据等。随着现代技术的日益发达，顾客几乎不需要与服务机构进行接触，如电子银行、电话银行等。但有些情况下还是需要面对面的服务，如投资咨询、申请贷款等。

五、调节服务能力

服务能力是指一个服务系统提供服务的能力程度。服务能力是由人力资源、设施和设备、时间以及顾客参与四大要素构成的。

1. 人力资源

人的劳动是所有高接触型服务和许多低接触型服务的一个关键能力要素。一句名言非常形象地说明了这一点:"律师的时间和专门知识即是他的资产。"专业服务以及基于知识的产出尤其依赖于高水平的专业人员。对于饭店服务员、护士、电话接线员等大量重复性的服务工作来说,各岗位员工的安排方式、其劳动生产率也是决定产出的关键因素。

此外,人力资源还是具有高度灵活性的能力要素。在劳动力流动市场充分发达的条件下,人员可以全时工作、兼职工作或加班加点工作,还可以通过交叉培训而胜任多项工作,这些都是灵活调整服务能力的重要途径。

2. 设施和设备

制造业中的设施和设备主要考虑半成品、原材料和人员容纳等问题,而服务行业的设备还要考虑顾客的接待问题,因此在要求上更进了一层。设施和设备对服务能力的大小往往起到决定性的作用,如医院的床位、宾馆的房间数、货车的车厢容积等。

3. 时间

因为是服务性行业,所以必须考虑到顾客需求的随机性和可预测性,而这两者又都与时间要素相关联。预测高峰期和延长服务时间都是服务能力管理的方法,例如短途城际火车票定价,虽然路程、列车类别、服务标准等均无差异,但不同时间的定价有所差异,其目的就是为了调节短期客流。

4. 顾客参与

在不同的服务行业,顾客的参与度不一样。例如,在银行 ATM 机的自助取款、在自助餐厅用餐等都属于高参与度活动。顾客参与整个服务过程的程度往往决定了顾客的满意度。例如,某驾校因为给学员训练的时间过短,而且教练没有给学员做细致的辅导,导致学员大量投诉。因此,应尽可能鼓励顾客参与,这是提高顾客满意度的一条途径。

在考虑调节服务能力时,需要遵守供需平衡的原则,针对不同情况的需求采取不同的服务能力策略。在需求波动明显加大时,通过改变设施布局、延长服务时间、利用非全时员工、使用预定系统和处理超额预订问题,提高供应能力;在需求波动不足时,通过提供价格诱因、开发互补性服务等多种方式,达到资源利用率的优化。成功的服务能力管理,可以做到既降低服务的成本,同时又提高顾客满意度。例如,我国每年的火车调度、营运线路设计都考虑到顾客的实际需求。

六、服务质量管理

服务质量是消费者对于企业所提供服务感受的优劣程度。服务质量管理是一项系统工程。从消费者的角度看,服务质量取决于两个主要因素:外显服务和隐性服务。

外显服务特指能够看得到的服务,一般是指服务设施、服务材料和服务环境等方面产生的服务效果,也可称为"硬服务"。例如,健身中心提供的健身器械、宾馆为顾客提供的客房和床位、歌厅的音箱设备、娱乐的环境和清洁状况等,都可视为外显服务。

隐性服务特指消费者接受服务时在心理上和精神上的感知和享受,包括消费者和服务提供者进行服务接触所产生的瞬间印象,也可称为"软服务"。例如,服务提供者的态度、行为方式、穿着等给消费者带来的感知和享受。

目前服务行业的质量管理模式主要分为两种。

(1) 产品生产模式。这种模式强调充分发挥有形资源和生产技术的优势,提高服务质量,实现最低的有形资源占用，最大限度地满足消费者的需求。

(2) 消费者满意程度模式。这种模式强调消费者对服务质量的反馈，反馈的结果有些受有形服务要素的影响，更多的是受消费者与服务人员相互交往的情绪、感觉和交流氛围等无形要素的影响，一旦消费者的期望和接受的服务出现差异，会影响消费者满意度。这种管理模式能够促使服务人员重视自身的能力和工作态度，不断提高服务水平。

产品生产模式的优点是实现最低的有形资源占用，最大限度地满足消费者的需求；缺点是过于强调有形服务要素的效能发挥，而忽视了消费者的感受和评价。消费者满意程度模式的优点是能够促使服务人员重视自身的能力和工作态度，不断提高服务水平；其最大缺点是片面强调消费者主观意见，容易将服务人员的注意力转移到消费者心理感受，而忽视服务环境和技巧等对服务的影响。

随着人们生活水平的日益提高，越来越多的企业采取上述两种质量管理模式相结合的方式来强化服务质量管理。

七、确定服务渠道

传统的服务渠道一般包括直销、经销、联合营销等，必须根据服务目标的特点来决定选用哪种或哪几种服务渠道。

1. 直销

与传统的营销方式相比，直销的优点在于减少流通环节、降低交易成本，并可使企业较快地接受市场信息，及时调整经营策略。直销方式普遍运用在保健品化妆品、家居洗涤用品、小型厨具等市场。但随着市场的变化，直销的缺点逐渐显现，比如人员的规范性不一致、盈利不稳定、业绩压力大等。作为直销手段而言，更应该向高端客户靠拢。

2. 经销

经销是指由经销商负责服务产品的销售和顾客服务，这种方式最大的优点在于扩大了消费群，降低了企业的运营成本。在企业经营策略中，一般将售后、流通部分转移出去，一来可以降低企业的运营成本，二来可以使企业更高效地聚焦于自己的核心产品，而且经销商有更多的机会了解顾客的需求。但是需要注意的是，一般经销商的服务水平低于企业的服务水平，企业也可能不能及时收到信息反馈。

3. 联合营销

当今人们的生活节奏加快，人们越来越倾向于"一站式"购物方式，这使家乐福、沃尔玛等大型卖场的生意日益火爆。受这一现象的启发，很多企业也纷纷打出"一条龙服务""一揽子服务"等概念。当然，要提供这些服务，由一家企业来完成是既不现实也不经济的。按照"专业的事情交给专业的人办"的原则，几家相关的企业联合起来提供服务是一种常见的营销策略。

第三节　服务营销组合策划

服务营销是服务组织依据其制定的营销战略，对营销过程中的各个要素变量进行配置和控制的活动。由于服务的生产与消费的同步性，顾客通常会加入到服务的生产过程中，并与服务人员直接接触;而且由于服务的无形性,顾客经常会根据一些有形的线索评价和体验服务。因此,服务组织可以利用附加的沟通变量与顾客交流,以使顾客满意。

越来越多的证据显示,传统的市场营销的层面和范围不适合服务市场营销。现有的证据足以说明有必要重新调整市场营销组合,以适应服务市场营销。服务市场营销组合除了具有传统的市场营销组合的 4 个要素 4P(产品、价格、渠道、促销)外,还拥有 3 个要素(人员、有形展示、过程),即服务市场营销要素组合为产品、价格、地点或渠道、促销、人员、有形展示和过程,如表 10-2 所示。

表 10-2 服务营销组合

产品	价格	渠道	促销	人员	有形展示	过程
服务范围	灵活性	渠道类型	促销组合	人力配备:	服务场所:	流程
服务质量	折扣/折让	中间商	销售人员	招聘	招牌	政策
服务水平	佣金	店面位置	促销活动	培训	装潢	步骤
附属产品	付款条件	运输	广告	激励/投入	色彩	机械化
包装	期限	仓储	宣传		陈设	顾客参与
品牌	差别定价	分销渠道	媒介类型	人际行为:	噪声水平	员工授权
服务承诺	认知价值		公共关系	团队	设施/设备	顾客控制
售后服务	质量/定价		数量	授权		标准/定制
				态度	有形物品:	
					员工制服	
				顾客:	名片	
				顾客教育	报告	
				顾客行为	对账单	
				参与程度		

一、产品策划

服务市场营销组合中,服务产品是第一要素。服务市场营销的首要任务就是向市场提供符合顾客需求的服务产品。

服务产品是一种特殊的商品,服务企业必须考虑提供服务的范围、服务项目、服务质量,同时还应注意品牌、服务承诺及保证、售后反馈等。

随着社会经济的发展、人们生活水平的提高,消费者的需求日益多样化、人性化,要提高服务产品的竞争能力,就需要将这些因素进行有机组合,不断创新,以满足消费者的需求。通过与顾客建立和保持良好的互惠互利关系,通过良好的服务,可以使企业及时得到反馈信息,挖掘和创造顾客潜在的需求,及时调整企业的经营方式和目标,开发出顾客最需要的新产品,最大限度地使顾客满意,最终培育忠诚的客户群。

服务产品策划主要包括以下几方面内容。

(1) 服务项目策划。服务项目策划是指对企业以何种服务形式、服务方式和服务种类进入服务业的策划活动。一个良好的服务项目策划能够给顾客带来较高的价值,它是服务竞争取胜的首要因素。

(2) 服务产品开发策划。在制造业中存在新产品开发策划,同样,在服务业也有服务产品开发策划。开发新的服务产品,是企业生存和发展的有效途径。服务产品开发策划一般包括调查研究阶段、新服务产品开发的构思创意阶段、设计阶段、试制与评价鉴定阶段、生产技术准备阶段和正式上市阶段。

(3) 服务品牌策划。品牌代表利益认知、情感属性、文化传统和个性形象等价值观念,一个具有丰富文化内涵的品牌才具有持久的生命力。因此,品牌是服务产品形象和文化的象征,好的服务品牌策划能够使企业保持长久而旺盛的生命力。

(4) 服务质量策划。服务质量是判断一家服务企业好坏的最主要依据。一个好的服务质量策划对于一项服务产品的设计具有十分重要的作用,它能有效地提高顾客的感知服务质量,提高顾客满意度,从而使他们成为忠诚顾客。

(5) 服务的有形展示策划。服务是无形的,而服务设施、服务设备、服务人员、顾客、市场信息资料、定价目标等都是有形的,这些有形物都可为无形的服务提供有形的展示。因此,一切可传达服务特色及优点的有形组成部分都被看作有形展示,包括服务环境的装修、色彩、氛围、布置、服务设施用品和有形线索等,它直接影响到顾客对服务质量的评价。因此,良好的有形展示策划是提高顾客感知服务质量的有效途径。

二、价格策划

价格方面要考虑的因素包括价格水平、折扣、折让和佣金、付款方式和信用等。价格往往被看作判断服务质量的证据,顾客按照其认知价值的理解考虑服务价格。因此,价格与质量间的相互关系,在确定服务价格时是重要的考虑对象。另外,由于不同的顾客对相同服务价值的感知方式是不一样的,这就需要为不同的细分市场定制不同的价格策略。价格策划的内容包括:确定定价目标,确定服务需求,测算服务成本(基于活动的成本会计),分析竞争者的成本和价格,选定定价方法等。此外,在进行服务营销价格策划时,要考虑具体的服务特征,如表 10-3 所示。

表 10-3 服务特征对服务定价的影响

服务特征	对服务定价的影响
无形性	顾客在购买服务产品时,不能客观、准确地检查无形无质的服务,这使服务产品的定价远比有形产品的定价更为困难
不可存储性	使服务的供求始终难以平衡,产生了不同时期有差别的服务产品价格
需求不稳定性	顾客往往可以推迟消费某些服务,甚至可以自己来实现某些服务的内容,类似的情况往往导致服务卖主之间更激烈的竞争
服务同质性	使价格竞争更加激烈。一般来说,越是独特的服务卖方越可以自行决定价格,只要买主愿意支付此价格。服务质量具有很高的差异性,服务与服务之间没有统一的质量标准供做比较
不可分性	使得服务受到地理和时间因素的限制,消费者只能在一定的时间和区域内才能接受服务,这种限制加剧了企业之间的竞争,也直接影响到服务的定价水平

三、渠道策划

渠道策划涉及给顾客提供服务时的地点、时间以及采用的渠道方式等方面的决策。服务场所的位置、可达性、销售渠道的形式以及其覆盖的地理范围,在服务营销中都是重要的因素。可达性不仅指服务场所便于寻找、到达和停留，对于通过远程接触的方式提供的服务，还意味着电话线路的畅通和互联网数据传输的流畅和高速。所以，分销渠道的类型以及其涵盖的地区范围都与服务便利性密切相关。由于服务可以采用电子分销渠道，互联网等信息技术的迅猛发展使得企业在制定服务营销策略时更加重视如何利用电子分销渠道。服务时间要素的重要性使得速度和便利性成为服务渠道策划中重要的决定性因素。

由于服务的不可分离性，服务渠道的策划和有形产品渠道的策划有较大区别。服务渠道的策划较少考虑渠道结构，而主要着手服务渠道和服务位置的选择。

四、促销策划

促销包括广告、人员推销、营业推广、宣传、公共关系等各种市场营销沟通方式。服务业的促销活动与有形产品的促销活动大致相同，用于有形产品促销的工具、策略和策划步骤也适用于服务促销。为增进消费者对无形服务的印象，企业在促销活动中要尽量使服务产品有形化。例如，许多理发店、婚纱摄影店将一些经过顾客允许的服务成果加以展示，增加了顾客关于服务产品的信息，也提升了企业良好的形象。这样，无形的服务就具有了一种有形化的特征。

五、人员策划

人员要素应该是参与者，是指参与到服务过程中并对服务结果产生影响的所有人员，包括企业的员工、顾客和处于服务环境中的其他人员。

企业员工的着装、仪表、态度和行为等因素，都会影响到顾客对服务的感知。同时，员工也担当着企业兼职营销人员的责任，他们代表着企业的形象。因此，企业必须对员工进行培训、指导和激励，并通过竞争来保证员工能够按照企业的承诺向顾客提供服务和有效地处理各种突发事件。

同时，由于服务的过程性(不可分割性)，顾客自身也会参与到服务过程中。顾客对服务质量与服务感知也会产生重要的影响，他们态度会影响其他顾客对服务质量与服务过程的感知。

此外，处于服务环境中的其他人员也影响着服务生产与服务消费过程。例如，持有银行贵宾卡而能够享受到特殊服务的人，往往会因为其他人的羡慕而提高对服务质量的感知和服务价值的认同。

六、有形展示策划

有形展示的要素包括有形环境(装潢、颜色、陈设、声音)以及提供服务时所需用的实物设施(比如汽车租赁公司所提供的汽车)，还有其他实体性信息标志(比如航空公司的机身上喷涂的公司标志或干洗店对洗好的衣物的"包装")，完全不涉及有形证据的"纯服务业"极少。一般的实体产品可以进行自我展示，但是由于服务自身的特点使得服务难以进行自我展示。在服务过程中一切可以传递服务特色与优点的有形组成部分，均可称为服务的有形展示。

【案例10-3】

富侨：中国足浴第一品牌的有形展示

富侨是拥有十多家直营店、四百多家加盟店、年产值达二十多亿元的大型企业，是中国足浴著名品牌。2007年，富侨成功打入新加坡市场。富侨凭借优雅的环境、优质的服务赢得了市场，其内部装修专门请专家进行设计，按照高档适用、经久不落后的原则，结合北派宫廷中式的华贵气势与田园中式的自然流派形成了自己独特的风格，并以亭、台、楼、阁等典型的中式符号穿插其中，从而提高了企业的文化品位，使之生动而富有情趣。400多家连锁店都统一按照总店的要求进行装饰，使得顾客一到富侨，即感觉是一种享受。

(资料来源：百度文库)

有形展示按构成要素进行分类，可分为实体环境、信息沟通和服务价格。

1. 实体环境

实体环境包括以下内容。

(1) 周围环境因素，包括空气质量、噪声、气氛、整洁度等。这类因素通常被顾客视为服务产品内涵的必要组成部分。其存在虽然不能使顾客格外激动，但如缺少这些要素或是达不到顾客的期望，就会削弱顾客的信心，周围环境因素通常被认为是理所当然的，所以它们的影响是中性的或消极的，也就是说顾客注意到周围环境因素，更多的是引发否定行为而不会因之有意接近。

(2) 设计因素，包括建筑、结构、颜色、造型、风格等美学因素和陈设、标识等功能因素。这类因素被用以改善服务产品的包装，显示产品的功能，建立有形的、赏心悦目的产品形象。设计因素的主动刺激比周围环境因素更易引起顾客的积极情绪，鼓励顾客采取接近行为，有较强的竞争潜力。

(3) 社会因素，指在服务场所内一切参与及影响服务产品生产的人，包括服务员工和其他出现于服务场所的人士，他们的人数、仪表、行为等都有可能影响顾客对服务质量的期望和认知。

2. 信息沟通

沟通的信息来自企业本身及其他引人注目之处，通过多种媒体传播与展示服务，从赞扬性的讨论到广告，从顾客口头传播到企业标志，不同形式的信息沟通都传送了有关服务的线索。信息沟通所使用的方法如下。

(1) 服务有形化，在信息交流中强调与服务相联系的有形物，让服务显得实实在在。

(2) 信息有形化，通过鼓励积极的口头传播、做服务承诺和在广告中应用容易被感知的展示等，使信息更加有形化。很多顾客都特别容易接受其他顾客提供的口头信息，据以做出购买决定。例如，选择医生、律师或选修课教师时，先征询其他人的看法。

3. 服务价格

服务价格之所以被服务营销者重视，是因为价格乃营销组合因素中决定收入的主要因素；而顾客之所以关注价格，是因价格可以提高或降低人们的期望。由于服务是无形的，价格是对服务水平和质量的可见性展示。价格能展示一般的服务，也能展示特殊的服务；它能表达对顾客的关心，也能给顾客以急功近利的感觉。制定正确的价格能传递适当的信息，是一种对服务有效的有形展示。

七、过程策划

服务是一组由一系列活动组成的过程，在这个过程中，生产与消费同步进行，顾客对服务质量产生感知是其关键所在。所以，企业只有对这一系列过程加以管理，才能真正实现优质服务。服务在向顾客提供之前，一般都是一样的。不同的人在不同的时间、不同地点的参与，才使服务过程呈现出不同的结果。因此，服务设计要考虑服务的生产与交付过程性以及顾客真正的需求。服务管理者要特别关注以下过程要素：服务系统的运作流程和步骤、服务供应中的器械化程度、给予员工何种限度的授权、顾客参与操作过程的程度、顾客的控制感、预订与等候制度等。同一服务业内，各个企业设计的服务过程差异很大，但不同的过程并没有优劣之分。

第四节 服务营销策划的策略与方法

由于服务本身具有无形性、不可分性、易变形和不可存储性，企业在开展服务营销策划时就要避免服务自身的特点对服务营销产生的不利影响，尽量使服务有形化、可分化、规范化和可调化，又要应用其灵活性的特点，做到服务的技巧化、差异化和效率化，从而提高顾客的感知服务质量，提高顾客满意度。

一、服务有形化策略

服务的有形化是指服务机构有策略地提供服务的有形线索，以帮助顾客识别和了解服务，并由此促进服务营销。服务有形化策略包括服务承诺化策略与服务包装化策略。

1. 服务承诺化策略

服务承诺是指公布服务质量或效果的标准，并给予顾客利益上的保证或担保。服务承诺化是指服务机构对服务过程的各个环节的质量予以承诺，以促进服务营销。

对服务做出承诺，可以降低服务消费者因服务的无形性而须承担的认知风险，因而可以降低顾客由此产生的心理压力，增强顾客对服务的信任，从而促进服务营销，进而激发和扩大顾客需求。例如，格力公司承诺空调保修时间延长到 6 年，这是对顾客的一种承诺，更是企业信心的体现。

2. 服务包装化策略

服务包装是指服务环境。服务包装(或环境)作为服务的有形线索，能够提示它所包装的服务信息。服务包装(或环境)是有价值的，它可以使服务增值。

服务包装化，在某种意义上，是指服务环境的"营销"，即有策略地设计和提供服务环境，让顾客通过接触环境来识别和了解服务的理念、质量和水平等信息，从而促进服务的购买或交易。简单地说，服务包装化就是让顾客接受服务前先接受服务的包装或环境。

二、服务技巧化策略

服务无形性的背后是服务的技巧。一切服务业归根结底都是靠其他行业难以替代的服务技巧生存和发展的。服务技巧化是指培养和增强服务的技巧，利用服务技巧来吸引和满足顾客，充分发挥技巧在服务营销中的作用。服务技巧化主要体现为服务的技能化。

服务技能，是指服务人员服务的熟练程度、技艺、能力等。服务技能化，就是培养和增强服务人员的技能，利用服务技能来吸引和满足顾客，充分发挥技能在服务营销中的作用。对一家重视服务技能化的服务机构来说，它的营销在一定程度上就是服务技能的营销。

服务技能是服务产品价值的核心来源。技能是技巧的主要组成部分，服务技能的增强从根本上增强了服务营销的吸引力。

三、服务可分化策略

服务可分化是指在服务过程中让服务生产者与服务消费者之间实行部分分离。服务的可分化主要体现为服务的自助化。

服务自助化是指服务生产者向顾客提供某些服务设施、工具或用品，让部分服务由顾客自行完成，以便服务生产者与消费者之间实现一定程度上的分离。

服务的自助化有利于增强服务消费者在服务过程中的自主体验感和自我责任感。顾客的自主体验感增强，会加深对服务过程的兴趣和激情，从而有助于服务的再次购买。顾客对服务的自我责任感增强，对服务提供者的责任期望会相对降低，这对服务营销是有利的。

四、服务关系化策略

服务的不可分性对服务营销存在有利的一面，主要表现为：服务的生产与消费不可分，在客观上成为服务业的一种要求，使得服务业比制造业更需要关心顾客的需求、改善与顾客的关系等。为了利用这有利的一面，服务营销可以采取关系化策略，即在服务营销中通过强调关系营销、内部营销、口碑沟通、公共关系、与顾客接触"真实瞬间"的服务质量等来实现对顾客的优质服务，而实现服务细微化是关系化营销的重要策略。

服务细微化是指服务机构或人员从细微处来关心顾客和贴近顾客，使服务关系进入更深的层次。"见微知著"是古人对服务细节精辟的提炼，服务机构只有通过对细微处的观察，才能满足顾客真实需要或偏好，从而使服务营销有效。

服务的细微化有利于顾客对服务质量的感知，服务质量较强的主观性会影响服务过程的每一个具体细节，因而会对整个服务过程的质量产生根本性影响；服务的细微化可使顾客提升对服务者的主观感受，从而产生优质服务的印象。

五、服务规范化策略

服务的规范化是指在服务过程中建立规范并用规范引导、约束服务人员的心态和行为，以保持服务的稳定性。服务规范化主要包括服务理念化和服务标准化两个环节。

1. 服务理念化

服务理念化是指服务机构建立自己的理念并用理念来规范服务人员的心态和行为。企业理念(Mind)是指企业用语言文字向社会公布和传达自身的经营思想、管理哲学和企业文化，主要包含企业宗旨、使命、目标、方针等内容。

服务机构的理念通常是借助于文字的有形形式向消费者公布和传达的服务的有形信息。

汉堡王公司"任你称心享用"、联合航空公司"你就是主人"等，都生动、形象地表达了各自的营销理念，提高了消费者对其服务产品的信任，有利于体现服务特色和实现企业的内部营销。

2. 服务标准化

服务标准化是指服务机构系统地建立服务质量标准并用服务质量标准来规范服务人员的行为。

服务标准化是服务理念化的实现形式，二者之间有内在联系。有的实施性较强的服务理念与服务标准区别不大。在实行规范化营销时，应避免重标准而轻理念的现象。因为，服务理念是服务标准的灵魂，缺乏理念的服务标准不管制定得如何全面细致，也是冰冷呆板的；而让服务人员执行缺乏灵魂的服务标准，也难以取得理想的效果。所以，服务营销的开展，既要重视标准化，也要重视理念化以及二者间的内在关联。

六、顾客满意策略

顾客满意是指顾客对一件产品或服务满足其需要的绩效与其期望进行比较所形成的感觉状态。实现顾客满意的重点在于提高顾客满意度，服务营销的最终目标就是要提高顾客满意度，追求顾客忠诚。要做到提高顾客满意度，就要做到以下几点。

1. 塑造"顾客至上"的经营理念

"顾客至上"的服务经营理念，是服务顾客最基本的动力，同时它又可引导决策，联结公司所有的部门共同为顾客满意的目标奋斗。比如，台湾塑胶大王王永庆之所以成为市场的大赢家，就是因为他深刻认识到一个重要的事实："顾客至上"才是一家公司欣欣向荣的基本要素；麦当劳成功的要素就是它始终重视顾客，千方百计让顾客满意，它的整体价值观念是质量、服务、卫生和客户价值。

2. 开发令顾客满意的产品

顾客满意策略要求企业的全部经营活动都要以满足顾客的需求为出发点，把顾客需求作为企业开发产品的源头。所以，企业必须熟悉和了解顾客，即要调查他们现实和潜在的需求，分析他们购买的动机、行为、能力和水平，研究他们的消费传统、习惯、兴趣和爱好。只有这样，企业才能科学地顺应顾客的需求走向，确定产品的开发方向。例如，SONY 公司的一款产品 WALKMAN，极大地满足了年轻人边走边听音乐的需求，从而获得了极大的成功。

3. 提供令顾客满意的服务

热情、真诚地为顾客着想的服务能带来顾客的满意，所以企业要不断完善服务系统，以便利顾客为原则，用产品具有的魅力和一切为顾客着想的体贴去感动顾客。售后服务是生产者接近消费者的直接途径，它比通过发布市场调查问卷来倾听消费者呼声的方法要有效得多。由此不难看出，今后企业的行为必须要以"消费者满意"为焦点。

4. 科学地倾听顾客的意见

顾客是企业的生存之本，只有耐心倾听顾客的意见，才能最大限度地满足顾客的需求，让顾客满意。这是改善服务、提高顾客满意度的一条捷径。大部分情况下，抱怨的顾客需要忠实的听者，喋喋不休的解释只会使顾客的情绪更差。面对顾客的抱怨，员工应掌握好聆听的技巧,从顾客的抱怨中找出顾客抱怨的真正原因以及顾客对于抱怨期望的结果。

5. 正确处理客户抱怨

当顾客投诉或抱怨时,不要忽略任何一个问题,因为每个问题都可能有一些深层次的原因。顾客抱怨不仅可以增进企业与顾客之间的沟通,而且可以诊断企业内部经营与管理所存在的问题,利用顾客的投诉与抱怨来发现企业需要改进的领域。在处理顾客抱怨中发现问题,对产品质量问题,应该及时通知生产方;对服务态度与服务技巧问题,应该向管理部门提出,加强教育与培训。处理完顾客的抱怨之后,应与顾客积极沟通,了解顾客对于企业处理问题的态度和看法,增加顾客对企业的忠诚度。

综合训练题

一、名词解释

服务　服务营销　服务营销策划　服务有形展示　服务承诺　服务期望　服务营销组合

二、简答题

1. 服务营销的含义是什么?有哪些特征?
2. 服务营销的流程有哪些?
3. 服务营销的组合包括哪些要素?
4. 服务质量管理有哪些具体的内容?
5. 简述服务的有形展示。

三、案例分析

服务营销在现代酒店经营中的应用

酒店以服务营销为手段,就是从满足宾客需要出发,以服务特色制胜。有人将服务概括为 SERVICE,这个单词的每个字母所代表的含义是:S——Smile(微笑,即服务是对每一位宾客提供微笑服务);E——Excellent(出色,即服务提供者要将对每一项微小的工作都做得很出色);R——Ready(准备,即服务提供者要随时准备好为宾客服务);V——Viewing(看待,即服务提供者要把每一位顾客都看作需要提供特殊照顾的贵宾);I——Inviting(邀请,即服务提供者在每一次服务结束时,都要邀请宾客下次再次光临);C——Creating(创造,即每一位服务提供者要精心创造出使宾客能享受其热情服务的气氛);E——Eye(眼光,即每一位服务提供者始终要用热情好客的眼光关注宾客,预测宾客需求,并及时提供服务,使宾客时刻感受到被关心)。很有趣的是在英语中 Service 本身的意思就是"服务"。这些都可以说是掌握酒店服务的"金钥匙",是酒店服务的一些宝贵经验总结,而下面要谈到的是基于服务特点的一些酒店营销策略。

一、服务差异化策略

差异化策略的实质是创造出一种能被感觉到的独特服务。实现差异化有许多形式,包括品牌形象、技术、特性、顾客服务、经销商网络以及其他形式。酒店把服务当作产品,是建立在顾客观念的基础上的。但由于在同一时间、地点不同的客人有不同的需求,在不同时间、地点同一客人的需求侧重点不同,服务产品与宾客需求之间的关系也并不是一成不变的。因此,酒店服务仅靠严格管理和规范操作并不能获得宾客的普遍满意,唯有针对性的个性服务才能打动宾客的心。当然,个性化服务意味着成本的增加,这就需要在宾客满意和效益之间寻求一个最佳结合的服务模式:以满足多数宾客的共同需求的规范服务为主,辅之以满足宾客的个性化需求的非规范服务,从而显示酒店的服务特色。例如一些酒店提供的细致入微的"贴身服务",集中体现了发自服务人员内心、灵活针对不同对象服务的艺术创造性。

二、服务实体化策略

酒店服务具有无形性的特征,宾客只有通过服务环境中有形事物的感知,来建立对酒店企业形象和服务质量的认识。利用服务过程中可传达服务特色及内涵的有形展示手段来辅助服务产品推广的方法,在服务营销管理中称为"服务实体化策略"。酒店通常在确保满足宾客基本需求的基础上,通过创造良好的服务环境和气氛,使宾客感到特殊的兴奋和惊喜,从而提高宾客对服务的满意度;通常通过改善服务包装,例如设计酒店建筑外观的独特造型、企业统一服务形象标识,增加服务的附加值;改进服务的社交要素,提高员工的社交技能,使宾客觉得酒店是值得信赖的。

三、服务延伸策略

宾客同服务者的互动是服务营销的本质特征之一,而且这种互动不是一时的,而应该是长期的。有研究报告表明:老宾客比初次宾客可为企业多带来20%~80%的利润,老宾客每增加5%,企业的利润则相应增加25%~85%左右。对于强烈依赖宾客消费的酒店业,稳定而忠诚的宾客对服务价格变动的承受力强,对服务失误持宽容态度,他们无疑是企业宝贵的财富。因此,为了培养企业固定的消费者群体,建设良好经营的企业环境,许多酒店对传统的服务内涵加以延伸,为宾客提供周到的售后服务和追踪联系,使良好的顾客关系能得到强化。例如,建立酒店宾客档案以开展有针对性的个性化服务,建立宾客联系和跟踪制度,建立宾客组织,如推行VIP卡和俱乐部等,这些措施使分散的宾客与酒店始终保持紧密的联系,形成一个广泛的社会网络,并且不断强化其品牌的忠诚度。

四、内外部营销整合策略

传统的营销理论主要是外部营销,通过各种促销手段向外部宾客提出承诺,激发其消费欲望。这比较适用于制造业生产的有形产品。这类产品的生产和销售过程是分开的,消费者一般看不到生产过程,销售和服务人员对这类主要由生产过程决定的产品质量影响不大。因此,这类企业往往容易忽视销售与服务人员对产品质量的影响作用,只注重外部营销。而在服务行业,由于服务产品的生产和销售同时进行,销售人员和服务人员同消费者的相互作用就直接影响到产品的质量。根据顾客感知服务质量模型,宾客对服务的最终评价并不是由实际提供服务的质量决定的,而是取决于许诺的服务和实际的服务之间的差距,只有前后两者协调一致或后者超过前者水平时,宾客才会满意。一些酒店的服务员出于短期提高个人销售业绩的目的,以超过酒店实际服务能力的承诺迎合宾客,使宾客对服务的期望值过高,最终只会引发宾客的不满。

因此,服务产品的对外营销行动在推向市场之前必须先在员工中间开展营销,即所谓的内部营销。由全体员工构成的内部市场首先应该得到重视,否则酒店的外部运作将会受挫。世界上最成功的酒店公司之一——美国马里奥特公司成功的经验就是内部营销的成功应用。马里奥特的管理者认为如果员工热爱他们的工作,以在马里奥特酒店工作为傲,他们就会很好地为顾客服务,满意的顾客就会经常光顾马里奥特酒店。而且,接待愉快的顾客也会使员工满意,由此产生更好的服务和更多的回头客。"有效的服务需要可以理解服务意图的人",内部营销是外部营销成功的先决条件。只有通过内、外营销策略整合,酒店的服务才能协调一致,产生积极的效益。

(资料来源:MBA 智库百科)

思考题:
1. 为什么说相对产品实体营销来说,服务营销中的内部营销更为重要?
2. 上述案例给你什么样的启示?

第十一章

网络营销策划

互联网的出现在全球范围内掀起了一场新的革命,这场以高科技为突破口的技术革命,激烈地冲击着传统的生产方式和产业结构,对我们的生活产生了深远影响。网络营销与传统营销最主要的区别在于它是通过网络这一信息平台进行的营销活动。网络营销策划也不同于传统的营销策划,一般而言主要包括两个方面的内容:一是网络营销系统的开发,另一个是网络营销组合策略的制定。科学制定网络营销策划方案,不仅有利于企业利用互联网平台,实现产品的升级换代,也有利于与消费者之间形成良好的互动,提升顾客的价值和消费体验。

知识要点:

1. 网络营销的含义和特点
2. 常见的网络营销方法
3. 网络营销策划的含义和流程
4. 网络营销新产品开发策划
5. 网络营销产品的定价策略
6. 常见的网络营销促销活动

第一节 网络营销概述

网络营销是一种营销方法,也是一种新型的营销理念,其核心是在现代互联网技术飞速发展的背景下,通过网络平台实现价值链的整合再造,增强企业的核心优势。网络营销也是一种具体解决方案,主要内容包括网络平台建设、网络营销组合策略等。一个成功的网络营销方案必须建立在对未来市场发展趋势准确无误的分析与判断基础上,并充分发挥网络平台作用,实现企业与顾客的双赢。

一、网络营销的含义

网络营销是以互联网技术为依托,以互联网为主要平台,通过对思想、产品和服务的构思、定价、促销和分销的计划与执行,达到个人和组织目标交换的目的。同时,它是在网络环境下对市场营销的信息流、商流、制造流、物流、资金流和服务流进行管理,如 E-mail 营销、博客与微博营销、网络广告营销、视频营销等。企业网络营销包含企业网络推广和电子商务两大要素,网络推广就是利用互联网进行宣传推广活动;电子商务指的是利用简单、快捷、低成本的电子通信方式,买卖双方无须谋面地进行各种商贸活动。

二、网络营销的特点

和传统的营销相比,网络营销具有以下几个特点。

1. 交互性

网络是一个双向沟通的媒体,对于每一个上网者而言都是平等的。在网络营销中,企业通过互联网展示商品图像,通过商品信息资料库提供有关的查询,来实现供需互动与双向沟通。企业还可以进行产品测试与消费者满意调查等活动。顾客可以在企业的网站上浏览商品信息,能够在线提交表单,在留言本上留下意见,从FAQ(Frequently Asked Questions)中找到问题的解决方案,或是通过聊天室、BBS等形式与企业人员进行在线交流与沟通。企业可以通过这些方式及时了解顾客的需求,针对顾客的意见和建议做出反馈并进行相应的处理。

2. 个性化

在产品与服务更为发达的今天,顾客有了更多的选择机会。互联网上的营销是一对一的、理性的、消费者主导的、非强迫性的、循序渐进式的,网站一般都能建立完整的用户数据库,包括用户的地域分布、年龄、性别、收入、职业、婚姻状况、爱好等。这样,网络营销更具有针对性,可以更好地满足消费者的个性化需求,避免推销员强势推销的干扰,并通过信息提供与交互式交谈,与消费者建立长期良好的关系。

3. 低成本

由于网络营销所采用的是因特网这一综合数字信息媒体,只要是数字化的信息均可以通过网络进行传递,并且这种传递延时几乎可以忽略不计。由于没有店面租金成本,没有商品库存压力,很低的行销成本以及极低的结算成本从根本上降低了网络营销的成本。

4. 技术性强

网络营销是建立在以高技术作为支撑的互联网的基础上的,企业实施网络营销必须有一定的技术投入和技术支持,改变传统的组织形态,提升信息管理部门的功能,引进懂营销与电脑技术的复合型人才,这样才能具备市场竞争优势。

5. 竞争激烈

网络技术的发展使市场的范围突破了空间限制,网络营销市场面对的是开放的和全球化的市场,这使企业通过信息的不对称性谋取高价的目的变得越发不可能。同时,企业与企业间的差别也越来越小,提供同一种商品或服务的企业可能有许多家,消费者通过网络可以方便地比较各家的产品,从中选择最佳的,这对于企业来说无法轻易获得"无知溢价"。因此,企业所面对的竞争环境是比较激烈的,企业必须不断降低产品成本、开发合适的产品,以满足消费者需求。

6. 手段多样

随着互联网技术的发展,互联网用户迅速增长,网络营销手段日益丰富。以前,网络营销手段集中在网络调研、网络促销和销售上,如今,常见的网络营销手段已达到近二十种。

营销手段的丰富,一方面给企业带来了更多的选择机会,另外一方面,也对企业实施网络营销提出了更高的要求。

三、常见的网络营销方法

1. 搜索引擎营销

搜索引擎是指根据一定的策略,运用特定的计算机程序,从互联网上搜集信息,在对信息进行组织和处理后,为用户提供检索服务,然后将用户检索的相关信息展示给用户的系统。搜索引擎营销是基于搜索引擎平台的网络营销,利用人们对搜索引擎的依赖和使用习惯,在人们检索信息的时候尽可能将营销信息传递给目标客户。

搜索引擎营销追求最高的性价比,即以最小的投入,获得最大的来自搜索引擎的访问量,并产生商业价值。搜索引擎营销的最主要工作是扩大搜索引擎营销在营销业务中的比重,通过对网站进行搜索优化,更多地挖掘企业的潜在客户,帮助企业实现更高的转化率。

搜索引擎营销目前主要有两大流派:一种是竞价排名广告模式,也叫点击付费广告(PPC);另一种是搜索引擎优化(SHO)推广模式。两者的比较如表11-1所示。

表11-1 PPC与SHO的比较

项目	PPC	SHO
意义	广告	自然搜索结果
计费方式	每次点击费用	前期建置后采用月费制
优点	1. 可立即显示效果; 2. 可挑选无限多组关键字; 3. 可清楚控制每日成本; 4. 关键字可灵活替换	1. 不易被其他网站取代名次; 2. 为自然搜索结果; 3. 建立品牌形象; 4. 上线越久成本越低
缺点	1. 可替代性高; 2. 同业恶性点选; 3. 价格越来越高	1. 显示效果较慢; 2. 关键字排序位置精确预估较难
点击率	3%~10%	第一页65% 第二页25% 第三页5%
每次点击成本	排名越高则越贵,关键字也会因为更多厂商使用而越来越贵	成本下降

点击付费广告(PPC)通过购买搜索结果页上的广告位来实现营销目的,各大搜索引擎都推出了自己的广告体系,相互之间只是形式不同而已。搜索引擎广告的优势是相关性,由于广告只出现在相关搜索结果或相关主题网页中,因此,搜索引擎广告比传统广告更加有效,客户转化率更高。

搜索引擎优化(SHO)是指通过对网站结构(内部链接结构、网站物理结构、网站逻辑结构)、高质量的网站主题内容、丰富而有价值的相关性外部链接进行优化,利用搜索引擎的搜索规则来提高网站在有关搜索引擎内的排名方式。

2. 交换链接

交换链接又称互换链接,是两个网站之间简单的合作方式,即分别在自己的网站首页或者内页放上对方网站的 Logo 或关键词，并设置对方网站的超链接，使得用户可以从合作网站中看到自己的网站，达到互相推广的目的。交换链接具有一定的互补优势。

交换链接主要有几个作用：可以获得访问量，增加用户浏览时的印象，在搜索引擎排名中增加优势，通过合作网站的推荐增加可信度等。

3. 网络广告

在所有与品牌推广有关的网络营销手段中，网络广告的作用最为直接。标准的广告条曾经是网络广告的主流，进入 2001 年之后，网络广告领域发起了一场轰轰烈烈的创新运动，新的广告形式不断出现，新型广告由于克服了标准广告承载信息量有限、交互性差等弱点，因此获得了相对较高的点击率。

现在一种新的网络广告形式是交换广告，交换广告也是网络广告的一种，一般是免费的。交换广告与交换链接有许多相似之处，都是出于平等互惠的目的，为增加访问量而采取的一种推广手段；其主要区别在于交换的是标志广告，也有文本广告，而不是各自网站或名称。

4. 信息发布

信息发布既是网络营销的基本职能，又是一种实用的操作手段。通过互联网，不仅可以浏览到大量的商业信息，同时还可以自己发布信息，最重要的是将有价值的信息及时发布在自己的网站上，以充分发挥网站的功能，比如新产品信息、优惠促销信息等。

5. 邮件列表

邮件列表实际上也是一种 E-mail 营销形式，它也是基于用户许可的原则，用户自愿加入、自由退出。稍有不同的是，邮件列表是通过为用户提供有价值的信息，在邮件内容中加入适量促销信息，从而实现营销的目的。

邮件列表的主要价值表现在四个方面：作为公司产品和服务的促销工具，方便和用户进行交流，获得赞助或者出售广告空间，收费信息服务。邮件列表的表现形式很多，常见的有新闻邮件、各种电子刊物、新产品通知、优惠促销信息等。

6. 个性化营销

个性化营销的主要内容包括：用户定制自己感兴趣的信息内容，选择自己喜欢的网页设计形式，根据自己的需要设置信息的接收方式和接收时间等。个性化服务在改善顾客关系、培养顾客忠诚以及增加网上销售方面具有明显的效果。

7. 会员制营销

会员制营销已经被证实是电子商务网站的有效营销手段，国外许多零售型网站都实施了会员制，而且几乎覆盖了所有行业，国内的会员制营销还处在发展阶段初期，不过已经可以看出电子商务企业对此表现出的浓厚兴趣和旺盛的发展势头。跟传统营销方式一样，通过各种方式的分析及推广，网络营销还要有良好的服务。

8. 网上商店

建立在第三方提供的电子商务平台上、由商家自行经营的网上商店，如同在大型商场中租用场地开设商铺的专卖店一样，是一种比较简单的电子商务形式。网上商店除了具有通过网络直接销售商品这一基本功能之外，它还是一种有效的网络营销手段。

从企业整体营销策略和顾客的角度考虑，网上商店的作用主要表现在两个方面：一方面，网上商店为企业扩展网上销售渠道提供了便利的条件；另一方面，建立在知名电子商务平台上的网上商店增加了顾客的信任度。从功能上来说，对不具备电子商务功能的企业网站是一种有效的补充，对提升企业形象并直接增加销售具有良好的效果。表 11-2 所示为网上商店的主要工作内容及其说明。

表 11-2　网上商店营销主要工作

网上商店营销主要工作	经验分析与总结
确定恰当的业务范围	1. 在决定了开店以后必须确定自己要开什么类型的店，卖什么货品，不要看别人卖得好就也跟着去进货，最好是锁定一个主题； 2. 要根据自身资源的优势、特长选择自己的目标创业范围，切忌盲目地模仿。如果有成熟的产品、可观的市场，那么就只要考虑营销；如果网络经营者有志成为网络新时代的企业家，那么就需要考虑多个问题； 3. 如果自己是新手，没有把握，那建议进入自己熟悉的、感兴趣的市场。比如，自己喜欢服饰，对如何穿出风格有良好的眼光，那么建议做服装方面的，顺便可以卖点饰品等
将重点放在营销上	1. 确定自己要经营的产品(或服务)； 2. 确定自己产品的特色是什么，找到自己不同于别人的独特"卖点"； 3. 自己的产品(或服务)能给买主什么实惠？举个简单例子，产品是无尘黑板刷，当教师用它来刷黑板时，几乎不会出现粉笔灰飞扬的情况，这就是产品给顾客带来的实惠； 4. 合理制定产品的价格、渠道和促销策略
开通微信平台，建立 QQ 群	开通微信公众平台，建立 QQ 群，以多种渠道开展各种促销活动，随时随地向目标客户群全天推广产品或服务
定期向顾客"问候"	通过电子邮件或短信，向顾客提供免费的最新商品信息，这会吸引顾客的目光，增加潜在的购买率
关注新动态、新方向	随时了解产品或服务中更快、更好、更便捷的渠道，并尝试进行开发
不断充电，向行业前辈学习	目前，在网络上开店竞争也比较激烈，产品很难在相当长的一段时间内一直受到用户喜爱，网络营销的模式、促销手段以及产品开发与设计知识不断在更新，因此，经营者要多渠道参加培训或者讲座，多向行业内的成功者学习和请教，同时注意多阅读有关书籍，努力提高自己的经营管理水平
建立良好的信誉	同自己喜欢的人或信赖的人做生意，信誉相当重要，"人无信则不立"，信誉是品牌的第一步。如果忽略了信誉，信誉一旦开始透支，产生连锁反应，自己便会失去顾客。可能有一天早上醒来，你会发现一个竞争对手已撬走你的客户
征求顾客的意见	顾客是生意的源头，也是活动的招牌，要将顾客的需求转化为自己产品或服务的未来目标，以赢得更大的市场。因此，应该对顾客关系给予足够重视，建立完整的顾客联系卡，将顾客的肯定意见广为宣传

9. 病毒式营销

病毒式营销是一种常用的网络营销方法，常用于进行网站推广、品牌推广等。病毒式营销是在互联网上利用用户口碑传播的原理，使信息像病毒一样迅速传播和扩散，利用快速复制的方式传向数以千计、数以百万计的受众。因此，病毒式营销(病毒性营销)成为一种高效的信息传播方式，而且，由于这种传播是用户之间自发进行的，因此几乎是不需要费用的网络营销手段。

一个有效的病毒式营销策略的基本要素包括以下六个：提供有价值的产品或服务；提供无须努力即可向他人传递信息的方式；信息传递范围很容易从小规模向大规模扩散；利用公众的积极性行为；利用现有的通信网络；利用别人的资源。

成功实施病毒式营销需要五个步骤：①对病毒式营销方案进行整体规划和设计；②对病毒式营销展开独特创意，病毒式营销之所以吸引人之处就在于其创新性；③对网络营销信息源和信息传播渠道进行合理的设计，以便利用有效的通信网络进行信息传播；④对病毒式营销的原始信息在易于传播的小范围内进行发布和推广；⑤对病毒式营销的效果进行跟踪和管理。

上述成功实施病毒式营销的五个步骤对病毒式营销的六个基本要素从实际应用的角度做出了进一步的阐释，使其更具有指导性，充分说明了病毒式营销在实践应用中应遵循的基本规律。

10. 网络视频营销

通过数码技术将产品营销现场实时视频图像信号和企业形象视频信号传输至互联网上，客户只需登录企业网站就能看到对企业产品和企业形象进行展示的电视现场直播。由于我国使用网络视频的网民高达1.6亿人，相当于每1.3个网民中就有一个网络视频用户。而中国网络视频用户普遍收入水平高于全国网民，因此这一营销形式目前被许多企业在宣传企业产品、树立企业形象上广泛采用。

像可口可乐和联合利华这样的大公司都加入了网络视频营销大军——这些网络视频能够带来数百万的观众，但是成本却比在电视节目中投放广告低得多。例如在中国，百度唐伯虎系列小电影没有投入任何推广费用，却换来2000万人的传播效应，让"百度更懂中国"深入人心，这个成功案例也在鼓舞许多企业跃动的心。

11. 论坛营销

论坛营销就是企业利用论坛这种网络交流的平台，通过文字、图片、视频等方式发布企业的产品和服务的信息。

论坛营销可以成为支持整个网站推广的主要渠道，尤其是在网站刚开始的时候，是一个很好的推广方法。利用论坛的超高人气，可以有效地为企业提供营销传播服务。而由于论坛话题的开放性，几乎企业所有的营销诉求都可以通过论坛传播得到有效的实现。论坛营销是以论坛为媒介，参与论坛讨论，建立企业的知名度和权威度，并顺带着推广企业的产品或服务。运用得好的话，论坛营销可以是非常有效的网络营销手段。

【案例11-1】

"臣妾做不到啊"火了《甄嬛传》

在电视剧《甄嬛传》中，蔡少芬所扮演的皇后表情夸张，对应台词正是"臣妾做不到啊！"，之后"臣妾做不到啊"被众多网友恶搞而爆红网络。"别再胖了，臣妾做不到啊！""睡前不许玩手机了，臣妾做不到啊！""不吐槽，臣妾做不到啊！"这种在各大论坛、SNS社区快速的病毒传播方式，让网友急切地想知道这句话的来源，从而促进了《甄嬛传》这部电视剧的传播。

(资料来源：百度文库)

12. 网络图片营销

网络图片营销已经成为人们常用的网络营销方式之一，我们时常会在 QQ 上接收到朋友发过来的有创意的图片，在各大论坛上看到以图片为主要线索的帖子，这些图片或多或少地掺有广告信息，比如图片右下角带有网址等。静态图片主要使用的格式为 JPG 格式，动态图片主要使用的格式为 GIF 格式，制作图片的常用工具有 Photoshop、Powerpoint 等。

在营销实践中，在公司主页、群发邮件里添加图片，能够提高阅读信息的美感，吸引客户注意力。图片形象直观，让人一看就过目不忘，大大节省阅读邮件的时间。图片还可以设置为进入公司网站或相关栏目的链接入口，提高点击率。

13. 网络营销联盟

网络营销联盟目前在我国还处于萌芽阶段，在国外已经很成熟，1996 年亚马逊通过这种方式取得了成功。网络营销联盟包括三个要素：广告主、网站主和广告联盟平台。广告主按照网络广告的实际效果(如销售额、引导数等)向网站主支付合理的广告费用，节约营销开支，提高企业知名度，扩大企业产品的影响力，提高网络营销实际效果。

14. 竞价推广

竞价推广是把企业的产品、服务等以关键词的形式在搜索引擎平台上做推广，它是一种按效果付费的新型而成熟的搜索引擎广告，用少量的投入就可以给企业带来大量潜在客户，有效提升企业销售额。

竞价推广营销是目前现阶段网络环境下，盈利最轻松的一种营销模式。竞价营销类似电视购物营销，是一种最直接的销售模式，不过竞价营销的成本更低，而且盈利空间更大。

竞价推广作为一种按效果付费的网络推广方式，由百度在国内率先推出。企业在购买该项服务后，通过注册一定数量的关键词，其推广信息就会率先出现在网民相应的搜索结果中。

15. 微博营销

微博营销以微博作为营销平台，每一个听众(粉丝)都是潜在营销对象，企业利用更新自己的微型博客向网友传播企业信息、产品信息，树立良好的企业形象和产品形象。每天更新内容，就可以跟大家交流互动，或者发布大家感兴趣的话题，这样来达到营销的目的。

微博营销注重价值的传递、内容的互动、系统的布局、准确的定位，微博的火热发展也使得其营销效果尤为显著。微博营销涉及的范围包括认证、有效粉丝、话题、名博、开放平台、整体运营等，具体可采取企业网站博客频道模式、第三方 BSP 公开平台模式、建立在第三方企业博客平台的博客营销模式、个人独立博客网站模式、博客营销外包模式、博客广告模式等六种方式。

微博营销作为新兴的营销方式，因为具有便利、实时、传播和互动的特性，所以能一步一步地占领市场营销领域。但是微博从诞生至今不过几年的时间，本身还在不断发展与变化当中，我们在看到微博营销的独特魅力的同时也要正视它所面临的诸多机遇与风险。这种环境下，企业应该选择竞争力强、市场份额较大的微博门户网站作为主要营销平台。制定微博营销策略时，也要充分利用微博的特性并且结合企业的实际情况。

另外，微博营销并不是孤立的，它不能解决所有的营销问题，只有把微博营销与其他营销方式有效地融合起来，才能利用微博营销的优势、避免微博营销的劣势和降低微博营销的风险，企业制定的整体营销策略也才能更加合理可行。

【案例 11-2】

凡客诚品的微博营销

如何创新发布产品、品牌信息，凡客诚品的经验也许可以作为案例加以借鉴。

作为最早"安家"新浪微博的广告主之一，VANCL 多年来培育出来的成熟的实战技巧成就了其作为广告主"围脖"明星的天然优势。

在 VANCL 的微博页面上，你可以清晰地看到这家迅速崛起的企业对待互联网营销的老练：一会儿联合新浪相关用户赠送 VANCL 牌围脖；一会儿推出 1 元秒杀原价 888 元衣服的抢购活动来刺激粉丝脆弱的神经；一会儿又通过赠送礼品的方式，拉来姚晨和徐静蕾等名人就 VANCL 的产品进行互动。

除此以外，你还能看到 VANCL 畅销设计师讲述产品设计的背后故事，看到入职三个月的小员工抒发的感性情怀，对于关注话题中检索到的网民对于凡客的疑问，VANCL 幕后团队也会在第一时间予以解答。

(资料来源：http://www.zjnlw.com/news/Industry/2013-12-05/319.html)

16. 网络事件营销

事件营销也叫事件炒作，是一种借势而行的有效营销利器。事件炒作花费的成本较低，一旦成功，效果非凡，最高性价比的营销方式非此方式莫属。

网络事件营销其实是事件营销的一个专业分支，是企业通过策划、组织和利用名人效应、新闻价值以及具有社会影响力的人物或事件，通过网站发布易吸引媒体、社会团体和消费者的兴趣与关注的信息，以提高企业或产品的知名度、美誉度，树立良好的品牌形象，并最终促成产品或服务的销售目的实现的手段和方式。利用事件营销可以使有价值的新闻点或突发事件在平台内或平台外通过炒作的方式提高影响力。

【案例 11-3】

ALS 冰桶挑战，出色的网络事件营销

ALS 冰桶挑战在 2015 年夏天由国外传入，并经国内最大的社交平台微博不断发酵。率先接受挑战的是科技界雷军、李彦宏这样的"大佬们"。而后，娱乐圈的各路明星也纷纷加入活动，使冰桶挑战的热度持续升温。

ALS 的中文全称是"肌萎缩侧索硬化症"，患有此病的波士顿学院的著名棒球运动员 Pete Frates 希望更多人能够关注到这一疾病，于是发起冰桶挑战。活动规则如下：被点名的人要么在 24 小时内完成冰桶挑战，并将相应视频传上社交网站；要么为对抗 ALS 捐出 100 美元。因挑战的规则比较简单，活动得到了病毒般的传播，并在短短一个月内集得了 2.57 亿元的捐款。

相比于其他网络营销事件，ALS 冰桶挑战是网络营销与公益活动的首次结合，这一事件的成功，也扭转了人们对于网络营销一贯的看法，除了哗众取宠和吸取眼球以获取利益外，网络营销也可以正面的形象回馈大众。

(资料来源：http://mt.sohu.com/20160227/n438694054.shtml)

17. 微信营销

当前，微信已成为消费者很重要的沟通和交流工具，这种聊天工具具有传播速度快、成本低、覆盖广的特点。

微信与 QQ 的相同点很多，都是腾讯旗下最成功的社交产品之一。微信和 QQ 都可以发

表自己的心情主题，同时还可以写文章发表，发送到朋友圈或者自己的 QQ 空间。微信和 QQ 都可以添加好友让自己的社交更加丰富，同时都可以发送语音和纯文字消息，随时随地与你想要保持关系的人联系。

微信与 QQ 的不同点主要有：微信主要针对手机 APP 端，而 QQ 主要针对电脑 PC 端和手机端。两种程序针对的用户群体是一样的，但是针对平台不一样。语音交流是微信的主体，QQ 还是以文字和表情为主，语音视频相对运用较少。微信的辅助功能主要是"我的银行卡服务"，而 QQ 的主要生活服务是"QQ 钱包"。

由于手机终端越来越被用户采纳和接受，同时微信更有利于交流和扩大朋友圈，交易更加安全和便捷，因此，微信营销模式已渐渐取代 QQ 营销模式，成为企业的首选。

微信营销是网络经济时代企业营销模式的一种创新，实现了点对点的营销。微信营销主要体现在以安卓系统、苹果系统的手机或者平板电脑中的移动客户端上进行的区域定位营销，商家通过微信公众平台，结合微信会员卡展示商家微官网微支付、微活动，已经形成了一种主流的线上线下微信互动营销方式。例如现在比较流行的微信抢红包的游戏，吸引了很多消费者参与，企业应该利用好微信工作平台宣传企业信息、产品信息、促销信息等，从而扩大企业的影响力。

【案例 11-4】

海底捞火锅——每日微信流量 100 万

作为国内最具口碑的餐饮连锁服务机构，海底捞是较早试水 O2O 营销的餐饮连锁服务企业之一，凭借在微博、点评网站等互联网平台的口碑，海底捞迅速聚焦了大量忠实粉丝。加强客户关系管理一直是海底捞的追求，特别是移动互联网时代，新技术、新手段层出不穷，对经营者而言如何选择更好的管理方式是他们需要思考的问题。首先，创意活动吸引。你一关注海底捞火锅的微信，就会收到一条关于发送图片就可以在海底捞门店等位区现场免费制作打印美图照片的消息，是不是瞬间就被吸引了？其次，自助服务全。通过微信可实现预订座位、送餐上门甚至可以去商城选购底料；想定外卖，简单输入送货信息，你就坐等美食送到嘴边吧！当然，其设计的菜品图案也是看着就有流口水的欲望。最后，加上线下优质的服务配合，同时享受"微信价"，怎么能没有吸引力？据悉，海底捞每日通过微信预订量高达 100 万。

(资料来源：http://www.tech-food.com/kndata/detail/k0178700.htm)

18. 网络数据库营销

数据库营销是指利用一些营销技巧，巧妙地获取到大量意向用户的联系方式，然后通过邮件提醒、企业 QQ 群发等宣传手段来进行层层推销，目的是把每个客户打造成企业的终生客户，让他们不断地消费企业的产品或者服务，例如淘宝网、团购网、携程网、当当网等向新客户推荐新产品的邮件群发。

当前，数据库营销主要有两大形式。

(1) 打造终生客户，建立客户数据库、邮件数据库。

(2) 建立企业 QQ 群，QQ 群也是企业重要的数据库。企业 QQ 可以添加管理近 10 万客户 QQ，并支持信息群发。

19. 网络直播营销

网络直播营销利用互联网平台传播迅速、受众广、互动性强的优势，利用视讯方式进行网上现场直播带货和宣传，可以将产品展示、营销政策、背景介绍、方案测评、网上咨询、嘉宾访谈、线上培训等内容现场发布到互联网上，实现产品营销目标和推广目标。

受到新冠肺炎疫情等诸多因素影响，网络直播营销在2020年进入快速增长期。国内主要互联网平台利用新基础设施优势，在疫情期间不仅致力短时间打通物流、缩短供应链、推广滞销产品，还探索了数字化产业基地建设等新模式。

相比网络购物，网络直播营销具有更加直观的观看体验，具有更高的互动性。通过直播互动，消费者能够更好地看到用户体验，选择合适的产品，价格也更加亲民。因此，网络直播营销更容易获得观众的青睐，更容易激发消费者对于产品的购买欲望。

【案例11-5】

品牌+直播+明星，欧莱雅"零时差追戛纳"

在2020年戛纳电影节上，欧莱雅全程直播了巩俐、李宇春、井柏然等几位代言人在戛纳现场的台前幕后。尤其是走红毯前的化妆阶段，欧莱雅介绍了几位代言人使用的各种欧莱雅产品，如李宇春的水光气垫CC、井柏然说水凝保湿是他的"孩子"、巩俐分享化妆包。这带来的直接市场效应是：直播四小时之后，李宇春同款唇膏在欧莱雅天猫旗舰店售罄。

(资料来源：百度文库)

第二节　网络营销策划及其流程

网络营销策划是企业在特定的网络营销环境下，为达到一定的营销目标而制定的综合性的、具体的网络营销策略和活动计划。网络营销策划的内容包括网站定位策划、网站优化完善策划、综合网络推广策划、网站运营策划、网络市场调研策划、网络营销手段策划等。

网络营销策划的流程可以分为七个步骤：确定策划目标，拟订策划方案，预算策划经费，网络调查与预测，编写策划方案，实施控制与效果测评。

一、确定策划目标

策划目标是指对网络营销策划所要实现的目标进行全面的描述。通过确定策划目标，来明确网络营销策划要解决什么特定的问题，要完成怎样的任务。网络营销策划目标一般有以下几种。

(1) 公司还未涉足网络营销，尚无一套系统的营销方案，因而需要根据市场特点，策划出一套可供遵循的网络营销方案。

(2) 公司规模扩大，业务增加，需要重新设计企业网络营销方案。

(3) 公司经营方向改变，需要相应调整其网络营销策略。

(4) 企业原网络营销方案严重失误，需要对原方案进行重大修改或者重新设计。

(5) 市场情况发生变化，原网络营销策划方案不能适应变化的市场，需要进行调整或重新策划。

(6) 企业在总的网络营销方案下，需要在不同的时间段，根据市场特征和行情变化，设计新的阶段性方案。

二、拟订策划方案

在计划思路形成之后，需要拟订策划方案以指导具体的行动，从而给策划实施以反馈和测评的参考。

(1) 准备阶段。这一阶段是为正式策划所进行的前期准备，包括物资准备、人员准备和组织准备等。

(2) 调查阶段。这一阶段是为正式的策划搜集材料，它是策划的核心阶段之一，是全部策划工作的基础。

(3) 方案设计阶段。方案设计是基于大量调查，借助理论知识和实践经验所进行的思考和创意过程，这是营销策划的核心。

(4) 方案实施阶段。营销方案有两种：一是企业的战略营销方案，该方案涉及企业的全局营销，其实施阶段的长短要根据预测的未来市场和产品状况来决定；二是企业的战术营销方案，这种方案只涉及公司某一次或某一段时间、某一方面的营销活动，其实施阶段的长短根据活动的目的和性质而定。

三、预算策划经费

一般而言，用于营销策划的费用包括以下几个方面。

(1) 市场调查费用。市场调查费用的多少取决于市场调查规模的大小和难易程度，它的难度和规模呈正相关。

(2) 信息收集费用。信息收集费用主要包括信息检索费、资料购置费、复印费、信息咨询费、信息处理费等，其数量由信息收集的规模来决定。

(3) 人力投入费用。策划过程需要必要的人力投入，其费用的多少可以通过人数、每人工作时间等因素来确定。

(4) 外包策划报酬。如果企业外聘策划专家或者寻找专业的商务咨询公司来进行策划，则需要支付策划报酬，这笔费用的高低由双方协议决定。

四、网络调查与预测

一般拟订的营销策划方案被公司认可后，即可开始市场调查。网络市场调查渗透于网络营销策划之中，在营销实践中，重点要做好以下七项调查研究：对网络市场本身的调查(如消费者、竞争者、市场潜力、市场细分、市场定位等)，新产品研究，定价研究，广告研究，分销渠道研究，促销策略与方法研究，以及网络营销技术方案研究。

在调查结束后，要针对公司亟待解决的问题，通过周密地调查、收集、整理和分析，做出有关报告与预测。在市场调查与预测的基础上，根据策划目的，分析市场环境，寻找市场机会。营销策划是对市场机会的把握和利用，正确地分析市场机会是营销策划的关键。

五、编写策划方案

一项策划，虽然有可能仅仅存在于策划人自己的脑中而不为其他人所知，但就大多数策划人言，它们最终表现为策划方案的形式。策划书等物质载体，是策划的文字化，它使策划人的策划为他人所知、所接受，使策划思想一步步地变为现实。

编写策划方案的过程，实际上与策划的过程是重叠的。随着策划人员在市场调研的基础上，对最初的策划进行不断的修改和完善，策划方案也就逐渐成形，接近最终的形式。因此，可以说策划的全过程就是针对公司营销中存在的问题和所发现的机会,提出问题的解决方案和行动方案。

六、方案的实施与控制

经过公司决策层的充分论证和批准,最终定稿的策划方案即成为网络营销活动的指导纲领,经过细分后成为公司不同阶段的努力目标和行动方案,指导公司的网络营销活动。在方案的实施过程中,还要对方案进行控制,以确保网络营销活动不偏离原来策划的轨道。

七、效果测评

效果测评是整个营销活动不可缺少的一部分,主要包括以下内容。

1. 测评形式

方案实施后,应该对其实施的效果进行跟踪测评。测评的形式主要有两种:①阶段性测评,即在方案实施过程中进行定期测评,其目的是了解前一阶段的实施效果,并为下一个阶段更好地实施方案提供一些建议和指导。②终结测评,即在方案实施完结后进行的总结性测评,其目的是了解整个方案的实施效果,为以后制定营销方案提供依据。

2. 评价指标

企业网络营销的评价指标可以分为以下几类。

(1) 效果类指标。它是指用于衡量企业网络营销活动效果的指标。该类指标包括:产品簇数和更新数、产品解决方案数、客户访问数、客户浏览数、销售额、长期客户数、长期客户销售额等。产品簇是指具有相同或相似的功能结构或性能,可以通过变形配置来满足特定市场的一组产品的聚类。

(2) 成本类指标。它是指用于衡量企业网络营销活动耗费的指标。该类指标包括:网络营销平台建设费、网络营销平台维护费、信息传播费、市场调查费、产品解决方案更新费、信息反馈费等。

(3) 效率类指标。它是指用于衡量企业网络营销活动效率的指标。该类指标包括:产品适销率(产品簇、产品解决方案)、浏览/访问率、客户转换率、长期客户率、长期客户销售额比率、销售成本费用率、信息传播费用率和产品更新费用率等。

以上指标体系,可方便地对一定时期内企业网络营销进行评价,据此对下一阶段的企业网络营销活动进行必要的调整和控制。

第三节 网络营销组合策划

网络营销组合策划是企业为了实现营销目标,通过自建网络营销平台或借助第三方网络营销平台,在市场调查和分析的基础上,结合企业和产品特点制定出的一整套网络营销组合策划方案。网络营销组合策划包括网络营销产品策划、网络营销价格策划、网络营销渠道策划、网络营销促销策划等。

一、网络营销产品策划

1. 网络营销产品分类

在网络上销售的产品，按照产品性质的不同，可以分为两大类：实体产品和虚体产品。

(1) 实体产品。实体产品是指具有物理形状的物质产品。在网络上销售实体产品的过程与传统的购物方式有所不同。这里已没有传统的面对面的买卖方式，网络上的交互式交流成为买卖双方交流的主要方式。消费者或客户通过卖方的主页考察其产品，通过填写表格表达自己对品种、质量、价格、数量的选择；而卖方则将面对面的交货改为邮寄产品或送货上门。因此，网络销售也是直销方式的一种。

(2) 虚体产品。虚体产品与实体产品的本质区别是虚体产品一般是无形的，即使表现出一定形态也是通过其载体体现出来，但产品本身的性质和性能必须通过其他方式才能表现出来。在网络上销售的虚体产品可以分为两大类：软件和服务。

软件包括计算机系统软件和应用软件。网上软件销售商常给消费者一段试用期，允许尝试使用并提出建议。好的软件很快能够吸引顾客，使他们爱不释手并为此慷慨"解囊"。

服务可以分为普通服务和信息咨询服务两大类。普通服务包括远程医疗、法律援助、航空火车订票、入场券预定、饭店旅游服务预约、医院预约挂号、网络交友、计算机游戏等；信息咨询服务包括法律咨询、医药咨询、股市行情分析、金融咨询、资料库检索、电子新闻、电子报刊等。

2. 网络营销新产品开发策划

网络营销时代新产品开发策略有下面几种类型：①新问世的产品；②现有产品线外新增加的产品；③现有产品的改良或更新；④降低成本的产品；⑤重新定位产品。在网络营销实践中，企业应该采取哪种新产品开发策略，应视具体情况而定。开发新市场的新产品是企业提高竞争能力的核心，对于相对成熟的企业来说，采用其他新产品策略是一种较稳妥的短期策略，但不能作为企业新产品开发的长期策略。在网络营销新产品开发过程中，应注意以下几点。

(1) 网络营销新产品的创意构思。新产品的开发源于新颖的构思创意设计和时尚消费概念。创意来源有多种渠道，主要是顾客、科学家、竞争者、公司销售人员、中间商和高层管理者等，但主要来源还是消费者。因特网的交互沟通功能是企业与顾客、企业与企业、顾客与顾客之间的双向互动交流的重要手段，通过网络可以记录、收集、整理、评价和控制企业的营销活动内容，了解市场的需求变化，指导企业聆听顾客声音并制定合适的产品营销策划。

企业在计算机支持的网络协同工作环境下，由于企业与客户沟通能力增强，收集客户的需求和建议信息更容易，指导客户参与企业的产品设计和开发更有效率，因此企业的新产品构思也就更符合市场的需要。

(2) 新产品的设计研制。研制与开发新产品是一项复杂的信息与业务处理工程，企业必须应用先进的技术和手段，研发新的产品以满足市场的需求并使消费者满意。质量功能展开方法是企业开发新产品和保证产品质量的新方法，该方法通过搜集客户声音中的产品需求信息，以一系列被称为"质量屋"的表格形式描述原始数据及它们之间的关系，并最终将用户的需求转化为产品设计理解的描述语言，完成产品的设计，由概念转化为实体。

顾客在参与新产品研制与开发过程中，不再停留在简单被动地接受产品测试和表达使用产品的感受阶段，而是主动地参与和协助企业的产品研制与开发工作。

(3) 新产品试销与上市。通过网络营销来推动新产品的试销与上市，是比较好的策略和方式。但需要注意的是，网络市场群体有一定的局限性，并不是任何一种新产品都适合在网上试销和推广。与信息技术相关的新产品，在网上试销和推广效果比较理想。这种方式一方面可以有效地覆盖目标市场；另一方面可以利用网络与顾客直接进行交流，有利于顾客了解新产品性能，还可以帮助企业对新产品进行改进。

互联网是企业营销渠道的重要补充。企业要在传统营销渠道和网络营销渠道之间协调好，注意开发的新产品能够满足顾客的个性化和多样化的需求，即同一产品能针对网上市场不同顾客需求，生产出功能相同但又满足个性化的产品。

二、网络营销价格策划

(一) 网络营销定价基础

网络营销中，由于因特网的及时性、互动性和信息自由的特点，使得企业和消费者对市场上产品和价格信息都有比较充分的了解，特别是消费者，可以在全球范围内迅速收集到与购买决策有关的信息，对价格和产品进行充分的比较，利用自己的选择权，在市场中选择最接近自己满意价值标准的产品。因此，网络营销定价有三个特点：全球性、低价、顾客导向。

从企业内部来说，企业产品的生产成本总体是呈下降趋势的，而且成本下降趋势越来越快。在网络营销战略中，企业可以从降低营销及相关业务管理成本费用和降低消费成本费用两个方面对企业成本进行控制。

(二) 网络营销定价策略

1. 静态定价策略

价格一般由卖方根据市场状况事先确定，买方在购买过程中可以享受适当的折扣。在电子商务环境下，买方也可以根据自己的需要和市场状况确定价格，由卖方提供符合条件的产品或服务。静态定价中的物品价格一旦确定，不会随时改变。企业以静态价格销售不同档次的商品是基于其利益最大化的动机。

(1) 网上低价定价策略，包括直接低价策略和折扣策略。

① 直接低价策略。由于定价时大多采用成本加一定利润，有时甚至是零利润，因此这种定价在公开价格时就比同类的产品价格要低。它一般是制造企业在网上进行直销时采用的定价方式。采用低价策略的基础就是通过互联网企业可以节省大量的成本费用。

② 折扣策略。它是在原价基础上进行折扣来定价的。折扣的形式有数量折扣、现金折扣和时段折扣。这种折扣的定价方式可以让消费者直接了解产品的降价幅度，以促进客户的购买。这类价格策略主要用在一些网上商店，它一般按照市面上流行价格进行折扣定价。

此外，如果企业是为了扩展网上市场，但产品价格又不具有竞争优势，则可以采用网上促销定价策略。促销定价除了前面提到的折扣策略外，比较常用的是有奖销售和附带赠品销售。

(2) 定制生产定价策略。它是在企业能实行定制生产的基础上，利用网络技术和辅助设计软件，帮助消费者选择配置或自行设计能满足自己需求的个性化产品，同时承担自己愿意付出的价格成本。Dell 公司的用户可以通过其网页了解本型号产品的基本配置和功能，根据实际需要，在能承担的价格内配置出自己最满意的产品，使消费者能够一次性买到自己中意的产品。

(3) 捆绑销售定价策略。捆绑是以一种商品的价格向顾客提供两种甚至更多的商品。它的思想核心在于，虽然消费者对一种商品价值的认定大不相同，但他们较容易接受固定价格的捆绑商品。现在越来越多的网站开始进行捆绑销售而不再出售单一的产品，像国内的当当网和卓越网。

(4) 分级定价策略。它是指生产一种产品的一系列不同档次的商品，在不同的细分市场以不同的价格销售本质相同而档次不同的产品。信息化产品也可以实现分级化，通过细分和选择不同的目标市场来定位产品。例如，电子杂志公司、音乐公司及图书出版公司都提供免费的内容简介，但如果客户想要获得更多的信息内容，则须支付一定的费用。

(5) 许可使用定价策略。客户通过互联网注册后可以直接使用某公司的产品，客户根据使用的次数付费，而不需要将产品完全购买，即仅购买产品的使用许可权。采用许可使用定价策略，一般要考虑产品是否适合因特网传输，是否可以实现远程调用。例如，图书、软件、音乐、电影等易被数字化的产品比较适合采用此策略。

2. 动态定价策略

动态定价是指物品的价格随时可变，价格直接取决于消费者的需求状况和销售者的供给情况。

(1) 拍卖竞价定价策略。网上拍卖是指由消费者通过互联网轮流公开竞价，在规定时间内价高者赢得产品。互联网能够为拍卖提供一种基础设施，从而使拍卖能以较低的管理费用运作，并且能够使更多的买方和卖方参与进来。

(2) 群体议价定价策略。群体议价即大家对同一件商品共同下单订购，而该商品订购价格将随参与人数的增加而不断下跌，最终所有人的订购价格将以最后一位订购者的价格为准(不低于订购底价)。

随着电子商务的发展，使得生产者有机会直接接触消费者，虽然这样可以减少中间商的环节，但是厂商以及消费者可能因而必须承担风险、搜寻、行销、配送等成本。因此，如果能充分利用网络带给人们通信的方便性，集结消费者集体采购，就能让厂商以及消费者得到双赢的局面。

3. 免费价格策略

免费价格策略是市场营销中常用的营销策略，主要用于促销和推广产品。这种策略一般是短期和临时性的，它是指将企业的产品或服务以零价格形式提供给顾客使用，满足顾客的需求。免费价格策略有以下几类具体的形式：①产品和服务完全免费；②对产品和服务实行限制免费；③对产品和服务实行部分免费；④对产品和服务实行捆绑式免费。

免费价格策略一般与企业的商业计划和战略发展规划紧密关联。企业要降低免费策略带来的风险，提高免费价格策略的成功性，应遵循以下步骤进行思考：①该策略与商业运作模式是否吻合，有无矛盾之处；②分析采用免费策略的可行性；③分析产品或服务能否获得市场的认可；④分析免费价格策略实施的时机；⑤制定具体的推广方案。

在实施免费价格策略的过程中，企业常采用以下几种免费方法：一是免费电子邮件；二是赠送第一代产品；三是赠送互补品。

三、网络营销渠道策划

1. 网络营销渠道的功能

(1) 订货系统。订货系统为消费者提供产品信息，同时方便厂家获取消费者的需求信息，以求达到供求平衡。

(2) 结算系统。消费者在购买产品后，可以有多种方式方便地进行付款，因此厂家(商家)应有多种结算方式。现在国内付款结算方式主要有邮局汇款、货到付款、信用卡结算等。

(3) 配送系统。一般来说，产品分为有形产品和无形产品。对于无形产品(如服务、软件、音乐等)，可以直接通过网上进行配送。对于有形产品的配送，要涉及运输和仓储问题。

2. 网络营销渠道的特点

利用互联网的信息交互特点，网上直销市场得到大力发展。因此，网络营销渠道可以分为两大类：一类是通过互联网实现的从生产者到消费者的网络直接营销渠道(简称网上直销)；另一类是通过融入互联网技术后的中间商机构提供的网络间接营销渠道。

3. 网上销售的主要方式

一般来说，网上销售主要有以下两种方式。

(1) B to B 模式，即企业对企业的模式。这种模式每次交易量很大，交易次数较少，并且购买方比较集中，因此网络营销渠道的关键是建设好订货系统，方便购买企业进行选择。由于企业一般信用较好，通过网上结算实现付款比较简单，配送时一般进行专门运送。

(2) B to C 模式，即企业对消费者模式。这种模式单次交易量少，交易次数多，而且购买者非常分散，因此网络营销渠道建设的关键是结算系统和配送系统，这也是目前网上购物必须面对的门槛。

4. 网络营销渠道建设的考虑因素

在具体建设网络营销渠道时，主要考虑以下几个方面。

(1) 从消费者角度设计渠道。

(2) 设计订货系统时，要简单明了，不要让消费者填写太多信息，而应该采用现在流行的"购物车"方式模拟超市，让消费者一边看物品比较选择，一边进行选购。

(3) 在选择结算方式时，应考虑目前实际发展状况，尽量提供多种方式方便消费者选择，同时还要考虑网上结算的安全性。

(4) 关键是建立完善的配送系统，消费者只有看到购买的商品到家后，才真正感到踏实。

5. 网上直销

网上直销与传统直接分销渠道一样，都没有营销中间商。网上直销渠道一样要具有上面营销渠道中的订货功能、支付功能和配送功能。网上直销与传统直接分销渠道不一样的是，生产企业可以通过建设网络营销站点，让顾客直接从网站进行订货。通过与一些电子商务服务机构(如网上银行)合作，可以通过网站直接提供支付结算功能，简化过去资金流转的问题。对于配送方面，网上直销渠道可以利用互联网技术构造有效的物流系统，也可以通过互联网与一些专业物流公司进行合作，建立有效的物流体系。

6. 网上支付

(1) 网上支付的方式，包括以下几种。

① 电子货币类，如电子现金、电子钱包等。其中，电子现金是以数据形式流通的货币，它把现金数值转换成为一系列经过加密的序数，通过电子方式将序数表示为现实生活的币值。电子钱包是一个可以由持卡人进行安全电子交易和储存交易记录的软件，它是由支付卡发展而来。

② 电子信用卡类，包括信用卡、智能卡、借记卡、电话卡等。其中，智能卡在卡内安装了嵌入式微型控制芯片，可以存储数据，卡上的价值受个人识别码(PIN)保护，只有用户能够访问。

③ 电子支票类，如电子支票、电子汇款、电子划款等。其中，电子支票是一种借鉴纸张支票转移支付的，利用数字传递将钱款从一个账户转移到另一个账户的电子付款形式。

随着互联网的不断发展，新型电子支付方式不断涌现，发展较快的主要有支付宝和移动支付。支付宝为电子商务企业提供一个支付操作的平台，实际支付通过合作银行完成。它类似一个电子钱包，保管客户转入的电子货币并提供支付服务，但不付给客户资金信息。移动支付是指在商务处理流程中，基于移动网络平台，随时随地利用现代智能设备(如手机、平板电脑等工具)，为服务商务交易而进行的资金流动。

(2) 网上支付的安全控制。随着技术的发展和网上交易的规范，已出台了一系列的网上交易安全规范，通过加密技术和个人数字签名技术，保证交易过程中信息传递的安全和合法，可以有效防止信息被第三方非法截取和利用。为防止个人隐私受到侵犯，避免交易中泄露个人身份信息，电子现金的出现是一种有效的匿名电子支付手段。

7. 物流的管理与控制

对于开展网上直销的生产企业而言，管理和控制物流有两种途径：一是利用自己的力量建设物流系统；另一种是通过选择合作伙伴，利用专业的物流公司为网上直销提供物流服务，这是大多数企业的发展趋势。同时现在的物流配送跟踪技术也不断发展，主要的技术工具有条形码和 GPS 跟踪技术。

8. 网络新时代的新型中间商或者服务商

在网络新时代，新型的中间商或者服务商主要有以下几种。

(1) 目录服务。利用 Internet 上的目录化的 Web 站点提供的菜单驱动进行搜索，现在这种服务是免费的，将来可能收取一定的费用。

(2) 搜索服务。与目录不同，搜索站点为用户提供基于关键词的检索服务，站点利用大型数据库分类存储各种站点介绍和页面内容。搜索站点不允许用户直接浏览数据库，但允许用户向数据库添加条目。用户可以利用这类站点提供的搜索引擎对互联网进行实时搜索。

(3) 虚拟商业街。虚拟商业街是指在一个站点内连接两个或两个以上的商业站点。虚拟商业街与目录服务的区别是，虚拟商业街定位某一地理位置和某一特定类型的生产者和零售商，销售各种商品，提供不同服务。

(4) 虚拟零售商店。虚拟零售商店不同于虚拟商业街，它拥有自己的货物清单并直接销售产品给消费者。通常这些虚拟零售商店是专业性的，定位于某类产品，直接从生产者进货，然后折扣销售给消费者。目前虚拟零售商店主要有三类：一是电子零售型，即直接在网上设立网站，网站提供一类或几类产品的信息供选择购买；二是电子拍卖型，即提供商品信息，但不确定商品的价格，商品价格通过拍卖形式由会员在网上相互叫价确定，价高者就可以购买该商品；三是电子直销型，即由生产型企业开通的网上直销站点。

(5) 虚拟市场和交换网络。虚拟市场为那些想要进行物品交易的人提供一个虚拟交易场所，任何只要符合条件的产品都可以在虚拟市场站点内进行展示和销售。

(6) 团购中间商。消费者一般利用因特网渠道，通过团购中间商，将同一城市内具有相同购买意向的消费者组织起来，向厂商或一级供应商直接大批量地订购，并能以优惠的批量价格获得产品或服务。

(7) 内容供应商。因特网内容供应商即在因特网上向目标客户群提供所需信息的服务提供者。这类站点提供了访问者感兴趣的大量信息，目前大部分的网站都属于这种类型。

(8) 评估服务。提供评估服务的站点，可以帮助消费者根据以往数据和评估等级，选择合适站点访问。

(9) 金融服务商。电子商务交易离不开金融机构的支持，金融服务商是为交易双方提供在线支付、金融产品等服务的专业金融机构。目前授权支付系统主要是信用卡、电子等价物、现金支付或通过安全电子邮件授权支付。

(10) 智能代理。它是一种根据消费者偏好和要求预先为用户自动进行初次搜索，根据用户自己的喜好和别人的搜索经验自动学习优化搜索标准的软件。

四、网络营销促销策划

1. 网络营销促销概述

网络促销是指利用现代化的网络技术向虚拟市场传递有关产品和服务的信息，激发消费者的购买欲望，从而影响其购买行为的各种促销活动。

网络营销促销具有以下三个明显的特点。

(1) 网络促销是通过现代网络技术传递产品和服务的存在、性能、功效及特征等信息的。

(2) 网络促销是在虚拟市场上进行的，传播速度快，传播面大，成本相对低廉。

(3) 互联网虚拟市场的出现，将所有的企业都推向了一个统一的世界市场，网络促销活动具有全球性的特点。

2. 常见的网络营销促销活动

在网络虚拟空间，各企业为了吸引消费者的关注，采用了各种促销手段。在营销实践中，常见的网络促销活动如表11-3所示。

表11-3 常见的网络营销促销活动

样品	向网站注册消费者提供一定数量的免费产品与服务
优惠券	持有人在购买指定产品时可以享受优惠折扣购买
现金返还(回扣)	产品购买活动结束之后给予顾客的价格优惠——消费者在购买产品后，将购买凭证交给供货商，供货商再将部分购买款返还给消费者
特价包装	以比正常价格优惠的定价进行销售的打包或标记产品
奖品(礼品)	在购买特定产品时，以较低价格或免费提供的用于刺激购买的商品进行奖励
购买次数计划	根据客户在网上购买公司产品和服务的次数和数量给予奖励，如携程网
奖励(竞赛、抽奖和游戏)	指消费者在购买特定商品后有机会获得现金、旅游机会或商品。竞赛要求消费者参与活动，然后由裁判选择表现最好的参与者并给予奖励；抽奖要求消费者进行摸彩；游戏是指消费者在每次购买时可以得到一些物品奖励

(续表)

样品	向网站注册消费者提供一定数量的免费产品与服务
回馈奖励	以现金和积分点数给予经常光顾网站的特定买主或 VIP 客户奖励，以稳定关系
免费试用	邀请或抽取目标客户免费试用产品和享受服务——希望他们在使用后购买产品
产品担保	卖方在网站对消费者明确或隐含的承诺——保证产品在一定时期内的性能将满足特定标准，否则卖方将负责免费维修或退还。
捆绑销售促销	通过两个或两个以上的品牌或公司合作发放优惠券、退款，开展竞赛来增加合力
交叉销售促销	利用一个品牌与另一个与其不存在竞争关系的品牌做广告
线上促销线下销售	在网站进行产品促销的各种活动，在网下实体店铺进行产品的销售

3. 网络营销促销的实施

根据国内外网络营销促销的大量实践，网络营销促销的实施程序可以由六个方面组成：确定网络促销的对象，设计网络促销的内容，确定网络促销组合方式，制定网络促销预算方案，衡量网络促销效果，加强网络促销过程的综合管理。

综合训练题

一、名词解释

网络营销　　病毒式营销　　交换链接　　搜索引擎营销　　微博营销　　微信营销
数据库营销　　虚体产品　　事件营销　　B to B 模式　　B to C 模式

二、简答题

1. 什么是网络营销？它有哪些主要特点？
2. 谈谈你对病毒式营销的认识。
3. 谈谈你对微博营销的认识。
4. 谈谈你对微信营销的认识。
5. 简述网络营销策划的程序。
6. 建设网络营销渠道时，主要考虑哪几个方面的内容？
7. 简述网络促销的主要方式。

三、案例分析

副县长骑马代言贵在本色出镜

新疆伊犁哈萨克自治州昭苏县副县长贺娇龙身披红斗篷，在雪地里飒爽策马，为当地旅游项目代言的相关视频在网上火了。

昭苏县是有名的"中国天马之乡"，每到冬季，就有雪地万马奔腾的盛景。贺娇龙正是为这张旅游名片代言，邀请"全国各地的朋友组团来打卡"。

鲜衣怒马少年时，一日看尽长安花。人生快意，莫过于策马狂奔。贺娇龙的骑马代言，引来无数网友羡慕，表示好想去身临其境，体验一把。这则推介视频上了网络热搜，收到了理想的宣传效果，甚至旅行团排到了元旦。

贺娇龙主抓农口工作，2020 年 5 月 20 日起，她就开始入驻短视频平台，为当地农产品带货。从一名网络"小白"变成"小网红"，她的粉丝从几百名涨到 3.3 万名，被打赏的金额已超10万元,她将全部的赏金用于帮助有需要的人。她在网络平台上的带货效果也不错,共销售了价值97万元的昭苏农副产品。

(资料来源:http://focus.cnhubei.com/mtsp/p/13477904.html,有删减)

思考题:
1. 结合上述案例,谈谈什么是网络直播,以及网络直播的价值和意义。
2. 结合上述案例,谈谈网络直播活动需要注意的事项有哪些。

参考文献

[1] 张昊民. 营销策划[M]. 北京：电子工业出版社，2016.
[2] 王娜玲. 营销策划[M]. 上海：上海财经大学出版社，2008.
[3] 徐汉文，袁玉玲. 市场营销策划[M]. 北京：清华大学出版社，2011.
[4] 吴宪和. 营销策划[M]. 北京：高等教育出版社，2007.
[5] 王学东. 营销策划：方法与实务[M]. 北京：清华大学出版社，2010.
[6] 叶万春，叶敏. 营销策划[M]. 北京：清华大学出版社，2008.
[7] 任海林. 营销策划[M]. 北京：科学出版社，2010.
[8] 张科平. 营销策划[M]. 北京：清华大学出版社，2007.
[9] 周枚. 营销策划[M]. 武汉：华中科技大学出版社，2008.
[10] 王方. 市场营销策划[M]. 北京：中国人民大学出版社，2006.
[11] 庄贵军. 营销策划[M]. 北京：清华大学出版社，2011.
[12] 孟韬. 市场营销策划[M]. 大连：东北财经大学出版社，2009.
[13] 马鸿飞. 营销策划[M]. 北京：机械工业出版社，2011.
[14] 吴健安. 市场营销学[M]. 北京：高等教育出版社，2016.
[15] 谭俊华. 市场营销学[M]. 北京：清华大学出版社，2016.
[16] 孙在国. 营销策划实务[M]. 成都：西南财经大学出版社，2012.
[17] 杨明刚. 营销策划创意与案例解读[M]. 上海：上海人民出版社，2008.
[18] 晁钢令. 市场营销学[M]. 上海：上海财经大学出版社，2008.
[19] 菲力普·科特勒. 营销管理[M]. 北京：中国人民大学出版社，2016.
[20] 郭国庆. 市场营销学概论[M]. 北京：高等教育出版社，2012.
[21] 小卡尔·迈克丹尼尔，等. 当代市场调研[M]. 北京：机械工业出版社，2011.
[22] 特劳特. 新定位[M]. 北京：财政经济出版社，2002.
[23] 纳雷希·K. 马尔霍特拉. 市场营销研究[M]. 涂平，译. 北京：电子工业出版社，2012.
[24] 本·恩尼斯，等. 营销学经典[M]. 大连：东北财经大学出版社，2009.
[25] 盛敏. 市场营销学案例[M]. 北京：清华大学出版社，2011.
[26] 中国营销传播网. http://www.emkt.com.cn/.
[27] 百度文库. https://wenku.baidu.com/.
[28] 新营销. https://xinyingxiao.xueshu.com/.